本書出版得到國家古籍整理出版專項經費資助

十三經清人注疏

公羊義疏

一

〔清〕陳立 撰
劉尚慈 點校

圖書在版編目(CIP)數據

公羊義疏/(清)陳立撰;劉尚慈點校. —北京:中華書局,2017.11(2024.9 重印)
(十三經清人注疏)
ISBN 978-7-101-12041-7

Ⅰ.公… Ⅱ.①陳…②劉… Ⅲ.①中國歷史-春秋時代-編年體②《公羊傳》-注釋 Ⅳ.K225.04

中國版本圖書館 CIP 數據核字(2016)第 195172 號

封面題簽:鹿耀世
責任編輯:石 玉
封面設計:周 玉
責任印製:管 斌

十三經清人注疏
公羊義疏
(全六册)
〔清〕陳 立 撰
劉尚慈 點校
*
中華書局出版發行
(北京市豐臺區太平橋西里 38 號 100073)
http://www.zhbc.com.cn
E-mail:zhbc@zhbc.com.cn
三河市宏盛印務有限公司印刷
*
850×1168 毫米 1/32 · 94½印張 · 12 插頁 · 2200 千字
2017 年 11 月第 1 版 2024 年 9 月第 3 次印刷
印數:4001-4500 册 定價:368.00 元

ISBN 978-7-101-12041-7

十三經清人注疏出版説明

自漢至清，經學在各門學術中占有統治的地位。經學的發展經歷了幾個不同的階段，而清代則是很重要的也是最後的一個階段。清代經學家在經書文字的解釋和名物制度等的考證上，超越了以前各代，取得了重要成果，這對我們利用經書所提供的材料研究古代的經濟、政治、文化、思想以至科技等，有重要的參考意義。

清代的經學著作，數量極多，體裁各異，研究的方面也不同。其中用疏體寫作的書，一般是吸收、總結了前人多方面研究的成果，又是現在文史哲研究者較普遍地需要參考的書，因此我們在十三經清人注疏這個名稱下，選擇這方面有代表性的著作，陸續整理出版。所選的并非全是疏體，這是因爲有的書未曾有人作疏，或雖然有人作疏，但不够完善，因此選用其他注本來代替或補充。禮書通故既非疏體又非注體，但它與禮記訓纂等配合，可起疏的作用，故也入選。大戴禮記不在十三經之内，但它與禮記（小戴禮記）是同類型的書，因此也收進去。對收入的書，均按統一的體例加以點校。

清代的經學著作還有不少有重要參考價值，這有待於今後條件許可時，按新的學科分類，選擇整理出版。

十三經清人注疏的擬目如下：

周易集解纂疏　李道平撰
尚書今古文注疏　孫星衍撰
今文尚書考證　皮錫瑞撰
尚書孔傳參證　王先謙撰
詩毛氏傳疏　陳奐撰
毛詩傳箋通釋　馬瑞辰撰
詩三家義集疏　王先謙撰
周禮正義　孫詒讓撰
儀禮正義　胡培翬撰
禮記訓纂　朱彬撰
禮記集解　孫希旦撰
禮書通故　黄以周撰

大戴禮記補注　孔廣森撰
（附王樹枏校正、孫詒讓斠補）
大戴禮記解詁　王聘珍撰
左傳舊注疏證　劉文淇等撰
春秋左傳詁　洪亮吉撰
公羊義疏　陳立撰
穀梁古義疏　廖平撰
穀梁補注　鍾文烝撰
論語正義　劉寶楠撰
孝經鄭注疏　皮錫瑞撰
孟子正義　焦循撰
爾雅義疏　郝懿行撰
爾雅正義　邵晉涵撰

中華書局編輯部
一九八二年五月

點校前言

公羊義疏編撰者是清人陳立。陳立(一八〇九—一八六九年),字卓人,號默齋,江蘇句容人。道光十四年(一八三四年)中舉,二十一年中進士,二十四年補應殿試,選任翰林院庶吉士。散館改刑部主事,升郎中,授雲南曲靖府知府。

陳立少時隨父客居揚州,師從揚州梅植之受詩及古文辭,師從江都凌曙、儀徵劉文淇受春秋公羊學、許慎説文解字、鄭玄注三禮。而於公羊學,他致力最深。

有言曰「不通小學則不通經學」,「誦讀六經,先以小學爲要」。陳立幼受爾雅、説文,精研郭璞注及唐人五經正義中集結的前人詁訓成説,纂成爾雅舊注二卷。古韻之學至清凋敝已久,而聲音之原起於文字,説文諧聲即聲韻之根基,於是陳立依據歸安姚文田説文聲系之例,選用説文中的諧聲字,兼取江永、戴震、王念孫父子、段玉裁等諸家之説,精研而審核之,撰成説文諧聲孳生述三卷。可見陳立小學功底是十分深厚的。

後陳立專治公羊學,師承凌曙。凌曙曾受業於劉逢禄,著有春秋公羊禮疏、公羊禮說、公羊問答、春秋繁露注。但是淩曙對於公羊傳義理之學本質的認識不甚明晰，闡釋遜色於劉逢禄。他的著作只是彙集各家之説略加疏解而已，正如他評價自己的治學不過是「窮其枝葉，而未及宗原」。但陳立治學並不拘泥固守師説。他的公羊義疏雖然也是集釋性質，然這部集釋有它的優勢和特點。義疏的對象不僅是春秋經、公羊傳，更關注於何休解詁，凡迎面碰上的問題，無不詳加考察分析。每段釋文由淺入深、由表及裏、面面俱到。所謂由淺、由表，指義疏對每句經文首先是疏解字面上的問題：三傳之春秋經文不同之處，給以辨别；公羊傳、公羊解詁文本上存在版本異文者，進行考辨，每以紹熙本公羊解詁與阮元本對校，多有訂正。讀古籍首先要識字辨義，義疏在每段經傳之下，常常做必要的文字詁訓，徵引字書、韻書釋音釋義，掃清語言障礙。春秋經傳中地名多，義疏遍搜歷史地理典籍與方志，對這些地名作不厭其煩的考釋，以確定其地理方位及古今沿革。公羊傳中涉及古禮的地方比比皆是，成爲閲讀公羊的一大滯礙。陳立是潛心修習過鄭玄禮學的，因此，他的義疏中尤重對於禮制典章資料的徵引與辨析，這對於疏於古禮研習的讀者大有裨益。義疏的旁徵博引，爲後代研究者提供了極爲豐富和翔實的材料。然而，也許是出於個人偏愛或鍾情於一己之得，有時徵引的資料顯得疊床架屋，有失精當，不無繁瑣之憾。

義疏的重頭文章在解析春秋經、公羊學微言大義之所在，即經文深層的内涵。陳立初治公羊學時，首先攻讀白虎通義，精研漢儒説經師法，並爲之作疏證，撰成白虎通疏證十二卷，這是他承繼西漢今文經説的基礎。劉文淇曾説：「漢儒之學，經唐人作疏，其義益晦。徐彦之疏公羊，空言無當。近人如曲阜孔氏、武進劉氏，謹守何氏之説，詳義例而略典禮、訓詁。」陳立乃謹守漢儒白虎通義、董仲舒春秋繁露、何休公羊解詁兩漢公羊學説，詳審義理，博稽載籍。又廣搜唐代以前闡釋公羊傳舊説，更博採清代公羊家諸儒研讀公羊的成果。

雖説該書屬於集釋性質，但其中並不乏個人的見解、剖析。在徵引前人各種説解之後，陳立經常加按語（或爲明按，即有「按」字以明示，多置於多條引文之下；或爲暗按，直接在引文下給予評論，無「按」字提示）給予評述，進行裁決，或引證個人見解。書中常有駁斥鄭玄等古文家説、呵護何休解詁、維護公羊家法的論辯。陳立特别注意克服師輩有時以左、穀釋公羊而偏離公羊經義的弊病。比如書中有批駁孔廣森以左氏釋公羊、劉逢禄取穀梁説公羊的精彩段落。應該説，對公羊義理的疏解，陳立長於孔廣森、凌曙。正如清儒學案卷一三一所言，陳立「博稽載籍，凡唐以前公羊大義，及有清諸儒説公羊者，左右採獲，擇精語詳，草創三十年，長編甫具」。

另外，點校公羊義疏時，在對其所徵引的文獻進行核查中，發現他很重視文獻版本的選擇，還不時發現他對典籍中的訛字有所校正。陳立深厚的學養、嚴謹認真的治學精神令人感佩。

公羊義疏七十六卷，卷帙浩繁，歷經三十餘年方才著就，但在作者生前並未付梓。公羊義疏的首刻本，也是最通行的版本是清光緒年間王先謙南菁書院刻清經解續編本。另外還有一九三六年商務印書館國學基本叢書本、中華書局四部備要本（十六册，是上海中華書局據南菁書院續經解本校刊）、劉承幹嘉業堂刻本。還有幾種抄本稿本：國家圖書館所藏小字雙行、藍格白口、四周單邊稿本，十二册，不分卷；又小字雙行、小紅格紅口、左右雙邊清抄本，十一卷二十四册。上海圖書館所藏戴望跋、陳汝恭校手稿本六十九卷（卷八—卷七十六）。温州市圖書館藏孫詒讓校清抄本七十六卷。

全本的公羊義疏版本狀況簡單，可供參校者少。本點校本以四部備要本爲工作底本，主要參校的是商務印書館國學基本叢書本。

義疏中所徵引的典籍大多與原書一一核對過，凡有出入影響文義者均做了校改，並於當頁末出校勘記。清人引用古籍常常節引、撮引，常常跳過大段文字，將間隔較遠的文字撮合在一起。遇到此種情況，凡可以分段者則用引號切割開。遇到有所臆改又不便一一校改者，凡意思與原文不甚抵牾者，只好一仍其舊。

清代避諱字較多，不同詞語第一次出現時進行校改並出校勘記，以後相同語境下再出現時則徑改不再出校記。底本中使用的異體字，大多改爲現行的規範用字。

書中按語很多，有引文中的按，有陳立的按。陳立的按語或是他對各種説法的總結歸納，或是對所引述觀點的肯定或否定，或是一些補充内容，一般是陳立帶有總結性的意見，因此整理時將二者加以區别：陳立按下加冒號，引文中的按下加逗號。

本書部頭大，摘引文獻涉及面廣，囿於點校者學識水平，整理中難免出現失誤，懇請讀者批評指教。

劉尚慈

二〇一六年七月

目録

第五册

第六册

公羊義疏一

南菁書院　句容陳立卓人著

隱元年正月

○春秋公羊經傳解詁隱公第一　何休學【疏】阮氏元公羊校勘記云：「釋文、唐石經同，閩、監、毛本改此題〔一〕，低一格，非。」舊疏云：「按：舊題云『春秋隱公經傳解詁第一公羊何氏』，則云『春秋』者，一部之總名；『隱公』者，魯侯之謚號；『經傳』，雜縟之稱；『解詁』者，何所自目；『第一』者，無先之辭；『公羊』者，傳之別名；『何氏』者，邵公之姓也。今定本則升『公羊』字在『經傳』上，退『隱公』字在『解詁』之下，未知自誰始也。」臧氏琳經義雜記云：「詩正義『毛詩國風』云：『「詩」者，一部之大名；「國風」者，十五國之總稱。不冠於周南之上而退在下者，按，鄭注三禮、周易、中候、尚書皆大名在下，孔安國、馬季長、

〔一〕「題」字原脱，叢書本同，據阮元校勘記校補。

盧植、王肅之徒，其所注莫不皆然〔一〕。然則本題自然非注者移之，定本亦然，當以皆在第下〔二〕，足得總攝故也。班固之作漢書，陳壽之撰國志，亦大名在下，蓋取法於經典也。』按，周禮注疏『天官冢宰第一』下有『周禮』二字，在『鄭氏注』之上，儀禮注疏亦然。賈公彦云：『「儀禮」者，一部之大名；「士冠」者，當篇之小號。退大名在下者，取配注之義故也。』孔氏禮記正義云：『「禮記」者，一部之大名；「曲禮」者，當篇之小目。既題「曲禮」於上，故著「禮記」於下，以配注耳。』此鄭注三禮大題在下之證。其周易、尚書雖亡，据三禮可類推也。公羊解詁〔三〕云『舊題云「春秋隱公經傳解詁第一公羊何氏」』，則公羊傳亦本『隱公』小題在上，『公羊』大題在下，定本誤改，故唐人多從之。春秋正義引服虔注題云『隱公左氏傳解詁第一』，『左氏傳』三字亦當退下。漢人必不改舊例，蓋亦後人升之耳。孔安國書傳雖出於魏晉，据詩正義知猶取法於漢儒，故尚書音義載『堯典第一』於上，『虞書』於下。正義則加『古文尚書』四字於『堯典』上，蓋承二劉之舊也。杜注左傳題云『春秋經傳集解隱公第一』，此非特以大題加小題之上，且以己所題『集解』之名亦加於小題之上矣。故范注穀梁傳題云『春秋穀梁傳隱公第一』，王弼周易注題云『周易上經乾傳第一』，並與杜氏同也。魏晉之儒，如何晏論語、郭璞爾雅，釋文本皆小題在上，尚依漢儒之舊。小題所以在上者，以當篇之記號，欲其顯也；大題所以在下者，總攝全書之意也，五經並然。或見『毛詩國風』在『周南

〔一〕「所注莫不皆然」，毛詩正義作「所注者莫不盡然」。此類於文意無大礙者，以下均不予以校改。
〔二〕「下」，原訛作「一」，據毛詩正義校改。
〔三〕「詁」字原脱，叢書本同。以下引文出自何休公羊解詁，據補。

關雎詁訓傳』之下，便云小毛公加『毛詩』二字，又云河間獻王所加，非也。賈孔並云在下以配注，亦非。」按：宋嚴州本儀禮亦題「士冠禮第一」，儀禮鄭氏注與開成石經同，則猶有古本之遺也。今以阮氏所刻十行本爲本，故仍循其舊。舊疏又云：「『何休學』，今按，博物志曰何休注公羊云『何休學』，有不解者，或答曰：『休謙詞受學於師，乃宣此義不出於己。』此言爲允，是其義也。」校勘記：「臧禮堂曰何氏題何休學，非也。杜預解左傳止題杜氏，趙氏孟子章句止題趙氏。古人謙遜，不欲自表其名，但著氏族，俾可識別耳。按，唐石經桓公第二『何休學』原刻作何氏，後磨改作何休。据疏引博物志，則晉時本已稱何休學矣。閩、監、毛本『何休學』三字在此題下。此本移於疏後，非也。元板同。」按：廣雅釋詁：「學，識也。」御覽引論語讖云：「學者，識也。」蓋謂有所得即識之。釋文：「學者，言爲此經之學，即注述之意也。」蓋魏晉間本，有稱何休學或何氏。當時不敢自稱注述，謙言學耳。然漢世均不表名，如鄭氏三禮、毛詩止題鄭氏，則應題「何氏學」矣。而本傳云作「公羊解詁」，則「解詁」是其書之正名，故今題解詁云。拾遺記：「何休木訥多智，三墳五典、陰陽算術、河洛讖緯，及遠年古諺、歷代圖籍，莫不成誦也。門徒有問者，則爲注記，而口不能説。作左氏膏肓、公羊墨守、穀梁廢疾，謂之三闕〔一〕。言理幽微，非知機藏往〔二〕，不可通焉。」今按：春秋者，三統曆云：「春爲陽中，萬物以生；秋爲陰中，萬物以成。」舊疏引賈、服，依此以解春秋之義。何

〔一〕「闕」，原訛作「關」，據漢魏叢書本、古今逸史本、子書百家本拾遺記校改。

〔二〕「往」，原訛作「德」，據漢魏叢書本、古今逸史本、子書百家本拾遺記校改。

氏與賈、服不異，亦以爲欲使人君動作不失中也。又引春秋説云：「始於春，終於秋，故曰『春秋』也。」舊疏又云：「舊云春秋説云：『哀十四年，春〔一〕，西狩獲麟，作春秋，九月書成。以其書春作秋成，故云「春秋」也者。』非也。何者？莊七年傳『不修春秋曰』何注：『不修春秋，謂史記也。』古者謂『史記』爲『春秋』，則孔子未修之時已名春秋，何言孔子修之，春作秋成乃名春秋乎？」按：左傳昭二年，韓宣子聘魯，見易象與魯春秋〔二〕。又墨子明鬼篇「著在周之春秋」，「著在燕之春秋」，「著在齊之春秋」。又云：「古者聖王必以鬼神爲有〔三〕，其務鬼神厚矣。又恐後世子孫不能知也，故書之竹帛，傳遺後世子孫。」「竹帛」蓋即春秋。言古者聖王，則不必孔子乃名春秋矣。隱公者，魯世家名息姑，伯禽七世孫，惠公弗皇子，平王四十九年即位。周書謚法解云：「隱拂不成曰隱。」春秋託始於隱，故以隱公爲首。經傳者，白虎通五經篇：「五經何謂？易、尚書、詩、禮、春秋也。」又云：「經者，常也。」定元年注：「傳謂訓詁。」漢書古今人表注：「傳謂解説經義者也。」解詁者，釋文云：「佳買反，下音古，訓也。」按：賈逵注左傳、國語名解詁也。公羊者，傳者姓氏。舊疏引説題詞云：「傳我書者，公羊高也。」公羊高，子夏弟子，五傳而著竹帛。弟子不敢斥言師名，故以氏傳也。第一者，第次也，舊以一公爲一卷，閔公附於莊公之末。齊氏召南注疏考證云：「按，隋志漢諫議大夫何休撰公羊解詁十一卷，而唐志作十三卷。以陸氏釋文證之，則本十二卷。隋

〔一〕「春」字原脱，叢書本同，據春秋並參照下文補。

〔二〕「魯春秋」，原作「春秋」，叢書本同，據左傳校改。

〔三〕「有」字原脱，孫詒讓墨子閒詁明鬼下：「王云：『爲』下當有『有』字，而今本脱之。」據補。

志作十一卷，唐志作十三卷，皆筆畫之誤耳。但今注疏本作二十八卷，不知分自何人。」按：閔公末注云：「繫閔公篇于莊公下者，子未三年，無改於父之道。」傳曰：「曷爲於其封内三年稱子？緣孝子之心，則三年不忍當也。」則何氏自十一卷也。當以隋志爲正。錢氏大昕答問云：「問：『漢志：春秋古經十二篇，經十二卷。經十二卷下注云：公羊、穀梁二家，而古經十二篇注無明文。所謂古經者，何經也？』曰：『按，劉歆移太常博士書稱，春秋左氏丘明所修〔一〕，皆古文舊書。許慎説文序云：孔子書六經，左氏丘明述春秋傳，皆以古文。江式云北平侯張蒼獻春秋左氏傳，書體與孔氏相類，即前代之古文。然則志所稱者，左氏經也。鄭司農周禮注云：古文春秋經公即位爲公即立。先鄭傳左氏，其所稱古文經，亦必左氏之經也。』」按：兩漢經師以春秋左氏、詩毛氏、禮周禮均稱古文，則漢志所稱古經十二卷爲左氏無疑。公、穀爲今文，故止稱經。然公羊實止十一卷，宋本猶然，則十二卷或涉上古經篇目而誤。又按：公羊舊疏不知何人所著。洪氏頤煊讀書叢録云：「公羊疏不著撰人名氏，或云徐彦，不知何時人。宋董逌謂當在貞元、長慶之後。頤煊按，疏中引爾雅孫炎注、郭璞音義〔二〕、書序、長義、孝經疏之類皆唐以前本。疏『司空掾』云『若今之三府掾』，三府掾亦六朝時有之，至唐以後則無此稱矣。此疏爲梁齊間舊帙無疑。」校勘記序云：「徐彦疏，唐志不載，崇文總目始著録，亦無撰人名氏。宋董逌云：『世傳徐彦所作，其時代里居不可

〔一〕「丘」，原作「邱」，清代避孔子丘聖諱，改丘爲邱，兹恢復本字，下同徑改。「修」，原訛作「傳」，據潛研堂文集校改。
〔二〕「音義」二字原脱，據讀書叢録校補。

得而詳矣。』王鳴盛云即北史之徐遵明，不爲無見也。蓋其文氣似六朝人，不似唐人所爲者。郡齋讀書志、書録解題並作三十卷，世所傳本乃止二十八卷。其參差之由，亦無由考也。」姚氏範援鶉堂筆記：「隋唐間不聞有三府掾，亦無三府之稱。意者在北齊蕭梁之前乎？此疏有解、有問答。隋志有鮮于公〔一〕春秋公羊解序一卷，未知何時人。」又云：「梁有孔衍公羊集解十四卷。按，孔衍傳不言解公羊。又云：梁有公羊傳問九卷。荀爽問，魏安平太守徐欽答；又晉車騎將軍庾翼問，王愆期答。其書在隋並亡，而唐志有之。今疏中有問答，未知爲徐、爲王？然此疏不類魏晉間人語。又内引家語。家語出於王肅，疑非欽所得引。蓋此爲王愆期語。」按：問答語甚精贍，必非隋唐人作。或即舊疏人所述與？又公羊傳文初不與經連綴，漢志各自爲卷。孔穎達詩正義云：「漢初，爲傳訓者，皆與經別。」故蔡邕石經公羊殘碑無經，解詁亦但釋傳也，分經附傳，大抵漢後人爲之。開成石經始取而刻石焉。杜預左傳序云：「分經之年與傳之年相附。」是杜氏前，左氏亦經、傳各別也。按：公羊家舊有三科九旨。舊疏：「問曰：『春秋説云：春秋設三科九旨，其義如何？』答曰：『何氏之意，以爲三科九旨正是一物。若總言之，謂之三科，科者，段也；析而言之，謂之九旨，旨者，意也。故何氏作文謚例云：「三科九旨者，新周故宋，以春秋當新王，此一科三旨也；又云所見異辭、所聞異辭、所傳聞異辭〔二〕，二科六旨也；又内其國而外諸夏，内諸夏而外四夷，是三

〔一〕「鮮于公」，原訛作「鮮于照」，據隋書經籍志校改。

〔二〕以上三「辭」原作「詞」。古漢語中「辭」、「詞」有別，公羊注疏作「辭」，據校改。

科九旨也。」』問曰：『宋氏之注春秋說：「三科者，一曰張三世，二曰存三統，三曰異〔一〕外內，是三科也。九旨者，一曰時，二曰月，三曰日，四曰王，五曰天王，六曰天子，七曰譏，八曰貶，九曰絶。時與日月，詳略之旨也；王與天王、天子，是録遠近親疏之旨也；譏與貶、絶，則輕重之旨也。」如是，三科九旨聊不相干，何故然乎〔二〕？』」舊疏引文謚例又云：「此春秋五始、三科、九旨、七等、六輔、二類之義，以矯枉撥亂，爲受命品道之端、正德之紀也。」又云：「五始者，元年、春、王、正月、公即位是也。七等者，州、國、氏、人、名、字、子是也。六輔者，公輔天子、卿輔公、大夫輔卿、士輔大夫、京師輔君、諸夏輔京師是也。二類者，人事與災異是也。」又引春秋說：「春秋書有七缺。」「惠公妃匹不正，隱、桓之禍生，是爲夫之道缺；文姜淫而害夫，爲婦之道缺；大夫無罪而致戮，爲君之道缺；臣而害上，爲臣之道缺；僖五年晉侯殺世子申生，襄二十六年宋公殺其世子痤，殘虐枉殺其子，爲父之道缺；文元年楚世子商臣弑其君髡，襄三十年蔡世子般弑其君固，是爲子之道缺；桓八年正月己卯烝，桓十四年八月乙亥嘗，僖三十一年夏四月『四卜郊不從，乃免牲，猶三望』，郊祀不修，周公之禮缺，是爲七缺。」春秋緯多與公羊說比附，故鄭氏謂孔子所欲改先王之法，陰書于緯，藏之以備後世。公羊由子夏口授傳之。孔子故聖人，改周受命之制，惟公羊得其傳焉。後世惟說「三科九旨」有異。孔氏廣森著公羊通義遺何氏而雜用宋氏。其說云：「春秋之爲書也，上

〔一〕「異」，原訛作「風」，叢書本同，據公羊傳及春秋說校改。
〔二〕「如是，三科九旨聊不相干，何故然乎」句原脱，據公羊注疏校補。

本天道，中用王法，而下理人情。不奉天道，王法不正；不合人情，王法不行。天道者，一曰時，二曰月，三曰日。王法者，一曰譏，二曰貶，三曰絶。人情者，一曰尊，二曰親，三曰賢。此三科九旨既布，而一裁以内外之異例，遠近之異辭，錯綜酌劑，相須成體是也。」

○元年春，王正月。【疏】錢氏大昕養新餘録〔一〕云：「春秋正義於十二公之首，必云是歲歲在某次，因此可知太歲所在。此必舊儒相承之舊文，非孔沖遠所能及也。如隱元年，歲在豕韋，太歲當在甲寅，今曰己未。桓元年，歲在玄〔二〕枵，太歲當在乙丑，今曰庚午。莊元年，歲在鶉火，太歲當在癸未，今曰庚子〔三〕。案，莊公即位三十二年，以常率計之，其末年，太歲〔四〕當在甲寅，歲星應在豕韋。而春秋正義云閔公元年歲在大梁，依三統術莊二十三年入歲星數，正在超辰之限，太歲超乙巳入丙午，歲星亦超實沈入鶉首矣。算至莊末，歲星已至降婁，則閔公初年正在大梁也。此非精於算術者不能知。孔氏於三統元起丙子之故全然未曉，轉信虞恭諸人説，以庚戌爲上元。詩疏所引之三統術率與本術不合，安能精思及

〔一〕「養新餘録」，原誤記爲「養新録」，以下引文實出自養新餘録，據改。

〔二〕「玄」，原作「元」，避康熙皇帝玄燁之名諱，改玄爲元，兹恢復本字。下同徑改。

〔三〕「庚子」，十駕齋養新餘録作「戊子」。

〔四〕「其末年，太歲」五字原脱，叢書本同，據養新餘録校補。

此？」又：「閔元年歲在大梁，太歲當在丙辰，今曰庚申。僖元年歲在鶉首，太歲當在戊午，今曰壬戌。文元年歲在降婁，太歲當在辛卯，今曰乙未。宣元年歲在壽星，太歲當在己酉，今曰癸丑。成元年歲在降婁，太歲當在丁卯，今曰辛未。襄元年歲在壽星，太歲當在乙酉，今曰己丑。昭元年歲在大梁，太歲當在丙辰，今曰庚申。昭十五年距莊公二十三年，百四十四歲。又值超辰之限，歲星超鶉首入鶉火，太歲超庚午入辛未，服子慎所謂有事于武宮之歲，龍度天門是也。自此年歲在鶉火，算至三十二年，正在星紀，故有『越得歲而吴伐之』之占。」又：「定元年歲在玄枵，太歲當在己丑，今曰壬辰。哀元年歲在大梁，太歲當在甲辰，今曰丁未。春秋二百四十二年，太歲干支與今人所推不同，前後亦分三段。自莊二十三年以前相差五辰，如隱元年本甲辰，而今人以爲己未是也。昭十五年以前相差四辰，如襄二十一年本乙巳，而今人以爲己酉是也。昭十五年以後相差三辰，如哀十六年本己未，而今人以爲壬戌是也。」按：春秋緯言孔子爲春秋，退而修殷曆，是春秋實用殷曆。殷術起甲寅元，以三統術校之，周公六年入弟七蔀戊午，至春秋隱元年爲癸酉蔀之十年，癸酉蔀首歲爲庚戌，則其十年爲己未。後漢志載馮光、陳晃上言曆元不正，宜改甲寅元，而其所説積年，以爲開闢至獲麟，二百七十五萬九千八百八十六歲，則獲麟之歲，值十五蔀庚午之二十二年，庚午首歲爲戊戌，則二十二年爲己未。隱元年當爲戊午，與三統所載殷曆差一歲耳。何氏又以黄帝術辛卯爲元，元歲既差，蔀法亦異，其注襄二十一年爲歲在己卯，循以上考下求，則隱元年爲己丑，哀十四年爲庚寅矣。或疑己卯爲己酉之形近而譌。史記三代世表云：「孔子因史文次春秋，紀元年，正時日月，蓋其詳哉。至於序尚書則略無年月，或頗有，然多闕，不可録。故疑則傳疑，蓋其慎也。」今取殷曆，以爲蔀分年紀，取四分日法、閏法以排纂日月，就經文所録月朔日辰考之，其有不合，則蓋闕焉。

元年者何？【注】諸据疑，問所不知，故曰者何。【疏】校勘記云：「宋余仁仲本同。閩本、監本、毛本『元』上增『傳』字，非。通書並同。」左傳經傳首皆有「經」、「傳」字，係杜氏所增。杜氏分經繫傳，故綴「經」、「傳」以别之。孔疏云：「公羊、穀梁二傳，年上皆無『經』、『傳』字。」可證。○注「諸据」至「者何」。○通義云：「按，春秋本公羊子口受説於子夏，以傳其子平，平傳地，地傳敢，敢傳壽，凡五世至漢景帝時，乃與齊人胡毋子都〔一〕著於竹帛。以先師口相授受，解釋其義，故傳皆爲弟子疑問之詞。諸疑或直問所不知，即曰『者何』，曰『孰謂』，或据彼難此，則如『曷爲』、『何以』，其言『某何』、『此何以書』之等。何氏各於當文目其所据焉。」段氏玉裁經韻樓集云：「喪服疏傳曰者，不知誰作，皆云孔子弟子卜商所爲。按，公羊高是子夏弟子，公羊傳有云者何、何以、曷謂、孰謂之等。今此傳亦云者何、何以、孰謂、曷爲，弟子卻本先師，此傳得爲子夏所作也。」廣雅序引春秋元命包言：「子夏問夫子作春秋不以初哉首基爲始何？」是當作春秋時，弟子見以元爲始，已疑不能明矣。舊疏云：「諸据有疑理，而問所不知者，曰『者何』。僖五年『秋，鄭伯逃歸不盟』之下，傳云『不盟者何』，注『据上言諸侯，鄭伯在其中，弟子疑，故執不知問』；成十五年『仲嬰齊卒』之下，傳云『仲嬰齊者何』，注云『疑仲遂後，故問之』是也。若据彼難此，即或言『曷爲』，

〔一〕「胡毋子都」，原作「胡母子都」，叢書本同，以「胡毋子都」爲是。但典籍中二者同在。下同不出校。

或言『何以〔一〕』，或單言『何』，即下傳云『曷爲先言王而後言正月』，注『据下秋七月天王，先言月，而後言王』；『公何以不言即位』，注云『据文公言即位也』；『何成乎公之意』，注『据刺欲救紀而後不能』是也。而舊解云：『案春秋上下，但言「曷爲」與「何」，皆有所据，故何氏云諸据疑者，皆無所据，故云問所不知，故曰「者何」也者。』非〔二〕。」按：注明云諸据疑，則明有所据矣，特疑而未知，故有待於問也，舊解非。

君之始年也。【注】以常録即位，知君之始年。君，魯侯隱公也。年者，十二月之總號，春秋書十二月稱年是也。變一爲元，元者，氣也，無形以起，有形以分，造起天地，天地之始也，故上無所繫，而使春繫之也。不言公，言君之始年者，王者、諸侯皆稱君，所以通其義於王者，惟王者然後改元立號。春秋託新王受命於魯，故因以録即位，明王者當繼天奉元，養成萬物。【疏】爾雅釋詁云：「元，始也。」本此。文選注引元命包云：「元年者何？元宜爲一。謂之元何？君之始年也。」○注「以常」至「始年」。○舊疏云：「正以桓、文、宣、成、襄、昭及哀皆云『元年，春，王正月，公即位』，故曰以常録即位，知君之始年。」按：定書即位，雖非正月，亦在元年。○注「君，魯侯隱公」。○史記魯世家云：「惠公卒，長庶子息攝，當國行君事，是爲隱公。」舊疏引春秋説云：「周五等爵，法五精。公之言公，公正無私；侯之言候，候逆順，兼伺候王命。」按：周制，公九命，侯伯七命，子男五命。臣子於其國内皆稱公。故侯者，魯之正爵；公者，臣子之

〔一〕「何以」，原訛作「曷以」，叢書本同。春秋公羊傳通篇作「何以」，無一作「曷以」者，據改。
〔二〕「非」字原脱，叢書本同，據公羊注疏校補。

私尊，故云魯侯隱公也。○注「年者」至「是也」。○爾雅釋天云：「周曰年。」按：彼云：「夏曰歲，商曰祀。」春秋改周之文，仍据周言年者，年、祀之稱，無繫於改制也。北堂書鈔引元命包云：「冬至百八十日春夏成，夏至百八十日秋冬成，合三百六十日，歲數舉。」注：「舉猶備也。」是爲十二月總號也。春秋書「十二月」，即下書「十有二月」之屬是也。說文：「總，聚束也。」俗作摠。校勘記謂：「毛本『摠』改『總』爲非，蓋誤。」○注「變一」至「始也」。○此明下有二年、三年。此不稱一年之意，舊疏引春秋說云：「『元者，端也。氣泉。』注云：『元爲氣之始，如水之有泉，泉流之源。』又云：『無形以起，有形以分，窺之不見，聽之不聞。』宋氏云：『無形以起，在天成象；有形以分，在地成形也。』」意謂天地皆一元，故曰天地之始也。劉氏逢祿解詁箋云：「易上彖：『大哉乾元，萬物資始。』子夏傳：『元者，始也。』左氏云：『元者，大也。』董子云：『春秋謂一爲元者，示大始而欲正本也。』漢志曰：『太極元氣，函三爲一。』三者，三才，一即乾元也。三才之道，皆統於天，謂之元，以爲道生天地。老氏之說也。」繁露玉英云：「謂一元者，大始也。知元年志〔一〕者，大人之所重，小人之所輕。是故治國之端，其在正名。名之正，興五世，五傳之外，美惡乃形，可謂得其真矣。」又王道云：「春秋何貴乎元而言之？元者，始也，言本正也。道，王道也；王者，人之始也。王正，則元氣和順，風雨時，景星見，黃龍下；王不正，則上變天，賊氣並見。五帝、三皇之治天下，不敢有君民之心。什一而稅，教以愛，使以忠敬長老，親親而尊尊，不奪民時，使民不過歲三日，民家給人足，無怨

〔一〕盧文弨校本認爲「志」爲衍字。蘇輿春秋繁露義證曰：「『志』字當有，猶言知立元之意也。」

望忿怒之患，强弱之難，無讒賊妬嫉之人。民修德而美好，被髪銜哺而游，不慕富貴，恥惡不犯，父不哭子，兄不哭弟，毒蟲不螫，猛獸不摶，抵蟲不觸。故天爲之下甘露，朱草生，醴泉出，風雨時，嘉禾興，鳳凰麒麟遊於郊，囹圄空虚，畫衣裳而民不犯，四夷傳譯而朝，民情至朴而不文。郊天祀地秩山川以時，至封於泰山，禪於梁甫，立明堂，宗祀先帝，以祖配天，天下諸侯各以其職來祭。貢土地所有，先以入宗廟，端冕盛服而後見先，德恩之報，奉元之應也。」又重政云：「唯聖人能屬萬物於一，而繫之元也。終不及本所從來而承之〔一〕，不能遂其功，是以春秋變一謂之元，元猶原也，其義以隨天地終始也。」漢書董仲舒傳：「臣謹按，春秋謂一元之義。一者，萬物之所從始也。元者，辭之所謂大也。謂一爲元者，視大始而欲正本也。春秋深探其本，而反自貴者始。」王氏念孫讀書雜志云：「漢書此傳『大』當爲『本』。下文『視大始而欲正本也』，『視大始』承上『始』字言，『欲正本』承上『本』字言也。正以元爲天地之始，故以本言之也。」又：「孝武紀正作元者，辭之所謂本也。」故元命苞曰：「孔子曰：某作春秋，始于元，終于麟，王道成也。」○注「故上」至「繫之也」。○舊疏引春秋説云：「王不上奉天文以立號，則道術無原，故先陳春後言王，天不深正其元，則不能成其化，故先起元，然後陳春矣。」是以推「元」在「春」上，而使春繫之義也。○注「不言」至「王者」。○此解傳不言「公」之始年義也。爾雅釋詁云：「林、烝、天、帝、皇、王、后、辟、公、侯，君也。」是皇、王、公、侯皆有君稱，故言君。則包有王者在内，所以通其義於王者也。故儀禮喪服云「君」，注：

〔一〕「而承之」三字原脱，今諸本春秋繁露均有之，據補。

「天子、諸侯及卿大夫有地者，皆稱君也。」今魯諸侯，宜稱公之始年，因欲假王於魯，而又不得直稱王，故渾目曰君之始年也。○注「唯王」至「立號」。○通義云：「天子、諸侯通稱君。古者，諸侯分土而守，分民而治，有不純臣之義，故各得紀元於其境内。而何邵公猥謂唯王者然後改元立號。經書元年，爲託王于魯，則自蹈所云反傳違戾之失矣。」按：公羊家以春秋託王于魯，明假魯爲王者，故謂唯王者然後改元立號也，有何反傳違戾之有！樂資春秋後傳云：「唯王者改元。諸侯改元，自汾王以前未有也。」萬氏斯大學春秋隨筆曰：「君曰元首，臣曰股肱。天子爲天下共主，五等諸侯，出作屏藩，入爲卿士，依然臣也。一統天下，咸奉正朔，同軌同文，安有諸侯改元之理？即曰國自有史，亦必大書天子之年，而分繫其事。何休曰『必天子然後改元』，此説是也。」若然，白虎通爵篇云「春秋曰：『元年春王正月，公即位。』改元位也。王者改元，即事天地；諸侯改元，即事社稷」者，蓋春秋之世，容有諸侯各自紀元於其國中者。如桓二年左傳云「惠之二十四年」、「惠之三十年」是也。春秋自論其正，故云「唯王者然後改元立號」。其實隱公即位，當時自己稱元，必不仍平王四十九年之稱，聖人即其稱元，以著王法，所謂假事以託義也。宋書禮志云：「魏明帝初，司空王朗議：『古者有年數，無年號，漢初猶然。或有世而改〔一〕，有中元、後元。元改彌數，中、後之號不足，故更假取美名，非古也。述春秋之事，曰隱公元年，則簡而易知。載漢世之事，曰建元元年，則後不見。宜若古稱元而已。』」立號者，白虎通號篇云：「所以有夏、殷、周號何？以爲王者受

〔一〕「漢初猶然。或有世而改」句，原訛作「漢初有事而改」，據宋書校改。

命，必立天下之美號以表功自克，明易姓爲子孫制也。夏、殷、周者，有天下之大號也。百王同天下，無以相別，改制天下之大號，以自別于前，所以表著己之功業也。必改號者，所以明天命已著，欲顯揚於天下也。已復襲先王之號與繼體守文之君，無以異也，不顯不明，非天意也。故受命王者必擇天下之美號，表著己之功業，明當致施者也。所以預自表克於前也。」按：春秋託王於魯，亦即立號之義也。○注「春秋」至「於魯」。○越絶書德序外傳記：「夫子作春秋，記元於魯，大義立。」史記太史公自序云：「余聞董生曰：『周道衰廢，孔子爲魯司寇，諸侯害之，大夫壅之，孔子知言之不用、道之不行也，是非二百四十二年之中，以爲天下儀表，貶天子，退諸侯，討大夫，以達王事而已矣。』子曰：『我欲載之空言，不如見之於行事深切著明也。』」繁露俞序云：「故引史記，理往事，正是非，見王公，史記十二公之間，皆衰世之事，故門人惑。孔子曰：『吾因其行事，而加乎王心焉〔一〕，以爲見之空言不如行事博深切明。』」所聞之董生此焉。又三代改制質文云：「春秋上黜夏，下存周，以春秋當新王。春秋當新王者奈何？曰：王者之法必正號，絀王謂之帝，封其後以小國，使奉祀之；下存二王之後以大國，使服其服，行其禮樂，稱客而朝；故同時稱帝者五，稱王者三，所以昭五端、通三統也。」又云：「春秋作新王之事，變周之制，當正黑統，而殷、周爲王者之後，絀夏，改號禹謂之帝，録其後以小國，故曰：絀夏、存周，以春秋當新王。」以春秋當新王不能見之空言，故託之於魯，所以見之行事也，所謂託新王受命於魯也。託王於魯，非以魯爲王。夫子以匹夫行褒

〔一〕「焉」字原脱，據春秋繁露俞序校補。

貶之權，不可無所藉，故託魯爲王，以進退當世士大夫，正以載之空言不如行事之深切著明也。繁露王道云：「諸侯來朝者得褒，邾婁儀父稱字，滕、薛稱侯，荆稱人，介葛盧得名；内出言『如』，諸侯來曰『朝』，大夫來曰『聘』，王道之意也。」是也。俗儒不察，猥以王魯之説集矢於公羊，此不知春秋者也。劉氏逢禄春秋釋例云：「王魯者，即所謂以春秋當新王也。夫子受命制作，以爲託諸空言不如行事之博深切明，故引史記而加乎王心焉。孟子曰：『春秋，天子之事也。』夫制新王之法以俟後聖，何以必乎魯？曰：因魯史之文，避制作之僭，祖之所逮聞，唯魯爲近，故据以爲京師，張治本也。聖人在位，如日之麗乎天，萬國幽隱莫不畢照，庶物蠢蠢咸得繫命，堯、舜、禹、湯、文、武是也。聖人不得位，如火之麗乎地，非假薪蒸之屬不能舒其光、究其用。『天不生仲尼，萬古如長夜』，春秋是也。故日歸明於西，而以火繼之；堯、舜、禹、湯、文、武之没，而以春秋治之，雖百世可知也。且春秋之託王至廣，稱號名義仍繫於周，挫强扶弱常繫於二伯。且魯無可覬也，郊禘之事，春秋可以垂法，而魯之僭，則大惡也。就十二公論之：桓、宣之弑君宜誅，昭之出奔、定之盜國宜絶，隱之獲歸宜絶，莊之通仇外淫宜絶，閔之見弑宜絶。僖之僭王禮、縱季姬、禍鄫子，文之逆祀、喪娶、不奉朔，成、襄之盜天牲，哀之獲諸侯、虚中國以事强吴，雖非誅絶，而免於春秋之貶黜者，鮮矣。吾故曰春秋者，火也。魯與天王皆薪蒸之屬，可以宣火之明，而無與於火之德也。彼范甯、杜預之徒嘵嘵不已，猶矇瞍之不可語於日月之明、繼照之火也。」包氏愼言王魯説云：「春秋，魯史也。因魯以明王法，是之謂王魯云爾。王法非周之法，唐、虞、夏、殷相傳之法也。周室東遷，三代之綱紀文章蕩然矣，上無道揆，下無法守，聖人不得已而作春秋，以明一王之制。始於麤觕，極於精詳。蓋以繼周氏之絶業，反衰世之凌夷，故曰『撥亂世而反之正，莫近乎春秋』。春秋以魯史撥周亂，因曰王魯，曷嘗假王號於魯哉？曰：『非天子不改元』，而春秋於十二公之即位，皆書元年，則似假以名號矣。曰：桓、莊以後之書元，緣公也。隱公庶子也，仲尼庶位也。隱庶而無嫡，則隱當君，隱讓而不居，則隱無位，春秋成公之意，不書即位，而書元年。爲春秋書元年，爲春秋之繼周書元年也。元者善之長，仁也。體仁足以長人，而長人莫善乎讓。子曰：『能以禮讓爲國乎？何有？』隱、桓之爲嫡庶也微。謂隱讓，而隱之君國者十一年，則隱之讓也亦微。隱讓而并不居讓之名，以覆護桓。老子曰：『貴以身爲天下者，可寄於天下；愛以身爲天下者，可託於天下。』春秋新王而託之隱，蓋如是爾，因是而褎儀父，因是而進滕、薛。一王初起，其慕義來歸者，皆王者之所與，不追治其小故，此元之所以爲善長，此王之所以爲天下所歸往也。」又云：「此十二君者，魯之君乎哉？春秋之君也。方之於周，則此二百四十二年，隱公之統緒也。繼世相沿，而業隆太平，則十二公皆筌蹄也。班固曰：『縣象闇而桓、文乖，彝倫斁而憲章缺。乃命玄聖〔一〕綴學立制，宏亮洪業。表相祖宗，贊揚迪哲，備哉粲爛，真神明之式也。』然則春秋自爲一代，有祖有宗，而假之於魯。史公表十二諸侯云：『齊、晉、秦、楚四國迭興，更爲伯主，文、武所褎大封，皆威服焉。孔子明王道，干七十餘君，莫能用，故西觀周室，論史記舊聞而次春秋，上記隱，下至哀之獲麟，約其辭文，去其煩重〔二〕，以

〔一〕「玄聖」，原作「元聖」，包慎言避康熙皇帝玄燁之名諱，以元代玄，茲恢復本字。
〔二〕「約其辭文，去其煩重」句原作「約其詞」，據史記十二諸侯年表校改。

制義〔一〕法，王道備，人事浹。』王魯云者，猶曰興於魯焉耳。」按：包氏之説，較劉氏尤爲暢洽。左疏引劉炫難何氏云：「新王受命，正朔必改，是魯得稱元，亦應改其正朔，仍用周正，何也？既託王於魯，則是不事文王，仍奉王正，何也？諸侯改元，自是常法，而云託王改元，是妄説也。」是由昧於託王於魯爲借魯以明王之義，故以俗見强説也。舊疏云：「問曰：『公羊以魯隱公爲受命王，黜周爲二王後。按，長義云『名不正則言不順，言不順則事不成』，今隱公人臣而虚稱以王，周天子見在上而黜公侯，是非正名而言順也？』答曰：『春秋藉位於魯，以託王義，隱公之爵不進稱王，周王之號不退爲公，何以爲〔二〕不正名？何以爲不順言乎？又奉天命而制作，何以爲〔三〕謙讓之有？』」按：左氏詳於事，公羊重乎義。春秋重義不重事，明乎此，可以説公羊矣。○注「故因」至「萬物」。○此解書「即位」於「元」下義也。杜預云：「凡人君即位，欲其體元以居正，故不言一年一月也。」繁露楚莊王云：「春秋之道奉天而法古。」又重政云：「故春正月者，承天地之所爲也，繼天之所爲而終之也。」漢書魏相傳：「相曰：天地變化，必繇陰陽，陰陽之分，以日爲紀。日冬夏至，則八風之序立，萬物之性成，各有常職，不得相干。」「明王謹於尊天，慎於養人，故立羲和之官以乘四時，節授民事〔四〕。君動静以道，奉順陰陽，則日月光明，風雨時節，寒暑調和。」「臣愚

〔一〕「義」，原譌作「其」，據史記十二諸侯年表校改。
〔二〕「爲」字原脱，叢書本同，據公羊注疏校補。
〔三〕「以爲」，原譌作「不」，叢書本同，據公羊注疏校改。
〔四〕「以乘」至「民事」八字原脱，叢書本同，據漢書校補。

以爲陰陽者，王事之本，羣生之命，自古聖賢未有不繇者也。天子之義，必純取法於天地，而觀於先聖。」書曰：「撫于五辰，庶績其凝。」又董仲舒傳：「元者，視大始而欲正本也。春秋深探其本，而反自貴者始，故爲君者，正人心以正朝廷，正朝廷以正百官，正百官以正萬民，正萬民以正四方。四方正，遠近莫敢不壹於正，而無有邪氣奸其間者。是以陰陽調而風雨時，羣生和而萬民殖，五穀熟而草木茂，天地之間被潤澤而大豐美，四海之内聞盛德而皆徠臣，諸福之物，可致之祥，莫不畢至，而王道終矣。」孔子曰：「鳳鳥不至，河不出圖，吾已矣夫！」自悲可致此物，而身不得致也。是奉元繼天善成萬物之義也。

春者何？【注】獨在王上，故執不知問。【疏】注「獨在」至「知問」。○舊疏云：「春夏秋冬皆四時之名，而夏秋冬三時常不得配王言之，唯有『春』字常在『王』上，故怪而問之。」

歲之始也。【注】以上繫「元年」在「王正月」之上，知歲之始也。春者，天地開闢之端，養生之首，法象所出，四時本名也。昏斗指東方曰春，指南方曰夏，指西方曰秋，指北方曰冬。歲者，總號其成功之稱，尚書「以閏月定四時成歲」是也。【疏】後漢書郎顗傳云：「孔子作春秋，書『正月』者，敬歲之始也。」又班彪傳注：「春者，四時之始也。」漢書郊祀志云：「古者，天子常以春解祠。」張晏曰：「春者，歲之始也。」又高帝紀：「拜婁敬爲奉春君。」張晏注同。書鈔引元命包云：「據春者歲之始也，神明推移，精華紐結。」注：「神明，猶陰陽也。相推相移使物精華結成。紐結，要也。」舊疏云：「問曰：『元年春王正月公即位，實是春秋之五始，而傳直於「元年春」之下發言始，而「王正月」下不言始何？』答曰：『元是天地之始，春是四時之始，「王正月，公即位」者，人事之始。欲見尊重天時，略於人事故也。』」○注「春者」至「名也」。○校勘記：

「辟，宋本、監本同。毛本辟作闢，非。按，疏中仍作開辟。釋文辟本亦作闢。」白虎通嫁娶篇：「春者，天地交通，萬物始生，陰陽交接之時也。」獨斷：「春爲少陽，其氣始出生養。」周禮目録：「春者，出生萬物。」漢書董仲舒傳：「春之所以生也，天開於子，地闢於丑，人生於寅，三正迭爲春首，故爲開闢之端。」〔一〕御覽引元命包云：「春含名蠢，位東方動，春氣明，達六合，俱生萬物應節。」注：「春之言蠢，東之言動，含此〔二〕名以自明自達也。惟於時爲春，以其蠢動無節，應此時節也。」禮記鄉飲酒義云：「東方者春，春之爲言蠢也，産萬物者也。」又乾鑿度云：「震生萬物東方。」然則震爲東方之卦，東方爲仁，仁有生育之義也。舊疏引：「易説云：『孔子曰：易始於太極，太極分而爲二，故生天地。天地有春夏秋冬之節，故生四時也。』」春爲四時之首，是以爲天地開闢之端，養生之首也。通義云：「此周之春也，周人以斗杓初昏，建子之月爲歲始。殷人以建丑之月爲歲始，夏后氏以建寅之月爲歲始。尋此傳文，明歲始即謂之春，非關木德之位，東作之候。後儒有疑子丑月不得名春者，可以辨矣。顧炎武曰：『春秋時月並書，於古未之見。考之尚書，伊訓惟元祀十有二月乙丑，武成惟一月壬辰，康誥惟三月哉生魄，召誥惟三月〔三〕丙午朏，多士惟三月，多方惟五月丁亥，顧命惟四月哉生魄，畢命惟十有二年六月庚午朏，言月則不言時。金縢秋大熟，言時則不言月。其他鐘鼎古文多如此。春秋獨並舉時月者，以其爲編年之史，有時、有月、有

〔一〕查董仲舒傳無此語。其大意，見於朱熹論語集注。
〔二〕「此」，原訛作「出」，叢書本同，據太平御覽校改。
〔三〕「惟三月」，原訛倒作「三月惟」，通義原文即誤作，據尚書原文校改。

日，多是義例所存，不容於闕一也。」云法象所出者，周禮太宰之職：「正月之吉，始和，布治於邦國都鄙，乃縣治象之法于象魏，使萬民觀治象。」是法象所出也。云四時本名者，凡歲首三月，統名曰春，不論三正同異也。○注「昏斗」至「曰冬」。○舊疏云：「皆春秋説文。」大戴禮夏小正云：六月「初昏，斗柄正在上」。斗柄以南爲上，北爲下。斗柄謂斗衡。六月之昏，尾中南方，衡當尾，故南指。史記天官書云：「衡殷南斗。」南斗與尾亦相近，以次差之，知春指東，秋指西，冬指北也。小正又云：正月「初昏參中」，「斗柄縣在下」，言斗柄者，所以著參之中也」。時猶在冬末，故指北方也。淮南天文訓：「斗指子，則冬至。加十五日指癸，則小寒。加十五日指丑，則大寒。加十五日指報德之維，則越陰在地〔一〕。故曰距冬至四十六日而立春。加十五日指寅，則雨水。加十五日指甲，則雷驚蟄。加十五日指卯中繩，故曰春分。加十五日指乙，則清明風至。加十五日指辰，則穀雨。加十五日指常羊之維，則春分盡〔二〕。故曰有四十六日而立夏。加十五日指巳，則小滿。加十五日指丙，則芒種。加十五日指午，則陽氣極〔三〕。故曰有四十六日而夏至。加十五日指丁，則小暑。加十五日指未，則大暑。加十五日指背陽之維，則夏分盡〔四〕。故曰有四十六日而立秋。加十五日指申，則處暑。加十五日指庚，則白露降。加十五日指酉中繩，故曰秋

〔一〕「則越陰在地」句原脱，據淮南子天文校補。
〔二〕「則春分盡」句原脱，據淮南子天文校補。
〔三〕「則陽氣極」句原脱，據淮南子天文校補。
〔四〕「則夏分盡」句原脱，據淮南子天文校補。

分。加十五日指辛，則寒露。加十五日指戌，則霜降。加十五日指號通之維，則秋分盡〔一〕。故曰有四十六日而立冬。加十五日指亥，則小雪。加十五日指壬，則大雪。加十五日指子。」○注「歲者」至「之稱」。○素問六節藏象論云：「四時謂之歲。」周書小開武「九歲以紀終」，注：「四時終則成歲。」爾雅釋天「夏曰歲」，郭注：「歲，取歲星行一次。」廣雅釋言：「歲，遂也。」白虎通四時云：「歲者，遂也。」古微書元命包云：「歲之言遂也。遂有成義，故云總號其成功之稱也。」書鈔引元命包云：「冬至百八十日春夏成，夏至百八十日秋冬成，合三百六十日歲數舉。」舊疏云：「四時皆於萬物有功，歲爲兼總其成功之稱。」是也。又云：「以當代相對言之，即唐虞曰載，夏曰歲，殷曰祀，周曰年。若散文言之，不問何代，皆得謂之歲。等取一名，而必取歲者，蓋以夏數爲得天正。」義或然也。校勘記云：「功，宋本、閩本同，監本、毛本功誤名。」按：舊疏引：「一本云『歲者總號成功之稱』。」可證。○注「尚書」至「是也」。○書堯典文。舊疏引鄭注云：「以閏月推四時，使啓、閉、分、至不失其常，著之用成歲曆，將以授民時，且記時事。」史記五帝紀「定」作「正」。開元本改作「定」。此引亦當作「正」。後人依俗本尚書改也。御覽引元命包云：「歲之爲言遂也。三年一閏，以起紀也。」

王者孰謂？【注】孰，誰也。欲言時王則無事，欲言先王又無謚，故問誰謂。【疏】注「孰，誰也」。○禮記檀弓云：「天下其孰能宗予？」注：「孰，誰也。」孰、誰雙聲爲訓也。○注「欲言」至「誰謂」。○舊疏云：

〔一〕「則秋分盡」句原脱，據淮南子天文校補。

「時王，即當時平王。」若是時王，應如下「天王使宰咺來歸惠公、仲子之賵」，是其事也。欲言先王又無謚，正以死謚，周道也。

謂文王也。【注】以上繫王於春，知謂文王也。文王，周始受命之王，天之所命，故上繫天端。方陳受命制正月，故假以爲王法。不言謚者，法其生，不法其死，與後王共之，人道之始也。【疏】書泰誓〔一〕疏云：「公羊傳曰：『王者孰謂？謂文王。』其意以正爲文王所改。公羊傳，漢初俗儒之言，不足以取正也。春秋之王，自是當時之王。」按：孔穎達据杜預俗説，不足以解春秋者，故言如此。彼又云：「晉世有王愆期者，知其不可，注公羊以爲春秋制，文王指孔子耳，非周昌也。文王世子稱武王對文王云：『西方有九國焉，君王其終撫諸。』呼文王爲王，是後追爲之詞，其言未必可信，亦非實也。」臧氏庸拜經日記云：「釋文序録云：『公羊有王愆期注十二卷，字門子，河東人，晉散騎常侍辰陽伯。』春秋制，文王指孔子者，門子用緯説，言春秋之法，以孔子爲文王。禮記校勘記〔二〕曲禮下曰：『鉤命決云：某爲制法之王，黑緑不代〔三〕蒼黄。』是孔子爲文王之事，又或稱素王。」按：緯説以孔子爲文王，謂孔子作春秋，制法文王，俟後世耳，非謂孔子謂文王也。王氏誤解，轉爲孔穎達輩取口實也。漢書董仲舒傳：「故文王悼痛而欲安之，

〔一〕「泰誓」，原誤記爲「秦誓」，據尚書校改。

〔二〕「禮記校勘記」，原誤記爲「禮記正義」。以下引文實出自阮元禮記正義校勘記曲禮下，據改。

〔三〕阮元校本禮記正義「代」作「伐」。校曰：「閩、監、毛本同。惠棟挍宋本『伐』作『代』。」

是以日昃不暇食也。孔子作春秋，先正王而繫萬事，見素王之文也。」亦止以孔子素王，不以文王指孔子也。舊疏引：「春秋説云：王者孰謂？謂文王也。疑三代謂疑文王。」「宋注：雖大略据三代，其要主於文王。」按：春秋説係元命包文。校勘記云：「春秋説云下當有脱誤。『疑三代謂疑文王』，當云『疑三代不專謂文王』。」按：宋意以春秋之道，實兼三王，而專主文王者，孔子當周之世，理宜假文王之法，故偏道之也。故文九年「毛伯來求金」，傳云：「繼文王之體，守文王之法度。文王之法無求而求，故譏之也。」是也。○注「以上」至「王也」。○春秋有五始之義。春者，四時之始。王者，受命之始。繫王於春，明王爲受命之王，故宜謂文王矣。○注「文王」至「之王」。○詩大雅序：「文王，文王受命作周也。」箋云：「受命，受天命而王天下，制立周邦。」史記周本紀〔一〕：「西伯陰行善諸侯，皆來決平。虞、芮既讓。諸侯聞之，曰：『西伯蓋受命之君也。』」書大傳：「文王受命一年，斷虞、芮之訟，二年伐邘，三年伐密須，四年伐犬夷，五年伐耆，六年伐崇，七年而崩。」詩疏引中候我應云：「季秋之月甲子，赤雀銜丹書入豐，止〔二〕于昌户。再拜稽首受。」又引尚書運期授引：「河圖曰：『倉帝之治八百二十歲立戊午蔀。』注云：『周文王以戊午蔀二十九年受命。』」又引：「易是類謀云：『文王比隆興始霸，伐崇，作靈臺，受赤雀丹書，稱王制命，示王意。』注云：『入戊午蔀二十九年時，赤雀銜丹書而授〔三〕之。』」又乾鑿度云：「入戊午蔀二十九年，伐崇，作

〔一〕史記周本紀指羣書治要卷十一史記上周本紀。以下引文亦爲撮引。
〔二〕「止」，原訛作「上」，據毛詩正義校改。
〔三〕「授」，原訛作「命」，叢書本同，據鄭玄注易緯乾元序制記校改。易緯是類謀中並無其文。

靈臺，改正朔，布王號於天下，受籙應河圖。」注：「受命後五年乃爲此者〔一〕。應圖〔二〕猶如也，如前聖王所得河圖之書。」又云：「亡殷者紂，黑期火代〔三〕，倉精授命，汝正昌〔四〕。」注：「火，戊〔五〕午蔀也。午爲火，必言火代〔六〕者，木精將王，火爲之相。戊，土也，又爲火子。又火使其子爲己塞水，助倉精絶殷之象〔七〕也。」又云：「歷元名，握先紀，日甲子，歲甲寅。」又曰：「今入天元二百七十五萬九千二百八十歲，昌以西伯受命。洛書之命爲天子。」御覽引元命包云：「伐〔八〕殷者爲姬昌，生於岐，立於豐，精翼日，衣青色〔九〕，遷造西，十刻消。」初學記引元命包云：「姬昌，蒼帝之精，位在房心。」類聚引元命包云：「殷紂之時，五星聚于房。房者，蒼帝神之精，周據而興。」是文王爲周始受命王也。惟伏生與馬遷、鄭康成皆以文王受命七年而崩。詩疏引：「劉歆作三統曆，考上世帝王，以爲文王受命九年而崩。班固作漢書律曆志

〔一〕「者」，原訛作「改」，叢書本同，據易緯乾鑿度校改。
〔二〕「圖」字原脱，據易緯乾鑿度校補。又「應圖」上脱掉數句。
〔三〕「代」，原訛作「戊」，據易緯乾鑿度校改。
〔四〕「倉精授命，汝正昌」，原訛作「倉精授汝位正易」，叢書本同，據易緯乾鑿度校改。
〔五〕「戊」字原誤疊，據易緯乾鑿度校删。
〔六〕「代」，原訛作「戊」，叢書本同，據易緯乾鑿度校改。
〔七〕「助倉精絶殷之象」，原作「明倉精絶殷之相」，叢書本同，據易緯乾鑿度校改。
〔八〕「伐」，原訛作「代」，據太平御覽校改。
〔九〕「色」，原訛作「光」，據太平御覽校改。

載其説，賈逵、馬融、王肅、韋昭、皇甫謐皆悉同之。」何無明説，未知所從。按：殷本紀：「周武王爲天子，其後世貶帝號，號爲王。」考夏、殷天子皆稱帝，故文王當紂之世稱王，正降帝一等，故不爲僭。武王不敢有加，故太王王季亦止追稱王。即以王爲一代之號，如文王造舟爲梁，即以造舟爲天子之制；親迎于渭，即以親迎爲天子之禮；太王立皋門、應門，亦即以皋應爲天子之門也。莊氏存與春秋正辭〔一〕云：「聞之曰，受命之王曰太祖。嗣王繼體者，繼太祖也，不敢曰受之天，曰受之祖也。文王，受命之祖也。成康以降，繼文王之體者也。武王有明德，受命必歸文王，是謂天道。武王且不敢專，子孫其或干焉，命曰文王之命，法曰文王之法，所以尊祖，所以尊天也。」大雅曰：「上天之載，無聲無臭。儀刑文王，萬邦作孚。」聖人之志也。書曰：「丕顯哉！文王謨。丕承哉！武王烈。佑啓我後人，咸以正無缺。」天子之事守也。

○注「天之」至「天端」。○天之所命，即上緯書所載是也。春爲天之始，繫王於春，故爲上繫天端。繁露奉本云：「人之得天得衆者，莫如受命之天子，下至公侯伯子男，海内之心，懸於天子。」是也。舊疏引春秋説云：「以天之端正王者之政。」是也。○注「方陳」至「王法」。○孟子滕文公云：「春秋，天子之事也。」趙注：「孔子懼王道遂滅，故作春秋。因魯史記，設素王之法，謂天子之事也。」明春秋借魯受命立制，故假以行天子事，所謂假以爲王法也。通義云：「昔者，周公營洛，作宗宫考宫。其制，五室、九階、四户、八牖，謂之文世室、武世室。洛誥曰：『王在新邑，烝祭歲。文王騂牛一，武王騂牛一。』『王入太室，祼。』太

〔一〕「辭」，原作「詞」，據莊氏原書名校改。按：本書中「詞」「辭」常混同無別。以下重見徑改，不再出校。

室之言，猶世室也。夏曰世室，周曰明堂，異名而同實。是以大戴禮記曰：『明堂者，文王之廟也。』鄭司農說：『文王之廟，爲明堂制。』禮有明堂、月令篇。王者聽朔，必居明堂，所以辨方正位，順時布政。周之初，蓋頒朔於文王之廟，故曰『王正月者，文王之正月也』。周人受命，自文王始。雖今嗣王，亦守文王之法度，行文王之正朔。春秋內魯，文王又魯之所自出，繫王於春，繫正月於文王，尊則統天〔一〕，親則率祖。尊尊而親親，人道之始也。子嘗曰：『文王既没，文不在茲乎？』蓋制〔二〕春秋之本意也。治左氏者以王正月爲時王之正月。周之東遷，時王不能頒月久矣。且如左氏說，襄公季年，歸餘再失；哀公之世，大火冬流。魯曆未必盡合周曆，而春秋强据魯史正月，號稱時王之正月，不亦誣乎？」通義敘又云：「經有變周之文，從殷之質，非天子之因革耶？甸服之君三等，蕃衛之君七等，大夫不世，小國大夫不以名氏通，非天子之爵禄耶？上抑杞，下存宋；襃滕、薛、邾婁儀父，賤穀、鄧而貴盛、郜，非天子之絀陟耶？內其國而外諸夏，內諸夏而外四裔，殆所謂天下之本在國，國之本在家者，非耶？」皆假爲王法事也。解詁箋云：「王者正三統之稱。董子書略說云：『聖王生則稱天子，崩遷則存爲三王，絀滅則爲五帝，下至附庸，絀爲九皇，下極其爲民。』湯受命正白統，親夏，故虞，絀唐謂之帝堯，以神農爲赤帝，推庖羲爲九皇。文王受命，正赤統，親殷，故夏，絀虞謂之帝舜，以軒轅爲黃帝，推神農爲九皇。春秋應天作新王之事，時

〔一〕「天」，原訛作「人」，據公羊通義校改。
〔二〕「制」，原訛作「治」，據公羊通義校改。

正黑統，王魯尚黑，絀夏，親周，故宋，改號禹謂之帝，樂宜親韶舞，故以虞録親，樂制宜商。傳曰『謂文王者』，猶以天正，終麟，方明夏時。子曰：『文王既殁，文不在兹乎？』上下百王皆統此矣。三代之書，託始帝典；人統之正，託始文王，一也。」舊疏云：「孔子方陳新王受命制正月之事，故假取文王創始受命制正朔者，將來以爲法，其實爲漢矣。」是也。○注「不言」至「共之」。○儀禮士冠記云：「死而謚，今也。」注：「今，謂周衰，記之時也。」是周道死謚。春秋法文王生時政教，以爲後王法，故不稱謚。明王法者，百代所同也。禮記中庸云：「仲尼祖述堯舜，憲章文武。」注：「此以春秋之義説孔子之德。孔子曰：『吾志在春秋，行在孝經。』二經固足以明之。孔子祖述堯舜之道，而制春秋，而斷以文王、武王之法度。春秋傳曰：『繼文王之體，守文王之法度。』又曰：『王者孰謂？謂文王也。』此孔子兼道堯舜文武盛德而著之春秋，以俟後聖者也。」○注「人道之始也」。○舊疏云：「何氏以見上文亦始尊重天道，皆傳自有始文，故不須注云天道之始。今此實天下之始，但略於人事，無始文，故須注云『人道之始也』。」

曷爲先言王而後言正月？【注】据下「秋七月天王」，先言月而後言王。【疏】王氏引之經傳釋詞云：「爲，猶以也。詩十月『胡爲我作』，公羊『曷爲先言王』，隱四年穀梁傳『何爲貶之也』，論語先進『奚爲於某之門』。『胡爲』、『曷爲』、『何爲』、『奚爲』皆言『何以』也。」○注「据下」至「言王」。○即下「秋，七月，天王使宰咺來歸惠公、仲子之賵」是也。通義云：「据桓之篇，正月上或不先言王。」按：傳文明以「曷爲先言王」爲問，當如何氏解也。

王正月也。【注】以上繫於王，知王者受命，布政施教所制月也。王者受命必徙居處、改正朔、易服色、殊徽號，變犧牲，異器械，明受之於天，不受之於人。夏以斗建寅之月爲正，平旦爲朔，法物見，色尚黑；殷以斗建丑之月爲正，雞鳴爲朔，法物牙，色尚白；周以斗建子之月爲正，夜半爲朔，法物萌，色尚赤。

【疏】通義云：「爾雅曰：『正，長也。』謂之正月者，十二月之長。」按：釋文云：「正月，音征，又音政。」世以秦皇名政，改音爲征，蓋不知周秦平仄之分，不必如後世之嚴也。○注「以上」至「月也」。○周禮太宰云：「正月之吉，始和，布治於邦國都鄙，乃懸治象之灋於象魏，使萬民觀治象。」司徒等職亦有是事，是布政施教所制月也。繁露三代改制云：「春秋曰『王正月』，傳曰：『王者孰謂？謂文王也。曷爲先言王而後言正月？王正月也。』何以謂之王正月？曰王者必受命而後王。王者必改正朔、易服色、制禮樂、一統於天下，所以明易姓非繼人，通以己受之於天也。王者受命而王，制此月以應變，故作科以奉天地，故謂之王正月也。」又重政云：「元者，萬物之本。」「春正月者，承天地之所爲也，繼天之所爲而終之也。」又左疏引董仲舒對策云：「孔子作春秋，先正王而繫以萬事，是素王之文也。」今漢書無此語。說苑君道云：「孔子曰：『文王似元年，武王似春王，周公似正月。文王以王季爲父，以太任爲母，以太姒爲妃，以武王、周公爲子，以泰顛、閎夭爲臣，其本美矣。武王正其身以正其國，正其國以正天下，伐無道，刑有罪，一動而天下正，其事正矣。春致其時，萬物皆及生；君致其道，萬物皆及治。周公戴己，而天下順之，其誠至矣。』」繁露三代改制云：「故君子曰：『武王其似正月矣。』」與說苑異。○注「王者」至「於人」。○宋書禮志引元命包云：「王者受命，昭然明於天地之理，故必移居處，更稱號，改正朔，易服色，以明天命聖人之寶。質文再而改，窮則相承，周則復始。」漢書董仲舒傳：「故春秋受命所先制者，改正朔，易服色，所以應天也。然則宫室旌旗之制，有法而然者〔一〕也。」白虎通三正云：「王者受命必改朔何？明易姓，示不相襲也。明受之於天，不受之於人。所以變易民心，革其耳目，以助化也。故大傳曰：『王者始起，改正朔，易服色，殊徽號，異器械，别衣服也。』是以禹舜雖繼太平，猶宜改以應天。王者改作樂以必得天應而後作何？重改制也。春秋瑞應傳曰：『敬受瑞應而王，改正朔，易服色。』易曰：『湯武革命，順乎天而應乎民也。』」史記曆書：「王者易姓受命，必慎始初，改正朔，易服色，推本天元，順承厥意。」繁露楚莊王云：「今所謂新王必改制者，非改其道，非變其理。受命於天，易姓更王，非繼前王而王也。若一因前制，修故業，而無所改，是與繼前王而王者無所别。受命之君，天之所大顯也。事父者承意，事君者儀志，事天亦然。今天大顯己，物襲所代而率與同，則不顯不明，非天志。故必徙居處、更稱號、改正朔、易服色者，無他焉，不敢不順天志而明自顯也。若夫大綱、人倫、道理、政治、教化、習俗、文義盡如故，亦何改哉？故王者有改制之名，無易道之實。孔子曰：『無爲而治者，其舜乎！』言其主堯之道而已。此非不易之效與？」又三代改制質文云：「王者改制作科奈何？曰：當十二色，歷各法而正色，逆數三而復。絀三之前曰五帝，帝〔二〕迭首一色，順數五而相復，禮樂各以其法象其宜。順數四而相復。咸作國號，遷宫邑，易官名，制禮作樂。」按：此即何所云「徙居處」是也。如少昊都曲阜，顓頊都濮陽，帝嚳都亳，堯都平陽，舜都蒲坂，

〔一〕「者」字原脱，據漢書校補。
〔二〕「帝」字原脱，據春秋繁露校補。

夏都安邑，湯都亳，文王作邑于豐。又繁露三代改制云「湯受命而王」，「作宮邑於下洛之陽」。又云「作宮邑於豐」，蓋謂文王，彼有奪文也。又云：「武王受命〔一〕，作宮邑於鄗。周公輔成王受命，作宮邑於洛陽。」又云：「殷湯之後稱邑，示天之變反命，故天子命無常，唯命是德慶。」是也。其改正朔者，白虎通引三正記曰：「正朔三而改。」即下注所云是也。其易服色者，禮記大傳注云：「服色，車馬也。」舊疏云：「即明堂位云『鸞車，有虞氏之路也。鉤車，夏后氏之路也。大路，殷路也。乘路，周路也』、『夏后氏駱馬黑鬣，殷人白馬黑首，周人黃馬蕃鬣』之屬是也。」其殊徽號者，大傳注：「徽號，旌旗之名也。」舊疏云：「即明堂位『有虞氏之旂，夏后氏之綏，殷之大白，周之大赤』之屬是也。」繁露又云：「黑統，大節綏幘尚黑，旗黑。」「正白統者，大節綏幘尚白，旗白。」「正赤統者，大節綏幘尚赤，旗赤。」亦是也。其變犧牲者，舊疏：「即明堂位云『夏后氏牲尚黑，殷白牡，周騂剛』之屬是也。」按：繁露又云黑統「郊牲黑，犧牲角卵」、「祭牲黑牡，薦尚肝」；正白統者「郊牲白，犧牲角繭」、「祭牲白牡，薦尚肺」；正赤統者「郊牲騂，犧牲角栗」、「祭牲騂牡，薦尚心」。按：郊特牲注「夏祭心，殷祭肝，周祭肺」，與此殊。其異器械者，大傳注云：「器械，禮樂之器及兵甲也。」舊疏云：「器，即明堂位云：『泰，有虞氏之尊也。山罍，夏后氏之尊也。著，殷尊也。犧象，周尊也。』『夏后氏之鼓足，殷楹鼓，周縣鼓。』」是也。按：繁露又云黑統「樂器黑質」，正白統者「樂器白質」，正赤統者「樂器赤質」，亦是也。禮記大傳云：「立權度量，考文章，改正朔，易服色，殊徽號，異

〔一〕「王受命」三字原脱，叢書本同，據春秋繁露校補。

器械，别衣服，此其所得與民變革者也。其不可變革者，則有矣。親親也，尊尊也，長長也，男女有别，此其不可得與民變革者也。」明王者受命止變此數，所以新天下耳目故也。史記趙世家云：「及至三王，隨時制法，因事制禮。法度制令各順其宜，衣服器械各便其用。故禮也不必一道，而便〔一〕國不必古。聖人〔二〕之興也不相襲而王，夏、殷之衰也不易禮而滅。」○注「夏以」至「尚赤」。○類聚引元命包云：「正朔三而改。」白虎通三正云：「三微者，何謂也？陽氣始施黄泉，萬物動微而未著也。十一月之時，陽氣始養根株，黄泉之下，萬物皆赤，赤者盛陽之氣也，故周爲天正，色尚赤也。十二月之時，萬物始牙而白，白者陰氣，故殷爲地正，色尚白也。十三月之時，萬物始達，孚甲而出，皆黑，人得加功，故夏爲人正，色尚黑。尚書大傳曰：『夏以孟春月爲正，殷以季冬月爲正，周以仲冬月爲正。夏以十三月爲正，色尚黑，以平旦爲朔。殷以十二月爲正，色尚白，以雞鳴爲朔。周以十一月爲正，色尚赤，以夜半爲朔。』不以二月後爲正者，萬物不齊，莫適所統，故必以三微之月也。三正之相承，若順連環也。孔子承周之弊，行夏之時，知繼十一月爲正者，當用十三月也。」論語疏引元命包又云：「夏以十三月爲正息，卦受泰。」注：「物之始，其色尚黑，平明爲朔。」又云：「殷以十二月爲正息，卦受臨。」注：「物之芽，其色尚白，以雞鳴爲朔。」又云：「周以十一月爲正息，卦受復。」注：「物之萌，其色尚赤，以夜半爲朔。」五行大義引感精符云：「十一月建

〔一〕「便」，原訛作「變」，據史記校改。
〔二〕「人」，原訛作「王」，據史記校改。

子，天始施之端，謂之天統，周正服色尚赤，象物萌色赤也。十二月建丑，地始化之端，謂之地統，殷正服色尚白，象物牙色白也。正月建寅，人始化之端，謂之人統，夏正服色尚黑，象物生色黑也。此三正律者，亦以五德相承，以前三皇爲正，謂天皇、地皇、人皇，皆以天地人爲法，周而復始。其歲首所書，乃因以爲名，欲體三才之道，而君臨萬邦，故受天命而王者，必調六律而改正朔，受五氣而易服色，法三正之道也。周以天統，服色尚赤者，陽道尚左，故天左旋。周以木德王，火是其子，火色赤左行，用其赤色也。殷以地統，服色尚白者，陰道尚右，其行右轉。殷以水德王，金是其母，金色白，故右行，用其白色。夏以人統，服色尚黑者，人亦尚左。夏以金德王，水是其子，水色黑，故左行，用其黑色。」後漢書注引崔靈恩三禮義宗云：「三微，三正也。言十一月陽氣始施，萬物動於黄泉之下，微而未著，其色皆赤，赤者陽氣，故周以天正爲歲，色尚赤，夜半爲朔。十二月萬物始牙，色白，白者陰氣，故殷以地正爲歲，色尚白，雞鳴爲朔。十三月萬物始達，其色皆黑，人得加功以展其業，夏以人正爲歲，色尚黑，平旦爲朔。故曰三微。王者奉而成之，各執其一以改正朔也。」後漢書陳寵傳：「冬至之節，陽氣始萌，故十一月有蘭、射干、芸、荔之應，天以爲正，周以爲春。十二月陽氣尚通，雉雊雞乳，地以爲正，殷以爲春。十三月陽氣已至，天地已交，萬物皆出，蟄蟲始振，人以爲正，夏以爲春。三微成著，以通三統。」統者，統一年之事。王者三正遞用，循環無窮。元命包、感精符皆春秋緯，與今文書傳皆合也。舊疏引：「書傳略説云：『周以至動，殷以萌，夏以牙。』注：『謂三王之正也。至動，冬日至物始動也。物有三變，故正色有三。天有三生三死，故土有三王，王特一生死。是故周人以日至爲正，殷人以日至三十日爲正，夏以日至六十日爲正。三統三王，若循連環，周則又始，窮則反本。』是也。」舊疏又据「禮説云：『若尚色，天命以赤尚赤，以白尚白，以黑尚黑。』宋氏云：『赤者，命以赤烏，故周尚赤；湯以白狼，故尚白；禹以玄珪〔一〕，故尚黑』」。如三代所尚，自是依天命之色，似非，不出校記法時物之牙色也，以爲難其實，兩不相妨也。

何言乎王正月？【注】据定公有王無正月。【疏】注「据定」至「正月」。○定「元年，春，王三月」，是有王無正月也。凡即位皆在正月，故十二公無論書即位不書即位，凡元年，皆書「王正月」，所以重始也。定公即位在六月，正月又無事，故不書正，但書「三月，晉人執宋仲幾于京師」，自爲他事書也。

大一統也。【注】統者，始也，總繫之辭。夫王者，始受命改制，布政施教於天下，自公侯至於庶人，自山川至於草木昆蟲，莫不一一繫於正月，故云政教之始。【疏】漢書王陽傳：「王陽曰：『春秋所以大一統者，六合同風，九州共貫也。』」禮記坊記曰：「天無二日，土無二王，國無二君，家無二尊，以一治之也，即大一統之義也。」解詁箋云：「大一統者，通三統爲一統。周監夏、商而建天統，教以文制，尚文。春秋監商、周而建人統，教以忠制，尚質也。」○注「統者」至「之辭」。○禮記祭統鄭目録云：「統，猶本也。」易乾彖傳云：「乃統天。」釋文引鄭注：「統，猶本也。本有始義。」漢書兒寬傳：「統攝〔二〕羣元。」臣瓚曰：『統，猶總覽也。』」文選笙賦：「統大魁以爲笙。」注：「統，總也。」周禮太宰：「以八統詔王馭萬民。」注：「統所以

〔一〕「玄珪」，原因避諱改作「元珪」，茲恢復本字。下同徑改。
〔二〕「攝」，今漢書作「楫」。「楫」通「輯」，聚集也。然此下陳立據「統攝」作疏，故不予更改。

合牽〔一〕以等物也。」凡統領、統率，皆與總繫義近，故云總攝之辭也。王者受命制正月，凡一切政令無不奉以爲始，故統兼兩義，即下注所云是也。○注「夫王」至「之始」。○宋本「夫」作「天」。校勘記：「監、毛本同，誤也。宋鄂州官本、元本、閩本『天』作『夫』。成十五年疏、定元年疏引此注同，當據以訂正。」繁露觀德云：「百禮之貴，皆編於月。」史記曆書云：「正不率天，又不由人，則凡事易壞而難成矣。王者易姓受命，必慎始初，改正朔，易服色，推本天元，順承厥意。」漢書董仲舒傳：「春秋大一統者，天地之常經，古今之通誼也。」師古曰：「一統者，萬物之統皆歸於一也。」故何氏包「自公侯至庶人，自山川至草木昆蟲」言之，見天地人物，無不繫之正月矣。云「政教之始」者，舊疏云：「亦〔二〕以傳不言始，故足之。」

公何以不言即位？【注】据文公言即位也。公即位者，一國之始。政莫大於正始。故春秋以元之氣，正天之端；以天之端，正王之政；以王之政，正諸侯之即位；以諸侯之即位，正竟内之治。諸侯不上奉王之政，則不得即位，故先言正月，而後言即位。政不由王出，則不得爲政，故先言王，而後言正月也。王者不承天以制號令則無法，故先言春，而後言王。天不深正其元則不能成其化，故先言元，而後言春。五者同日並見，相須成體，乃天人之大本，萬物之所繫，不可不察也。【疏】注「据文公言即位」。○文元年「春，王正月，公即位」是也。舊疏云：「桓公元年亦書即位，傳不從始而遠据文公者，正以文公正即位之

〔一〕「牽」，原訛作「率」，據周禮校改。
〔二〕「亦」，原訛作「正」，叢書本同，據公羊注疏校改。

始故也。桓公篡而即位，非其正，故雖即位在文公前，猶不据之。」是也。○注「公即」至「之始」。○各本脱「公」字，据左傳疏引補。漢書路温舒傳：「春秋正即位，大一統而慎始也。」舊疏云：「亦以傳無始文，故言此也。」○注「政莫」至「之治」。○繁露重政云：「元猶原也，其義以隨天地終始也。故人唯有終始也而生，不必應四時之變。故元者爲萬物之本，而人之元在焉。安在乎？乃在乎天地之前。故人雖生天氣及奉天氣者，不得與天元本、天元命而共違其所爲也。故春正月者，承天地之所爲也，繼天地之所爲而終之也，其道相與共功持業，安容言乃天地之元？天地之元，奚爲於此，惡施於人？大其貫承意之理矣。」是言有終必先正始也。又二端云：「故聖人能繫心於微，而致之著也。是故春秋以元之深正天之端，以天之端正王之政，以王之政正諸侯之即位，以諸侯之即位正竟内之治〔一〕。五者俱正，而化大行。然書『日蝕』、『星隕』、『有蜮』、『山崩』、『地震』、『夏大雨水』、『冬大雨雪』、『隕霜不殺草』、『自正月不雨至於秋七月』、『有鸛鵒來巢』，春秋異之，以此見悖亂之徵。是小者不得大，微者不得著，雖甚末，亦一端，孔子以此效之，吾所以貴微重始是也。」蓋凡始皆微，故聖人繫心於微，正以正始故也。舊疏引元命包亦云：「以元之深正天之端，以天之端正王者之政也。」浦氏鏜疑「深」當作「氣」，然繁露亦云「以元之深」，似不必改氣也。漢書王褒傳：「記曰：『共惟春秋法五始之要，在乎審己正統而已。』」張晏曰：「春秋稱元年春王正月，此五始也。」師古曰：「元者氣之始，春者四時之始，王者受命之始，正月者政教之始，公即位者一國之始。

〔一〕「以諸侯之即位正竟内之治」原脱，據春秋繁露校補。如此，才能與下文「五者俱正」對應。

始，是爲五始。」穀梁疏引春秋緯云：「黄帝受圖，立五始。」又約何氏義云：「元者氣之始，春者四時之始，王者受命之始，正月者政教之始，即位者一國之始。」說苑建本云：「孔子曰：『君子務本，本立而道生。』夫本不正者末〔一〕必倚，始不盛者終必衰。詩云：『原隰既平，泉流既清。』本立而道生。春秋之義，有正春者無亂秋，有正君者無危國。易曰：『建其本而萬物理，失之毫釐，差以千里。』是以君子貴建本而重立始。」新書胎教（雜事）亦引易語，下云：「故君子慎始〔二〕。春秋之『元』，詩之關雎，禮之冠、婚，易之乾、坤，皆慎始敬終云爾。」按：劉向習穀梁，賈誼治左氏，是三傳大略同也。○注「諸侯」至「察也」。○「天不」，監、毛本、鄂本、元本、閩本、宋本並同，不誤。釋文作「夫不」，音扶。校勘記云：「此陸德明一時誤會，未審其理也。」禮記疏引元命包云：「諸侯不上奉王之正，則不得即位。正不由王出，不得爲正。王不承於天以制號令，則無法。天不得正其元，則不得成其化〔三〕也。」王不上奉天元以立號，則道術無原，故先陳「春」後言「王」。天不深正其元，則不能成其化，故先起「元」然後陳「春」矣。繁露楚莊王云：「春秋之道，奉天而法古。」「故聖者法天，賢者法聖。」故書堯典：「曰若稽古。」疏引鄭注：稽古，同天，言「能順天而行，與之同功」。又竹林云：「春秋之序辭也，置『王』於『春』、『正』之間，非曰上奉天施而下正人，然後可以爲王云爾。」非曰，猶言豈非也。漢書董仲舒傳：「臣謹按，春秋之文，求王道之端，得之於正。正次

〔一〕「末」，原訛作「未」，據說苑校改。
〔二〕「始」，原訛作「政也」，據新書胎教校改。
〔三〕「化」，原訛作「元」，據禮記校改。

王，王次春。春者，天之所爲也；正者，王之所爲也。其意曰，上承天之所爲，而下以正其所爲，正王道之端焉耳。然則王者欲有所爲，宜求其端於天。」説苑建本云：「魏武侯問『元年』於吴子，吴子對曰：『言國君必慎始也。』『慎始奈何？』曰：『正之。』『正之奈何？』曰：『明智。』『智不明何以見正？』『多聞而擇焉，所以明智也。』」皆言天人相須之義也。包氏慎言五始説云：「五始，一曰元，二曰春，三曰王，四曰正月，五曰公即位。子思贊述祖德曰：『仲尼祖述堯舜，憲章文武。上律天時，下襲水土。』祖述、憲章者，制作之事也。上律、下襲者，制作之文也。而推其德，譬之於天地。鄭氏康成曰：『推五始，足以當之。』初莫解其故，既而思之：元者，天命之性也；春者，率性之道也；王者，脩道之主，而政教由之出焉。王奉天出教，諸侯奉行之以治其國，各以歲時述職於王，所以大一統也。合天下而齊趨於王，統百王而皆奉一元，脩德凝道，戒慎乎其所不覩，恐懼乎其所不聞，故能一以貫三。所謂不覩者，非探之茫茫；所謂不聞者，非索之冥冥也。緣所覩以逆測所不覩，緣所聞以逆測所不聞，吉凶悔吝之著焉耳。』王褒曰：『恭惟春秋，法〔一〕五始之要，在乎省己正統而已。』統者何？本也，正本在乎省己。省己者，省所覩所聞於春秋，而反之於己，則本正。王自正其本，則其聰明睿智，足以有臨；寬裕温柔，足以有容；發强剛毅，足以有執；齊莊中正，足以有敬；文理密察，足以有別。所謂溥博時出，見之政教者，一如日月之代明，四時之錯行，故尊親徧於凡有血氣之區然。至聖之所以如此者無他，至誠焉而已。至誠者，戒慎恐懼之要於獨者也，

〔一〕「法」字原脱，據王褒聖主得賢臣頌校補。

以其獨見之明、獨運之智，爲天下經綸。大經立大本，夫是以肫肫乎其仁也，淵淵乎其淵也，浩浩乎其天也。堯舜文武，以至聖至誠在天位，故身備其事。仲尼不當天位而制作之，侔神明，文成麟致，瑞應昭焉，不啻身備其事也。史公曰：『爲人君父者，不可以不知春秋；爲人君父而不通春秋，則必蒙首惡之名。爲人臣子者，不可以不知春秋；爲人臣子而不通春秋，則必蹈篡弒之誅。』故曰：『知遠之近，知風之自，知微之顯，可與入德矣。』謂見末正本，而可與入於元德也。子嘗曰：『文王既没，文不在茲乎？』子思述祖德，而篇末兩引文王之詩，曰『不顯惟德，百辟其刑之』，其『王正月』之謂乎？『上天之載，無聲無臭』，其元之謂乎？與天合德者，天所命也，故曰『王者孰謂？謂文王也』。文之在茲，仲尼一文王也。其發明五始之旨，以中庸説春秋尤爲明顯也。五者同日並見者，即位之日。即位即布政，布政即以奉王，奉王即以奉天，奉天即以體元也，所以相須乃成也。元年春者，天之大本；王正月即位者，人之大本。『自公侯至庶人，自山川至草木昆蟲』，無不繫於正月，故爲萬物之所繫也。」

成公意也。【注】以不有正月而去即位，知其成公意。【疏】解詁箋云：「隱之能讓與不能讓，與其讓正與不正，不足辨也。春秋成之，以明正適媵立長貴之法，以治幽、平之亂，以維王者之道，天地之常經，古今之通義也。」繁露玉杯[一]云：「春秋之好微與？其貴志也。」隱公志乎讓，故不書即位，以成其志爾。穀梁傳亦云：「成公志也。焉成之？言君之不取爲公也。」○注「以不」至「公意」。○舊疏云：「下十一年

〔一〕「玉杯」，原誤記爲「楚莊王」。以下引文實出自玉杯，據繁露校改。

傳云：『隱何以無正月？隱將讓乎桓，故不有其正月也。』」「今此注云：『不有正月』者，謂從二年後恒去正月也。今元年去即位，故知成公意矣。今元年言正月者，公時實行即位之禮，故見之。」又引：「舊云以有正月而去即位，無『不』字，言凡書正月爲公即位出也，以元年有正月，即公實行即位禮，而孔子去即位，知其成公讓意者，非。」按：舊無「不」字，是也。去即位亦足以見成公意。傳文明承上「公何以不言即位」而答之，則專据「不書即位」明甚。正以既書「正月」自必實已即位，而「不書即位」，故知成公意。何氏必不探二年以下之不書正月爲説也，下十一年之傳，自明二年以後無正月之義，與此無涉。

何成乎公之意？【注】据刺欲救紀而後不能。【疏】注「据刺」至「不能」。莊三年：「公次于郎，」傳曰：「刺欲救紀而後不能也。」舊疏云：「欲救紀是善事，公不能救紀，是不終善事，而春秋書『次于郎』以刺之。今隱公有讓心，實是善事，但終讓不成，亦是善心不遂，而春秋善之，故以爲難。」按：此可知春秋無達例矣。春秋之道，視人所惑爲立説以大明之，此也。

公將平國而反之桓。【注】平，治也。時廢桓立隱不平，故曰平，反還之。【疏】注「平，治也」。○書大禹謨「地平天成」，傳：「水土治曰平。」廣韻：「平，正也。」廢桓立隱不正，故不平也。詩皇矣「修之平之」，亦謂修理之、平治之也。

曷爲反之桓？【注】据已立也。

桓幼而貴，隱長而卑。【注】長者，已冠也。禮，年二十見正而冠。士冠禮曰：「適子冠於阼，以著代也。醮於客位，加有成也。三加彌尊，諭其志也。冠而字之，敬其名也。」「公侯之有冠禮，夏之末造也。天子之元子猶士也，天下無生而貴者。」【疏】注「長者，已冠也」。○禮記冠義曰：「已冠而字之，成人之道也。」又曰：「成人之者，將責成人禮焉也。」故已冠爲長。喪服，十九以下爲「長殤」，以其未成人，猶不爲長也。○注「禮年」至「而冠」。○白虎通紼冕篇：「禮所以十九見正而冠者何？漸三十之人耳。男子，陽也，成於陰，故二十而冠。曲禮曰：『二十弱冠。』言『見正』，何以知不謂正月也？以〔一〕禮士冠經曰：『夏葛屨，冬皮屨。』明非歲之正月也。」荀子大略篇：「天子、諸侯子十九而冠，冠而聽治，其教至也。」說苑建本篇：「周召公年十九，見正而冠，冠則可以爲方伯諸侯矣。」又冠禮：「十九見正而冠，古之通禮也。」則見正而冠，意古禮有是語，故此注及荀子、說苑、白虎通並依用焉。惟此言二十，彼言十九者。年二十者冠之正，禮記曲禮曰「男子二十，冠而字」，又內則曰「二十而冠，始學禮」，是也。年未二十，則禮之變。天子、諸侯之元子猶士焉，亦二十而冠，而魯襄、邾隱不拘此限，則以先君早逝〔二〕，世子年幼爲君，故得早冠，如周成王，亦或有異焉。周衰禮失，士大夫家亦或有不及二十而冠者，故有十九見正之說焉。舊疏云：「依八代記，即少昊亦十二而冠，知天子諸侯幼即位者，皆十二而冠矣。」又引異義：「古尚書說云：『武王崩時，成王年十三，後一年，管、蔡作亂，周公東辟之，王與大夫盡弁，以開金縢之書。』時成王年十

〔一〕「以」，原訛作「儀」，據白虎通義校改。
〔二〕「逝」，原訛作「世」，據上下文意徑改。

四，言弁，明知已冠矣，是其證也。隱公之冠，當惠公之世，猶從士禮，必二十成人乃冠。」故何氏云：「長者，已冠也。」舊疏又引異義：「禮戴説云：『男子，陽也，成於陰，故二十而冠。』是也。」言「見正」者，舊疏云「欲道庶子不冠於阼階」，義或然也。○注「士冠」至「成也」。○自「適子」至「貴者」，皆儀禮士冠禮〔一〕文。禮記郊特牲、冠義亦有此語。鄭彼注云：「每加于阼，則醮之于客位，所以尊敬之，成其爲人也。」又郊特牲注云：「東序少北，近主位也。」又冠義注云：「適子冠於阼，若不醴，則醮用酒於客位，敬而成之也。户西爲客位。庶子冠於房户外，又因醮焉，不代父也。」今按：阼是主位，故冠於此以著代，即東序少北之位。醴於客位，醮亦於客位，異於庶子之冠。醮皆於房户外也。郊特牲注又云：「每加而有成人之道也，成人則益尊，醮於客位尊之也。」與儀禮注少異。敖繼公儀禮集説云：「加，猶尚也，尊也。尊其有成人之道，故以客禮待之。」張氏爾岐儀禮句讀云：「加有成，加禮於有成德者也。」皆通。「著代」者，張爾岐云：「明其將代己也。」是也。「嫡」，校勘記云：「鄂本同。閩、監、毛本『嫡』作『適』。下同。」按：釋文亦作「適」字。○注「三加」至「名也」。○鄭彼注云：「冠服後加益尊，諭其志者，欲其德之進也。」「名者質，所受於父母，冠成人益文，故敬之也。」張氏爾岐云：「『諭其志』，教諭之，使其志存修德，每進而上也。『敬其名』，敬其所受於父母之名，非君父之前不以呼也。」按：冠禮，始加緇布冠，次加皮弁，三加爵弁。皮弁尊

〔一〕「士冠禮」，原誤記爲「士冠記」，據儀禮校改。

於緇布冠，爵弁尊於皮弁，所謂三加彌尊也。彌，益也，謂益尊也。子生三月，父名之〔一〕；既冠，賓字之，字以代名，是爲敬其名也。鄭彼注又云：「今文無之。」按：何氏此注引有「之」字，與古文合，故鄭亦從古文。○注「公侯」至「造也」。○鄭彼注云：「造，作也。自夏初以上，諸侯雖父死子繼，年未滿五十者亦服士服，行士禮，五十乃命也。至其衰末，上下相亂，篡弒所由生，故作公侯冠禮以正君臣也。坊記曰：『君不與同姓同車，與異姓同車不同服，示民不嫌也。以此坊民，民猶得同姓以弒其君。』」張氏爾岐云：「此言不獨大夫無冠禮，雖公侯冠禮，亦夏末始作，非古也。」晉書禮志云：「儀禮：『公侯之有冠禮，夏之末造也。』王、鄭皆以爲夏末上下相亂，篡弒由生，故作公侯冠禮。」是王亦與鄭同。盛氏世佐儀禮集編云：「大夫以上本無冠禮，而玉藻記天子、諸侯始冠之。冠，家語記成王冠頌，及公侯冠禮。左傳載魯襄公冠事。國語載趙文子冠事。然則諸侯冠禮始於夏末，天子冠禮始於周初，大夫冠禮其始於周之季世乎？郊特牲疏〔二〕謂此記直云諸侯，不云天子，又下云天子之元子與士同，則天子冠禮由來已久，但無文以明之。此臆說也〔三〕。然家語言天子冠禮，而直以成王事實之，而曰此周公之制也，足徵其所自起矣〔四〕。」則天子冠禮之作非無文也。蓋先有公侯冠禮，後有天子冠禮，故大戴禮公冠篇云「天子擬焉」是也。按：家語

〔一〕「之」，原訛作「也」，叢書本同，據儀禮、禮記及上下文意校改。
〔二〕「郊特牲疏」，儀禮集編作「孔穎達謂」。陳立似有意爲之，指明是哪部書哪個章節。
〔三〕「此臆說也」四字原脱，叢書本同，據儀禮集編校補。
〔四〕「足徵其所自起矣」句原脱，叢書本同，據儀禮集編校補。

冠頌云：「邾隱公既即位，將冠，使大夫因孟懿子問禮於孔子。孔子曰：『雖天子之元子，猶士也，其禮無變，天下無生而貴者故也。行冠事，必於祖廟，以祼享之禮將之，以金石之樂節之。所以自卑而尊先祖，示不敢擅也。』懿子曰：『天子未冠即位，長亦冠乎？』孔子曰：『古者，王世子雖幼，其即位則尊爲人君，人君治成人之事者，何冠之有？』懿子曰：『然則諸侯之冠異天子歟？』孔子曰：『君薨而世子主喪，是亦冠也已。人君無所殊也。』懿子曰：『今邾君之冠非禮也？』孔子曰：『諸侯之有冠禮也，夏之末造也，有自來矣，今無譏焉。天子冠者，武王崩，成王年十有三而嗣立，周公攝政治天下。明年夏六月，既葬，冠成王而朝於祖，示有君也。命祝雍作頌。此周公之制也。』懿子曰：『諸侯之冠，其所以爲賓主者何如？』孔子曰：『公冠則以卿爲賓，公自爲主，迎賓揖，升自阼，立於席北。其醴也，則如士，饗之以三獻之禮。既醴，降自阼階。諸侯非公而自爲主者，其所以異，皆降自西階，玄端與皮弁異。朝服素韠，公冠四，加玄冕祭。其酬幣於賓，則束帛乘馬。王太子、庶子之冠擬焉，皆天子自爲主。其禮與士無變，饗食賓也皆同。』」是公侯冠禮也。○注「天子」至〔一〕「貴者」。○儀禮鄭注云：「元子，世子也。無生而貴，皆由下升。」上既言大夫與諸侯無自身之冠禮，此又言冠子亦同士禮，雖天子之元子尚然，況下此者乎？郊特牲鄭注云：「明人有賢行著德，乃得貴也。」白虎通爵篇云：「王者太子亦稱士何？舉從下升，以爲人無生得貴者，莫不由士起。」則隱公之冠在即位先，宜從士禮，二十而冠，故知其長也。

〔一〕「至」，原訛作「之」，叢書本同。此爲標示注之起訖，當作「至」，據體例校改。

其爲尊卑也微，【注】母俱媵也。【疏】注「母俱媵也」。○史記魯世家云：「初，惠公適妃夫人無子，公賤妾聲子生子息。息長，爲娶于宋。宋女至而好，惠公奪而自妻之，生子允，登宋女爲夫人，以允爲太子。」何氏以隱、桓之母皆媵，則不取史記之説矣。又左傳言：「元妃孟子。孟子卒，繼室以聲子，生隱公。」「宋武公生仲子，仲子生而有文在其手，曰爲『魯夫人』，故仲子歸於我，生桓公。」亦何氏所不取。

國人莫知。【注】國人，謂國中凡人。莫知者，言惠公不早分别也。禮，男子年六十閉房，無世子，則命貴公子，將薨亦如之。【疏】注「國人」至「别也」。○舊疏：「古者一娶九女，一適二媵，分爲左右，尊卑灼然，朝廷之上，理應悉知。今此傳云『國人不知』，明是國內凡人也。」蓋皆由於惠公之不早分别也。解詁箋云：「以桓爲貴，隱爲卑〔一〕，春秋微意。國人莫知者，所謂『游、夏之徒不能贊一辭也』。」按：下注云「明王者受命不追治前事」，則劉氏之説信矣。○注「禮男」至「如之」。○各本脱「禮」字，依鄂本正。白虎通嫁娶篇：「男子六十閉房何？所以輔衰也，故重性命也。又曰：父子不同椸，爲亂長幼之序也。禮內則曰：『妾雖老，未滿五十，必與五日之御。』滿五十不御，俱爲助衰也。至七十大衰，食非肉不飽，寢非人不煖，故七十復開房也。」家語好生解云：「男女不六十不同居。」毛詩傳同。故六十無妻則不娶，惟宗子則不限。常制以宗子收族，昭穆事重。又，凡祭必夫婦親之，故曾子問云：「宗子雖七十，無無主婦也。」又

〔一〕「卑」，原譌作「尊」，叢書本同，據春秋公羊解詁箋校改。

禮記內則云：「夫婦之禮，唯及七十，同藏無間。」注云：「衰老無嫌。」即白虎通所云「復開房」者是也。無世子，則命貴公子，則當如下注所云先右媵，後左媵，次適姪娣，次右媵姪娣，次左媵姪娣矣。「將薨亦如之」，謂未及六十而薨者也。六十無世子，所以立貴公子者，以六十以後陽道閉藏，適夫人無生世子之理，故立貴公子爲世子，以定儲位。若早立庶子，恐更生世子，立而復黜，則致亂階故也。

隱長又賢，【注】此以上皆道立隱所緣。【疏】注「此以」至「所緣」。○謂桓幼而貴至此也。

諸大夫扳隱而立之。【注】扳，引也。諸大夫立隱不起者，在春秋前，明王者受命，不追治前事。孔子曰：「不教而殺謂之虐，不戒視成謂之暴。」【疏】注「扳，引也」。○莊子馬蹄云：「可攀援而窺。」釋文：「攀，本作扳。」則扳即攀也。說文：「𠬡，引也。或从手，从樊。」廣雅釋詁：「攀，引也。」國語晉語：「攀輦即利而舍。」注：「攀，引也。」廣雅釋言：「扳，援也。」集言「扳」，挽也，引也，援也，皆本此文爲說也。○注「諸大」至「前事」。○史記魯世家：「及惠公卒，爲允少故，魯人共令息攝政，不言即位。」是隱之立爲諸大夫所立，在春秋前也。穀梁傳：「春秋貴義而不貴惠，信道而不信邪。孝子揚父之美，不揚父之惡。先君之欲與桓，非正也，邪也。雖然，既勝其邪心以與隱矣，已探先君之邪志而遂以與桓，則是成父之惡也。」則以隱公之立爲受之惠公。故下又云：「爲子受之父。」注：「隱爲世子，親受命於惠公也。」又責隱之讓爲不正，未免深文矣，何所不取。舊疏云：「公子翬弒隱立桓，仲遂弒赤立宣，皆貶去公子以起見之。今諸大夫廢桓立隱，亦是不正，何故不作貶文以見罪？正以在春秋前，欲明王者受命，不追治前事故也。」凡言起者，莊氏存與春秋正辭云：「春秋辭〔一〕異則指異，事異而辭同，則以事見之。事不見，則以文起之。嫌者使異，不嫌使同。」是也。○注「孔子」至「之暴」。○論語堯曰文。毛本「暴」作「㬥」。集解引馬曰：「不宿戒而責目前成，爲視成。」荀子宥坐〔二〕云：「魯有父子訟者，孔子拘之三月不別〔三〕，其父請止，孔子舍之。季孫聞之不説〔四〕。」「孔子曰：嫚令謹誅，賊也。今〔五〕有時，斂也；無時，暴也。不教而責成功，虐也。已此三者，然後刑可即也。」按：何意引以證不追治前事，自据不教而殺謂之虐意。言入春秋後，尚未教治，而追究已往，是爲不教而殺也。「不戒」句連及之耳。

隱於是焉而辤立，【注】辤，讓也。言隱欲讓。【疏】注「辤，讓也」。○禮記哀公問曰：「固臣敢無辤而對。」注：「辤，讓也。」又坊記曰：「無辤而行情則民争。」注：「辤，辤讓也。」若然，儀禮鄉飲酒禮「主人坐奠爵于階前，辤」，注云「事同曰讓，事異曰辤」者，對文異，散則通也。「辤讓」之「辤」當作「辤」。説文受部：「辤，不受也。从辛从受。受辛宜辤之。」是也。

則未知桓之將必得立也。【注】是時公子非一。【疏】注「是時公子非一」。○隱、桓弟兄，史記及

〔一〕「辭」，原作「詞」，今改之，以對應下文「事異而辭同」。
〔二〕「宥坐」，原訛作「坐宥」，據荀子校改。以下引文與原文有出入。
〔三〕「孔子」二字原脱。「三月」，原訛作「三日」。「不別」二字原脱。據荀子校改、校補。
〔四〕「聞之」二字原脱，據荀子校補。
〔五〕「今」，原訛作「令」，據荀子校改。

各書別無所見，無文言之。或何氏時書籍尚多，別有所据，而以意言之也。

且如桓立，【注】且如，假設之辭。【疏】注「且如，假設之辭」。○廣雅釋言：「如，若也。」論語先進：「如用之。」皇疏：「如，若也。」若，即假設之義。又廣雅釋詁：「且，借也。」莊子齊物論：「今且有人於此。」是「且」、「如」皆假設之詞。

則恐諸大夫之不能相幼君也。【注】隱見諸大夫背正而立己不正，恐其不能相之。【疏】注「隱見」至「相之」。○何意以國人既可背正立己，則亦可背正立羣公子，故權行即位之禮，以靖亂階也。

故凡隱之立，爲桓立也。【注】凡者，凡上所慮二事皆不可，故於是己立，欲須桓長大而歸之，故曰爲桓立，明其本無受國之心，故不書即位，所以起其讓也。【疏】注「凡者」至「不可」。○舊疏云：「己若辤立，則未知桓之得立與否，是一[一]慮也。假使桓得立，又恐諸大夫不能相幼君，是二慮也。」有此二慮皆不可也。○注「故於」至「桓立」。○史記魯世家：「四十六年，惠公卒。長庶子息攝，當國行君事，是爲隱公。」又云：「爲允少故，魯人共令息攝，故不言即位。」○注「明其」至「讓也」。○穀梁傳：「公何以不言即位？成公志也。焉成之？言君之不取爲公也。君之不取爲公何也？將以讓桓也。」繁露竹林云：「前枉而後義者，謂之中權，雖不能成，春秋善之，魯隱公、鄭祭仲是也。」又王道云：「魯隱之代桓立，祭仲

[一]「一」，原訛作「二」，叢書本同，據公羊注疏校改。

之出忽立突，仇牧、孔父、荀息之死節，公子目夷不與楚國，此其執權存國，行正世之義，守惓惓之心，春秋嘉義氣焉，故皆見之，復正之謂也。」左傳：「不書即位，攝也。」漢書王莽傳：「春秋隱公不言即位，攝也。」若然，下十一年稱薨，同之正諸侯者，禮疏引鄭箴膏肓云：「周公歸政，就臣位而死，何得記崩？隱公見死於君位，不稱薨云何？」又發墨守云：「隱爲攝位，周公爲攝政，雖俱相幼君，攝政與攝位異也。」

隱長又賢，何以不宜立？【注】据賢繆公與大夫，䊸且長以得立。【疏】注「据賢」至「得立」。○文十二年：「秦伯使遂來聘。」傳云：「秦無大夫，此何以書？賢繆公也。何賢乎繆公？以爲能變也。」注：「感而自變悔，遂霸西戎，故因其能聘中國，善而與之，使有大夫也。」今既賢隱公，亦宜與立公之大夫，故据以爲難也。又文十四年：「晉人納捷菑于邾婁。」傳曰：「貴則皆貴矣，雖然，䊸且也長。」彼以䊸且長，春秋與邾婁人以得立。今隱公亦長，何故不宜立？故又据以難之。引此二事，一以難立隱之大夫宜與？一以難隱之何以不宜立也？注順經文先後述之，故先言賢，後言長也。

立適以長，不以賢；立子以貴，不以長。【注】適，謂適夫人之子，尊無與敵，故以齒。子，謂左右媵及姪娣之子，位有貴賤，又防其同時而生，故以貴也。禮，適夫人無子，立右媵；右媵無子，立左媵；左媵無子，立適姪娣；適姪娣無子，立右媵姪娣；右媵姪娣無子，立左媵姪娣。質家親親，先立娣；文家尊尊，先立姪。適子有孫而死，質家親親，先立弟；文家尊尊，先立孫。其雙生也，質家据見立先生，文家据本意立後生，皆所以防愛争。【疏】注「適謂」至「以齒」。○此道立適子禮也。以敵解適，疊韻爲訓也。禮記雜記曰：「大夫訃於同國適者。」注：「適，讀爲匹敵之敵。」以匹敵説嫡，以無敵解適，望文生訓也。大雅大明云「天位殷適」，傳：「紂居天位，而殷之正適。」是也。正以微子紂庶兄，箕子勸帝乙立之，帝乙不從，帝乙亦以紂爲適，所謂不以賢也。○注「子謂」至「貴也」。○釋名釋親屬云：「姪娣曰媵。媵，承也，承事嫡也。」此以左右媵之外有姪娣，彼以媵即姪娣。蓋諸侯一娶九女，媵與姪娣宜別。大夫以下則不備也。其實同爲承事，故姪娣亦可稱媵也。爲其位有貴賤，故以貴，雖同時生無妨也。○注「禮適」至「左媵姪娣」。○白虎通嫁娶篇：「質家法天尊左，文家法地尊右。」按：彼左右二字當互易，蓋質家尚右，文家尚左。春秋從殷之質，改周之文，當先右也。左傳說立庶子之法異是。昭二十六年傳云：「王后無適，則擇立長。年鈞以德，德鈞以卜。王不立愛，公卿無私，古之制也。」周禮疏引何君膏肓云：「春秋之義，三代異建，有適媵以別貴賤，有姪娣以廣親疏，立適以長不以賢，立子以貴不以長。王后無適明尊之敬之，義無所卜筮。不以賢者，人狀難別，嫌有所私，故絶其怨望，防其覬覦。今如左氏言之，『年鈞以德，德鈞以卜』。君之所賢，人必從之〔一〕，豈復有卜？隱、桓之禍，皆由是興。乃曰古制，不亦謬哉！」「鄭箴之曰：立適以長不以賢，固立長矣；無適而立子，以貴不以長，固立貴矣。若長鈞、貴鈞，何以別之？故須卜。今言無適則擇立長，謂貴鈞而立長也，王不得立愛之法。年鈞，則令羣臣、羣吏、萬民而詢之，有司以序進而問，大衆之口，非君所能掩，是王不得立愛之法也。禮有詢立君、卜立君，是有卜也。示義在此，距之言謬，失春秋與禮之義矣。」按：鄭氏此箴殊屬勉强。左右媵與姪娣貴賤灼然，豈復有貴鈞之事？即一人

〔一〕「君之所賢，人必從之」，原訛衍作「人君取賢，下必從之，焉能使王不立愛也」，叢書本同，據周禮注疏改刪。

而孿生，自有立雙生子之法。既無貴鈞，即無長鈞，同時而生仍以貴論，更何須卜？故劉氏逢禄箴膏肓評云：「文家質家敘媵立子之法，雖雙生猶别其先後。鄭有長鈞、貴鈞之疑，知未能升何氏之堂矣。周官亦出劉歆，何氏所不信，不足以難也。若楚共王之卜寵子五人，豈禮也哉？」詩召南小星疏云：「妾之貴者，夫人姪娣也。」即喪服所謂「貴臣貴妾」也。左氏皆言以夫人之姪娣爲繼室，明其貴也。何氏以二媵爲貴，與禮不合，故韓奕箋云：「獨言娣，舉其貴者，是姪娣貴於媵之義。」按，喪服之貴妾，自是士禮，不得引以證諸侯。何者？大夫於庶母無服，不得反爲貴妾緦，且大夫絶緦也。韓奕詩述韓姞所從自，應止云諸娣，不得遠及二媵，不足以見貴姪娣而賤二媵也。左氏繼室兩見，一聲子，一晉少姜。衰世之事，均不足据，況諸侯絶旁期。而左氏言晉平公爲少姜服縗絰[一]，是何訓乎？且何氏多道春秋之制，所以爲後王法者，不必盡皆當時典禮也。孔氏之説慎矣。○注「質家」至「立姪」。○禮記曲禮云：「士不名家相長妾。」疏引熊氏説云：「士有一妻二妾，言長妾者，當爲娣也。故鄭注昏禮云：『娣尊姪卑。』」蓋皆据質家言之也。曲禮又云：「公、侯有夫人，有世婦，有妻。」疏以爲「『有世婦』者，謂夫人之姪娣。故公羊云：『夫人無子，立姪娣子也。』質家先立姪之子，文家先立娣之子。左氏亦夫人姪娣貴於二媵。則此世婦者，謂夫人姪娣也」，「『有妻』者，謂二媵及姪娣也」。按：正義所引公羊説，全與何義乖。何氏明云「適夫人無子，

〔一〕「絰」，原訛作「經」，叢書本作「絰」。左傳昭公三年有「寡君」「在縗絰之中」，知晉平公確有爲少姜服縗絰事，據改。

立二媵子」，彼乃云「公羊云適夫人無子，立適姪娣子」，顯與違矣。夫一國往娶，二國媵之，所以示尊崇和好，則降於適一等足矣。復令其降之適姪娣之下，豈人情哉！通義云：「何氏說立姪而尊尊者，尊兄以及其子也。然士昏禮『婦徹于房中，媵御餕。雖無娣，媵先』，注曰：『娣尊姪卑。若或無娣，猶先媵，容〔一〕之也。』詩曰『韓侯取妻』，『諸娣從之』。鄭箋以爲『媵必姪娣從之，獨言娣者，舉其貴者』。依此二文，皆周人之法，文家先姪，容失其實。」按：詩、禮或於姪娣科舉其一，適舉娣言之耳。○注「適子」至「立孫」。○繁露三代改制云：「主天法質而王，其道佚陽，親親而多質愛，故立嗣予子，篤母弟。」「主地法文而王，其道進陰，尊尊而多禮文，故立嗣予孫，篤世子。」又云：「商質者主天，夏文者主地，春秋者主人。主天法商而王，其道佚陽，親親而多仁樸，故立嗣予子，篤母弟。」「主地法夏而王，其道進陰，尊尊而多義節，故立嗣與孫，篤世子。」又云：「主天法質而王，其道佚陽，親親而多質愛，故立嗣予子，篤母弟。」按：「主天」上脱「春秋」二字也。故成十五年疏引異義：「公羊說云：質家立世子弟，文家立世子子。而春秋從質，故得立其弟。」若然，禮記檀弓曰：「仲子舍其孫而立其子。子游問諸孔子。孔子曰：『立孫者，蓋据當時周禮言也。』」北齊書刁柔傳：「時議者以爲立五等爵邑，承襲者無適子立適孫，無適孫立適子弟，無適子弟立適子孫弟。柔以爲無適孫，應立適曾孫，不應立適子弟。議曰：柔按禮立適以長，故謂長子爲適子。適子死，以適子之子爲適孫，死則曾、玄亦然。然則適子之名，本爲傳重。故喪服曰：『庶子不爲

〔一〕「容」，原訛作「客」，據儀禮校改。

長子三年，不繼祖與禰也。』禮記：『公儀仲子之喪。檀弓曰：「何居？我未之前聞也。仲子舍其孫而立其弟何也？」子服伯子曰：「仲子亦猶行古之道也。昔者文王舍伯邑考而立武王發，微子舍其孫腯而立弟〔一〕衍，仲子亦猶行古之道也。」』鄭注曰：『仲子爲親者諱耳，立衍非也。文王之立武王，權也。微子適子死，立其弟衍，殷禮也。』子游問諸孔子，孔子曰：『否，立孫。』注曰：『据周禮。』然則商以適子死，立適子之母弟。周以適子死，立適子之子爲適孫。故春秋公羊之義，適子有孫而死，質家親親先立弟，文家尊尊先立孫。喪服云：『爲父後者爲出母無服。』小記云：『祖父卒而後爲祖母後者三年。』爲出母無服，喪者不祭故也。爲祖母三年者，大宗傳重故也。今議以適子孫死而立適子母弟，適子母弟者則爲父後矣。適子母弟本非承適，以無適故得爲父後。則適孫之弟，理亦得爲父後。則是父卒然後爲祖後者三年〔二〕，既得爲祖服斬，而不得爲傳重者，未之聞也。若用商家親親之義，本不應適子死而立適孫。若從周家尊尊之文，豈宜舍其孫而立其弟？或文或質，愚用惑焉。」孔叢子雜訓云：「子思曰：殷人質，而尊其尊，故立弟；周人文，而親〔三〕其親，故立子。文質不同，其禮則異。文王舍適立次，權也。」又云：「唯聖立聖，其文王乎。不及文王者，則各賢其所愛，不殊於適，何以限之。」亦即防愛憎意也。按：明乎文王從權之故，則明祖立孫之舉爲物古不化，所以啓靖難之禍。然文王猶殷之諸侯，舍孫立子，其猶殷制與？史記梁孝王

〔一〕「弟」字原脱，據北齊書校補。
〔二〕「三年」，北齊書作「服斬」，意同。
〔三〕「親」，原訛作「視」，據孔叢子雜訓校改。

世家：「袁盎等曰：周道，太子死，立適孫；殷道，太子死，立其弟。」白虎通封公侯云：「繼世諸侯無子又無弟，但有諸父庶兄，當誰與？與庶兄，推親之序也。」「以僖公得繼閔公也，蓋繼世諸侯當立子，無子立弟，無弟立庶兄，當指質家言之，春秋之義也。」○注「其雙」至「愛争」。○方言三：「陳楚之間，凡人嘼乳而雙產，謂之釐孳；秦晉之間，謂之僆子；自關而東趙魏之間，謂之孿生。」西京雜記：「霍將軍妻一產二子，疑所爲兄弟。或曰前生爲兄，後生爲弟；或曰居上者宜爲兄，居下者宜爲弟。居下者前生，今宜以前生爲弟。霍光曰：昔殷王祖甲一產二子，曰嚚曰良。以卯日生嚚，以巳日生良，則以嚚爲兄，以良爲弟。若以在上者爲兄，嚚亦當爲弟。昔許釐莊公一產二女，曰妖曰茂；楚大夫唐勒一產二子，一男一女，男曰貞夫，女曰瓊華，皆以先生爲長。近代鄭昌時、文長蒨並生二男，滕公一生二女，李黎生一男一女，並以前生爲長。霍氏亦以前生爲兄焉。」是据見與据本意二語，前漢猶有致疑。彼時文質道喪，故無有正之者焉。後世則一以前生爲兄矣。

桓何以貴？【注】据俱公子也。

母貴也。【注】据桓母右媵。【疏】注〔一〕「据桓母右媵」。○既云貴宜右媵，何以意言之也。

母貴則子何以貴？【注】据俱言公子。

〔一〕「注」字原脱，據全書文例補。

子以母貴，【注】以母秩次立也。【疏】魏志注引典略載公孫瓚表袁紹罪狀曰：「春秋之義，子以母貴。紹母親爲婢使，紹實微賤，不可以爲人後，以義不宜，乃據豐隆之重任，忝污〔一〕王爵，損辱袁宗。紹罪九也。」又見本傳。按：春秋之義，自謂子之貴賤以母爲序，故注云「以母秩次當立」，不必如瓚所云也。

母以子貴。【注】禮，妾子立，則母得爲夫人，夫人成風是也。【疏】漢書哀帝紀：「詔曰：『春秋母以子貴。』」又孝景王皇后傳：「大行奏事，文曰：『子以母貴，母以子貴。』」後漢書梁竦傳：「張酺曰：『春秋之義，母以子貴。』」又郅惲傳：「春秋之義，母以子貴。」皆本此爲説也。○注「禮妾」至「是也」。○文四年「冬，夫人風氏薨」、五年「三月，葬我小君成風」是也。通典引：「異義：妾母之子爲君，得尊其母爲夫人否？春秋公羊説：妾子立爲君，母得稱夫人。故上堂稱妾屈於適，下堂稱夫人尊行國家。父母者，子之天也，子不得爵命父母。則士庶起爲人君母，亦不稱夫人。至於妾子爲君，爵其母者，以妾本接事尊者也，有所因也。穀梁説：魯僖公立妾母成風爲夫人，入宗廟，是子而爵母也。以妾爲妻，非禮也。古春秋左氏説：成風得立爲夫人，母以子貴，禮也。謹按，尚書，舜爲天子，瞽瞍爲士，明起於匹庶者，子不得爵命父母也。至於魯僖公本妾子，尊母成風爲小君，經無譏文。公羊、左氏義是也。鄭駁之曰：『禮喪服父爲長子三年，以將傳重故也；衆子則爲之周，明無二適也。女君卒，貴妾攝其事耳，不得復立爲夫人。魯僖公妾母爲夫人者，乃緣莊公夫人哀姜有殺子般、閔公之罪，應貶故也。近漢吕后殺戚夫人及庶子趙王，

〔一〕「污」，原訛作「行」，據三國志校改。

不仁，廢不得配食。文帝更尊其母薄后，非其比耶！妾子立者，得尊其母，禮未之聞也。』」則鄭用穀梁家說。晉書禮志：「哀帝即位，欲尊崇章皇太妃。桓温議宜稱太夫人。尚書僕射江霦曰：『當春秋時，庶子承國，其母得爲夫人。不審直子命母耶？故當告於宗廟以先君之命命之耶？竊見詔書，當臨軒拜授貴人爲皇太妃。今稱皇帝册命命〔一〕貴人，斯則子爵母也。貴人北面拜受，斯則母臣子也。天尊地卑，名位定矣；母貴子賤，人倫序矣。雖欲加崇貴人，而實卑之；欲顯明國典，而實廢之。且人主舉動，史必書之。如當載之方策，以示後世，毋乃不順乎！』」通典七十二引庾蔚之謂：「公羊明〔二〕母以子貴者，明妾貴賤。若無適子，則妾之子爲先立。又子既得立，則母隨之貴，豈謂可與適同耶？成風稱夫人，非禮之正。」解詁箋云：「不書即位，君臣父子夫婦兄弟之道立矣。經曰：『禘于太廟，用致夫人。』穀梁子曰：『用者，不宜用者也。致者，不宜致者也。言夫人而不以氏姓，非夫人也，立妾之辭也，非正也。夫人之，我可不夫人之乎？夫人卒葬之，我可不夫人卒葬之乎？一則以宗廟臨之而後貶焉，一則以外之弗夫人而見正焉。』經曰『僖公、成風』，楊士勛疏〔三〕：『秦人弗夫人也，即外之弗夫人而見正焉。』經曰『惠公、仲子』，穀梁子曰：『母以子氏，仲子者何？惠公之母，孝公之妾也。』經曰『考仲子之宫』，穀梁子曰：『禮，庶子爲

〔一〕「命」，原訛作「二」，叢書本同，據晉書校改。
〔二〕「明」字原脱，據通典校補。
〔三〕「楊士勛疏」，原誤記爲「穀梁子曰」。以下引文，非出自穀梁傳，見於楊士勛疏，據改。

君，爲其母築宮，使公子主其祭也。於子祭，於孫止。仲子者，惠公之母，隱孫而修之，非隱也。』經曰：『秋，七月，壬申，弋氏卒。』『辛巳，葬定弋。』即哀之未成君而見正焉。春秋之辨名如此。禮，『宗子雖七十無無主婦』，謂大夫得再娶也。天子、諸侯不再娶，有宗廟之事，以貴者攝之，故禮有『攝女君』。然而曰君之母非夫人，則羣臣無服，邦人稱之曰君之母，稱諸異邦曰寡君之母。大夫以下，妾有貴賤，服有升降而已，以明辨也，所謂不得與民變革者也。漢世妃匹不正，建儲立后，皆以愛憎，墮其禮防，因秦稱號，且配廟食。公羊經師欲其説之行，則於傳文『子以母貴』下增之曰『母以子貴』。夫子既可以貴其母，何必云子以母貴乎？且是子尊，得加於父母也。舜不王瞍，禹不王鯀，正也。商追元王，周追太王，皆以義起，非古也，不勝其敝矣。春秋正其詞曰『齊侯送姜氏』，曰『紀季姜歸于京師』。傳曰葬從死者，祭從生者，古志也。公羊經師曲學阿世而猶存正誼，以示其説之不得已，故其羼入之傳，灼然其爲説，亦必以適母在即稱夫人，紓緩其辭。又以士庶爲人君母，亦不得稱夫人，子不得爵命父母，自破其例，其意微而顯也。莊公夫人受誅不廟食可也，成風廟食不可也。於事，成風之立又不緣廟食也。黜呂立薄，昉於東漢，非孝文也。太史公書稱『孝文太后崩』，母以子氏，知董生春秋之義師法不廢，而今董生書猶以文質異法解之，其爲俗師竄改無疑矣。」今按：劉説非是。喪服經曰：「公妾、大夫之妾爲其子。」傳曰：「何以期也？妾不得體君，爲其子得遂也。」注：「此言二妾不得從于女君尊降其子也。女君與君一體，唯爲長子三年，其餘以尊降之，與妾子同也。」然則女君與君一體，故服制一與君同。妾不得體君，得〔一〕爲其子遂正母以子貴之誼。所以齊衰三月章：父卒則爲母，庶子爲後，當得伸其私恩。萬氏斯大儀禮商云：「齊衰三年，首言父卒則爲母，下即繼母慈母。因知妾子之爲其母，當與此同，經不言者，包於父卒則爲母中也。」惠氏士奇春秋説云：「易象陰係于陽，春秋母係于子，故母以子氏，其名正矣。鼎之爻辭曰：『得妾以其子，尤咎。』此之謂也。」淩氏廷堪禮經釋例云：「齊衰期章：『父在爲母。』此言適母也，父在則服齊衰期。大功九月章：『大夫之庶子爲母。』注：『大夫之庶子，則父在也爲母，謂妾子也。』緦麻三月章：『庶子爲後者爲其母。』此言庶子爲後爲其所生母也，父在服緦。又大功九月章：『公之庶昆弟爲母。』注：『公之庶昆弟則父卒也。』此言諸侯庶子不爲父後者，父卒亦爲所生母。大功，若爲後之庶子，父卒爲母，並得伸三年也。何以知之？慈母如母，慈母亦父妾也，非其所生尚爲之三年，所生母得三年明矣。」按：儀禮喪服章明有「庶子爲父後者爲其母緦」，然則周法庶子爲後者，無論天子至士皆服緦，未必盡伸三年之服。春秋時容或有行重服者，故禮記服問曰：「君之母非夫人，則羣臣無服，唯近臣及僕、驂乘從服，唯君所服服也。」注：「妾，先臣所不服也。禮，庶子爲後，爲其母緦。言『唯君所服』，伸君也。春秋之義有以小君服之者。時若小君在，則益不可。」是鄭不以春秋之事爲正也。然傳於下「天王使宰咺來歸惠公、仲子之賵」

〔一〕「得」，考察句意及儀禮注疏「妾不得體君爲其子得遂」原文，當改爲「不得」爲宜。或將「得」字移至「遂」上，「不」承上省。

曰：「何以不稱夫人？桓未君也。」於定十五年「姒氏卒」下曰：「何以不稱夫人？哀未君也。」於「葬定姒」曰：「定姒何以書葬？未踰年之君也，有子則廟，廟則書葬。」又下二年：「夫人子氏薨。」傳：「夫人子氏者何？隱公之母也。何以不書葬？成公意也。」宣八年：「夫人熊氏薨。」傳：「宣公之母也。」注：「熊氏，楚女。宣公即僖公妾子。」皆無譏文，蓋不獨成風然也。又禮記雜記云：「妾祔於妾祖姑，無妾祖姑，則亦祔其昭穆之妾。」疏引庾蔚之云：「妾祖姑無廟，爲壇祭之。」崔靈恩云：「於廟中爲壇祭之。」又喪服小記云：「慈母與妾母，不世祭也。」即穀梁家所云「禮，庶子爲君，爲其母築宫，使公子主其祭。於子祭，於孫止」是也。是則妾子爲君，雖不得尊其母如適，然必仍妾舊稱，使爲子者不得伸其私恩，亦非所以推孝錫類。則異義所載公羊説「上堂稱妾屈於適，下堂稱夫人尊行國家」，亦未嘗不仁至義盡也。故繁露三代改制云：「主天法質而王」，「妾以子貴」；「主地法文而王」，「妾不以子稱貴號〔一〕」。春秋改文從質，所以母以子貴，必公羊經師所傳。劉氏反謂其俗師竄改，而牽涉穀梁之説，是自亂其家法矣。

〔一〕「號」字原脱，叢書本同，據春秋繁露校補。

公羊義疏二

南菁書院　句容陳立卓人著

隱元年三月盡五月

○三月，公及邾婁儀父盟于眛。【疏】釋文：「婁，力俱反。邾人語聲後，曰婁故曰邾婁。禮記同。左氏、穀梁無『婁』字。」顧氏炎武唐韻正：「鄒，古音則俱反。公羊傳『邾婁』即『鄒』字，以一字爲二字。孟子題詞邾國在孟子時改曰鄒。」趙氏坦春秋異文箋云：「謹案，列國方言，有語聲在後者，『邾婁』是也。有語聲在前者，『句吴』、『於越』是也。即人名亦然，吴子壽夢、寺人惠牆伊戾是也。公羊多齊言，故邾作邾婁。杜云邾，今魯國鄒縣是也。」説文邑部：「鄒，魯縣，古邾婁國，帝顓頊之後所封。」段氏玉裁説文注云：「魯國騶，二志同。周時或云鄒，或云邾婁者，語言緩急之殊也。周時作鄒，漢時作騶，古今字之異也。左、穀作邾，公羊作邾婁，邾婁之合聲爲鄒，孟子、國語作鄒。三者，鄒爲正，邾則省文。漢時縣名作騶，如韓勑碑陰『騶韋仲卿』足證。鄭語曰：『曹姓鄒、莒。』韋云：『陸終第五子曰安，爲曹姓，封於鄒。』杜譜云：『邾，曹姓，顓頊之後有六終，産六子，其第五子曰安，邾即安之後也。周武王時封其苗裔俠爲附庸，居邾。』前志曰：『騶，故邾國，曹姓，二十九世爲楚所滅。』按，左傳顓頊有子曰黎，爲祝融。祝融之後八姓，妘、曹其二也。然則上云鄶，祝融之後，妘姓所封，此云帝顓頊之後，互文錯見也。今山東兗州府鄒縣東南二十六里有古邾城。趙氏岐曰：『鄒本春秋時邾子之國，至孟子時改曰鄒。』此未知其始本名鄒也。」周氏廣業孟子出處時地考云：「鄒有二，皆顓帝後所封國。一早著於幽王之世，國語史伯謂鄭桓公曰：『當成周者，東有齊、魯、曹、宋、滕、薛、鄒、莒。』又曰：『黎爲高辛氏火正，命曰祝融，其後以姓存者，妘姓鄔、檜、路、偪陽，曹姓鄒、莒，皆爲采衛。』此鄒入春秋不復見，唯晏子載『景公爲鄒之長塗』，晏子諫未[一]息，疑爲齊所滅。漢志濟南郡有鄒平、梁鄒二縣。水經注謂鄒平，古侯國，舜後姚姓。蓋即今濟南府鄒平縣地也，其一即邾。大戴記顓頊子老童産重黎及吳回，吳回産陸終，陸終六子，其五[二]曰安，是爲曹姓。曹姓者邾，鄒縣北嶧山是也，漢志屬魯國，今爲兗州府鄒縣。其改邾爲鄒，齊乘謂始文公，但遷繹在魯文公十三年，而終春秋不聞有鄒，至戰國更無邾名，故趙氏以爲至孟子時改也。藝文類聚引劉薈騶山記云：『騶山，古之嶧陽，魯穆公改爲騶。』徐鉉説説文亦云：『魯穆公改邾爲鄒。』改名不應出魯，或譌鄒穆公爲魯穆公耳。」按：邾婁之合音爲鄒，不關更改，段説是也。趙氏孟子題詞云：「國近魯，後爲魯所并。」哀公七年左傳云：「魯擊柝聞于邾。」故春秋時會盟征伐之事，魯與邾特多焉。「昧」，閩本、毛本、監本、唐石

〔一〕「未」，原訛作「爲」，叢書本同，據晏子春秋校改。
〔二〕「五」，原訛作「子」，叢書本同，據大戴禮記校改。

經作「眛」。釋文：「眛，亡結反。」則作眛，从末是也。左氏作「蔑」，校勘記：「段云說文眛从目，末聲，與从目未聲之字有別。眛與蔑古音同。」石經考文提要亦云：「宋景德本、鄂泮官〔一〕書本皆作眛。」杜云蔑、姑，蔑，魯地，魯國卞縣南有姑城。釋例土地名魯地蔑、姑蔑二名，魯國卞縣南有姑蔑城。顧氏棟高春秋大事表云：「在今兗州府泗水縣東北四十五里。定十二〔二〕年，費人攻公，『仲尼命申句須、樂頎下伐之。費人北，國人追之，敗諸姑蔑』即此。」水經注泗水篇：「泗水出魯卞縣北山。南有姑蔑城，春秋隱元年『公及邾儀父盟于蔑』是也。」惠氏棟左傳補注：「蔑本姑蔑。定十二年傳『費人北，國人追之，敗諸姑蔑』是也。隱公名息姑，而當時史官爲之諱。猶定公名宋，哀十四傳，宗人釁夏曰『孝、惠取于商』，不云宋也。古人舍故諱新，故哀爲定諱定，不爲隱諱。汲郡古文云：『魯隱公及邾莊公盟于姑蔑。』魏史不爲魯諱。則此經爲魯諱明矣。」

及者何？與也。【注】若曰與邾婁盟也。【疏】爾雅釋詁云：「及，與也。」詩谷風「及爾顛覆〔三〕」、「及爾同死」、氓「及爾偕老」箋並云：「及，與也。」

會、及、暨，皆與也。【注】都解經上會、及、暨也。【疏】爾雅釋詁：「逮、及、暨，與也。」說文㠯部：

〔一〕「鄂」下原衍「州本」二字；「官」，原訛作「宮」，據阮元校勘記校改。
〔二〕「十二」，原訛作「二十」，左傳費人襲魯，事在定公十二年，據改。
〔三〕「覆」，原訛作「發」，據毛詩正義校改。

「與，黨與也。」禮檀弓、論語鄭注並云：「與，及也。」書堯典「汝羲暨和」，傳：「暨，與也。」左傳宣七年：「凡師出，與謀曰『及』，不與謀曰『會』。」是「會」、「及」義近，故皆有與義也。○注「都解」至「暨也」。○都猶言總也，曹丕與吴質書「頃選遺文，都爲一集」是也。民人所聚曰都，故都有總義。

曷爲或言會，或言及，或言暨？【疏】舊疏云：「或言會者，即下六年『公會齊侯盟于艾』之徒是也。或言暨者，昭七年『暨齊平』、定十年『宋公之弟辰〔一〕暨仲佗、石彄出奔陳』是也。或言及，此經是也。」

會，猶最也。【注】最，聚也。直自若平時聚會，無他深淺意也。最之爲言聚，若今聚民爲投最。【疏】注「最，聚也」。○玉篇：「最，聚也。」小爾雅釋詁「冣，叢也」；又「要也」。史記周勃世家索隱：「最，都凡也。」王氏念孫廣雅疏證云：「説文：『贅，冣也。』公羊：『會，猶冣也。』何注：『冣，聚也。』漢武紀『毋贅聚』，如淳注：『贅，會〔二〕也。』會、最、聚，並同義。」王氏引之經義述聞云：「釋文最字無音。家大人曰：正文及注最字皆當作冣，音才句反。冣與聚聲義皆同，故曰冣之爲言聚也。説文：『冣，積也。从冖〔三〕取，取亦

〔一〕「辰」，原訛作「長」，據公羊傳校改。
〔二〕「會」，原訛作「最」，據中華書局點校本漢書武帝紀校改。
〔三〕「冖」，原訛作「一」，據説文校改。

聲。」徐鍇曰：『古以爲聚物之聚爲冣〔一〕。』世人多見最，少見冣，故書傳冣字皆譌作最。禮記樂記『會以聚衆』，鄭注：『聚或作冣。』今已譌作最。管子禁藏篇『冬收五藏，冣萬物』，地數篇『民舉所冣粟以避重泉之戍』，尹注皆云：『冣，聚也。』莊子德充符篇：『物何爲冣之哉？』司馬彪注曰：『冣，聚也。』荀子彊國篇『執拘則冣』，韓詩外傳作『執拘則聚』。趙策『顔冣』，史記廉頗藺相如傳作『顔聚』。史記殷本紀『大冣樂戲于沙丘』，徐廣曰：『冣，一作聚。』周紀『則固有聚以收齊』，徐廣曰：『聚，一作冣。』鵩鳥賦『憂喜聚門兮』，李善曰：『或作冣，亦聚也。』小爾雅『冣、聚，叢也』，今本『冣』皆譌作『最』。此傳釋文不爲冣字作音，則唐初已誤爲最，不始於開成石經矣。」胡氏承珙小爾雅義證云：「最，當从説文作冣。説文『冣，積也』，『最，犯取也』，本二義，後人多混冣爲最，冣字遂廢。蓋冣本有聚義，故叢亦通作冣。史記功臣年表『蓼侯孔藂』，索隱引家語作最是也，此最亦當作冣。文選西征賦注引字林云：『藂，聚貌。』藂與冣同。」○注「直自」至「意也」。○深淺意者，謂如及爲我欲之，有汲汲義，是爲深；暨爲不得已，是爲淺。下注所云善重惡深、善輕惡淺是也。會無此二義，故直若平時聚會也。○注「若今」至「投最」。○此以漢語況之也。

及，猶汲汲也。【疏】通義云：「及之爲言恐弗及也，汲汲者急辭。」説文又部：「及，逮〔二〕也。从又从人。」詩摽有梅序「男女得以及時也」，即汲汲逮時之義，故彼疏引此傳文解之也。廣雅釋言：「及，連也。」

〔一〕「爲冣」二字原脱，據經義述聞校補。
〔二〕「逮」，原訛作「建」，據説文校改。

荀子儒效篇注：「及，繼也。」繼與連皆有汲汲之意。

暨，猶暨暨也。【疏】爾雅釋言云：「暨，不及也。」經義述聞云：「傳注皆訓暨爲及，未有訓爲不及者。『不』字蓋涉下文『憖，不遜也』而衍。釋詁曰：『逮、及、暨，與也。』釋言曰：『逮，及也。』此曰『暨，及也』，皆是轉相爲訓。傳注訓暨爲及，即本之爾雅，加一『不』字則義不可通。郭曰：『公羊傳曰：「及，我欲之；暨，不得已。」暨不得已，是不得及。』此又曲説之不可通者。」按：「及」與「暨」散文通，對文異。此暨與及對，若即訓及，何深淺之分？故傳云暨暨正是「不得已」之義，不得已所以不汲汲，故爾雅云「不及也」，郭注甚明，王氏何反以爲曲説耶？通義云：「暨暨者，重難之辭。玉藻曰：『戎容暨暨。』」説文旦部：「暨，日頗見也。」段注云：「頗，頭偏也。頭偏則不能全見其面，故謂事之略然者曰頗。日頗見者，見而不全〔一〕也。釋言曰：『暨，不及也。』是其引申之義。㐺部曰：『臮者，衆與詞也。』引唐書『臮皋陶』。」按：書禹貢「暨魚」、「朔南暨」，史記夏本紀及漢書地理志作「臮」，是臮正字也。臮之叚借多作洎，莊子寓言篇「後仕，三千鍾不洎」，文選東京賦「于斯胥〔二〕洎」是也。又作「塈」，儀禮士喪禮注引喪大記「塗不塈于棺」，釋文劉本作「塈」是也。蓋暨暨猶幾幾，雅訓所謂不及也。

及，我欲之；暨，不得已也。【注】我者，謂魯也。内魯，故言我。舉及、暨者，明當隨意善惡而原

〔一〕「全」字下原衍一「之」字，據説文段注校删。
〔二〕「斯胥」，原誤倒作「胥斯」，據文選東京賦校乙。

之。欲之者，善重惡深；不得已者，善輕惡淺，所以原心定罪。【疏】通義云：「左傳謂公攝位而欲求好于邾，則是盟我欲之，故從及文也。」又宣七年左傳云：「凡師出，與謀曰及。」則亦我欲之義也。穀梁傳：「及者何？内爲志焉爾。」故上注云「若曰公與邾婁盟也」。暨，不得已；與、及，我欲之，相對爲義也。郝氏懿行爾雅義疏云：「釋詁曰：『及、暨，與也。』是暨即及矣。又言：『不及者，郭引公羊傳釋云暨不得已，是不得及矣。』文選赭白馬賦及文賦注並引爾雅作『暨，及也』。或及上脱不字，抑或所引即釋詁文。蓋『暨』之一字包『及』與『不及』兩義也。穀梁昭七年傳『以外及内曰暨』對『及爲我欲』，是亦不得已之義也。」○注「我者」至「言我」。○漢書蕭望之傳：「聖王之制，施德行禮，先京師而後諸夏。」説苑指武云：「春秋先京師而後諸夏[一]。」春秋假魯爲京師，故内魯言我也。繁露奉本云：「當此之時，魯無鄙疆，諸侯之伐哀者皆言我。」明所見之世，魯愈微而春秋之化愈廣。哀八年之「吴伐我」，十一[二]年之「齊國書帥師伐我」，皆不言西鄙、北鄙，以見化及天下。不言鄙疆，明魯之王化所及遠也。舊疏云：「此通内外皆然，但傳据内言之，故言我謂魯也。」○注「舉及」至「原之」。○此對「會」之無他深淺言也。○注「欲之」至「惡深」。○舊疏云：「善重者，即此『公及邾婁儀父盟于眛』是也，以其汲汲於善事。惡深者，哀十二年『公會晉侯及吴子于黄池』是也，以其汲汲於惡事。」○注「不得」至「惡淺」。○舊疏云：「善輕，則『暨齊

[一]「夏」，原訛作「侯」，原皇清經解續編本、叢書本均不誤，據改。
[二]「十一」，原脱「一」字，齊國書伐魯事在哀公十一年，據春秋經校補。

平」是也。惡淺者，『宋公之弟辰暨仲佗、石彄』是也。」○注「所以原心定罪」。○淩先生曙公羊問答云：「問：何以云原心定罪也？曰：桓寬曰：春秋治獄論心定罪，志善而違於法者免，志惡而合於法者誅。」後漢書〔一〕霍諝傳曰：「春秋之義，原情定過，赦事誅意，故許止雖弑君而不罪，趙盾以縱賊而見書。此仲尼所以垂王法，而漢世所宜遵前修也。」按：漢書王嘉傳云：「聖王斷獄，必先原心定罪，探意立情。」又薛宣傳：「春秋之義，原心定罪。」後漢書應劭傳：「若乃小大以情，原心定罪，此爲求生，非謂代死可以生也。」繁露正貫云：「論罪源深淺，定法誅，然後絶屬之分別矣。」鹽鐵論詔聖云：「春秋原罪。」繁露精華云：「春秋之聽獄也，必本其事而原其志。志邪者，不待成；首惡者，罪特重；本直者，其論輕。是故逢丑父當斮，而轅濤塗不宜執，魯季子追慶父，而吴季子釋闔廬，此四者，罪同異論，其本殊也。俱欺三軍，而或死或不死；俱弑君，或誅或不誅，聽訟折獄，可無審耶！」即原心定罪之義也。

儀父者何？邾婁之君也。【注】以言「公及」不諱，知爲君也。【疏】左傳疏引杜氏世族譜：「邾，曹姓，顓頊之後，有六終，其第五子曰安，周武王封其苗裔俠爲附庸，居邾。自安至儀父，十二世始見春秋。」陳氏樹華春秋内傳考證云：「漢書鄒陽傳引作義父。」師古曰：「義讀爲儀。」○注「以言」至「君也」。○舊疏云：「凡春秋，公與外大夫盟，皆諱不言公。故莊二十二年『及齊高傒盟于防』傳『公則曷爲不言

〔一〕「後漢書」，原誤記爲「漢書」。以下引文實出自後漢書霍諝傳，據改。

公？諱與大夫盟也』之屬，今此不没公，故知是君矣。」其莊九年書「公及齊大夫盟于暨〔一〕」者，彼傳云：「公曷爲與大夫盟？齊無君也。然則何以不名？諱與大夫盟也，使若衆然。」注：「鄰國之臣，猶吾臣也。」是也。

何以名？【注】据齊侯以禄父爲名。【疏】校勘記云：「鄂本以下同。唐石經作『何以不名』。按，此設爲問答之詞，此問『何以名』，故下答之曰『非名也，字也』。若作『何以不名』，則與下『曷爲稱字』意複。此下『字也』一句爲贅矣。注云『據齊侯以禄父爲名』，故疑儀父亦名，則何休本無『不』字，唐石經當衍。」洪氏頤煊讀書叢録云：「唐石經『名』上有『不』字。按，何注『据齊侯以禄父爲名』，疏云：『是言齊侯以禄父爲名，故疑邾婁君亦以儀父爲名。』注疏本皆無『不』字。」○注「据齊」至「爲名」。○桓十四年，「齊侯禄父卒」是也。

字也。【注】以當襃，知爲字。【疏】注「以當襃，知爲字」。○舊疏云：「春秋以隱新受命而王，儀父慕之，故知當襃也。」穀梁傳：「儀，字也；父猶傅也，男子之美稱也。」莊二十五年「陳侯使女叔來聘」，左傳：「嘉之，故不名。」禮記郊特牲曰：「冠而字之，敬其名也。」是字爲襃也。

曷爲稱字？【注】据諸侯當稱爵。【疏】舊疏云：「六年『夏，公會齊侯盟于艾』之屬是也。」

〔一〕「暨」，原訛作「蔇」，據公羊傳校改。

褒之也。【注】以宿與微者盟，書卒，知與公盟當褒之。有土嘉之曰褒，無土建國曰封。稱字所以爲褒之者，儀父本在春秋前失爵，在名例爾。【疏】注「以宿」至「褒之」。○下云：「及宋人盟于宿。」傳：「孰及之？內之微者也。」又八年：「辛亥，宿男卒。」注：「宿本小國，不當卒，所以卒而日者，春秋王魯，以隱公爲始受命王，宿男先與隱公交接，故卒，褒之也。」以所傳聞之世，微國之卒本不合書，宿男今變例，書卒見恩，爲其與我微者盟故。與微者盟功薄，故不名；不書葬，從小國例。今邾婁儀父與公盟，故當褒也。○注「有土」至「曰封」。○舊疏云：「有土嘉之曰褒者，謂加爵與字，即儀父、滕侯之屬是也。無土建國曰封者，即封邢、衛之屬是也。」通義云：「褒者，天子有慶於諸侯，加地進律之名，禮有褒衣是也。春秋假天子之事設七等之科，所善者進其號，所惡者降其秩。君子雖有其德，苟無其位，諸侯大夫之功罪非匹夫所得而議焉，是故以文王之法臨之而黜陟焉。孟子曰：『詩亡，然後春秋作。』詩有美刺，春秋有褒貶，其義一也。」然則封者實事，褒者春秋予奪之稱，亦以有有土嘉之之例，故春秋即假以進退當時焉。○注「稱字」至「例爾」。○莊十年傳：「名不若字，字不若子。」子者，爵也，失爵則稱名，進之故稱字。僖二十九年：「春，介葛盧來。」傳：「介葛盧者何？夷狄之君也。」注：「介者，國也。葛盧者，名也。進稱名者，能慕中國，朝賢君，明當扶勉以禮義。」明中國失爵者稱名，夷狄稱人，僖三十年「介人侵蕭」是也。進之乃同乎中國。無爵者稱名也。邾婁所以失爵者，春秋前周室猶未大衰，政令尚行於諸侯，邾婁或有過失被黜。如孟子告子下所云「一不朝則貶其爵」、禮記王制所云「宗廟有不順者爲不孝，不孝者君絀以爵」是也。穀梁傳：「邾之上古微，未爵命于周。」左傳云：「未王命，故不書爵。」皆與何氏異。

曷爲褒之？【注】据功不見。【疏】注「据功不見」。○釋文：「見，賢徧反。」儀父未有功顯著，故据以難。

爲其與公盟也。【注】爲其始與公盟。盟者，殺生歃血，詛命相誓，以盟約束也。傳不足言託始者，儀父比宿、滕、薛最在前，嫌獨爲儀父發始，下三國意不見，故顧之。【疏】注「爲其始與公盟」。○通義云：「春秋内魯，與内接者，託始于此。隱公之賢讓，邾婁之君能親賢慕義、講信修睦，於法當褒也。」左疏引賈、服云：「儀父嘉隱公有至孝謙讓之義，而與結好，故貴而字之，善其慕義説讓。」亦取公羊爲説。舊疏引春秋説云「褒儀父善趣聖」是也。○注「盟者」至「束也」。○説文囧部：「盟，周禮曰『國有疑則盟』，諸侯再相與會，十二歲一盟，北面詔天之司慎司命，盟殺牲歃血，朱槃玉敦以立牛耳。」禮記曲禮云：「約信曰誓，涖牲曰盟。」周禮玉府云「若合諸侯，則其珠槃玉敦」，注：「合諸侯者，必割牛耳，取其血，歃之以盟。朱槃以盛牛耳，尸盟者執之。」玉敦，歃血玉器。又戎右云：「盟，則以玉敦辟盟，遂役之；贊牛耳桃茢。」又秋官序官「司盟」注：「盟，以約辭告神，殺牲歃血，著其信也。」又司盟云：「掌盟載之法，凡邦國有疑會同，則掌其盟約之載及其禮儀，北面詔明神。既盟，則貳之。」注：「載，盟辭也。盟者，書其辭於策。殺牲取血，坎其牲，加書於上而埋之，謂之載書。」「有疑，不協也。明神，神之明察者，謂日月山川也。覲禮加方明于壇上，所以依之也。」又云：「盟萬民之犯命者，詛其不信者亦如之。」注：「盟詛者，欲相與共惡之也。犯命，犯君教令也。不信，違約者也。」詩何人斯疏云：「鄭駁異義云：詩説及鄭伯使卒及行所出，皆謂詛爾，小於盟也。周禮戎右職云：『若盟，則以玉敦辟盟，遂役之；贊牛耳桃茢。』哀十七年左傳：『孟武伯問於高柴曰：諸侯盟，誰執牛耳？』然則盟者，人君用牛。伯姬盟孔悝用豭，下人君牲，是盟用牛也。此謂大事正禮所當用者耳。若臨時假用其禮者，不必有牲。左傳孟任割臂以盟莊公，華元入楚師，登子反之牀，子反懼而與之盟，皆無牲也。」左疏云：「凡天子之盟諸侯，十二歲於方岳之下，故傳云：『再會而盟，以顯昭明。』若王不巡守，及諸侯有事朝王，即時見曰會，殷見曰同，亦爲盟禮。其盟之法，按覲禮爲『壇十二尋，深四尺，加方明于其上。方明者，木也，方四尺。設六玉，上圭下璧，南方璋，西方琥，北方璜，東方圭』。朝諸侯于壇訖，乃加方明于壇而祀〔一〕之。列諸侯于庭，玉府供珠槃玉敦，戎右以玉敦辟盟，贊牛耳桃茢。司盟北面詔告於明神，諸侯以次歃血。鄭注覲禮云：『王之盟，其神主日；王官之伯盟，其神主月；諸侯之盟，其神主山川。』是盟禮之略也。諸侯盟亦有壇，柯之盟，公羊傳稱曹子以手劍劫桓公于壇上是也。其盟神無定，襄十一年傳稱『司慎司盟，名山名川，羣神羣祀，先王先公，七姓十二國之祖』是也。其盟用牛牲，哀十七年『諸侯盟，誰執牛耳』是也。其殺牛，必取血及耳，以手執玉敦之血進之於口，定八年『涉佗捘衛侯之手及腕』，又襄九年『與大國盟，口血未乾』是也。既盟之後，牲及餘血并盟載之書加於牲上，坎而埋之，僖二十五年『宵，坎血加書』是也。春秋之世，不由天子之命，諸侯自相與盟，則大國制其言，小國尸其事，官雖小異，禮則大同。故釋例曰：『盟者殺牲載書，大國制其言，小國尸其事，珠槃玉敦，以奉流血而同歃。』是其事也。」按：荀子大略云：「盟詛不及三王。」下二年注云：「凡書會者，惡其虛内務恃外好也。」會無美詞，盟則可知，詳下注。○注「傳不」至「顧之」。○校勘記云：「言字當誤衍，下注云傳

〔一〕「祀」，原訛作「視」，據左傳正義校改。

不足託始可證〔一〕。」舊疏云：「此傳應言爲其始與公盟，今不具其文言始者，若言始與公盟，即恐下三國不是始，是以顧之，不得具其文。」按：「託始者」，言隱公實非受命王，但託之以爲始耳。

與公盟者衆矣，曷爲獨褒乎此？【注】据戎、齊侯、莒人皆與公盟，傳不足託始，故復据衆也。

【疏】注「据戎」至「公盟」。○下二年「秋，公及戎盟于唐」，六年「夏，公會齊侯盟于艾」，八年「秋，公及莒人盟于包來」是也。○注「傳不」至「衆也」。○上傳若云始與公盟，其義自明。傳既不言託始於儀父，則褒義不見，故復据衆盟以難褒也。

因其可褒者而褒之。【注】春秋王魯，託隱公以爲始受命王，因儀父先與隱公盟，可假以見褒賞之法，故云爾。【疏】風俗通過譽、十反皆云：「春秋之義，因其可褒而褒之。」用公羊義也。○注「春秋」至「云爾」。○繁露王道云：「諸侯來朝者得褒，邾婁儀父稱字，滕、薛稱侯，荆稱人，介葛盧得名。內出言如，諸侯來曰朝，大夫來曰聘，王道之意也。」是皆託王於魯，故别外内，以立王道褒賞之法，託隱公爲春秋之始受命王。儀父先與盟，故假以爲賞有功。漢書師丹傳云：「夫褒有德，賞元功，先聖之制，百王不易之道也。」繁露三代改制云：「春秋作新王之事，變周之制，當正黑統，而殷、周爲王者之後，紬夏改號禹謂之帝，録其後以小國，故曰紬夏存周，以春秋當新王。不以杞侯，弗同王者之後也。稱子又稱伯何？見

〔一〕「可證」下，原衍「毛本下作于」五字。此乃將「下三國意不見」的校勘記闌入，删之。

殊之小國也。」皆言王魯之義也。惠氏棟九經古義云：「論語『吾其爲東周乎』，何晏注云『興周道於東方，故曰東周』，此與公羊黜周王魯之說合。」宋本「託」作「記」，校勘記云：「閩、監本同，誤也。鄂本作託，當据正。」

此其爲可褒奈何？漸進也。【注】漸者，物事之端，先見之辭。去惡就善曰進。譬若隱公受命而王，諸侯有倡始先歸之者，當進而封之，以率其後。不言先者，亦爲所褒者法，明當積漸，深知聖德灼然之後乃往，不可造次陷於不義。【疏】繁露觀德云：「『隕石于宋五』、『六鷁退飛』，或徐或察，皆以先接於我者序之。其於會盟朝聘之禮亦猶是。諸侯與盟者衆矣，而儀父獨漸進。鄭僖公方來會我而道殺，春秋致其意，謂之如會。」通義云：「繁露曰：『氏不若人，人不若名，名不若字，凡四等，命曰附庸。字者方三十里，名者方二十里，人、氏者方十五里。』邾婁于桓之篇稱人，傳曰『夷狄之』。於此稱字，傳曰『褒之』。進退相較，明儀父本在名等，春秋字之，若加封，使從三十里國也。然非有所因，則褒文爲空設，其後儀父至莊公之世實得王命爲諸侯，故因其有將進之，漸而褒之。若曰苟以文王之法治諸夏，所封有親賢睦鄰，如儀父者其可也。邾婁之進，自緣他事，因而褒之於此，則春秋之新義。春秋皆假事以託義者也，得其義則事可略也。」按：左傳但云「貴之」，不言何事見貴〔一〕，若如彼傳云「公攝位而欲求好於邾」，則當貴魯矣。儀父，邾子，何貴之有？杜預、范甯皆以「繼好息民」、「結信於魯」爲說。春秋會盟皆有和好之義，何獨於

〔一〕「貴」，原訛作「責」，據上下文意改。

儀父貴之？孔疏謂「朝事大國，則附庸常道；齊盟〔一〕結好，非附庸所能」，真稚語也。○注「漸者」至「之辭」。○文選謝靈運游南亭詩注引廣雅：「漸，稍也。」易序卦傳：「漸者，進也。」史記越世家「漸九川」，徐廣曰：「漸者，引進通導之意〔二〕也。」皆與「物事之端、先見之辭」意近。舊疏云：「物事之端，猶言物事之首。先見之辭，『見』讀如『見其二子』之『見』，若公子陽生闖然之類是也。」俞氏樾公羊平議云：「如何説以漸進爲倡始先歸，則止是褒其始與公盟耳。凡始與公盟者，皆得褒之，非所謂因其可褒而褒之也。又曰『明當積漸，深知聖德』，則并與前説岐矣。今按，公羊家有七等之説，『州不若國，國不若氏，氏不若人，人不若名，名不若字，字不若子』。邾婁儀父本當在書名之等，進而書字，所謂漸進也。若邾婁本當書字，進而書子，則其進也太驟矣，非漸進之義也。故與公盟者雖衆，而獨褒邾婁儀父者，取其適在書名之等也，斯謂因其可褒而褒之矣。」○注「去惡」至「曰進」。○文選東京賦「因進距衰」，薛注：「進，善也。」禮記樂記「禮減而進」，注：「進謂自勉强也。」國語晉語「夫事君者量力而進」，注：「進，進取也，自勉進取。」皆有就善之意。就善曰進，因謂進爲善矣。劉氏逢禄論語述何説論語「與其進也，不與其退也」云：「春秋列國進乎禮義者，與之；退，則因而貶之。」亦此義也。○注「譬若」至「其後」。○何云「譬若」，即傳文「託始」之義也。春秋託王於魯，原非以隱公爲王，故何云「譬若」，猶斯義也。後漢書李固傳云：「春秋褒儀

〔一〕「齊盟」二字原脱，叢書本同，據左傳正義校補。
〔二〕「通導之意」，原訛作「通達之義」，據中華書局點校本史記三家注校改。

父以開義路，貶無駭以閉利門。夫義路開，則利門閉；利門開，則義路閉也。」開義路即何氏「進而封之，以率其後」義也。○注「不言」至「不義」。○此明傳文言「漸進」不言先之義也。當積漸，深知聖德灼然之後乃往，即漸進之意也。繁露觀德云：「故受命而海内順之，猶衆星之共北辰、流水之宗滄海也。」又云：「至德以受命，豪英高明之人輻輳歸之。」謂「聖德灼然之後」者也。云「造次陷於不義」者，桓十五年：「邾婁人、牟人、葛人來朝。」傳：「皆何以稱人？夷狄之也。」注：「桓公行惡，而三人俱朝事之。三人爲衆，衆足責，故夷狄之。」又桓七年云：「穀伯綏來朝。鄧侯吾離來朝。」注：「不日者，失地之君。朝惡人，輕也。」穀、鄧失地之君，故不深責其朝惡人，非謂穀、鄧宜朝也，是皆「陷於不義」者也。「造次」者，論語里仁云「造次必於是」，亦謂急遽之意。

眛者何？地期也。【注】會、盟、戰，皆録地其所期處，重期也。凡書盟者，惡之也，爲其約誓大甚，朋黨深背之，生患禍重。「胥命於蒲」，善近正是也。君大夫盟例日，惡不信也。此月者，隱推讓以立，邾婁慕義而來相親信，故爲小信辭也。大信者時，柯之盟是也。魯稱公者，臣子心所欲尊號其君父。公者，五等之爵最尊，王者探臣子心欲尊其君父，使得稱公，故春秋以臣子書葬者皆稱公。于者，於也。凡以事定地者加于例，以地定事者不加于例。【疏】通義云：「兩君相見所期之地也。於此發傳，後言于某者，從可知也。」穀梁傳：「眛，地名也。」通義又云：「孫覺曰：『隱之出皆不致，隱志讓乎桓，不敢當正君之禮。聖人本其意而略之也。』」按：桓二年「公至自唐」，注云：「致者，君子疾賢者失其所，不肖者反以相親榮，故與隱相違也。明前隱與戎盟，雖不信，猶可安也。今桓與戎盟，雖信，猶可危也。」然則隱之不書至，正以隱爲賢君，無可危故也。孫氏之言，猶泥於杜預「春秋者，魯史記之名」一語。○注「會盟」至「期也」。○釋文出「其處」二字。校勘記：「陸本蓋作『會、盟、戰，皆録其處，重期也』。」盧文弨曰：「據注當作『期處』」，此其字譌。會録地者，下二年『公會戎于潛』之屬是也。盟録地者，此之屬是也。戰録地者，桓十七年『及齊師戰于奚』之屬是也。重期，故會、盟有大信時，小信月，不信日；戰有詐戰、偏戰之異也。」○注「凡書」至「禍重」。○詩巧言云：「君子屢盟，亂是用長。」傳：「凡國有疑，會同則用盟而相要也。」箋云：「盟之所以數者，由世衰亂多相背違。時見曰會，殷見曰同。非此時而盟，謂之數。」按：下二年傳注：「於會，已惡其虚内恃外，則惡盟爲尤深。」通義云：「大道既隱，降而有詛誓。周公致治太平，猶設司盟之官。春秋撥亂世，尤尚〔一〕約信，故盟者春秋所不惡。惡其渝盟者，渝盟例日。」按：盟會者春秋之所惡，故桓三年傳曰：「古者不盟。」穀梁傳曰：「相命而信諭，謹言而退。」又曰：「盟詛不及三王也。」司盟之官見之周禮，何氏所不取。舊疏云：「此言與公盟而得褒，何言惡者？直善其慕新王之義而得褒，豈善其盟乎？」是也。注云「朋黨深背之，生患禍重」，則視會之虚内務恃外好爲甚矣。○注「胥命」至「是也」。○桓三年：「齊侯、衛侯胥命于蒲。」傳：「胥命者何？相命也。何言乎相命？近正也。此其爲近正奈何？古者不盟，結言而退。」穀梁傳：「以是爲近古也。」左傳：「但云不盟，無褒辭。」則左氏並不知胥命之善矣。○注「君大」至「信也」。○舊疏云：「君大夫盟日，皆是惡不信。」下二年「秋，八月，庚辰，公及戎盟于唐」，文八年

〔一〕「尤尚」二字原脱，叢書本同，據公羊通義校補。

「冬，十月，壬午，公子遂會晉趙盾，盟于衡雍」之屬是也。○注「此月」至「辭也」。○舊疏云：「儀父見褒不爲大信者，下七年『公伐邾婁』是其背信也。功不足録，但假託以爲小善，故爲小信辭。」按：穀梁傳「不日，其盟渝也」，彼以日爲信，以不日爲變盟，與此以時爲信、月爲小信、日爲不信者異。三傳各有義例，不必强同也。此以蔑盟本不信例，今書日徒以慕新王而見予，故仍許以小信，亦春秋之示法也。○注「大信」至「是也」。○莊十三〔一〕年「冬，公會齊侯盟于柯」，傳曰「桓公之信著乎天下，自柯之盟始也」，又云「桓之盟不日，其會不致，信之也」是也。○注「魯稱」至「稱公」。○白虎通號篇云：「伯、子、男臣子於其國中，褒其君爲公。王者臣子獨不得褒其君謂之爲帝何？以爲諸侯有會聚之事，相朝聘之道，或稱公而尊，或稱伯、子、男而卑。爲交接之時，不私其臣子之義，心俱欲尊其君父，故皆令臣子得稱其君爲公也。帝王異時，無會同之義，故無爲同也。何以知諸侯得稱公？春秋曰『葬齊桓公』，齊侯也。尚書曰『公曰嗟』，秦伯也。詩云『覃公維私』，覃子也。春秋曰『葬許穆公』，許男也。禮大射經曰公則『射獲』。『大射』者，諸侯之禮也，伯、子、男皆在也。」又爵篇云：「公者加尊二王之後，侯者百里之正爵。」按：臣子尊其君父，故春秋於侯、伯、子、男之葬皆稱公，王者探臣子之心故也，故桓十五〔二〕年「葬齊僖公」、桓十年「葬曹桓公」之屬是也。而桓十七年書「葬蔡桓侯」者，彼注云：「稱侯者，奪臣子辭。有賢弟不能用，反疾害之，

〔一〕「十三」，原訛作「十二」，齊魯柯之盟在莊公十三年，據春秋經校改。

〔二〕「十五」，原訛作「十四」，齊僖公于魯桓公十四年十二月卒，十五年四月下葬，據春秋經校改。

立獻舞，國幾併乎蠻荆。故賢季抑桓。」緣葬者臣子之事，蔡桓侯有惡，故奪臣子尊〔一〕稱也。○注「于者，於也」。○説文亏部：「亏，於也。象氣之舒亏，从丂从一。一者，其氣平之也。」詩崧高「于邑于謝」，箋云：「于，於也。」又采蘩云：「于沼于沚。」傳：「于，於也。」爾雅釋詁：「于，於也。」經書亦有倒用者。詩崧高：「四國于蕃，四方于宣。」言蕃于四國，宣于四方也。廣雅釋詁：「於，于也。」輾轉相訓。○注「凡以」至「于例」。○校勘記云：「舊解云：先約其事加于，先在其地不加于。此注亦當作加于不加于。二『例』當爲衍文。」疏中十行本及閩本二「于」字下無「例」字；監本、毛本有「例」字，非古也。以事定地者，舊疏云：「先約其事，乃期于某處作盟會者，加于，僖二十八年『夏，五月，盟于踐土』之屬是也。」以地定事者，舊疏云：「言先在其地，乃定盟會之事者，不加于，即莊十九年『公子結媵陳人之婦于鄄，遂及齊侯、宋公盟』、襄三年『公會單子、晉侯以下同盟于雞澤，陳侯使袁僑如會』、『叔孫豹及諸侯之大夫及陳袁僑盟』之屬是也。」

○夏五月，鄭伯克段于鄢。【疏】杜云：「鄭在熒陽宛陵縣西南。」宛乃菀之省文，菀陵城在開封府新鄭縣東北三十八里，鄭國都在縣西北。左疏引杜譜云：「鄭，姬姓，周厲王子，宣王母弟，桓公友之後也。宣王封友於鄭，今京兆鄭縣是也。及幽王無道，友遷民於虢、檜，虢、檜之君分其地，遂國焉，今河南

〔一〕「尊」，原訛作「亏」，叢書本不誤，據改。

新鄭縣是也。」陸淳三傳經文差繆略云：「克，公羊作剋。」按：唐石經公羊作「克」。克、剋音義同。爾雅釋詁：「剋，勝也」廣韻二十五德：「克，能也，勝也；剋，殺也，急也。」「鄢」者，大事表云：「杜注『今潁川鄢陵縣』。成十六年晉楚戰于鄢陵，即此。在今河南開封府鄢陵縣西南四十里。漢書地理志「傿」下云「應劭曰：『鄭伯克段于傿』是也。」則又作「傿」。寰宇記云：「鄢城在宋州柘城縣北二十九里，漢縣名〔一〕，屬陳留。鄭克段之地。」疑遠。陳氏樹華引趙匡集傳云：「『鄢』當作『鄔』，鄭地也。」史記正義作「鄔」，云「舊作鄢」。漢書地理志作「傿」。按：舊作鄢是也。昭二十八年左傳釋文：「在周者，烏户反，隱十一年『王取鄔、劉』；在鄭者，音偃，成十六年『戰于鄢陵』。此鄭地，當作鄢。鄭語史伯曰：『鄢、弊、補、丹、依、⿰黑柔、歷、華，君之土也。』」是也。地理志：「潁川郡有鄢陵。」當即此。

克之者何？【注】加之者，問訓詁，并問施于之爲。【疏】注「加之」至「之爲」。○舊疏云：「訓詁者，即不言殺而言克是也。所以不直言克者何而并言之者，非直問其變殺爲克，并欲問其施于鄢之所爲矣。而不答『于鄢』之意者，欲下乃解爲當國，故此處未解。弟子以其不答『于鄢』之意，故下文復云『其地何』以難之。」通義云：「加之者，經有『不克』、『弗克』諸文，嫌通爲克字詁訓，故問『克之者何』，明獨施於此。」亦通。

〔一〕「名」字原脱，叢書本同，據太平寰宇記校補。

殺之也。【疏】書牧誓云「弗禦〔一〕克奔」，鄭注：「克，殺也，亦作剋。」淮南説山訓云「至伐大木，非斧不剋」，注：「剋，截；截，亦殺也。」爾雅釋詁「勝、肩、戡、劉、殺，克也」，注：「轉相訓耳。」引此傳語。穀梁傳：「克者何？能也。何能也？能殺也。」

殺之則曷爲謂之克？大鄭伯之惡也。【注】以「弗克納」，大郤缺之善；知加「克」，大鄭伯之惡也。【疏】注「以弗」至「惡也」。○文十四年：「晉人納捷菑于邾婁，弗克納。」傳：「其言弗克納何？大其弗克納也。」是也。「弗克」爲大善，故「克」爲大惡。穀梁傳：「賤段而甚鄭伯也。何甚乎鄭伯？甚鄭伯之處心積慮，成於殺也。」注引范甯曰：「段恃寵驕恣，彊足當國，鄭伯不能防閑以禮，教訓以道，縱成其罪，終致大辟，處心積思，志欲殺弟。」左傳：「如二君，故曰克；稱鄭伯，譏失教也，謂之鄭志。」惟左氏以段實未殺，故彼疏引服虔云：「公本欲養成其惡而加誅，使不得生出，此鄭伯之志意也。」又引劉炫述義云：「以『克』爲文，非其實狀，故傳解之，謂之鄭志。」與公、穀殊。按：漢書杜鄴傳：「昔鄭伯隨姜氏之欲，終有叔段篡國之禍。」詩將仲子序云：「刺莊公也。不勝其母以害弟。弟叔失道而公弗制，祭伯諫而公弗聽，小不忍以致大亂焉。」箋云：「段好勇而無禮，公不早爲之所，而使驕慢，皆責鄭伯不能教弟，致成篡亂。夫使僅僅伐之出奔，春秋母弟出者多矣，何至加鄭伯以克之稱？且段已謀篡，鄭伯殺之固不爲過。所以大其惡者，爲其不早爲教戒，釀成大亂，實爲處心積慮欲殺其弟故也。」左氏説非。

〔一〕「禦」，原訛作「御」，據尚書校改。

曷爲大鄭伯之惡？【注】据晉侯殺其世子申生，不加克以大之。【疏】僖五年，「晉侯殺其世子申生」，彼亦惡，晉侯無克文，故据難之。

母欲立之，己殺之，如勿與而已矣。【注】「如」即「不如」，齊人語也。加克者，有嫌也。段無弟文，稱君甚之不明；又段當國，嫌鄭伯殺之無惡，故變殺言克，明鄭伯爲人君，當如傳辭，不當自己行誅殺，使執政大夫當誅之。克者詁爲殺，亦爲能，惡其能忍戾母而親殺之。禮，公族有罪，有司讞于公，公曰宥之；及三宥，不對，走出，公又使人赦之，以不及反命；公素服不舉，而爲之變，如其倫之喪，無服，親哭之。【疏】左傳：「及莊公即位，爲之請制。公曰：『制，巖邑也，虢叔死焉。佗邑唯命。』請京，使居之。祭仲曰：『今京不度，非制也。』公曰：『姜氏欲之，焉辟害？』又曰：『多行不義，必自斃。』既而太叔命西鄙、北鄙貳於己。公子吕曰：『國不堪貳，君將若之何？』公曰：『無庸，將自及。』太叔又收貳以爲己邑，至於廩延。公曰：『不義不暱，厚將崩。』太叔完聚，繕甲兵，具卒乘，將襲鄭，夫人將啓之。命子封帥車二百乘以伐京。京叛太叔段。段入于鄢，公伐諸鄢。」皆母欲立之己殺之之事也。言既欲殺之，則不如勿與之地以保全之可矣，所以大其惡也。劉氏逢禄春秋考證云：「嘗與宋翔鳳校朱彝尊書，謂此文稱鄭伯之義。穀梁『緩追逸賊』，最淺；公羊以『勿與之地』，稍進；左氏『譏失教』，斯得之矣。宋以爲難，余曰非也。春秋有殺世子母弟目君之例，謂視專殺大夫爲重耳。若譏失教，則晉侯殺世子申生亦失教乎？斯不然矣。」

按：勿與之地，最得其要。係疏説非何氏意。俞氏樾平議〔一〕云：「傳所謂『勿與』者，即不親殺之謂也。蓋使執政大夫秉國法以誅之，而已不與焉。斯合親親之道矣。何休又引禮：『公族有罪，有司讞于公，公曰宥之；及三宥，不對，走出，公又使人赦之，以不及反命。』蓋正所以證明勿與之義，非如疏所云也。」是也。○注「如即」至「語也」。○經義述聞云：「家大人曰：『如』上當有『不』字，而寫者脱之。桓十四年傳：『御廩災，不如勿嘗而已矣。』文十六傳：『先祖爲之，已毁之，不如勿居而已矣。』則此亦當云『不如勿與而已矣』。不然，同一齊人語，何以此言『如』而彼皆言『不如』乎？何注殆不可從。」讀書叢録亦云：「桓十四年傳、文十六年傳皆作『不如』，句法相似，此當『如』上脱『不』字。」按：「如」即「不如」，蓋即毋念念也、不甯甯也之例。無不字亦可通，古人行文不必一例也。齊人語者，下二年疏云「胡毋生，齊人」，故知之。○注「加克」至「言克」。○各本「文」作「又」，依鄂本正。惠氏士奇春秋説云：「段者，鄭莊之母弟也。非徒叔段不弟，其實寤生不友。故一則曰姜氏欲之，再則曰夫人啓之。彼尚不有於母，又何有於母弟〔二〕？親親之仁絶矣！故春秋謹而書之。骨肉相殘曰克。公、穀以爲殺之，左氏以爲難之，皆得克之之義。」是則交貶之矣。故注恐段無弟文，但書鄭伯，不見甚之之義。又段當國宜誅，疑鄭伯無貶道，故變殺言克。專以惡鄭伯也有嫌者，嫌書殺不明，故加克文也。○注「明鄭」至「誅之」。○舊疏云：

〔一〕「平議」，即指「羣經平議」，原訛作「平義」，叢書本同，徑改。
〔二〕「又何有於母弟」句，原脱「又」字及「母」字，叢書本同，據春秋説校補。

「鄭伯爲人君之法，當如傳詞，不與其國而已，不宜忍戾其母而親殺之。其誅之者，自是執政大夫之事。」按：如注意，則傳文不與爲不與誅殺事。○注「克者」至「殺之」。○克又詁爲能者，爾雅釋言文。穀梁傳：「克者何？能也。何能也？能殺也。」與此傳義合。通義云：「謹案，鄭武公夫人愛其少子段，欲立之，武公弗許。及莊公即位，曲從母意，與以京鄢〔一〕之地。有都〔二〕邑徒衆濟成其逆謀，然後從而討之，故傳述經意，言莊公誠愛弟，不如勿與之鄢〔三〕，使無所資，則不生亂。録月、言克者，責鄭伯忍陷弟於罪，以戾其母也。」亦涉於疏説，以勿與爲勿與地。穀梁傳又云：「于鄢，遠也，猶曰取之其母之懷中而殺之云爾，甚之也。」即君戾母而親殺之義也。○注「禮公」至「哭之」。○此約禮記文王世子文也。彼云：「獄成，有司讞于公。其死罪，則曰：『某之罪在大辟。』其刑罪，則曰：『某之罪在小辟。』公曰：『宥之。』有司又曰：『在辟。』公又曰：『宥之。』有司又曰：『在辟。』及三宥，不對，走出，致刑于甸人。公又使人追之，曰：『雖然，必赦之。』有司對曰：『無及也。』反命于公。公素服不舉，爲之變。如其倫之喪，無服。親哭之。」鄭注：「成，平也。讞之言白也。辟亦罪也。宥，寬也。欲寬其罪，出於刑也。又，復也。對，答也。先者君每言宥，則答之以將更寬之，至于三，罪定不復答，走往刑之，爲君之恩無已。罪既正，不可宥，乃欲赦之，重刑殺其類也。素服，於凶事爲吉，於吉事爲凶，非喪服也。君雖不服臣，卿大夫死則皮弁錫衰以居，

〔一〕「京鄢」，原訛作「京都」，叢書本同，據公羊通義校改。
〔二〕「都」，原訛作「徒」，叢書本同，據公羊通義校改。
〔三〕「鄢」，原訛作「地」，叢書本同，據公羊通義校改。

往吊當事則弁絰。於士蓋疑衰，同姓則緦衰以吊之。今無服者，不往吊也。倫謂親疏之比也。素服亦皮弁矣。不往吊，爲位哭之而已。君於臣，使有司哭之。」通典引盧注云：「變飲食，終其月，如其等之喪也。」又曰：「公族之罪雖親，不以犯有司正術也，所以體百姓也。刑于隱者，不與國人慮兄弟也。弗吊，弗爲服，哭于異姓之廟，爲忝祖，遠之也。素服居外，不聽樂，私喪之也，骨肉之親無絶也。」又曰：「公族其有死罪，則磬于甸人。其刑罪，則纖剸，亦告于甸人。」鄭注：「不于市朝，隱之也。甸人，掌郊野之官。纖讀爲鍼，鍼刺也。剸，割也。刺、割、臏、墨、劓、刖，皆以刀鋸刺割人體也。」通典引盧注云：「公族、諸侯同族也。郊外曰甸，去天子城百里内也。不與國人慮兄弟，故繫于甸人也。」周禮甸師職云：「王之同姓有辠，則死刑焉。」又掌囚云：「凡有爵者，與王同族，奉而適甸師氏，以待刑殺。」以甸師在疆場多有屋舍，以爲隱處，就而刑之，親親之義，異乎刑人于市與衆棄之者也。故詩東山云：「我東曰歸，我心西悲。」傳：「公族有辟，公親素服，不舉樂，爲之變，如其倫之喪也。」此言公族有罪，君猶宜曲赦，臣下執法，猶素服不舉。故孟子盡心「瞽瞍殺人」之對，正即春秋之義也。

段者何？鄭伯之弟也。【注】殺母弟，故直稱君。【疏】左傳云：「鄭武公娶于申，曰武姜，生莊公及共叔段。」是段爲鄭伯弟也。○注「殺母」至「稱君」。○穀梁傳：「何以知其爲弟也？殺世子、母弟目君。以其目君，知其爲弟也。」僖五年傳云：「殺世子、母弟直稱君者，甚之也。」注：「甚之者，甚惡殺親親也。春秋公子貫於先君，唯世子與母弟，以今君録親親也。今舍國體直稱君，知以親親責之。」然則此不曰鄭克段于鄢，猶斯義也。若鄭伯無罪，則當如莊二十二年「陳人殺其公子御寇〔一〕」之例，明人人得而殺之，所謂以國討也。杜預云：「不稱國討，而言鄭伯，譏失教也。」不知鄭伯之罪不僅在失教也。

何以不稱弟？【注】据天王殺其弟年夫稱弟。【疏】注「据天」至「稱弟」。○襄三十年云「天王殺其弟年夫」是也。彼傳云：「書者，惡失親親也。未三年不去王者，方惡其思慕而殺弟，不與子行也。」則彼以周王父服未終，殺先君之子，故直書弟責之，亦非年夫無罪也。左氏彼傳云「罪在王」，則與鄭伯同譏矣。杜氏釋例謂：「佞夫稱弟，不與反謀，則以稱弟，爲佞夫無罪。」自据左傳爲說也。

當國也。【注】欲當國爲之君，故如其意，使如國君，氏上鄭，所以見段之逆。【疏】通義云：「當，敵也。著其彊禦與國爲敵，左傳所謂『如二君』是也。經例，當國者繫國。此已書鄭伯於上，故不復繫鄭，直言段也。」杜云：「以君討臣而用『二君』之例者，段强大儁傑，據大都以耦國，所謂『得儁曰克』也。」○注「欲當」至「之逆」。○校勘記云：「毛本欲作弟。」按：下注云「俱欲當國」。四年：「衛州吁弑其君完。」傳：「曷爲以國氏？當國也。」段欲當國爲君，故削去弟稱，而氏上鄭，以見其逆也。氏上鄭，宜如衛州吁、齊無知，稱鄭段。經無鄭文，而曰氏上鄭者，正以承上鄭伯，明伯與段共此鄭矣，所謂「如二君」也。杜云：「段不弟，故不言弟。明鄭伯雖失教，而段亦凶逆。」穀梁傳：「段，弟也，而弗謂弟；公子也，而弗謂公子，貶之也。段失子弟之道矣。」杜氏釋例曰：「兄而害弟者，稱弟以章兄罪；弟又害兄，則去弟以罪弟身。統論其

〔一〕左傳作「御寇」，公、穀二傳作「禦寇」。

義，兄弟二人交相殺害，如有曲直，存弟則示兄曲也。鄭伯既失教，若依例，存弟則嫌善段，故特去弟，兩見其義。」是也。

其地何？【注】据齊人殺無知不地。【疏】注〔一〕「据齊」至「不地」。○即莊九年「齊人殺無知」是也。無知不地，故据以難。

當國也。齊人殺無知，何以不地？【注】据俱欲當國也。【疏】上傳言問克段于鄢何以書地，以當國答之。此傳以無知亦當國，而經不書地，故又据以爲難。按：莊八年齊無知，傳、注俱無當國之文。此傳云「据俱欲當國」，明齊無知亦如衛州吁之以國氏矣。凡不見者以此求之也。

在内也。在内，雖當國不地也。【注】其不當國而見殺者，當以殺大夫書，無取於地也。其當國者，殺於國内，禍已絶，故亦不地。【疏】通義云：「在内，謂國都之内，統于國，故可無更地也。知在外，非謂出境者，鄢亦鄭地。」然則下四年「殺州吁于濮」，濮亦不必陳地矣。○注「其不」至「地也」。○凡春秋所書某殺其大夫某，不地者皆是。○注「其當」至「不地」。○謂如齊無知之屬是也。左傳謂雍廩所殺，明在内也。

不當國，雖在外，亦不地也。【注】明當國者，在外乃地爾，爲其將交連鄰國，復爲内難，故録其地，

〔一〕「注」字原脱，據全書文例補。

明當急誅之。不當國，雖在外，禍輕，故不地也。月者，責臣子不以時討，與殺州吁同例。不從討賊辭者，主惡以失親親，故書之。【疏】注「明當」至「地爾」。○舊疏云：「下四年『九月，衛人殺州吁于濮』，及此是也。」○注「爲其」至「誅之」。○昭二十年：「冬，十月，宋華亥、向甯、華定出奔陳。」注：「月者，危三大夫同時出奔，將爲國家患。」次年：「入于宋南里以畔。」又成十八年：「楚子、鄭伯伐宋。宋魚石復入于彭城。」襄元年：「仲孫蔑會晉欒黶以下圍宋彭城。」傳云：「魚石走之楚，楚爲之伐宋，取彭城，以封魚石。」是皆大夫有罪外出，交連鄰國，復爲内難之事。但彼均未受誅，故未别當國與否，亦無地可録也。所以諸侯爲宋誅，春秋善之。而昭二十年特書月以危之也。○注「不當」至「地也」。○舊疏云：「昭四年『秋，七月，楚子云云伐吴，執齊慶封，殺之』、昭八年『夏，楚人執陳行人于徵師，殺之』皆是也。」按：昭四年傳云：「其言執齊慶封何？爲齊誅也。其爲齊誅奈何？慶封走之吴，吴封之于防。」雖在外，然非齊自誅，不得引爲此例。昭八年殺于徵師亦非例。于徵師，陳大夫，傳、注未見其有罪與否。又楚人所殺，其爲不當國，雖在外，禍輕，無文以言之。且宣十一年疏云：「正以昭八年『夏，楚人執陳行人于徵師，殺之』，言執非討賊之文。」既非討賊，更不得援爲例矣。○注「月者」至「同例」。○下四年：「九月，衛人殺州吁于濮。」注云：「討賊例時，此月者，久之也。」穀梁傳范注云：「段有徒衆，攻之，爲害必深，故謹而月之。」又彼四年云：「殺祝吁于濮。」傳云：「其月，謹之也。」范注：「討賊例時也。衛人不能即討祝吁，致令出入自恣，故謹其時月所在，以著臣子之緩慢。」其實二經同書月，均爲責臣子緩慢，不以時討。州吁以二月弑君，九月被誅，已歷三時，故范云謹其緩慢。此經文無歷時之事，不知段之繕甲兵，具卒乘，自封京時，已然應在春秋前，已歷有年所，臣子不能以時誅，尤爲緩慢。范因經無明文，改爲「段有徒衆，爲害必深」爲解，何其泥耶？齊無知雖復歷年時月未久，故但書時也。宣十一年冬「十月，楚人殺陳夏徵舒」，彼陳之臣子力不能討，外藉楚子討之，而亦書月者，昭四年注云：「月者，善義兵。」則彼月，亦宜同也。○注「不從」至「書之」。○舊疏云：「若作討賊辭，當稱人以討，如『齊人殺無知』。今不如此者，主爲惡鄭伯失親親而書，故目鄭伯而不稱人也。」後漢書楊震傳：「昔鄭嚴公〔一〕從母氏之欲，恣驕弟之情，幾至危〔二〕國，然後加討，春秋貶之，以爲失教。」漢書宣帝紀：「元康二年詔曰：蓋聞象有罪，舜封之，骨肉之親粲而不殊。」故書鄭伯克，以惡失親親也。主書者，下三年：「日有食之。」傳：「何以書？」注：「諸言何以書者，問主書。」劉氏逢祿公羊釋例云：「春秋之爲道屢遷，而其義必有所專主，其爲文周流空貫，不言之眇，皆在深察。一言之發，衆例具舉〔三〕。」蓋此經主爲惡失親親書，故雖與殺州吁、殺無知情事相同，而書法各異，不以討賊詞一律焉。

〔一〕「鄭嚴公」，即「鄭莊公」，漢書、後漢書避漢明帝劉莊名諱，以嚴代莊。
〔二〕「危」，原訛作「亡」，據後漢書校改。
〔三〕「舉」，原訛作「舊」，叢書本不誤，據春秋公羊釋例校改。

公羊義疏三

南菁書院　句容陳立卓人著

隱元年七月盡十二月

○**秋，七月，天王使宰咺來歸惠公、仲子之賵。**【疏】通義云：「董仲舒曰：古之造文者，三畫而連其中謂之王，三者天地人也，而參通之者王也。王曰天王，其義如此。」按：繁露深察名號云：「深察王號之大意有五科：皇科、方科、匡科、黄科、往科；合此五科以一言，謂之王。王者，皇也。王者，方也。王者，匡也。王者，黄也。王者，往也。是故王意不普大皇，則道不能正直而方；道不能正直而方，則德不能匡運周徧；德不能匡運周徧，則美不能黄；美不能黄，則四方不能往；四方不能往，則不全於王。」是王者，天子之正號。曰天王者，義具下注。孔疏云：「天王，周平王也。」譜云：「周，黄帝之苗裔；姬姓，后稷之後也。后稷封於邰，及夏之衰，稷子不窋失官，竄於西戎。至太王，爲狄所逼，去邠居岐。文王受命，武王克商而王天下。幽王爲犬戎所殺，平王遷都王城，今河南縣是也。平王四十九年，魯隱之元年也。」

宰者何？官也。【注】以周公加宰，知爲官也。【疏】杜注：「宰，官也。」周禮目録云：「宰者，官也。」

宰、寀聲義通。爾雅釋詁：「寀，官也。」亦通采。書堯典：「若予采。」釋文引馬注云：「采，官也。」漢書司馬相如傳「展采錯事」，文穎注：「采，官也。」是也。○注「以周」至「官也」。○僖九年「公會宰周公已下于葵丘」是也。孔疏：「周禮天官：『太宰，卿一人；小宰，中大夫二人；宰夫，下大夫四人。』未知宰咺是何宰。」按：此傳下云「宰，士也」，則咺是天子之士。傳以宰爲官，則宰者官之別稱，不必拘於周官太宰、小宰等也。與「宰周公」之宰實異而名同。

咺者何？名也。【注】別何之者，以有宰周公，本嫌宰爲官。【疏】杜云「咺，名也」，范云「咺，名」，左傳云「故名」，故知是名。○注「別何」至「爲官」。○舊疏云：「所以不言宰咺者何而別何之者，正以周公加宰，爲周公身上官，故別何之令相遠[一]。」按：僖九年傳云：「宰周公者何？天子之爲政者也。」蓋周公以三公領太宰，故宰爲周公身上官，因連宰言之。僖三十年「天王使宰周公來聘」，亦兼宰言之。此咺是士，爲宰下之屬，宰非咺之官，故不得連宰問。假若云宰咺者何，嫌宰爲咺官，如宰周公矣。蓋當時咺實爲宰屬，故亦得統之宰，稱宰矣。

曷爲以官氏？【注】据石尚。【疏】注「据石尚」。○定十四年「天王使石尚來歸脤」是也。舊疏云：「石尚亦是士，而不以官録之，故以爲難也。」

宰，士也。【注】天子上士以名氏通，中士以官録，下士略稱人。【疏】通義云：「言宰屬之士，故繫宰，非

〔一〕「遠」，原訛作「違」，據公羊注疏校改。

以官氏也。周官冢宰之屬，有上士八人，中士十有六人，旅下士三十有二人。晉聘周之辭曰『歸時事於宰旅』，然則下士稱宰旅，中士、上士稱士也。春秋凡王之下士稱王人，中士録名，咺是也。上士加氏，石尚是也。下大夫以字書，家父、叔服、渠伯糾是也。中大夫以伯仲書，祭伯、南季、仍叔是也。上大夫以子書，尹子、單子、劉子是也。三公稱公，周公、祭公、虞公是也。自公卿達于士，唯宰屬必書，蓋治官最尊，不當役以聘吊之事，故繫官譏之與？」按：太宰之屬何必不與聘事。毛氏奇齡春秋傳云：「此宰是宰夫，故稱名，公羊所謂『宰者，士也，上士以名通』，是也。若其所使賵，則宰夫職曰：『凡邦之吊事，掌其器幣財用。』鄭注：『吊事，天子吊諸侯之事。幣者，所用賻也。』則既掌吊事，宜充吊使是也。」鹽鐵論刺議云：「春秋士不載文而書咺者，以爲宰士也。」似正以咺爲宰士，故特書其官，與他屬之士僅以名通者別，不聞有譏辭焉。孔説非。○注「天子」至「稱人」。○舊疏云：「天子上士以名氏通者，即『石尚來歸脤』是也。中士以官録者，言以所繫之官録之，即此是也。下士略稱人，即僖八年春『公會王人以下盟于洮』是也。」按：繁露爵國云：「春秋曰『宰周公』，傳曰：『天子三公。』『祭伯來』，傳曰：『天子大夫。』『宰渠伯糾』，傳曰：『下大夫。』『石尚』，傳曰：『天子之士也。』『王人』，傳曰：『微者，謂下士也。』凡五等。」則大夫、士皆二等。董子蓋本襄十一年傳「古者上卿下卿、上士下士也」，與何氏異。

惠公者何？隱之考也。

【注】生稱父，死稱考，入廟稱禰。【疏】注「生稱父，死稱考」。○惠氏棟公羊古義云：「郭景純注爾雅云：禮記曰『生曰父母，死曰考妣』，今世學者從之。按，尚書曰『大傷厥考心』，『事厥考厥長』，『聰聽祖考之彝訓』，『如喪考妣』。公羊傳曰：『惠公者何？隱之考也。仲子者何？

桓之母也。』倉頡篇曰：『考妣延年。』明此非生死之異稱矣。」按：禮記曲禮云：「生曰父、曰母、曰妻，死曰考、曰妣、曰嬪。」何氏本曲禮爲説也。鄭注：「考，成也。言其德之成也。」周書謚法解：「大慮行節曰考。」○注「入廟稱禰」。○舊疏云：「即襄十二年左傳『同族于禰廟』是也。」書高宗肜〔一〕曰「典祀無豐于昵」，釋文引馬注：「昵，考也，謂禰廟也。」蓋四親廟惟父廟爲近，故稱之爲昵。説文日部：「暱，近也。或作昵。」玉篇日部：「昵，親近也。」爾亦有近義，古或即作爾，俗加示作禰耳。舊疏引舊説云：「禰字示傍爾，言雖可入廟是神示，猶自最近于己，故曰禰。」是亦取義於近也。

仲子者何？桓之母也。【注】以無謚也。仲，字；子，姓。婦人以姓配字，不忘本也，因示不適同姓。生稱母，死稱妣。【疏】穀梁傳云：「仲子者何？惠公之母，孝公之妾也。」彼疏引鄭釋廢疾云：「若仲子是桓公之母，桓未爲君，則是惠公之妾。天王何以賵之？則惠公之母，亦仲子也。」鄭意以孝公、惠公之妾皆號仲子也。按：穀梁以文九年「秦人來歸僖公、成風之襚」，成風，僖公之母，文與此同，故以仲子爲惠公之母。然惠公既爲君矣，自必尊其母爲夫人，如成風之例，何爲仍稱仲子？范甯謂仲子乃孝公時卒，故不稱謚，殊屬無理。楊疏又引文九年傳：「秦人弗夫人也。」此不稱夫人，理亦當然。夫即秦人弗以成風爲夫人，自秦人之見，何爲天王亦同之？天王不以爲夫人，可弗賵也，即弗夫人亦自有謚，進退失據。故劉氏逢禄廢疾申何云：「隱爲桓立，故以桓母之喪告赴于王，春秋因之以成公意爾。」而劉氏左氏

〔一〕「肜」，原訛作「彤」，叢書本同，據尚書校改。

春秋考證又云：「經云『惠公、仲子』，云『考仲子之宮』，皆惠公之母。穀梁説是也。魯世家云：『息長，爲取於宋之女，至而好，惠公奪而自妻，生子允。登宋女爲夫人，以允爲太子。』又年表：『桓公母，宋武公女，生手文爲魯夫人。』亦不云仲子，蓋史公所見舊文如此。」按：年表所載，本之左氏。左傳明云仲子生而有文在手，何得以史記不云仲子，即據爲仲子非桓母之證？既説公羊而又牽涉穀梁，殊不可解。通義云：「仲子卒在春秋前，傳不舉死號與考對文者，禮，入廟稱妣，比諸父也。仲子屈于孟子，不得配惠公之廟，故還繫桓言母，所以正名定分。」是也。○注「以無謚也」。○白虎通謚篇：「夫人無謚者何？無爵故無謚。或曰夫人有謚，夫人一國之母，修閨門之内〔一〕，則羣下亦化之，故設謚以彰其善惡。春秋曰『葬宋共姬』，傳曰：『稱謚何？賢也。』傳曰：『哀姜者何？莊公夫人也。』」則公羊説以夫人有謚，仲子無謚，知非嫡也。白虎通所載後一説則公羊説。通典引劉向五經通義〔二〕云：「婦人以隨從爲義，夫貴于朝，妻榮于室，故得〔三〕蒙夫之謚。（或曰：文王之妃曰文母，宋共公妻共姬是也。）」又云：「或曰夫人有謚，夫人一國之母，修閨門之内，則下化之，故設謚以章其善惡。」皆與公羊説同。妾子爲君，母得稱夫人，自應有謚。今不稱謚，故知爲桓母，以桓未爲君也。僖公母成風稱謚，是其比矣。通典引服云：「聲子之謚，非禮也。」蓋以夫人有謚爲非者，古春秋説也。○注「仲字」至「同姓」。○禮記曲禮云「男女異長」，蓋宋武公

〔一〕「内」字原脱，叢書本同，據白虎通校補。

〔二〕「義」，原訛作「議」，叢書本同，據通典校改。

〔三〕「得」，原作「德」，據通典校改。「得」可通「德」。

長女曰孟子，仲子是次，故稱仲也。杜云：「子，宋姓。」左疏引禮緯云：「庶長稱孟。」則孟子亦庶長女與？以姓配字者，白虎通姓名云：「人所以有姓者何？所以崇恩愛、厚親親、遠禽獸、別婚姻也。故紀世別類〔一〕，使生相愛、死相哀，同姓不得相娶，皆爲重人倫也。」又：「禮記經曰：『女子十五許嫁，笄，禮之稱字。婦人以姓配字何？明不娶同姓也。』故春秋曰『伯姬歸于宋』，姬者，姓也。」左傳疏引鄭駁異義云：「玄之聞也，婦人歸宗，女子雖適人，字〔二〕猶繫姓，明不得與父兄爲異族。」禮記大傳云：「繫之以姓而弗別，綴之以食而弗殊，百世而昏姻不通者，周道然也。」御覽引外傳曰：「夏、殷五世之後則通昏姻。」而不通婚姻者，周道然也。故婦人以姓配字，則無適同姓之理。范注云：「婦人以姓配字，明不忘本，示不適同姓。」本此爲說。○注「生稱母，死稱妣」。○詳禮記曲禮。舊疏云：「問：考與妣是死稱，父與母是生稱，惠公、仲子之卒俱在春秋前，何故此傳惠公言『隱之考』，舉死名；仲子言『桓之母』，舉生名乎？答曰：禮家母死言妣者，比于父之義也，故鄭彼注云：『妣之言媲，媲于考也。』仲子是妾，桓未爲君，其母不得稱夫人，卑不得比于父，故還以母言之。」按：不若孔氏「不得配惠公之廟」尤爲明切。

何以不稱夫人？【注】此難生時之稱也。據「秦人來歸僖公、成風之襚」，成風稱謚。今仲子無謚，知

〔一〕「紀世別類」，原訛作「禮記世別類」，叢書本同，不可解。今白虎通各本均作「世別類」，亦不可解。古今圖書集成氏族典引白虎通及太平御覽人事部姓引白虎通作「紀世別類」，略可通，據以校正。

〔二〕「字」，原訛作「家」，據左傳正義校改。

生時不稱夫人。【疏】注「此難」至「夫人」。○此据成風生時稱夫人難仲子也。成風生稱夫人，故薨宜有謚。仲子子桓未爲君，猶惠公之妾，故無謚，亦不得稱夫人也。白虎通謚篇云：「八妾所以無謚何？亦以卑賤無所能豫，猶士卑小，不得有謚也。」通典引五經通義亦云：「妾無謚，亦以卑賤無所能與，猶士卑小，不得謚也。」文九年「秦人來歸僖公、成風之襚」，成風亦妾而得稱謚，明僖已爲君，故稱夫人，與仲子殊也。

桓未君也。【疏】通義云：「時隱、桓之母並稱夫人，禮無二嫡之義。春秋絶正之故，据隱現爲君，其母稱夫人。桓未爲君，則其母不稱夫人。蓋諸侯不再娶，仲子之爲夫人，本非正也。」按：仲子本非夫人，隱雖爲桓立，當時未必即遽尊仲子爲夫人也。

賵者何？喪事有賵。賵者蓋以馬，以乘馬、束帛。【注】此道周制也。以馬者，謂士不備四也。禮既夕曰「公賵玄纁、束帛、兩馬」是也。乘馬者，謂大夫以上備四也。禮，大夫以上至天子皆乘四馬，所以通四方也。天子馬曰龍，高七尺以上；諸侯曰馬，高六尺以上；卿大夫士曰駒，高五尺以上。束帛，謂玄三纁二，玄三法天，纁二法地，因取足以共事。【疏】禮既夕注云：「賵所以助主人送葬也。」廣雅釋詁云：「賵，送也。」是賵爲喪事所有也。通義云：「兩言之者，賵者或特以馬，或加以束帛。既夕禮〔一〕曰『公

〔一〕「既夕禮」，通義誤記作「士喪禮」，引文實出自既夕禮，據儀禮注疏校改。

賵玄纁束，馬兩』，大夫以上則束帛四馬也。季康子賵於宋，致詞曰：『有不腆先人之産馬。』是其特以馬者。雜記『諸侯相賵以乘黃、大輅』，則亦得有車。」按：説苑修文云：「喪事有賵者，蓋以乘馬、束帛。」本此。何氏意謂以馬者，士禮；以乘馬、束帛者，大夫禮也。○注「此道周制也」。○以别乎車馬曰賵。又有賵、賻、襚，爲春秋制也。正以既夕禮周公所作，士禮彼有「公賵玄纁束，馬兩」文，故知爲周制。然則周初之制，賵但有馬而無車與？穀梁傳亦云乘馬曰賵，亦据周制。○注「以馬」至「是也」。○校勘記云：「浦鏜[一]云經無『帛』字。」按：當以儀禮爲正。何氏或以意加「帛」耳。士雖二馬，亦有束帛，不必如孔氏所云也。兩馬者，士制。禮疏引庾蔚之云：「賵馬欲以共駕魂車也。」士常駕兩馬，若戎事則乘駟馬。舊疏引書大傳曰「士乘飾車[二]兩馬」，是也。吴氏廷華儀禮章句云：「馬以助葬，束帛以將命者，故第曰賵也。」是也。禮記雜記曰：「上介賵，執圭將命曰：『寡君使某賵。』相者入告，反命曰：『孤某須矣。』陳乘黃大路于中庭。」此諸侯相賵之制。天子賵諸侯亦如是也。○注「乘馬」至「方也」。○穀梁注：「四馬曰乘。」書顧命：「皆布乘黃朱。」論語公冶長篇：「有馬十乘。」皆謂四馬也。詩疏引五經異義：「天子駕數，易京孟、春秋公羊説天子駕六，毛詩説天子至大夫同駕四，士駕二。詩云『四騵彭彭』，武王所乘；『龍旂承祀，六轡耳耳』，魯僖所乘；『四牡騑騑，周道倭遲』，大夫所乘。謹案，禮王度記曰『天子駕六，諸侯與卿

〔一〕「浦鏜」，原脱「鏜」字。本書引阮元校勘記時或略去「鏜」字，校勘記原文亦或有省略者，以下不再校改。

〔二〕「車」下原衍一「馬」字，叢書本同，據公羊注疏校删。

同駕四，大夫駕三，士駕二，庶人駕一』，説與易、春秋同。鄭駮曰：『玄之聞也，周禮校人「掌王馬之政，凡頒良馬而養乘之，乘馬一師四圉」。四馬爲乘，此一圉者養一馬，而一師監之也。』尚書顧命『諸侯入應門皆布乘黄朱』，言獻四黄馬朱鬣也。既實周天子駕六，校人則何不以馬與圉以六爲數？顧命諸侯何以不獻六馬？王度記曰『大夫駕三』，經傳無此言，是自古無駕三之制也。」是則鄭氏主天子以下駕四之説。何氏此注謂大夫以上皆駕四，與鄭氏同，與異義所載公羊説異。故舊疏：「問曰：異義公羊説引易經云『時乘六龍，以馭天下〔一〕也』，知天子駕六，與此異何？答曰：彼謹案，亦從公羊説，即引王度記曰『天子駕六龍，諸侯與卿駕四，大夫駕三』以合之。鄭駮云：『易「時乘六龍」，謂陰陽六爻上下耳，豈故爲禮制？王度記云：「今天子駕六者，自是漢法，與古異；大夫駕三者，於經無以言之也。」』然則彼公羊説者，自是章句家意，不與何氏合。何氏此處不依漢禮者，蓋時有損益也。」按：舊疏亦未了異義所載與何氏異，或巖、顔師傳之殊，不必强而比之也。詩疏引王肅云：「古者一轅之車駕三馬，則五轡，其大夫皆一轅車。夏后氏駕兩，謂之麗。殷益以一騑，謂之驂。周人又益一騑，謂之駟。本從一驂而來，亦謂之驂。經言驂，則三馬之名。」「王基駮曰：商頌云『約軧錯衡，八鸞鎗鎗』，是則殷駕四不駕三也。」説苑修文云：「天子乘馬六匹，諸侯四匹，大夫三匹，元士二匹，下士一匹。」説苑多雜采諸家爲説，何氏所不取。「通四方」者，

〔一〕「下」字原脱。今據輯佚本五經異義補「下」字，其案曰：「今易無下字。以易韻考之，此爲衍字。」

古人以四立制，多取四方爲義，如天子之門四達、「四矢爲乘矢〔一〕」皆是也。○注「天子」至「以上」。○爾雅釋畜「馬八尺爲駥」，郭注：「周禮曰馬八尺以上爲駥。」按：周禮庾人「駥」作龍，龍、駥古音通也。説文馬部駥字下云：「馬八尺曰龍。」禮記月令「駕倉龍」，注：「馬八尺以上曰龍。」儀禮覲禮「天子乘龍」鄭注、文選東京賦「龍輅充庭」薛注、「乘鸞輅而駕蒼龍」注、後漢書馮衍傳班彪傳馬融傳注並云：「馬八尺曰龍。」蓋八尺、七尺以上通有龍名。庾人又云「七尺以上曰騋」，注引爾雅：「騋牝驪牡〔二〕。」元此不及騋〔三〕。説文騋下云「馬八尺爲龍，七尺爲騋」，用周禮也。庾人又云：「六尺以上爲馬。」説文馬部驕下云：「馬高六尺爲驕。」引詩「我馬惟驕」。許於龍、騋俱本周禮，蓋以驕當彼之馬也。詩漢廣云：「言秣其駒。」傳云：「六尺以上爲馬，五尺以上爲駒。」並與此同。又株林云「乘我乘駒」，箋云：「馬六尺以下爲駒。」六尺以下即五尺以上也。「天子馬曰龍」者，舊疏引月令「駕倉龍」是。「諸侯曰馬」，魯頌曰「魯侯戾止，其馬蹻蹻」是也。「卿大夫曰駒」，詩「皎皎白駒」是也。案：馬、駒對文異，散則通。詩「四牡騑騑，嘽嘽駱馬」，則不必諸侯；「言秣其駒」，亦不必大夫也。○注「束帛」至「共事」。○説苑修文云：「天子束帛五匹，玄三，纁二，各五十尺；諸侯玄三，纁二，各三十尺；大夫玄一，纁二，各三十尺；元士玄一，纁一，各

〔一〕「矢」字原脱，「四矢爲乘」不辭，據毛詩正義、儀禮注疏等校補。

〔二〕「牡」，原訛作「牝」，叢書本同，據爾雅校改。

〔三〕「元此不及騋」，不辭。「元」，「玄」之避諱用字；「此」，殆爲「牡」字之訛。牝者色驪，牡者色玄。該句殆爲「玄牡不及騋」之訛。

二丈；下士綵縵各一匹；庶人〔一〕布帛各一匹。」按：儀禮昏禮「玄纁束帛」注：「束帛，十端也。」引周禮「純帛不過五兩」。周禮媒氏注云：「五兩，十端也。必言兩者，欲其配合之名。」禮記雜記：「納幣一束，束五兩，兩五尋。」然則每端二丈，彼疏云：「古者二端相向卷之，共爲一兩，五兩故十端也。」又按：雜記注云：「十箇爲束，貴成數。兩兩者合其卷，是爲五兩。八尺曰尋，五兩五尋，則每卷二丈，合之則四十丈。今謂之匹，猶匹偶之云歟？」彼疏云：「一束謂十箇，兩箇合爲一卷，是束五兩也。」昏禮如此，則喪禮之束帛，意亦當然。周禮染人云「夏玄纁」，注：「玄纁天地之色，以爲祭服。」疏云：「天地之色玄黃，而云纁者，士無正位，託位南方火，火色赤，赤與黃共爲纁也。」考王制疏引鄭氏易注如此，則賈公彦〔二〕本之鄭也。説文糸部〔三〕：「纁，淺絳也。」爾雅釋器：「一染謂之縓，再染謂之赬，三染謂之纁。」纁蓋赤而有黃者，當是由白而黃而赤，兼西中南三方之色，備乎陰而得中，取法於地者也。沈氏彤儀禮小疏云：「天之正色蒼而玄，地之正色黃而纁。聖人法天地以制衣裳，而別其色，故禮服之重者，莫不上玄而下纁也。」昏禮記云「皮帛必可制」，重昏禮，使制爲盛服。以聘禮記云「幣美，則没禮」，凡失之華靡，失之濫惡，皆不可制，喪事從殺，故云取足以共事而已，昏〔四〕禮注云：「執束帛以致命。」故喪事亦然。

〔一〕「庶人」二字原脱，據説苑校補。
〔二〕「賈公彦」，原訛作「賈公産」，叢書本同。周禮義疏、儀禮義疏的作者爲唐經學家賈公彦，據改。
〔三〕「糸部」，原訛作「系部」，叢書本同，據説文校改。
〔四〕「昏」，原訛作「皆」，叢書本同，引文實出自儀禮士昏禮注，據校改。

車馬曰賵，貨財曰賻，衣被曰襚。【注】此者春秋制也。賵猶覆也，賻猶助也，皆助生送死之禮。襚猶遺也，遺是助死之禮，知生者賵賻，知死者贈襚。【疏】穀梁傳：「賵者何也？乘馬曰賵，衣衾曰襚，貝玉曰含，錢財曰賻。」荀子大略、説苑修文、白虎通崩薨皆略同。説苑修文云：「輿馬、束帛、貨財、衣被，其數若何？曰：天子之賵，乘馬六匹，乘車；諸侯四匹，乘輿；大夫參輿；元士、下士不用輿。天子文綉衣各一襲，到地；諸侯覆跗；大夫〔一〕，到踝；士到髀。位尊德厚及親者，賻、賵、唅、襚，貧富有差。二、三、四、五之數，取之天地而制奇偶，度人情而制節文，謂之有因。禮之大宗也。」其衣被之數，則禮記喪大記云：「小斂：君錦衾，大夫縞衾，士緇衾，皆一，衣十有九稱。」「大斂：二衾。君、大夫、士一也。君衣百稱，大夫五十稱，士三十稱。」又雜記云：「子羔之襲也。繭衣裳與税衣、纁衻爲一，素端一，皮弁一，爵弁一，玄冕一。」又云：「公襲卷衣一，玄端一，朝服一，素積一，纁裳一，爵弁二，玄冕一，褒衣一。」注云：「士襲三稱，子羔襲五稱。今公襲九稱，則諸侯七稱，天子十二稱與？」是也。御覽引説題詞云：「輿馬曰賵，貨財曰賻，玩好曰贈，衣被曰襚。」何氏或即本春秋緯爲説，惟無贈耳。○注「此者春秋制也」。○荀子大略篇注引作「此皆春秋之制也」。校勘記云：「按，疏本作『此者』，亦無『之』字。」舊疏云：「上陳周制訖，下乃言賵賻襚，此三者是春秋之内事，故云此者春秋制也。」公羊釋例云：「正朔，必三而改。春秋損文而用忠，文質必再而復。春秋變文而從質。」按：桓三年注云：「明春秋之道，亦通于三王，非主假周以爲漢制。」正

〔一〕「大夫」二字原脱，叢書本同，據説苑校補。

以春秋典禮多與周官及各禮殊，或因或革，孔子所定爲一代之制，此類是也。按：繁露三代改制云：「商，質者，主天；夏，文者，主地；春秋者主人，所謂春秋制也。」○注「賵猶覆也」。○廣雅釋詁云：「賵，覆也。」白虎通崩薨云：「賵者，覆也。」古微書説題詞云：「賵之爲言覆也。」左疏引服虔注云：「賵，覆也。天王所以覆被臣子。」賵、覆雙聲也，説文無，見新附。錢氏大昕潛研堂答問云：「問：喪禮有賵，見於禮經、春秋，其來舊矣，説文不收此字何也？曰：按，如服氏注，取覆冒爲義，則文不當從貝。竊意古經文當爲䁉，書『武王惟冒』，許叔重引作䁉，此古文以䁉爲冒之證。徐鼎臣於貝部增賵賻諸字，未達叔重之旨也。鈕氏樹玉説文新附考云：『賵疑作冒。』」○注「賻猶助也」。○説題詞又云：「賻之爲言助也。」禮記檀弓「使子貢説驂而賻之」，注：「賻，助喪用也。」儀禮既夕云「若賻」，注：「賻之言補也，助也。」廣雅釋詁：「賻，助也。」白虎通崩薨云：「賻者，助也。」一作傅，周禮小行人「則令賻補之」，注：「故書賻作傅。」是也。潛研堂答問云：「問：賻字亦説文所未收，不識古文何從？曰：周禮小行人『若國札喪，則令賻補之』，注『故書賻爲傅』，故書者，古文也。傅者，附也，助也。許君從古文，故不取賻字。先鄭云：『謂賻喪家，助其不足也。』」○注「皆助」至「之禮」。○廣雅釋詁云：「賻，送也。」荀子大略、説苑修文並云：「賻、賵所以佐生也。」按：禮記少儀云：「賵馬入廟門。賻馬與其幣、大白兵車不入廟門。」注：「賵馬入廟門者，以其主於死者。賻馬以下不入廟門，以其主於生人也。」是賵仍以送死爲主。下故疏云：「賵實生死兩施也。」既夕禮專言「知生」自對「賻〔一〕」言之耳。○注「襚猶」至「之禮」。○春秋説題詞又云：「襚，遺也。」儀禮士喪禮「君使人襚」，注：「襚之爲言遺也。」白虎通崩薨云：「襚之爲言遺也。」説文衣部：「襚，衣死人也。」禮記少儀云：「敵者曰襚。」謂以衣送敵者死曰襚也。若然，詩碩人「説于農郊」，箋云：「『説』當作『襚』。」禮、春秋之襚，讀皆宜同。衣服曰襚，今俗語然。」彼禮、春秋正据此及士喪等禮，則襚似非專指死者。蓋以衣服遺人謂之襚，襚、遺疊韻爲訓，雖吉服猶然。後人因送死之衣亦有襚名，遂以襚專屬之凶事矣。吴氏夌雲經説云：「按，襚當讀爲祱。祱之爲言挩也，死者之衣被不復解挩，而祱取解挩爲名者，不忍死其人之意也。説文『祱，贈終者衣被曰祱』，蓋即据此爲説。是公羊自有作祱之本，可知襚，衣死人也。」春秋傳曰「楚使公親襚之」，是則贈之爲祱、衣之爲襚也，二字又別，此借襚爲祱，祱聲近襚也。○注「知生」至「贈襚」。○校勘記云：「諸本同誤也。穀梁疏引此作『知死者賵襚』，當据以訂正。疏云何氏注『知生』、『知死』皆言賵〔二〕矣，可證。」臧氏庸拜經日記云：「儀禮既夕禮『知死者贈，知生者賻』，据公羊注疏本作『知生者賵』，今本作『賻』，係淺人所改也。按，舊疏云：『問曰：案既夕禮云「知死者贈，知生者賻」，鄭注云：「各主於所知。」以此言之，賵〔三〕專施於生者何？答曰：賻專施於生，襚專施於死，賵實生死兩施，故何氏注知生知

〔一〕「賻」，原訛作「贈」，據儀禮「知死者贈，知生者賻」校改。
〔二〕「言賵」，原訛作「贈」，叢書本同，據公羊注疏校改。
〔三〕「賵」，公羊注疏作「賻」。

死皆言賵。』而既夕禮專言知生者，對贈〔一〕言之故也。」然則舊疏所見儀禮本宜如臧氏所云，作「知生者賵」。今疏本已誤沿儀禮今本矣。既夕禮「公賵」注：「賵，所以佐主人送葬者。」疏曰：「兩小〔二〕傳皆云：車馬曰賵，施於生及死者，故云助主人送葬。是以下注云『賵奠於生死兩施』是也。」按：彼下云「兄弟，賵、奠可也」，注：「兄弟，有服親者，可賵且奠，許其厚也。賵奠於生死兩施。」疏曰：「以下經云『知死者贈，知生者賻』，注云：『各主於所知。』此賵奠不偏言所主，明於生死兩施也。」說題詞亦止云「知生則賻，知死則贈」，不云賵也。皆可爲何氏賵實生死兩施之證。鄭注少儀云「賵主於死者」，專明入廟門之故，蓋贈以玩好。荀子楊注謂爲明器之屬，明器自專施死者。「賻以貨財」，貨財則專施生者。惟賵奠雖主於死者，而馬羊亦以佐生人送死之用，故得兩施。周禮宰夫注：「凡喪，始死吊而含襚，葬而賵贈，其閒加恩厚，則有賻焉。」賻用幣，亦用馬，故少儀有「賻馬」也。荀子大略云：「賻賵所以左〔三〕生，贈襚所以送死。」白虎通：「知死者則贈襚，所以助生送死，追恩重終，副至意也。賻賵所以相佐，給不足也。故吊詞曰：『知生則賻賵。』」說苑：「知生者賻賵，知死者贈襚。贈、襚所以送死，賻、賵所以佐生。」後人因以改公羊注耳。穀梁隱三年傳云：「歸死者曰賵，歸生者曰賻。」又以賵專施於死，亦非春秋止見賵賻襚，故何氏專釋此三者，不得述及贈也。士喪上篇有襚，下篇有賵、有奠、有賻、有贈。此經所不見，注故不及也。舊疏

〔一〕「贈」，儀禮作「賻」。

〔二〕「小」，原訛作「少」，據儀禮注疏校改。唐人俗語指稱公、穀二傳爲兩小傳。

〔三〕「左」，四庫全書本、四部叢刊本荀子均作「佐」。

有引既夕云：「『所知則賵而不奠』，鄭注云『奠施於死者爲多，故不奠』，以此言之，明奠於死者爲多，知賵生死等矣。」是也。

桓未君，則諸侯曷爲來賵之？

【注】据非禮。【疏】此天王也，而傳言諸侯者，明天子諸侯皆不得也。又春秋假王于魯，故等以諸侯該之。○注「据非禮」。○舊疏云：「桓未爲君，其母猶妾，故諸侯賵之爲非禮。」

隱爲桓立，故以桓母之喪告于諸侯。

【注】經言王者賵，赴告王者可知，故傳但言諸侯。【疏】白虎通崩薨篇：「諸侯喪，赴告鄰國何？緣鄰國欲有禮也。春秋傳曰：『桓母喪，告於諸侯。』桓母賤尚告於諸侯，諸侯薨告鄰國，明矣。」又云：「諸侯夫人薨，告天子者，不敢自廢政事。天子〔一〕亦欲知之當有禮也。春秋曰：『天王使宰咺來歸惠公、仲子之賵。』譏不及事。仲子者，魯君之貴妾也，何況於夫人〔二〕乎？」禮記疏引：「異義：諸侯夫人喪，公羊説卿吊君自送葬，左氏説士吊士會葬。文襄之霸，士吊大夫會葬。謹案，公羊説同盟諸侯薨，君會葬，其夫人薨，君又會葬。是其不違國政，而常在路。鄭駮之云：按，禮，君與夫人尊同，故聘禮，卿聘君因聘夫人。凶時會吊，主於相哀問，略於相尊敬，故可降一等。士吊大夫會葬，禮之正也。」禮記雜記云父、母、妻、長子死曰：「君之臣某之某死。」注：「此臣於其家喪所主者。」

〔一〕「天子」二字原脱，叢書本同，據白虎通校補。
〔二〕「夫人」，原訛作「諸侯」，叢書本同，據白虎通校改。

明夫人之喪亦告天子，故注云「經言王者賵，則赴告王者可知」也。注又云「傳但言諸侯」，明亦告鄰國，故文九年有「秦人來歸僖公、成風之禭」也。舊疏云：「諸侯之賵及事，則在春秋之前，故不書矣。」雜記又曰：「君訃於他國之君，曰：『寡君不禄，敢告於執事。』夫人曰：『寡小君不禄。』」此則赴告鄰國之禮也。

然則何言爾？成公意也。【注】尊貴桓母，以赴告天子、諸侯，彰桓當立，得事之宜。故善而書仲子，所以起其意，成其賢。【疏】王氏引之經傳釋詞云：「爾，猶焉也。二年傳曰：『何譏爾？』三年傳曰：『何危爾？』僖二年傳曰：『則中國曷爲獨言齊、宋至爾？』爾字並與焉同義。」按：穀梁僖五年傳云：「何尊焉？」又曰：「何重焉？」是其證。〇注「尊貴」至「其賢」。〇春秋賢隱之讓，故善其以仲子喪赴告天子、諸侯。桓母貴，不以己長奪貴賤之序，是爲得事之宜。

其言來何？【注】据歸含且賵，不言來。【疏】注「据歸」至「言來」。〇文五年「王使榮叔歸含且賵」是也。釋文作「歸唅」，云：「本又作含，下同。」校勘記：「按，『唅』非也。依説文當作『琀』。」

不及事也。【注】比於去來爲不及事，時以葬事畢，無所復施，故云爾。去來所以爲及事者，若己在於内者。【疏】繁露王道云：「天王使宰咺來歸惠公、仲子之賵，刺不及事也。」穀梁傳：「其志，不及事也。」雜記疏引何氏穀梁廢疾云：「傳例不言來，不周事之用也。宰咺何以言來？鄭釋之曰：『平王新有幽王之亂，遷于成周，欲崇禮於諸侯，原情免之，若無事而晚者，去來〔一〕以譏之，榮叔是也。』劉氏逢禄難曰：『据太史公書，平王即位至此已四十九年，不得云新有幽王之亂，原情免之，且秦人來歸僖公、成風之禭在成風薨後五年，亦言來，傳例與公羊正相反。鄭君曲爲之解，非也。』」通義云：「文公元年，『二月，天王使叔服來會葬』；『夏，四月，丁巳，葬我君僖公』。是其及事亦有來文。而此發傳者，蓋仲子之卒，經既不見刺，不及事之意未明，適與成風含賵可以兩事相比，特爲異詞以起之。自餘奔喪會葬之事，當文各有卒葬時日，其不及事者，既不假言來，乃見其及事者，更不以言來爲嫌矣。」荀子大略云：「送死不及尸柩，吊生不及悲哀，非禮也。」説苑修文云：「贈死不及尸柩，吊生不及悲哀，非禮也。故古者吉行五十里，奔喪百里，贈、賵及事之謂時，時，禮之大者也。」春秋曰「天王使宰咺來歸惠公、仲子之賵」，亦引以見其非時也。

○注「比於」至「内者」。○文四年：「冬，十一月，夫人風氏薨。」五年傳：「王使榮叔歸含且賵。」不言來，是爲及事，故此比於去來爲不及事也。第彼賵及而含未及，不言來者，彼注云：「不從含晚言來，明不當含也。」則含者鄰國之禮，若晚則須書來矣。禮既夕記國君賵禮，賓賵奠賻贈，及代哭爲燎之事，皆在葬前一日。承還柩車設祖奠之後，明爲葬事所須。今惠公、仲子已葬，始行賵禮，故云葬事畢，無所復施也。舊疏云：「公羊之例，若其奔喪會葬，不問來之早晚，及事不及事，皆言來矣。故文元年『春，天王使叔服來會葬』，『夏，四月，葬我君僖公』，是其及事言來也。文五年『三月，葬我小君成風』，下乃言『王使召伯來會

〔一〕「來」，原訛作「求」，叢書本同，據禮記校改。

葬』，注云：『去天者不及事。』是不及事亦言來矣。故文元年傳：『其言來會葬何？會葬，禮也。』彼注云：『但解會葬者，明言來者常文，不爲早晚施也。』定十五年『邾婁子來奔喪』，傳：『其言來奔喪者何〔一〕？奔喪，非禮也。』彼注云：『但解奔喪者，明言來者常文，不爲早晚施也。』明奔喪、會葬之例，不問早晚悉言來矣。若其含、賵、襚，則及事不言來，不及事則言來。文九年書『來歸僖公、成風之襚』，亦是不及事言來。何氏不注，以其可知，省文故也。以奔喪會葬所以通哀序志，必有所費，容其事故稽留，不必責其及時。其含賵襚之等，皆死者所須，若其來晚，則無及於事，故須作文見其早晚矣。」云去來若己在於内者，杜云：「來者自外之文，故不言來，爲若己在於内矣。」

其言惠公、仲子何？【注】据歸含且賵不言主名。【疏】注〔二〕「据歸含」至「主名」。○文五年書「王使榮叔歸含且賵」，不言成風也。

兼之。兼之，非禮也。【注】禮不賵妾，既善而賵之，當各使一使，所以異尊卑也。言之賵者，起兩賵也。【疏】注「禮不賵妾」。○穀梁傳曰：「禮，賵人之母，則可；賵人之妾，則不可。」以禮記雜記所記，赴禮止君與夫人、適子，餘皆不赴。則妾死，天子、諸侯無從賵之也。○注「既善」至「卑也」。○禮記雜記云：「吊者即位于門西，東面。其介在其東南，北面西上，西於門。」又云：「含者執璧將命曰：『寡君使某

〔一〕「何」字原脱，叢書本同，據公羊注疏校補。
〔二〕「注」字原脱，據體例補。

含。』」又云：「襚者曰：『寡君使某襚。』」「上介賵，執圭將命曰：『寡君使某賵。』」然則一人之賵、含、襚，吊且必分遣使者，不相兼攝，況君與夫人兩事，又仲子雖隱所尊，究惠公之妾，尊卑殊，更宜各使故也。○注「言之」至「賵也」。○舊疏云：「以此言之，則文九年『秦人來歸僖公、成風之襚』，言之襚者，亦起兩襚矣。」

何以不言及仲子？【注】据及者，别公夫人尊卑文也，仲子即卑稱也。【疏】注〔一〕「据及」至「文也」。○舊疏云：「即僖十一年『夏，公及夫人姜氏會齊侯于陽穀』是也。」○注「仲子即卑稱也」。○通義云：「及者，分别尊卑之詞。夫人與公一體，嫌竟可敵公，故加及〔二〕絶之。仲子不稱夫人，不嫌得敵公，故不假絶也。」

仲子微也。【注】比夫人微，故不得並及公也。月者，爲内恩録之也。諸侯不月，比於王者輕，會葬皆同例。言天王者，時吴、楚上僭稱王，王者不能正，而上自繫於天也。春秋不正者，因以廣是非。稱使者，王尊敬諸侯之意也。王者据土與諸侯分職，俱南面而治，有不純臣之義，故異姓謂之伯舅、叔舅，同姓謂之伯父、叔父。言歸者，與使有之辭也。天地所生，非一家之有，有無當相通。所傳聞之世，外小惡不書，書者來接内也。春秋王魯，以魯爲天下化首，明親來被王化漸漬禮義者，在可備責之域，故從内小惡舉也。

〔一〕「注」字原脱，據體例補。
〔二〕「及」，原訛作「公以」二字，叢書本同，據公羊通義校改。

主書者，從不及事也。【疏】注「比夫」至「公也」。○此道僖十一年書及義也。夫人須加及，仲子比夫人微，本不得並及公，故不必言及也。○注「月者」至「之也」。○舊疏云：「此文及文五年『春，王正月，王使榮叔歸含且賵』，皆是内恩録之。」穀梁注云：「賵例時，書月，以謹其晚。」則秦人歸僖公、成風之襚，又何以不月？以責其晚乎？○注「諸侯」至「者輕」。○舊疏云：「即文九年『冬，秦人來歸僖公、成風之襚』是也。」此月彼不月，明王者、諸侯之異。然則公羊之例，恩録重者月，輕者時矣。○注「會葬皆同例」。○舊疏云：「若王使人來則書月，爲内恩録之。故文五年『春，三月，王使召伯來會葬』，文元年『二月，天王使叔服來會葬』，皆是也。若諸侯使人來會葬即不月者，以爲比王者輕。春秋偶爾無之。其襄三十一年『冬，十月，滕子來會葬』，定十五年『九月，滕子來會葬』，皆書月者，彼是諸侯身來會葬，非使人，仍自不妨也。則鄉解王與諸侯者，皆是使人，非身自來也。而舊云襄三十一年月者，爲下癸酉葬襄公出之，會葬不蒙月；定十五年月者，爲下葬定公出之，會葬亦不蒙上月者，非也。」按：舊疏所駁舊説是也。天子無親身賵襚會葬之理，此經明言「天王使」，則何氏自据使人例推及諸侯矣。○注「言天」至「稱王」。○史記吴世家云：「壽夢立而吴始益大，稱王〔一〕。」王壽夢、王諸樊、王餘眛、王僚、王闔廬、王夫差。又楚世家云：「三十七年，楚熊通怒曰：『吾先君鬻熊，文王師也，早終。成王舉我先公，乃以子男田令居楚，蠻夷皆率服，而王不加位，我自尊耳。』乃自立爲武王。」是吴楚僭稱王事也。説文人部：「僭，假也。」下五年穀梁傳：

〔一〕「王」字原脱，叢書本同，據史記校補。

「下犯上謂之僭。」隱公時吴尚未僭稱王，据孔子作春秋時言之也。○注「王者」至「天也」。○穀梁疏引賈逵云：「圻内稱王，諸夏稱天王。」禮記疏引異義：「許慎謹案，春秋左氏云：『施於夷狄稱天子，施於京師稱王。』」又引：「崔靈恩云：『夷狄不識王化，無有歸往之義，故不稱王臨之也。』不言皇者，夷狄不識尊極之義理，皇號，尊大也。夷狄唯知畏天，故舉天子威之。」按：成八年「天子使召伯來錫公命」，魯非夷狄，不宜稱天子。莊元年「王使榮叔來錫桓公〔一〕命」，魯非京師，無緣稱王。許、崔之説，並不可通。獨斷上云：「天王，諸夏之所稱。天下之所歸往，故稱天王。」與賈侍中説同。時吴楚僭王，故稱天以臨諸夏，所以别諸僭王也。○注「春秋」至「是非」。○舊疏云：「若正之，當直言王，今兼亦言天，見其非正矣。」按：此所謂據事直書而義自見者也。○注「稱使」至「意也」。○舊疏云：「成二年傳云『君不行使乎大夫』，由尊卑不敵故也。今天子於諸侯亦尊卑不敵，所以言使者，天子見諸侯與己分職，俱南面而治，有不純臣之義，故尊敬之稱使也。」按：稱使者，公羊春秋之義。公羊家以諸侯與大夫别尊卑，故絶其使文。天子、諸侯雖亦不敵，因有不純臣之義，故有使文也。○注「王者」至「之義」。○詩疏引：「異義：公羊説：諸侯不純臣。左氏説：諸侯者，天子藩衛純臣。謹案，禮，王者所不純臣者，謂彼人爲臣，皆非己德所及。易曰：『利建侯。』侯者，王所親建，純臣也。駁曰：玄之聞也，賓者，敵主人之稱。而禮，諸侯見天子稱之曰賓，不純臣諸侯之明文矣。」是鄭用公羊説。白虎通王者不臣云：「王者不純臣諸侯何？尊重之。以其列土

〔一〕「桓公」二字原脱，據公羊注疏校補。

傳子孫，世世稱君，南面而治。朝則迎之於著，覲則待之于阼階，升階自西階，爲庭燎，設九賓，享禮而後歸。是異於衆臣也。」按：儀禮喪服斬衰章有「臣爲君」，復有「諸侯爲天子」，明諸侯於天子不純臣。恐人疑服制有殊，故特著其與臣爲君同斬衰，明天子待諸侯雖不純臣，而諸侯於天子固一如臣職也。舊疏云：「其異者，即不居殯宫是也。」故詩臣工云：「嗟嗟臣工。」箋云：「臣，謂諸侯也。諸侯來朝天子，有不純臣之義。於其將歸，故於廟中正君臣之禮。」亦用公羊義也。繁露諸侯云：「古之聖人見天意之厚於人也，故南面而君天下，必以兼利之，爲其遠者目不能見，其隱者耳不能聞，於是千里之外，割地分民，而建國立君，使爲天子視所不見，聽所不聞，朝夕召而問之也。」是與諸侯分職南面而治之義也。○注「故異」至「叔父」。○禮記曲禮云：「天子同姓謂之伯父，異姓謂之伯舅。」注：「稱之以父與舅，親親之詞也。」僖二十八年左傳「王曰叔父」，又昭九年左傳云「伯父惠公歸自秦，而誘以來」，又云「我〔一〕在伯父，猶衣服之有冠冕」，是同姓諸侯或稱伯，或稱叔也。若詩閟宫云「王曰叔父」，則直以本親命之。書文侯之命曰「父義和」，不稱伯叔，則又親親之詞也。曲禮又云：「九州之長，入天子之國曰『牧』。天子同姓謂之『叔父』，異姓謂之『叔舅』。」注：「牧尊於大國之君，而謂之叔父，辟二伯也。」則又似州牧稱叔父、叔舅，方伯則伯叔兼稱矣。然晉惠未嘗爲牧伯，而亦稱伯者，蓋當時諸侯通稱。故曲禮「天子同姓謂之叔父」，正義引一本作「天下同姓也」。又引崔氏云：「覲禮，大國之君同姓謂之伯父，異姓謂之伯舅，此小者同姓謂之

〔一〕「我」字原脱，叢書本同，據左傳正義校補。

叔父，異姓謂之叔舅。義或然也。」按：覲禮以國之大小分伯叔，較勝於曲禮。蓋周初封建五等，以功德大小爲差，非比後世。由於兼併，晉在周初不得爲大國，後雖强大，猶稱叔父，則沿周初舊稱也。僖九年左傳「賜齊侯胙」，曰：「使孔賜伯舅胙。」則齊本大國故也。詩伐木〔一〕云：「以速諸父。」傳：「天子謂同姓諸侯、諸侯謂同姓大夫皆曰父，異姓皆曰舅。」疏云：「禮記注云：『稱之以父與舅，親親之詞。』覲禮說天子呼諸侯之義，曰：同姓大國曰伯父，異姓曰伯舅；同姓小國曰叔父，異姓曰叔舅。是天子稱諸侯也。左傳隱公謂臧僖伯曰：『叔父有憾於寡人。』鄭厲公謂原繁曰：『願與伯父圖之。』禮記衛孔悝之鼎銘曰：『公曰叔舅。』是諸侯稱大夫父舅之文也。諸侯則國有大小之殊，大夫唯以長幼爲異。故服虔注左傳云『諸侯稱同姓大夫，長曰伯父，少曰叔父』是也。然則諸侯謂異姓大夫長者亦當爲伯舅，但經、傳無其事耳。」公羊傳曰：『王者之後稱公，大國稱侯，小者稱伯子男。』左傳『在禮，卿不會公侯，會伯子男可也』，分五等爲二，皆以公、侯爲上等，伯、子、男爲下等，明大邦謂公、侯，小邦謂伯、子、男也。其餘牧伯則異，曲禮云：『五官之長曰伯，是職方。天子同姓謂之伯父，異姓謂之伯舅。』東西二伯是也。又曰：『九州之長，入天子之國曰牧，天子同姓謂之叔父，異姓謂之叔舅。』注云：『牧尊於大國之君，而謂之叔父，避二伯也，亦以此爲尊。禮或損之而益，謂此類也。』言由避二伯，故稱叔，因以別異大邦之君，亦以損其稱而更益其尊，故云『損之而益』也。齊太公爲王官之伯，左傳云：『王使劉定公命齊侯曰：昔伯舅太公佑我先王。』是稱

〔一〕「木」，原訛作「本」，叢書本同，據詩經校改。

太公爲伯舅也。及齊桓公興霸，襄王又以二伯之禮命之。僖公九年『王使宰孔賜齊侯胙，曰：使孔賜伯舅胙』，是也。周公亦是分陝之伯，而魯頌云『王曰叔父』者，以其實成王叔父，以本親言之也。其晉文亦有伯功〔一〕，而王策命詞曰『王曰叔父』者，齊桓、晉文雖俱有伯功，天子賜命，皆本其祖。太公受二伯命，故還以二伯禮賜桓公。唐叔本受州牧之命，還以州牧之禮命文公，故唐叔、文公但稱叔父。左傳周景王謂〔二〕籍談曰『叔父唐叔』，是唐叔亦受州牧之禮而稱叔父也。僖二十四年傳：王出適鄭，使來告難，曰：『敢告叔父。』謂魯爲叔父。成二年左傳王告鞏朔〔三〕曰：『今叔父克遂，有功於齊。』謂晉爲叔父也。昭七年，王使追命衛襄公，曰：『叔父陟恪，在我先王之左右。』是謂衛爲叔父也。是晉與魯、衛，王皆呼之爲叔父。昭九年：『王使詹桓伯辭於晉，曰：伯父惠公歸自秦。』又謂晉爲伯父。由此觀之，魯、衛爲大國而稱叔父，晉則伯、叔俱稱。不同者，魯雖周公之後，周公位冢宰爲東伯，而周公不之國，故事繫伯禽。左傳曰：『燮父、禽父、王孫牟並事康王，三國俱以令德作王卿。』明兼州牧矣。燮父，唐叔之子；王孫牟，康叔之子。康叔稱叔父，是爲州牧。尚書酒誥命康叔之詞：『明大命于妹邦。』鄭云：『康叔爲連屬之監。』則康叔後或爲州牧。燮父〔四〕與王孫牟或各繼其父爲州牧也。伯禽作費誓，專征徐戎，爲方伯。可知三國並

〔一〕「功」，原訛作「公」，據毛詩正義校改。

〔二〕「景王謂」三字原脱，叢書本同，據毛詩正義校補。

〔三〕「朔」，原訛作「叔」，叢書本同，據毛詩正義改校。

〔四〕「父」字原脱，叢書本同，據毛詩正義校補。

爲大國，王室之親，又皆二伯之後，尊而異之，所以皆稱叔父也。晉或稱伯父者，以晉既大國，世作盟主，故變稱伯父耳。尚書文侯之命：『王曰：父義和。』平王得文侯夾輔之勳，尤親之，而直稱父也。天子稱朝廷〔一〕公卿則無文。蓋有爵者依諸侯之例，無爵者亦應以長幼稱伯父、叔父。大夫以下位卑，其稱父舅與〔二〕否，無文以言之也。」○注「言歸」至「辭也」。○舊疏云：「春秋大例，先是己物乃言歸，即『歸讙及闡』之屬是也。今此賵之車馬，先非魯物而言歸者，與魯有之辭。」是也。杜云：「歸者，不反之辭。」○注「所傳」至「内也」。○小惡，謂不及事，又兼之也。舊疏云：「春秋之義，所傳聞之世，外小惡不書。」此小惡未合書，見而著之者，由接内故也。○注「春秋」至「舉也」。○春秋託王于魯，假若隱公爲受命，王故爲天下化首，凡來接内者，皆如親被王化，宜漸漬禮義，如上之褒儀父是也。春秋責備賢者，故雖小惡必書，爲其在可責備之域故也。其非接内者，則在無足責之例，故小惡不示譏文也。○注「主書」至「事也」。○校勘記云：「宋、監本同。毛本脱從字。」

○九月，及宋人盟于宿。【疏】左疏引杜譜云：「宋，子姓，其先契，佐唐虞爲司徒，封於商。成湯受命，王有天下。及紂無道，周武王滅之，封其子武庚紹殷後。武庚作亂，周公誅之，更封紂兄微子啓爲宋

〔一〕「朝廷」，原訛作「王朝」，據毛詩正義校改。
〔二〕「與」，原訛作「以」，據上下文意徑改。

公，都商丘，今梁國睢陽縣是也。」宿者，大事表云：「杜注：宿，東平無鹽縣，在今山東泰安府東平州東二十里。」一統志：「無鹽故城在東平州東二十里，春秋宿國。」

孰及之？内之微者也。【注】内者，謂魯也。微者，謂士也。不名者，略微也。大者正，小者治；近者説，遠者來，是以春秋上刺王公，下譏卿大夫而逮士、庶人。宋稱人者，亦微者也。魯不稱人者，自内之辭也。宿不出主名者，主國主名與可知，故省文，明宿當自首其榮辱也。微者，盟例時，不能專正，故責略之。此月者，隱公賢君，雖使微者，有可采取，故録也。【疏】莊二十二年「秋，七月，丙申，及齊高傒盟于防」，文二年「三月，乙巳，及晉處父盟」，彼皆公，故此别之曰「内之微者也」。彼二文没公之義，當文自解，無庸逆説。○注「内者謂魯也」。○此通解全書之例。成十五年傳：「春秋内其國而外諸夏。」故凡言内者，皆魯也。説苑指武云：「内治未得，不可以正外。」○注「微者」至「微也」。○穀梁傳：「及者何？内卑者也。」注：「卑者〔一〕，謂非卿大夫也。」舊疏云：「公羊之例，大夫悉見名氏，與卿同。今此不見名氏，故知士也。」禮記王制云：「其有中士下士者，數各居其上之三分。」注云：「凡非命士，亦無出會之事。春秋傳謂士爲微。」又云：「謂其爲介，若特行而并會也〔二〕。」疏言：「『謂其爲介』者，若聘禮『士介四人』是也。若特行，則隱元年『及宋人盟于宿』是也。」「凡非命士，則祭法庶士是也。」按：周禮典命注：「天子上士三命，

〔一〕「者」字原脱，叢書本不誤，據補。

〔二〕「也」上原衍「故」字，據禮記正義校删。

中士再命，下士一命。」其公侯伯之士一命。則俱當爲上士矣。襄十一年傳：「古者，上卿、下卿，上士、下士。」○注「大者」至「庶人」。○繁露爵國云：「大功德者受大爵土，小功德者受小爵土；大材者執大官位，小材者受小官位。如其能宣，治之至也。」又奉本云：「禮者，繼天地，體陰陽，而慎主客，序尊卑、貴賤、大小之位，而差内外、遠近、新舊之級者也。」又正貫云：「立義定尊卑之序，而後君臣之職明矣。」又十指云：「親近來遠，同民所欲，一指也。」又云：「親近來遠，同民所欲，則仁恩達也。」又盟會要云：「親近以來遠，因其國而容天下名倫等物，不失其理。」又王道云：「孔子明得失，差貴賤，反王道之本，譏天王以致太平，刺惡譏微，不遺大小。」又俞序云：「仲尼之作春秋也，上探正天端，王公之位；下明得失，引史記，理往事，正是非，序王公。」[一]所以内外微者書，爲小者治故也。小國宿得亦「及」，所以來遠以説近也。上刺王公，下及士庶，所以奉天而法古也。史記自序：「是非二百四十二年之中，以爲天下儀表，貶天子，退諸侯，討[二]大夫，以達王事而已矣。」所以游、夏莫贊也。○注「宋稱」至「者也」。○校勘記：「宋本同。閩、監、毛本脱『者』字。」穀梁傳云：「宋人，外卑者也。」杜云：「客主無名，皆微者也。」○注「魯不」至「辭也」。○左傳疏云：「直言『及』者，他國可言某人，魯史不得自言魯人，直言及彼，是魯及可知。其微人與他國會，而直言會，與此同也。」○注「宿不」至「辱也」。○惠氏士奇春秋説云：「春秋會盟以國地。以國者國

[一] 所引俞序有脱訛，繁露原文亦有訛誤。據蘇輿春秋繁露義證，原文爲：「仲尼之作春秋也，上援天正王公之位，下明得失，起賢才，以待後聖。故引史記，理往事，正是非，見王心。」

[二] 「討」，原訛作「封」，據史記校改。

主必與盟，則盟不序。隱元年『及宋人盟于宿』，不序宿人；僖十九年『陳人、蔡人、楚人、鄭人盟于齊』，不序齊人是也。」按：桓十四年「公會鄭伯于曹」，則曹與盟；桓二年「蔡侯、鄭伯會于鄧」，鄧亦與盟。可知自首其榮辱者。舊疏云：「理是，則主人先榮；理非，則主人先辱。」按：春秋以隱爲始受命王，宿男先與隱公交接，故卒褒之，即首其榮也。又凡書盟者，惡其納誓朋黨生患禍，即首其辱也。○注「微者」至「略之」。○舊疏云：「春秋之例，若尊者之盟，大信時，小信月，不信日，見其責也。若微者，不問信與不信，皆時，悉作信文略之，即僖十九年『冬，會陳人、蔡人、楚人、鄭人盟于齊』之屬是也。」穀梁傳「卑者之盟不日」，注：「凡非卿大夫盟〔一〕，信之與不，例不日。」○注「此月」至「録也」。○此解書月義，爲取其能慕賢，故詳之，若以小信予之也。桓十一年：「春，正月，齊人、衛人、鄭人盟于惡曹。」注：「月者，桓公行惡，諸侯所當誅屬，上三國來戰于郎。今復使微者盟，故爲魯懼〔二〕，危録之。」僖二十九年：「夏，六月，公會王人以下盟于狄泉。」注：「晉文年老志衰，不能自致，故諸侯亦使微者會之。月者，惡伯功之廢於是。」義各有主也。

○冬，十有二月，祭伯來。

〔一〕「盟」字原脱，叢書本同，據穀梁注疏校補。
〔二〕「懼」，原訛作「桓」，叢書本同，據公羊注疏校改。

祭伯者何？天子之大夫也。【注】以無所繫言來也。【疏】繁露爵國云：「春秋曰『宰周公』，傳曰：『天子三公。』『祭伯來』，傳曰：『天子大夫。』『宰渠伯糾』，傳曰：『下大夫。』『石尚』，傳曰：『天子之士也。』『王人』，傳曰：『微者。』謂下士也。凡五等。」則凡曰大夫，皆上大夫也。然何氏以咺爲中士，則天子之士，宜三等矣。又有尹子、單子、劉子稱子，宜在上大夫上。蓋公也、卿也、上大夫也、下大夫也、上士也、中士也、下士也，凡七等。其春秋之制與？○注「以無」至「來也」。○舊疏云：「外諸侯臣來聘，宜繫國稱使，即文四年『秋，衛侯使甯俞來聘』之屬是也。若直來亦有所繫，如閔元年『齊仲孫來』之屬是。若外諸侯之臣來奔，當繫國言來奔，文十四年『宋子哀來奔』、襄二十八年『齊慶封來奔』之屬是。今無所繫，直言來，故宜是天子大夫也。」

何以不稱使？【注】據凡伯稱使。【疏】注〔一〕「據凡伯稱使」。○即下七年「天王使凡伯來聘」是也。

奔也。【注】奔者，走也。以不稱使而無事，知其奔。【疏】注「奔者，走也」。○桓十六年：「衛侯朔出奔齊。」傳：「越在岱陰齊。」注：「越，猶走也。」○注「以不」至「其奔」。○舊疏：「下三〔二〕年『武氏子來求賻』，文九年『毛伯來求金』，並無使文而有事也。上文『天子使宰咺』，文元年『天王使叔服』，皆是有事有使也。今此無事復無使，故知其奔。」

〔一〕「注」字原脱，據體例補。
〔二〕「三」，原訛作「二」，叢書本同，武氏子來求賻在隱公三年，據公羊注疏校改。

奔則曷爲不言奔？【注】据齊慶封來言奔。【疏】注「据齊」至「言奔」。○襄二十八年「齊慶封來奔」是也。

王者無外，言奔，則有外之辭也。【注】言奔，則與外大夫來奔同文，故去奔，明王者以天下爲家，無絶義。主書者，以罪舉。内外皆書者，重乖離之禍也。當春秋時，廢選舉之務，置不肖於位，輒退絶之以生過失，至於君臣忿争出奔，國家之所以昏亂，社稷之所以危亡，故皆録之。録所奔者爲受義者，明當受賢者，不當受惡人也。祭者，采邑也；伯者，字也。天子上大夫字，尊尊之義也。月者，爲下卒也，常案下例當蒙上月，日不也。奔例時。一月二事，月當在上。十言有二者，起十復有二，非十中之二。【疏】注「言奔」至「絶義」。○外大夫來奔，宋子哀、齊慶封之屬是也。舊疏云：「問：若〔一〕王者以天下爲家，無絶義，故不言奔，何故襄三十年『王子瑕奔晉』、昭二十六年『尹氏、召伯、毛伯以王子朝奔楚』、成十二年『周公出奔晉』皆言奔乎？答曰：春秋進退無義，若來奔魯者，見王者以天下爲家，無絶義，故不言奔。若奔别國，即見春秋黜周與外諸侯同例，故言奔矣。既以魯爲王而不專黜周者，若〔二〕專黜周則非遜順之義。」按：王朝之臣出奔他國，若不著明，知爲何國？不明言奔，又將何辭？春秋本假魯爲王，遇有天子事，仍多曲筆，正爲尊王示義，故即於「祭伯來奔」見其無絶，亦爲尊者諱之意也。不必書之，重辭之複

〔一〕「若」字原脱，叢書本同，據公羊注疏校補。
〔二〕「若」，原訛作「欲」，據阮元校勘記校改。

也。○注「主書」至「罪舉」。○舊疏云：「一則罪祭伯之去主，一則罪魯受叛人，故曰以罪舉。」按：此爲凡出奔者著義也。○注「內外」至「禍也」。○舊疏云：「內書者，閔二年『公子慶父出奔莒』是也。外書者，昭二十年『宋華亥、向甯、華定出奔陳』之屬是也。」○注「當春」至「録之」。○繁露天地之行云：「量能授官，賢愚有差，所以相承也。」鹽鐵論除狹云：「夫傅〔一〕主德，開臣途，在於選賢而器使之。」中論爵禄云：「自時厥後，文武之教衰，黜陟之道廢，諸侯恣，大夫世位，爵人不以德，禄人不以功，姦邪得願，仁賢失志，於是則以富貴相詬病矣。」明春秋時不問賢不肖予之位禄也。繁露精華云：「是故任非其人而國不傾者，自古至今未嘗聞也。故吾按春秋而觀成敗，乃切悁悁於前世之興亡也。」漢書劉向傳：「至于平王末年，魯隱之始即位也，周大夫祭伯乖離不和，出奔於魯，而春秋爲諱不言其來奔，傷其禍殃自此始也。」按：穀梁以爲「來朝」，劉向習穀梁，其上封事，則取公羊説也。○注「録所」至「人也」。○通義云：「王臣奔他國者，皆不言出，以示無外之義。若其來奔，本無出文，故并去奔以別之。魯受天子逋逃臣，亦爲有惡，不言奔者，蓋兼諱也。」則凡録所奔者，爲受者示義，明當受賢者，不受惡人。故莊十二年左傳：「石祁子曰：『天下之惡一也，惡〔二〕于宋而保于我，保之何補？』」莊十七年：「鄭瞻自齊逃來。」傳曰：「佞人來矣！佞人來矣！」注：「蓋痛魯知而受之。」又襄二十七年：「豹及諸侯之大夫盟于宋。」傳：「曷爲殆諸侯？爲衛

〔一〕「傅」，原譌作「傳」，叢書本同，據鹽鐵論校改。
〔二〕「惡」，原譌作「失」，叢書本同，據左傳正義校改。

石惡在是也。」二十八年書「石惡奔晉」，皆受惡人事也。○注「祭者，采邑也」。○禮記禮運云：「大夫有采，以處其子孫。」左氏僖二十四年傳：「凡、蔣、邢、茅、胙、祭，周公之胤〔一〕也。」説文邑部：「䣊，周邑也。」段氏玉裁注云：「春秋經、左傳、國語、史記、逸周書、竹書紀年凡云祭伯、祭公謀父，字皆作祭。惟穆天子傳云『䣊父』，注：『䣊父，䣊公謀父也。䣊者本字，祭者叚借。』韋注國語云：『祭，圻内之國，周公之後也，爲王卿士。謀父，字也。』是則䣊本西都圻内邑名。至東周時，隱元年『祭伯來』，莊二十三年『祭叔來聘』，尚仍其西都舊稱。許云周邑，系〔二〕諸河南、河内之間，其諸東都亦有䣊與？抑如鄭之仍舊稱與？」齊氏召南經傳考證云：「按，杜注不注祭國所在。」羅泌路史云：「周圻内管城東北有古祭城。」按：杜氏釋例云：「祭城在河南，上有廒倉，周公後所封也。」見史記正義。又成四年左傳「晉伐〔三〕鄭，取氾、祭」，注：「氾、祭，鄭地名。成皋縣東有氾水。」史記高祖紀「以取敖倉」，正義曰：「括地志：『敖倉在鄭州滎陽縣西。』」今鄭州東北有祭城。据此，則祭地當在今滎陽氾水之閒。於春秋爲鄭地，其爲鄭所兼并與？蓋祭本封國，在西都圻内，平王東遷，因隨從食采於東圻也。廣韻以祭爲周大夫邑名。周公第五子〔四〕祭伯，

〔一〕「胤」，原作「允」。阮元十三經注疏本將「胤」改爲「允」，以避清雍正皇帝胤禛之名諱。今恢復爲「胤」。以下徑改，不出校。
〔二〕「系」，原訛作「糸」，叢書本不誤，據改。
〔三〕「伐」，原訛作「代」，叢書本不誤，據改。
〔四〕「子」，原訛作「字」，叢書本同，據廣韻校改。

其後以爲氏。○注「伯者」至「義也」。○桓四年注云：「上大夫不名，祭伯是也。」按：禮記檀弓云：「幼名，冠字，五十以伯仲。」此伯，乃五十後伯仲之稱，南季、仍叔之屬。若字，如家父、叔服，乃下大夫之稱。此云伯、字者，儀禮冠禮云「字辭」：「『曰伯某甫』。仲、叔、季，唯其所當。」蓋當二十冠時稱字，如曰伯某甫。年至五十轉尊，則又舍其某字，而直以伯仲別之。則伯仲等加於初字時，故亦得謂之字也。禮記祭義云：「周人貴爵而上齒，故稱字，以明尊尊也。」舊疏云：「知伯非爵者，桓八年經云『祭公來，遂逆王后于紀〔一〕』，公是其爵，明伯其字也。」○注「月者，爲下卒也」。○閔二年注云：「內大夫奔例，無罪者日，有罪者月；外大夫奔例，皆時。」春秋內魯，故祭伯比外大夫宜時，故云月者爲下卒也。○注「常案」至「上月」。○校勘記云：「當，閩、監、毛本同。鄂本『當』作『堂』，誤。按，下二年注作『常』。案下例當蒙上月解云『祭伯來』之下已有此注，則此亦應作常。」舊疏云：「一月有數事，重者皆蒙月。若上事輕下事重，輕者不蒙月，重者自蒙月。若上事重下事輕，則亦重者蒙月，輕者不蒙月。故言當案下例，當蒙上月矣。」義或然也。○注「日不也」。○舊疏云：「謂一日有數事，即不得上下相蒙，故桓十二年『冬，十一月，丙戌，公會鄭伯盟于武父。丙戌，衛侯晉卒』，彼注云：『不蒙上日者，春秋獨晉書立、記卒耳。當蒙上日，與不嫌異於篡例，故復出日，明同。』是也。」○注「奔例」至「在上」。○成十二年，「春，周公出奔晉」是也。舊疏引舊云：「春秋王魯，是以王臣來奔魯者，悉與外諸侯之臣來奔同書時，故與襄二十八年『冬，齊慶封來奔』同

〔一〕「紀」，原訛作「祭」，叢書本同，據公羊注疏校改。

矣。若王臣奔他國，悉書月，是以王子瑕、毛、召之徒悉皆書月。」按：襄三十年「夏，五月，甲午，宋災。伯姬卒。天王殺其弟年夫。王子瑕奔晉」，彼注云：「外災例時，此日者，爲伯姬卒日。」既書日，不得不月，則彼月，不必爲王子瑕矣。又昭二十六年「冬，十月，天王入于成周，尹氏、召伯、毛伯以王子朝奔楚」，彼注云：「月者，爲天下喜録王者反正位。」則尹氏等出奔，亦不必蒙上月矣。是皆一月二事。但襄三十年、昭二十六年月，本爲上事發，其即爲下事發者，亦當書月於上，此是也。○注「十言」至「之二」。○校勘記：「十復，閩、監、毛本同誤十作下，鄂本作十，當据正。」

○公子益師卒。

何以不日？【注】据臧孫辰書日。【疏】注「据臧孫辰書日」。○文十年「春，王三月，辛卯，臧孫辰卒」是也。舊疏云：「問：下五年『十二月，辛巳，公子彄卒』亦書日，所以不據之，而遠據文十年何？答曰：下五年注云：『日者，隱公賢君，宜有恩禮於大夫，益師始見法，無駭有罪，俠又未命，故獨得於此日。』以義言之，正由同[一]在傳聞世，非常書日之限，故不據之。所聞世，大夫日卒者非一，正据辰者，以是所傳聞之始故也。」

〔一〕「同」字原脱，叢書本同，據公羊注疏校補。

遠也。【注】孔子所不見。【疏】通義云：「立乎定、哀，以指隱、桓，祖之所逮聞也，故言遠也。左氏說『公不與小斂，故不書日』。『九月，甲申，公孫敖卒於齊』，公豈得小斂乎？穀梁說『大夫日卒，正也〔一〕』，隱如何以書日？二傳皆失之。」穀梁疏引麋信云：「益師不能防微杜漸，使桓弑隱。若益師能以正道輔隱，則君無推國之意，桓無篡弑之情。」按：穀梁不以隱讓爲正，故麋氏如彼說，見益師之不日卒爲惡也。彼疏又引：「何君廢疾云：『公羊以爲日與不日爲遠近異，若穀梁云惡而不日，則公子牙及季孫意如〔二〕何以書日？』鄭釋之曰：『公子牙，莊公弟，不書弟則惡明矣，故不假去日。季孫意如則定公所不惡，故書日。』」劉氏逢禄難曰：「春秋之義，遠則殺其恩，惡則略其恩。何氏之例詳而不亂，如無駭之不日，有疾始滅之文；叔孫得臣之不日，有與聞乎弑之文。春秋不以疑詞眩人，而愛有差等，故張三世之義，公羊獨得之。公子牙之爲莊公弟固也，然經無起文也，意如以爲定所不惡似也。仲遂之貶、得臣之不日，豈宣所惡與？益師爲隱所惡，又何說乎？春秋以時君之美惡爲美惡，何以理嫌疑、明是非乎？」○注「孔子所不見」。○繁露奉本云：「隱、桓親春秋之先人也，益師卒而不日。」哀十四年傳「祖之所逮聞也」，故云「孔子所不見」。

所見異辭，所聞異辭，所傳聞異辭。【注】所見者，謂昭、定、哀，己與父時事也；所聞者，謂文、

〔一〕「也」字原脫，叢書本同，據穀梁注疏校補。

〔二〕「季孫意如」，左傳、穀梁傳之「季孫意如」，公羊傳作「季孫隱如」。

宣、成、襄，王父時事也；所傳聞者，謂隱、桓、莊、閔、僖，高祖曾祖時事也。異辭者，見恩有厚薄，義有淺深，時恩衰義缺，將以理人倫，序人類，因制治亂之法。故於所見之世，恩已與父之臣尤深，大夫卒，有罪無罪，皆日録之，「丙申，季孫隱如卒」是也。於所聞之世，王父之臣恩少殺，大夫卒，無罪者日録，有罪者不日，略之，「叔孫得臣卒」是也。於所傳聞之世，高祖曾祖之臣恩淺，大夫卒，有罪無罪皆不日，略之也，公子益師、無駭卒是也。於所傳聞之世，見治起於衰亂之中，用心尚麤觕，故内其國而外諸夏，先詳内而後治外，録大略小，内小惡書，外小惡不書，大國有大夫，小國略稱人，内離會書，外離會不書是也。於所聞之世，見治升平，内諸夏而外夷狄，書外離會，小國有大夫，宣十一年「秋，晉侯會狄於攢函」、襄二十三年「邾婁鼻我來奔」是也。至所見之世，著治大平，夷狄進至於爵，天下遠近小大若一，用心尤深而詳，故崇仁義，譏二名，晉魏曼多、仲孫何忌是也。所以三世者，禮爲父母三年，爲祖父母期，爲曾祖父母齊衰三月，立愛自親始，故春秋据哀録隱，上治祖禰。所以二百四十二年者，取法十二公，天數備足，著治法式，又因周道始壞絶於惠、隱之際。主所以卒大夫者，明君當隱痛之也。君敬臣則臣自重，君愛臣則臣自盡。公子者，氏也；益師者，名也。諸侯之子稱公子，公子之子稱公孫。【疏】注「所見」至「事也」。○舊疏云：「知昭、定、哀爲所見，文、宣、成、襄爲所聞，隱、桓、莊、閔、僖爲所傳聞者，春秋緯文也。」繁露奉本云：「今春秋緣魯以言王義，殺隱、桓以爲遠祖，宗定、哀以爲考妣。」舉其始終言之也。通義云：「春秋分十二公而爲三世。舊説，所傳聞之世，隱、桓、莊、閔、僖也；所聞之世，文、宣、成、襄也；所見之世，昭、定、哀也。顏安樂以爲，襄公二十三年『邾婁鼻我來奔』，傳云：『邾婁無大夫，此何以書？以近書也。』又昭二十七年『邾婁快來奔』，傳云：『邾婁無大夫，此何以書？以近書也。』二文不異，宜同一世，故斷自孔子生後，即爲所見之世。廣森從之。所以三世異辭者，見恩有淺深，義有隆殺。所見之世，据襄爲限，成、宣、文、僖四廟之所逮也。所聞之世，宜據僖爲限，閔、莊、桓、隱亦四廟之所逮也。親疏之節，蓋取諸此。」按：文九年疏引演孔圖云：「文、宣、成、襄，所聞之世也。」又繁露楚莊王云：「春秋分十二世以爲三等，有見，有聞，有傳聞；有見三世，有聞四世，有傳聞五世。故昭、定、哀，君子之所見也；襄、成、文、宣，君子之所聞也；僖、閔、莊、桓、隱，君子之所傳聞也。所見六十一年，所聞八十五年，所傳聞九十六年。」皆與何氏説合。序舊疏引鄭氏云：「九者，陽數之極，九九八十一，是人命終矣。故孝經援神契云：春秋三世以九九八十一爲限。然則隱元年盡僖十八年爲一世，自僖十九年盡襄十二年又爲一世，自襄十三年盡哀十四年又爲一世。所以不悉八十一年者，見人命參差，不可一齊之義。」按：襄十三年孔子未生，不得爲所見世，孝經説未可從。顔氏以從生以後，理不得謂之所聞，然孔子於襄末始生，尚無知識，亦不得遽爲所見。邾婁鼻我、邾婁快雖同「以近書也〔一〕」傳，舊疏云：「一自是治近升平書，一自是治近太平書，不相干涉。」是也。又云：「援神契横説，更作一理，非正解春秋之物，故何氏自依春秋説爲正解明矣〔二〕。」○注「異辭」至「淺深」。○校勘記云：「鄂本作『淺深』，當据以正，諸本皆誤倒。」繁露楚莊王云：「於所見微其

〔一〕「也」，原訛作「之」，叢書本同，據公羊傳校改。
〔二〕「自依」句，原訛脱作「自以春秋説爲正」，據公羊注疏改補。

辭，於所聞痛其禍，於傳聞殺其恩，與情俱也。是故『逐季氏』而言『又雩』，微其辭也；子赤弑，弗忍言日，痛其禍也；子般弑，而書乙未，殺其恩也。屈伸之志，詳略之文，皆應之。吾觀其近近而遠遠、親親而疏疏也，亦知其貴貴而賤賤、重重而輕輕也，有知其厚厚而薄薄、善善而惡惡也，又知其陽陽而陰陰、白白而黑黑也。百物皆有合偶，偶之合之，仇之匹之，善矣。」此即恩有厚薄、義有淺深意也。序疏又引：「何氏文謚例云：『三科九旨者，新周故宋，以春秋當新王』，此一科三旨也；又云『所見異辭，所聞異辭，所傳聞異辭』，二科六旨也；又『內其國而外諸夏，內諸夏而外夷狄』，是三科九旨也。」又引宋氏注春秋說：「三科者，一曰張三世，二曰存三統，三曰異外內。九旨者，一曰時，二曰月，三曰日，四曰王，五曰天王，六曰天子，七曰譏，八曰貶，九曰絕。時與日月，詳略之旨也；王與天王天子，是録遠近親疏之旨；譏與貶絕，則輕重之旨也。」以何氏所云，專目三科，別創九旨之異。○注「時恩衰義缺」。○舊疏云：「當時子弑父、父殺子爲恩衰，臣弑君、君殺臣爲義缺。故喪服四制云：『爲父斬衰三年，以恩制；爲君斬衰三年，以義制。』是也。」按：繁露王道云：「周衰，天子微弱，諸侯力政，大夫專國，士專邑，不能行度制法文之禮。諸侯背叛，莫修貢聘，奉獻天子。臣弑其君，子弑其父，孽殺其宗，不能統理。更相伐銼以廣地，以强相脅，不能制屬，强奄弱，衆暴寡，富使貧，併兼無已。臣下上僭，不能禁止。」漢書劉向傳：「周室卑微，二百四十二年之閒，弑君三十六，亡國五十二。諸侯奔走不得保其社稷者，不可勝數。」皆恩衰義缺事，不必專限父子君臣也。○注「將以」至「之法」。○繁露王道云：「孔子明得失，差貴賤，反王道之本。」又俞序云：「故引史記，理往事，正是非。」又曰：「孔子明得失，見成敗，疾時世之不仁，失王道之體。故因行事，加吾王心焉，假其位號以正人倫，因其成敗以明順逆。」太史公自序曰：「我欲載之空言，不如見之行事之深切著明。」哀十四年傳：「撥亂世反諸正，莫近於春秋。」繁露重政云：「春秋明得失，差貴賤，本之天王所失天下者，使諸侯得以大亂之説，而後引而反之。」又會盟要云：「名倫等物，不失其理。」所以爲治亂之法也。○注「故於」至「是也」。○定五年「六月，丙申，季孫隱如卒」是也。隱如逐君，故爲有罪。其無罪書日者，昭二十五年「十月，戊辰，叔孫舍卒」、昭二十九年「四月，庚子，叔倪卒」是也。孔子親仕定、哀，故以定、哀爲己，昭公爲父，並爲所見世，其臣爲父與己之臣，故特恩録之。○注「於所聞」至「是也」。○宣五年九月「叔孫得臣卒」是也，彼注云：「不日者，知公子遂欲弑君，爲人臣知賊而不言，明當誅。」是也。其無罪日者，襄五年「十有二月，辛未，季孫行父卒」、襄十九年「八月，丙辰，仲孫蔑卒」是也。文十四年公孫敖亦有罪而卒日者，彼注云：「已絶，卒之者，爲後齊脅魯歸其喪有恥，故爲内諱，使若尚爲大夫。」然則敖卒書日，正春秋盈乎諱，從無罪者例故也。校勘記云：「鄂本『畧』作『略』，是也。」段玉裁云：「古人多作略，田在旁。」○注「於所傳」至「是也」。○此即下八年「冬，十有二月，無駭卒」是也。其莊三十二年「秋，七月，癸巳，公子牙卒」，僖十六年「三月，壬申，公子季友卒」，「秋，七月，甲子，公孫慈卒」，並所傳聞世而書日者。「牙卒」下注云：「書日者，録季子之遏惡也。」「季友卒」注云：「日者，僖公賢君，宜有恩禮於大夫。」「公孫慈卒」下注云：「一年喪骨肉三人，故日，痛之。」是也。○注「於所」至「麄〔一〕觕」。○哀十四年傳：

〔一〕前注文作「麤」。説見下文。

「撥亂世反諸正，莫近於春秋。」亂謂隱、桓。春秋之初，由衰亂而升平而大平，所謂反諸正，此春秋之義也。「麄觕」，釋文作「麤觕」，閩本、監本、毛本同。校勘記：「段曰説文無觕字，蓋觕字轉寫之誤，本義角長皃，叚借爲粗糙字。」按：説文角部「𧢲」下段注云：「此字見於經史者，皆譌爲觕。公羊傳『觕者曰侵』，何注：『觕，麤也。』又隱元年注：『用心尚麤觕。』漢藝文志：『庶得麤觕。』以麤觕連文，則觕非麤字也。麤觕若今人言粗糙，雙聲字也。𧢲从爿聲，古讀如倉，轉寫譌爲觕，其音讀才古反，又或讀七奴反矣。」按：麤觕蓋即麤粗。管子水地篇：「非特知於麤粗也，察於微眇。」繁露俞序云：「始於麤粗，終於精微。」論衡正説云：「略正題目麤粗之説，以照篇中微眇之文。」故説文觕讀若麤𧢲。淮南氾〔一〕論訓：「風氣，陰陽麤𧢲者也。」蓺文志：「庶得麤𧢲。」皆謂麤粗也。粗，曹憲音在户反，與𧢲之讀才古反〔二〕者正同。晏子春秋問篇：「縵密不能，麤苴不學者詘〔三〕。」論衡量知篇：「夫竹本麤苴之物也。」苴與粗音義正同。○注「故内」至「是也」。○説苑指武云：「内治未得，不可以正外；本惠未襲，不可以制〔四〕末。」是以春秋先京師而後諸夏。」成十五年「春秋内其國而外諸夏，言自近者始也」，注：「明當先正京師後正諸夏。」繁露王道云：「親近以來遠，故未有不先近而致遠者也。」所傳聞世治衰亂，故先自内魯始也。云「先詳内而後治外」者，

〔一〕「氾」，原訛作「記」，叢書本不誤，據校改。
〔二〕「反」，原作「户」，據文意徑改，形近而訛。
〔三〕「不學者詘」四字原脱，句不成讀，叢書本同，據晏子春秋校補。
〔四〕「制」，原訛作「製」，叢書本同，據説苑校改。

繁露天道施〔一〕云：「近者詳，遠者略。」莊氏存與春秋正辭曰：「春秋詳内略外，詳尊略卑，詳重略輕，詳近略遠。」繁露俞序云：「聖王之德〔二〕，莫美於恕。故予言：『春秋詳己而略人，因其國而容天下。』」二年「公會戎于〔三〕潛」，注云：「春秋王魯，明當先自詳正，躬自厚而薄責於人，故略外也。」云「録大略小」者，舊疏云：「謂録大國卒葬，小國卒葬不録是也。」云「内小惡書、外小惡不書」者，隱十年傳：「春秋録内而略外，於外大惡書，小惡不書；於内大惡諱，小惡書。」注：「内小惡書、外小惡不書者，内有小惡適可治，諸夏大惡未可治，諸夏小惡明當先自正，然後正人。」云「大國有大夫，小國略稱人」者，莊二十四年：「曹羈出奔陳。」傳：「曹無大夫，此何以書？賢也。」莊二十七年：「莒慶來逆叔姬。」傳：「莒無大夫，此何書？譏爾。大夫越竟逆女，非禮也。」是小國無大夫，書之見非常也。云「内離會書，外離會不書」者，舊疏云：「内離會者，即下二年『春，公會戎于潛』、桓元年『春，公會鄭伯于垂』是也。外離會不書者，桓五年『齊侯、鄭伯如紀』，傳：『外相如不書，此何以書？離不言會也。』」襄二十三年注亦云：「所傳聞世，見治始起，外諸夏，録大略小，大國有大夫，小國略稱人。」○注「於所」至「升平」。○舊疏云：「升，進也。稍稍上進至於太平矣。」按：升者，登也，漸登於平也。○注「内諸」至「是也」。○内諸夏而外夷狄，亦見成十五年傳。

〔一〕以下引文非出自天道施，實出自天地陰陽篇。
〔二〕「德」，原訛作「道」，叢書本同，據繁露校改。
〔三〕「于」，原訛作「子」，叢書本不誤，據改。

繁露竹林云：「春秋之於偏戰也，猶其於諸夏也。引之魯，則謂〔一〕之外；引之夷狄，則謂之內。」故在傳聞世，則諸夏爲外；所傳聞世，則責之同內也。書「外離會」，即「晉侯會狄于攢函」也，彼注云：「離不言會，言會者，見所聞世治近升平，內諸夏而詳録之，殊夷狄也。」故舊疏謂其一經而當二義矣。又襄二十三年傳：「邾婁無大夫，此何以書？以近書也。」注：「以奔無他義，知以治近升平書也。所聞之世，內諸夏，治小如大，廩廩近升平，故小國有大夫，治之漸也。」校勘記云：「劓，鄂本作鼻，後仍作鼻。此从刀譌。閩本、監本、毛本作鼻。按，作鼻是也，劓鼻皆非，襄二十三年可證。」○注「至所」至「太平」。○襄二十三年注云：「獨舉一國者，時亂〔二〕實未有大夫，治亂不失其實，故取足張法而已。」然則所見昭定哀世亦非太平，但春秋著治太平於此世也，故文宣成襄之世亦非實升平。春秋之義，治之升平爾。○注「夷狄」至「是也」。○繁露俞序云：「孔子曰：『吾因行事，加吾王心也。假其位號，以正人倫；因其成敗，以明逆順。』故其所善，則桓文行之而遂；其所惡，則亂國行之終以敗。故始言大惡，弒君亡國，終言赦小過，是亦始于麤糲，終于精微，教化流行，德澤大洽，天下之人，人有士君子之行而少過矣，亦譏二名之意也。」舊疏云：「『夷狄進至于爵。』哀四年『晉人執戎曼子赤，歸于楚』、十三年『公會晉侯及吴子于黄池』是也。又云哀十三年：『晉魏多帥師侵衛。』傳：『此晉魏曼多也，曷爲謂之晉魏多？譏二名，二名非禮也。』哀六年：『仲孫

〔一〕「謂」，原訛作「調」，叢書本不誤，據改。
〔二〕「亂」，原訛作「譏」，叢書本同，據公羊注疏校改。

忌闔運。」傳：「此仲孫何忌也，曷爲謂之仲孫忌？譏二名，二名非禮也。」彼注云：「春秋定哀之閒，文致大平，欲見王者治定，無所復譏，唯二名，故譏之。此春秋之制也。」是也。校勘記：「鄂本『曼』作『萬』。按，作曼是也，萬者聲之誤。」○注「禮爲」至「三月」。○並見禮喪服篇。喪服斬衰章云：「父，傳曰：爲父何以〔一〕斬衰也？父至尊也。」齊衰三年章：「父卒則爲母。」是爲父母三年也。又不杖期章：「祖父母，傳曰：何以期也？至尊也。」又齊衰三月章：「曾祖父母，傳曰：何以服齊衰三月也？小功者，兄弟之服也，不敢以兄弟之服服至尊也。」是爲祖父母期，爲曾祖父母齊衰三月也。按：上注云高祖曾祖之臣，此止及曾祖者，曾者重也，由曾而上皆曾祖也，則高祖亦宜齊衰三月。先儒又謂經之所不言則不服者，非也。鄭氏喪服注云：「曾祖、高祖皆有小功之差，則曾孫、玄孫爲之服同也。重其衰麻，尊尊也；減其日月，恩殺也，是也。」○注「立愛自親始」。○禮記祭義文。彼云：「子曰：立愛自親始，教民睦也。立敬自長始，教民順也。教以慈睦，而民貴有親。教以敬長，而民貴用命。孝以事親，順以聽命，錯諸天下，無所不行。」○注「故春」至「祖禰」。○禮記大傳云：「上治祖禰，尊尊也。」注：「治，猶正也。」疏：「上主尊敬，故云尊尊。」○注「所以」至「法式」。○舊疏云：「舊本皆作『式』，言取十二公者，法象天數，欲著治民之法式也。若作『戒』字，言著治亂之法，著治國之戒矣。」天道十二紀一星周，故十二公爲取象天數也。○注「又因」至「之際」。○范甯穀梁傳注序云：「幽王以暴虐見禍，平王以微弱東遷。征伐不由天子之命，號令出自

〔一〕「以」字原脱，叢書本同，據儀禮注疏校補。

權臣之門，故兩觀表而臣禮亡，朱干設而君權喪。下陵上替，僭逼理極。天下蕩蕩，王道盡矣。」平王四十九年入春秋，於魯正值惠、隱之世也。楊疏云：「不託始於惠公者，平王之初，仍賴晉、鄭，至於末年，陵替尤甚。隱公與平王相接，故因兹以託始也。」按：据哀録隱，又適十二公，與天數合也。○注「主所」至「自盡」。○禮記雜記云：「卿大夫疾，君問之無算。士，壹問之。君於卿大夫，比葬不食肉，比卒哭不舉樂。爲士，比殯不舉樂。」又喪大記：「君於大夫、世婦，大斂焉。爲之賜，則小斂焉。」「於士，既殯而往。爲之賜，大斂焉。」「君於大夫疾，三問之；在殯，三往焉。士疾，壹問；在殯，壹往焉。」明君於大夫卒當隱痛之，故有恩惠焉。荀子大略云：「君於大夫，三問其疾，三臨其喪；於士，一問一臨。諸侯非問疾弔喪，不之臣之家。」漢書賈山傳：「文王好仁則仁興，得士而敬士則士用，用之有禮義。故不致其愛敬，則不能盡其心；不能盡其心，則不能盡其力；不能盡其力，則不能成其功。故古之賢君於其臣也，尊其爵禄而親之；疾則臨視之無數，死則往弔哭之，臨其小斂大斂，已棺塗而後爲之服錫衰麻絰，而三臨其喪；未斂不飲酒食肉，未葬不舉樂，當宗廟之祭而死，爲之廢祭。故古之君人者於其臣也，可謂盡禮矣；服法服，端容貌，正顔色，然後見之。故臣下莫敢不竭力盡死以報其上，功德立於後世，而令聞不忘也。」又王嘉傳：「聖王之於大臣，在輿爲下，御坐則起，疾病視之無數，死則臨弔之，廢宗廟之祭。」新書階級云：「遇之有禮，故羣臣自憙，厲以廉恥，故人務節行〔一〕。上設廉恥禮義以遇其臣，而羣臣不以節行而報其上者，即非人類

〔一〕這段引文中，「憙」，今本新書作「憙」。「厲」，或作「娶」；「務」，或作「矜」。

也。」則臣自重自盡之義也。○注「公子」至「公孫」。○儀禮喪服傳文。大功章：「君爲姑姊妹女子子嫁於國君者。」傳曰：「諸侯之子稱公子，公子不得禰先君。公子之子稱公孫，公孫不得祖諸侯。此自卑別於尊者也。」諸侯之子，適適相承，其支庶則稱公子，支庶之子則稱公孫，孫以王父字爲氏，不得禰先君、祖諸侯。鄭注檀弓云：「庶子言公，卑遠之也。」禮記郊特牲云：「諸侯不敢祖天子，大夫不敢祖諸侯。」不敢祖者，謂不立天子、諸侯之廟。故喪服注云：「不得禰、不得祖者，不得立其廟而祭之也。」喪服小記云「別子爲祖」，注：「諸侯之庶子，別爲後世爲始〔一〕祖。」別子自孫以下，則以別子之字爲氏，如孟叔季之屬。故公子、公孫則但以公子、公孫爲氏也。

〔一〕「爲始」二字原脱，據禮記正義校補。

公羊義疏四

南菁書院　句容陳立卓人著

隱二年春盡是年

○二年，春，公會戎于潛。【注】凡書會者，惡其虛内務、恃外好也。古者諸侯非朝時不得踰竟。所傳聞之世，外離會不書，書内離會者，春秋王魯，明當先自詳正，躬自厚而薄責於人，故略外也。王者不治夷狄，録戎者，來者勿拒，去者勿追。東方曰夷，南方曰蠻，西方曰戎，北方曰狄。朝聘會盟，例皆時。

【疏】杜云：「陳留濟陽縣東南有戎城。潛，魯地。」大事表：「戎在今山東曹州府之曹縣與河南蘭陽縣接界。潛蓋近戎之地，當在今曹州府西南境。」水經注濟水篇：「濟瀆自濟陽故城南，東逕戎城，春秋公會戎于潛，是。」差繆略云：「公羊潛作岑。」按：唐石經亦作潛。潛、岑音近。爾雅釋器「槮謂之涔」，釋文：「涔，郭：岑、潛二音。」詩周頌潛篇即作潛字。山海經西山經：「大時〔一〕之山，涔水出焉。」郭音潛。按：管子

〔一〕「時」，原作「射」，叢書本同，今見山海經各本均作「時」，據改。

小匡云：「桓公曰：『吾欲南伐，何主？』管仲對曰：『以魯爲主。反其侵地常、潛。』」常爲「居常與許」之常；潛即此也。然究未詳於今爲何縣地。毛氏奇齡春秋毛氏傳云：「戎者，徐戎也。費誓『淮夷、徐戎並興』，注：『徐戎在魯東。』故書序『徐戎並興，東郊不開』，此是內夷雜處中國，故得與中國通往來之禮。」○注「凡書」至「好也」。○曲禮下云：「諸侯相見於隙地曰會。」定十四年注云：「古者諸侯將朝天子，必先會閒隙之地。」然則凡會者，爲朝天子，此無故而會，故書以惡之。○注「古者」至「踰竟」。○書大傳：「圻者，天子之竟也。諸侯曰竟。天子游，不出封圻，不告祖廟。諸侯非朝聘，不出竟。」新書：「齊桓公之始霸也，翟人伐燕，桓公爲燕北伐翟，乃至于孤竹。反，而使燕君復召公之職。桓公歸，燕君送桓公入齊地百六十里。桓公問于管仲曰：『禮，諸侯相送，固出竟乎？』管仲曰：『非天子不出竟。』桓公曰：『然則燕君畏而失禮也，寡君恐後世以寡人爲存燕而欺之也！』乃下車而令燕君還車，乃割燕君所至而與之，遂溝以爲竟而後去。」是不得踰竟事也。釋文：「竟，今本多作境字。」按：竟、境古今字。○注「所傳」至「外也」。○二國相會謂之離會。離，兩也，二國私相會合，同惡相濟，不使人知，惡之特甚也。「略外而詳內」，所以責魯以正人也。「躬自厚而薄責於人」，論語衛靈公文，引以證先自詳正義也。後漢書陳蕃傳：「春秋於魯小惡必書，宜先自整飭，後以及人。」繁露仁義法云：「春秋以仁治人，義治我。躬自厚而薄責於外，此之謂也。且論己見之，而人不察，曰：君子攻其惡，不攻人之惡。不攻人之惡，非仁之寬與！自攻其惡，非義之全與！此之謂仁造人、義造我，何以異乎？故自稱其惡謂之情，稱人之惡謂之賊；求諸己謂之厚，求諸人謂之薄；自責以備謂之明，責人以備謂之惑。」又云：「義之法在正我，不在正人；我不自正，雖能正人，弗與爲義。」又云：「義云者，非謂正人，謂正〔一〕我，雖有亂世枉上，莫不欲正人，奚謂義？昔者，楚靈王討陳、蔡之賊，齊桓公執袁濤塗之罪，非不能正人也，然而春秋弗予，不得爲義者，我不正也；闔廬能正楚、蔡之難矣，而春秋奪之義詞，以其身不正也；潞子之於諸侯，無所能正，春秋予之有義，其身正也，趨而利也。故曰義在正我，不在正人，此其法也。」又俞序云：「故世子曰：『功及子孫，光輝百世，聖王之道，莫美於恕。』故予先言：『春秋詳己而略人，因其國而容天下。』」中論修本云：「孔子之制春秋也，詳內而略外，急己而寬人，故於魯也，小惡必書；於衆國也，大惡始筆。」○注「王者」至「勿追」。○白虎通禮樂云：「何以名爲夷蠻？曰：聖人本不治外國，非爲制名也，因其國名而言之耳。」通義云：「戎狄，經〔二〕皆略不別君臣，舉其號而已，所謂國不若氏也。」後漢書應劭傳説鮮卑云：「鮮卑隔〔三〕在漢北，犬羊爲羣，無君長之帥，廬落之居，而天性貪暴，不拘信〔四〕義，故數犯障塞，且無甯歲。唯至互市，乃來靡服〔五〕。苟欲中國珍貨，非爲畏威懷德。計獲事足，旋踵爲害。是以朝家外而不內，蓋爲此也。」前漢匈奴傳：「蕭

〔一〕「正」字原脱，叢書本同，據春秋繁露校補。
〔二〕「經」字原脱，叢書本同，據公羊通義校補。
〔三〕「隔」，原訛作「皆」，叢書本同，據後漢書校改。
〔四〕「信」，原訛作「性」，叢書本同，據後漢書校改。
〔五〕「靡服」二字原脱，叢書本同，據後漢書校補。

望之曰：『戎狄荒服〔一〕，言其來服荒忽無常，時至時去〔二〕，宜待以客禮，讓而不臣。』」是王者不治夷狄也。舊疏云：「當所傳聞之世，王者草創，不暇治夷狄，即先書晉滅下陽，末書楚滅穀、鄧是也。而此經録戎，來者勿拒故也。」孟子盡心下云：「夫予〔三〕之設科也，往者不追，來者不拒。」注：「言其去者不追呼，來者亦不逆拒。」荀子法行云：「君子正身以俟，欲來者不拒，去者不止。」論語子張云：「其不可者拒之。」漢石經皇侃義疏本作「距」。拒、距通也。論語述而篇「不保其往也」，集解鄭曰：「往猶去也。」管子七臣七主篇注：「追猶召也。」國策齊策「故專兵一志以逆秦」，注：「逆猶拒也。」詩大雅皇矣「敢拒大邦」，疏：「敢拒逆我大國也。」則來者勿拒，謂來者勿逆之，去者勿追去，即謂不來者則不必征〔四〕逐之，王者務德不勤遠，義也。○注「東方」至「曰狄」。○舊疏云：「下曲禮及王制皆有此文。」白虎通禮樂云：「東方爲九夷，南方爲八蠻，西方爲六戎，北方爲五狄。故曾子問曰：『九夷、八蠻、六戎、五狄，此百姓之難治者也。』」按：此統舉四夷名爾，非謂此爲西方戎也。○注「朝聘」至「皆時」。○舊疏云：「朝書時者，文十五年『夏，曹伯來朝』、昭十七年『春，小邾婁子來朝』是也。聘書時者，文四年『秋，衛侯使甯俞來聘』、文六年『夏，季

〔一〕「服」，原訛作「忽」，叢書本同，據漢書校改。
〔二〕「至時去」三字原脱，叢書本同，據漢書校補。
〔三〕「予」，原訛作「子」，叢書本同，據孟子校改。
〔四〕「征」，原訛作「徵」，叢書本同，據上下文意徑改。

孫行父如陳』是也。會書時者，莊十三年『春，齊侯、宋人以下會于北杏』、十四年『冬，單〔一〕伯會齊侯、宋公以下于鄄』是也。盟書時者，莊十三年『冬，公會齊侯盟于柯』是也。」通義云：「會例時，有所危乃月録之。」

○夏，五月，莒人入向。【疏】漢書地理志「沛郡」「向」下云：「故國。春秋曰『莒人入向』，姜姓，炎帝後。」左傳疏引世本云：「莒，己姓；向，姜姓。譜云：『莒，嬴姓，少昊之後。周武王封兹與于莒。初都計，後徙莒。今城陽莒縣是也。』世本自紀公以下爲己姓，不知誰賜之姓者。十一世兹丕公方見春秋，共公以後微弱不復見，四世爲楚滅。向則不能知其終始。」杜云：「譙國龍亢縣東南有向城。莒國，今城陽莒縣是也。」水經注陰溝水篇：「北肥水又東南逕向縣故城南。地理志曰：『故向國也。』世本曰：『許州向申，姜姓也，炎帝後。』京相璠曰：『向，沛國縣，今并屬譙國龍亢也。』」顧氏炎武杜解補正云：「于欽齊乘言，今沂州西南一百里有向城鎮。桓十六年『城向』，宣四年『伐莒取向』，襄二十年『盟于向』。杜氏于宣四年解曰：『向，莒邑，東海承縣東南向城。』疑遠也。」方輿紀要：「春秋向之名四見，杜預解爲二地，承縣在今嶧縣境内；龍亢，今鳳陽府懷遠縣。」寰宇記：「在莒州。」説皆未確。惟沂州之向城近之，蓋向先爲國，後併于莒，而或屬莒或屬魯，以攝乎大國也。然莒亦小國，去沂州尚遠，知向國非沂州之向城鎮也。寰宇記

〔一〕「單」，原訛作「車」，叢書本同，據公羊注疏校改。

「在密州莒縣南七十五里」，當從之。然則地志謂在沛郡，杜因謂在譙國龍亢者，則尤遠矣。

入者何？得而不居也。【注】入者，以兵入也。已得其國而不居，故云爾。凡書兵者，正不得也。外内淺深皆舉之者，因重兵害衆。兵動則怨結構禍，更相報償，伏尸流血無已時。諸侯擅興兵不爲大惡者，保伍連帥，本有用兵征伐之道，魯入杞不諱是也。入例時，傷害多則月。【疏】通義云：「得而不居者，克勝都邑弗取而有也。」左傳文十五年云：「獲大城焉，曰入之。」莊十年傳：「入不言圍。」注：「得而不居曰入。」用此文也。然則宣四年「伐莒取向」，彼向爲莒邑者，或後此又爲莒所併也。○注「入者」至「云爾」。○正以侵、伐、戰、圍、入，雖不言帥，皆是用兵之文，故云以兵入也。毛氏奇齡毛氏傳云：「有入而取其地者，與滅同，閔二年『狄入衛』、哀八年『宋公入曹』是也。有入而不取其地者，後十年『宋人、衛人入鄭』、桓二年『我入杞』是也。此入向不知取地與否。据左傳與公、穀皆入而不得其地。然僖二十六年『公會莒茲丕公、甯莊子盟于向』，襄二十年『仲孫速會莒人盟于向』，則又似滅其國而取其地矣。」按：毛氏兼本左傳爲說，然彼二盟，安知非盟于向都，向人與盟，如桓二年「蔡侯、鄭伯會于鄧」、僖十九年「盟于齊」之例耶？○注「凡書」至「已時」。○「搆」字依鄂本補。監本因「重」誤用「里」，云「正不得」者，言用兵皆書之意，言於正道皆不得也。云「外内淺深皆舉之者」，侵爲至淺，滅爲至深也。莊十年傳「觕者曰侵，精者曰伐」，注：「觕，猶麤也。」「精，猶精密也。」觕即淺，精即精。春秋内其國而外諸夏，内諸夏而外四夷。凡書兵，則不問諸夏、四夷與魯，皆書以責也。孟子盡心云「春秋無義戰」，注：「春秋所載戰伐之事，無應王義者也。」繁露竹林云：「是故戰、攻、侵、伐，雖數百起，必一二書，傷其所害重也。」盧注：「一二，言次第，不遺也。」云「因重兵害衆」者，繁露竹林又云：「今戰伐之於民，其爲害幾何！考意而觀指，則春秋之所惡者，不任德而任力，驅民而殘賊之；其所好者，設而勿用，仁義以服之也。」此春秋之所善也。夫德不足以親近，而文不足以來遠。而斷斷以戰伐爲之者，此固春秋之所甚疾已，皆非義也。新序五昔：「衛靈公問陳，孔子言俎豆，賤兵而重禮也。故春秋曰『善爲國者不師』。」云「兵動則怨結構禍，更相報償」者，孟子梁惠王云：「抑王興甲兵，危士臣，構怨於諸侯。」蓋興兵則構怨，不至伏尸流血無已時，不止也。○注「諸侯」至「之道」。○云「諸侯擅興兵不爲大惡者」，繁露竹林云：「問者曰：『其書戰伐甚謹，而惡戰伐無詞，何也？』曰：『會同之事，大者主小；戰伐之事，後者主先。苟不惡，何爲使起之者居下？是其惡戰伐之辭已！』」是其「不爲大惡」也。云「保伍連帥，本有用兵征伐之道」者，禮記王制云：「五國以爲屬，屬有長；十國以爲連，連有帥；三十國以爲卒，卒有正；二百一十國以爲州，州有伯。」則州内有無道者，其長、帥、正、伯得征伐之也。按：王制又云：「諸侯賜弓矢，然後征。」漢書毌〔一〕將隆傳：「古者，諸侯方伯得專征伐，乃賜斧鉞。」而保伍連帥得有征伐之道者，若已賜弓矢，則小惡亦無矣。○注「魯入」至「是也」。○舊疏云：「即僖二十七年『秋，公子遂帥師入杞』是也。」○注「入例」至「則月」。○舊疏云：「即成七年『秋，吴入州來』、定五年『夏，於越入吴』是也。『傷害多則月』者，此文及僖三十三年『春，王二月〔二〕，秦人入

〔一〕「毌」，原訛作「毋」，叢書本同，據漢書校改。
〔二〕「二月」，原訛作「三月」，叢書本同，據公羊注疏校改。

滑』是也。僖二十七年『秋，八月乙巳，公子遂入杞』，書日者，彼注云：『日者，杞屬修禮朝魯，雖無禮，君子躬自厚而薄責於人，不當乃〔一〕入之，故録責之。』」

○**無駭帥師入極。**【疏】漢書古今人表作「亡駭」。穀梁作「無侅」。下八年，「無駭卒」，駭〔二〕、侅音義近。説文馬部：「駭，驚也。」人部：「侅〔三〕，奇侅，非常也。」非常亦有驚義。差謬略云：「『帥』，公羊作『率』。」通義云：「公羊率師之字如此。見五年傳。今本『率』、『帥』雜見，沿寫誤也。依説文解字，『帥』本巾帨之帨，當作『率』爲正。」按：今石經〔四〕公羊亦作「帥」，其誤久矣。「率」亦叚借字。説文辵部：「䢦，先道也。」段氏玉裁注：「䢦，經典叚〔五〕率字爲之。周禮燕射『帥射夫以弓矢舞』，注故書帥爲率，鄭司農云：『率當爲帥。』大鄭以漢人帥領字通用帥，與周時用率不同故也。此所謂古今字。毛詩『率時農夫』，韓詩作『帥時』。許引周禮『率都建旗』，鄭周禮皆作『帥都』。聘禮注『古文帥皆作率』是也。」又説文行部：「衛，將衛也。」此其正字。率者，捕鳥畢；帥者，佩巾，皆叚借也。「極」者，杜云：「附庸小國。」左疏引賈

〔一〕「乃」字原脱，叢書本同，據公羊注疏校補。
〔二〕「駭」字上原衍一「周」字，叢書本同，據上下文意删。
〔三〕「侅」，原訛作「亥」，叢書本不誤，據改。
〔四〕「今石經」，殆當爲「今文石經」，指漢熹平石經。
〔五〕「叚」，原訛作「段」，叢書本同，據説文解字段注校改。

云：「極，戎邑。」晉書地理志〔一〕：高平國湖陸縣西有極亭。穀梁云：「極國也。」大事表云：「今兗州府魚臺縣西有極亭。」方輿紀要亦云「在兗州府魚臺縣西」。按：公羊以爲疾始滅，穀梁以爲滅同姓，則是以入爲滅。先儒以入與滅不同。考極自此後不見經，而魚臺縣近魯棠地，則極爲魯有可知。第此入與上入向之入異，入向爲得而不居，此則諱滅爲入，蓋實滅也，没滅文言入耳。

無駭者何？展無駭也。何以不氏？【注】据公子遂帥師入杞，氏公子也。【疏】下八年左傳云：「無駭卒，羽父請氏與族。公命以字爲展氏。」通義云：「然則無駭生未有氏，得發此難者，春秋据哀録隱，非史官書現時事之比，本可以追氏之，若公子騑之孫方爲駟氏，而國語謂之駟騑。公子遂之孫方爲仲氏，而經言『仲遂卒于垂』，故知此不追氏者，即貶義也。」○注「据公」至「子也」。○僖二十七年「公子遂帥師入杞」是也。

貶。【注】貶猶損也。【疏】注「貶猶損也」。○廣雅釋言：「貶，損也。」文選封禪文「不可貶也」，注：「貶，損也。」後漢書安帝紀注：「貶引，謂貶損引過也。」通義云：「貶者，黜也。春秋託天子之事，故有貶法。大夫貶去氏者，言宜奪其卿位；諸侯貶稱人者，若曰宜降爲小國也。」

曷爲貶？【注】据公子遂俱用兵入杞，不貶也。【疏】注「据公」至「貶也」。○舊疏云：「欲決隱八年『庚

〔一〕「地理志」，原誤記爲「地道記」，據晉書校改。

寅，我入邴』，非用兵故也。」

疾始滅也。【注】以下終其身不氏，知貶。疾始滅，非但起入爲滅。【疏】注「以下」至「爲滅」。○舊疏云：「即下八年『無駭卒』傳曰：『何以不氏？疾始滅也。』故終其身不氏。然則若直欲起入爲滅，止應此經貶之而已，不應終身貶之，故知并欲起其疾始滅也。」通義云：「疾猶惡也。」按：論語泰伯：「人而不仁，疾之已甚。」亦謂惡之已甚也。

始滅昉於此乎？【注】昉，適也，齊人語。据傳言撥亂世。【疏】注「昉適」至「人語」。○玉篇日部：「昉，適也。」一切經音義引三蒼云：「適，始也。」列子黄帝云「衆昉同疑」，注：「昉，始也。」說文日部：「昉，明也。」日方明，故有始義。是昉、適、始，展轉相訓，故注云「適也」。惠氏棟公羊古義云：「五年傳云：『始僭諸公昉于此乎？』蔡邕石經公羊『昉』作『放』。鄭注考工云：『旊』讀如『放於此乎』之『放』。是漢時公羊『昉』皆作『放』也。」校勘記：「昉，唐石經、諸本同。隸釋載漢熹平石經公羊殘碑『昉』作『放』。又鄭氏詩譜序、考工記注皆言『放於此乎』，本公羊傳文，是。蔡、鄭所据本皆作放，當以放爲正，昉俗字。下同。」又云：「古多作放，後人作昉、作倣、作仿，皆俗字也。公羊傳寫作『昉』，俗字耳。惠棟乃疑嚴氏春秋作放，顔氏春秋作昉，何用顔，其説誤也。」云「齊人語」者，舊疏云：「胡毋生，齊人，故知之。」俞氏樾云：「昉乃俗字，當從漢石經作放，説詳阮氏校勘記。惟何休訓昉爲適，以爲齊人語，其實未然。今按，放之言極也。禮記祭義云：『推而放諸東海而準，推而放諸南海而準，推而放諸西海而準，推而放諸北海而準。』『推而放諸』猶言推而極諸也，鄭注『放猶至也』，至即極也。儀禮聘禮記『義之至也』，鄭注曰：『至，極也。』是『至』與『極』義同也。僖二十八年傳『文公逐衛侯而立叔武，使人兄弟相疑。放乎殺母弟者，文公爲之也』。放亦極也。放乎殺母弟者，乃推極其後而言之也。始滅放於此乎，乃推極〔一〕其前而言之也。若前此無滅國者，則推求滅國之事，極於此而止矣，故曰始滅放於此乎。何解未得其義。宣六年傳『佗然從乎趙盾而入，放於堂下而立』，十二年傳『勝乎皇門，放乎路衢』，凡言『放乎』者，並至極之義也。若訓爲適，則不可以爲達詁矣。」按：僖二十八年、宣五〔二〕年傳之「放」可以訓至、訓極，此則當仍何訓爲是。○注「据傳言撥亂世」。○舊疏云：「哀十四年傳：『君子曷爲爲春秋？撥亂世反諸正，莫近於春秋。』既言作春秋治〔三〕亂世，明知相滅非一，此經爲疾始滅，故据而難之。」

前此矣。【注】前此者，在春秋前，謂宋滅郜是也。【疏】注「前此」至「是也」。○舊疏：「桓二年『取郜大鼎于宋』，傳云：『此取之宋，其謂之郜鼎何？器從名。』注：『器從本主名名之，宋始以不義取之，故謂之郜鼎。』然則宋滅郜在春秋前。」故十年：「公敗宋師。辛未，取郜。」僖二十年：「郜子來朝。」傳：「郜子者何？失地之君也。」是也。

前此則曷爲始乎此？託始焉爾。【注】焉爾，猶於是也。【疏】注「焉爾猶於是」。○宣六年傳

〔一〕「極」下原脱「其言」至「極」二十一字，叢書本同，據羣經平議校補。
〔二〕「五」爲「六」之訛。宣五年傳無「放」字，此指上文提到的宣六年傳「放於堂下而立」之「放」。
〔三〕「治」，原訛作「明」，叢書本同，據公羊注疏校改。

「則無人門焉者」，注：「焉者，於也。」玉篇：「焉，是也。」是焉字容有於是之訓。故禮記月令「天子焉始乘舟」，謂於是始乘舟也。國語晉語「焉始爲會」，謂於是始爲會也。禮記三年問「故先王焉爲之立制」，謂於是爲之立制也；又云「焉使倍之」，謂於是始倍之也。此云「託始焉爾」，謂託始於是爾。注「爾」字疑衍。孟子梁惠王篇「盡心焉耳矣」，注：「焉耳者，懇至之辭。」亦謂盡心於是耳矣也。

曷爲託始焉爾？【注】据戰伐不言託始。【疏】注「据戰」至「託始」。○舊疏：「隱二年『鄭人伐衛』，桓十年『齊侯、衛侯、鄭伯來戰于郎』，傳皆不言託始，故難之。」

春秋之始也。【注】春秋託王者始起所當誅也。言疾始滅者，諸滅復見不復貶，皆從此取法，所以省文也。【疏】莊七年傳：「不修春秋曰：『雨星不及地尺而復。』君子修之曰：『星賈如雨。』」此傳春秋謂君子所修春秋也。通義云：「君子所修春秋，記〔一〕滅國於是始。」是也。昭十二年傳：「春秋之信史也，其序則齊桓、晉文，其會則主會者爲之，其詞則某有罪焉爾。」又舊疏引孝經説云：「孔子曰：『孝經屬參，春秋屬商。』微似之語，獨傳子夏，此孔子所作之春秋也。子夏傳與公羊氏，五傳乃至胡毋子都、董仲舒，傳之竹帛，推演其義，即此春秋之始諸精義也。蓋隱、桓以下，爲春秋之隱、桓，非魯國之隱、桓，聖人以託之空言，不如見之行事，故假魯以張治本，非隱真爲受命王也。杜預、范甯不識七十子微言大義，以孔子之春秋牽泥於魯之春秋，以故動輒荆棘，則不但不知讀春秋，並不知讀孟子矣。」○注「春秋」至「誅也」。○孟

〔一〕「記」字原脱，叢書本同，據公羊通義校補。

子勝文公篇：「孔子懼，作春秋。春秋，天子之事也。」即託王者於春秋之義也。春秋之始，即王者之始也。云「起所當誅」者，繁露王道云：「誅犯始者，省刑絶惡，疾始也。」又云：「無駭滅極，不能誅，諸侯得以大亂，篡弑無已。」明無駭滅國，魯不能誅，故春秋之王者誅之也。○注「言疾」至「文也」。○舊疏：「即定四年『蔡公孫歸姓帥師滅沈』、定六年『鄭游遬〔一〕帥師滅許』之屬是也。」莊氏存與春秋正辭云：「若喪不三年不勝譏，則自閔公始，書『吉禘于莊公』；妾母爲夫人不勝譏，則自成風始；猶此滅國不勝譏，故於無駭張義也。」

此滅也，其言入何？【注】据齊師滅譚不言入。【疏】注「据齊」至「言入」。○舊疏：「在莊十年。」

内大惡，諱也。【注】明魯臣子當爲君父諱。滅例月，不復出月者，與上同月，常案下例，當蒙上月，日不。【疏】繁露滅國上云：「隱代桓立，所謂僅存爾，使無駭帥師滅極，内無諫臣，外無諸侯之救。」是其爲大惡也。通義云：「侵、伐、圍、入都無諱文，獨滅諱惡者，諸侯有得專征伐之道，不得專滅國、覆人之社、絶人之世，令誡有外内亂。鳥獸行者，當以九伐之法正之，非可攘土地以自廣。李固曰：春秋褒儀父，以開義路；貶無駭，以閉利門。君子惡兵以利動，故取邑爲小惡，滅國爲大惡也。趙匡難此傳云：『滅而言入，實入者將如何書之？』廣森以爲，實入將書展無駭率師矣。内諱弑言薨，與實薨者同詞，則諱滅言入，即與實入者同詞，亦何不可？況貶去氏者，正起其非實入乎？」○注「明魯」至「父諱」。○所謂爲尊者諱

〔一〕「游遬」，原訛作「游吉」，叢書本同，據公羊注疏校改。

也。孔子雖據魯以爲後世制法，於内事多所諱，明爲魯臣子也。○注「滅例月」。○舊疏：「莊十年『冬，十月，齊師滅譚』、莊十三年『夏，六月，齊人滅遂』是也。」○注「不復」至「日不」。○鄂本同。閩、監、毛本「日不」誤「日下」，舊疏標起訖亦誤作「日下」。「與上同月」者，即蒙上「莒人入向」之夏五月也，常案下例當蒙上月。「日不」者，舊疏「元年祭伯來」之下已有此注。而復言之者，正以彼月爲下「公子益師卒」，其「祭伯來奔」不蒙月。今此夏五月二事，皆蒙之，嫌其異，故重發之。然則彼祭伯來事輕，公子益師卒事重，此則二事俱重也。

○**秋，八月，庚辰，公及戎盟于唐。**【注】後不相犯。日者，爲後背隱而善桓，能自復爲唐之盟。

【疏】杜云：「八月無庚辰，庚辰七月九日也。日月必有誤。」包氏慎言公羊曆譜云：「八月書庚辰，月之九日。閏分歲七，通之於十二月爲八十四，元年已積有百五十六，至此年十一月，共積二百三十三分，除二百二十八分成月，仍餘五分，十一月後宜置閏。長曆閏十二月，而八月無庚辰，斥爲七月九日，于殷曆不合。」杜又云：「高平方與縣北有武唐亭。」大事表云：「在今兖州府魚臺縣東十二里。唐與棠通，即隱公觀魚處。」方輿紀要：「武唐亭在魚臺縣東北十二里。」按：戎在今之曹州府曹縣，地與魚臺等處近。以疏引左氏之義，以極是戎國都，極亦在魚臺縣地，然極已滅矣，無緣復與盟。況上下皆與戎會盟，不得無駭復帥師入之。左氏義恐非。○注「後不」至「之盟」。○舊疏：「春秋之例，不信者日，故後不相犯。日者，言爲後背隱而善桓，能自復爲唐之盟者，即桓二年『秋，九月，公及戎盟于唐』是也。」按：注意當謂爲後背隱而善桓爲句。桓爲隱賊，戎與隱會盟相繼，不能聲罪致討，復與和好結盟，故春秋以不信責之，書日也。能自復爲唐之盟，自指戎言。舊疏引舊解「以爲戎能自復」是也。舊疏謂善桓能自復，春秋方責戎之不信，何爲於此有善桓詞與？

○九月，紀履緰來逆女。【疏】左疏引世族譜：「紀，姜姓，侯爵。莊四年齊滅之。」杜云：「紀國在東莞劇縣。」大事表：「紀在今青州府之壽光縣。」山東通志：「紀本在東海贛榆縣，後遷劇，亦稱紀城。有臺，高九尺，俗曰紀臺城。旁有劇南城。」青州府志：「紀臺城在壽光縣東南三十里。」「履緰」，左氏作「裂繻」，裂、履一聲之轉。春秋異文箋：「繻、緰古今字。說文、玉篇無緰字。」校勘記：「唐石經、諸本同。釋文履緰音須。惠棟云：『緰讀爲投。』說文：『緰貲，布也。』古緰與繻同音。」

紀履緰者何？紀大夫也。【注】以逆女不稱使，知爲大夫。【疏】注「以逆」至「大夫」。○舊疏：「正以桓三年『公子翬如齊逆女』皆是大夫爲君逆女，而文皆不言使，今此不言使，故知是大夫也。」又云：「或者『使』爲『爵』字誤。」按：逆女不稱爵，意謂不稱紀侯，故知爲大夫耳。若但不稱使，無以別其爲大夫，「宋公使公孫壽來納幣」是稱使者，亦大夫矣。通義云：「推褒猶稱且字，知履繻蓋下大夫，名見者，以接内也。紀侯爵當從大國例，凡大國之下大夫，與小國之卿同，非接内不録，其録〔一〕，名氏。唯大國之上大夫然後書名氏，若褒之，則以伯仲書。禮，五十不稱且字，所以示法未五十不得命爲卿也。」按：穀梁亦云：「以國氏者，爲其來交接於我，故君子進之也。」惟紀雖侯爵，實由嫁女天子增爵稱侯，此時猶不得爲大國也。

何以不稱使？【注】据宋公使公孫壽來納幣稱使。【疏】注「据宋」至「稱使」。○見成八年夏。

婚禮不稱主人。【注】爲養廉遠恥也。【疏】繁露玉英云：「春秋有經禮，有變禮。爲如安性平心者，經禮也。於性雖不安於心，雖不平於道，無以易之，此變禮也。是故昏禮不稱主人，經禮也。詞窮無稱，稱主〔二〕人，變禮也。」○注「爲養廉遠恥也」。○白虎通嫁娶篇：「男不自專娶，女不自專嫁，必由父母、須媒妁何？遠恥防淫泆也。」

然則曷稱？稱諸父兄師友。宋公使公孫壽來納幣，則其稱主人何？辭窮也。

辭窮者何？無母也。【注】禮，有母，母當命諸父兄師友，稱諸父兄師友以行。宋公無母，莫使命之，辭窮，故自命之。自命之則不得不稱使。【疏】注「禮有」至「以行」。○儀禮士昏記：「宗子無父，母

〔一〕「録」字原脱，叢書本同，據公羊通義校補。
〔二〕「主」，原訛作「王」，叢書本同，據繁露校改。

命之。親皆没，已躬命之。」注：「命之，命使者。母命之，在春秋『紀裂繻來逆女』是也。」張氏爾岐鄭注句讀云：「此請期以上五禮皆命使者行之〔一〕，故言使命所出必自其父，若無父者，則母命之。母命之者，亦但命子之父兄師友使之，命使不得稱母命以通使也。」盛氏世佐儀禮集編云：「母命之者，母使子之諸父兄。命五禮之使者親迎，則使命其子，昏詞皆稱母所使出命者之名也，雖有諸父諸兄，必待母命而後爲之，尊大宗也。」又云：「昏禮當使同姓主之。公羊傳云『稱諸父兄師友』，説苑載大夫士昏辭亦曰『某之父、某之師友』，師友異姓，而與父兄並稱，恐未安。」按：稱諸師友或禮之變，故説苑亦詳載其辭。蓋穀梁家亦有是語也。沈氏彤儀禮小疏云：「士冠禮：『若孤子，則父兄戒宿，冠之日，主人紒而迎賓，拜，揖讓，立于序端，皆如冠主，禮于阼階。』注云：『父兄，諸父諸兄。冠主，冠者親父。若宗兄也。』是諸父諸兄但可以戒宿，而不可以爲冠主。推之昏禮，亦但可稱諸父諸兄以命使，而不可以諸父諸兄主昏。蓋旁尊而不得加諸正嫡也。」○注「宋公」至「稱使」。○白虎通嫁娶篇：「人君及宗子無父母自定娶者，卑不主尊，賤不主貴，故自定之也。昏禮經曰『親皆没，已躬命之』，詩云『文定厥祥，親迎于渭』。」昏禮注：「躬猶親也。親命之，謂『宋公使公孫壽來納幣』是也。」則文王亦係自定娶，蓋魯詩家説也。故繁露玉英云「詞窮無稱稱主人，變禮也」，是也。孔氏左傳疏云：「公羊言無母者稱諸父兄師友，宋公不稱父兄者，諸侯臣其父兄，故不得稱也。昏禮記曰『宗子無父，母命之；親皆没，已躬命之』。以宗子之尊，尚不稱父兄，況諸

〔一〕「之」字原脱，叢書本同，據儀禮鄭注句讀校補。

侯乎？其稱父兄師友，謂大夫以下，非宗子耳。昏禮記云『支子則稱其宗，弟稱其兄』是也。」通義云：「廣森謂，禮記〔一〕：『國君取夫人曰：請君之玉女，與寡人共有敝邑，事宗廟、社稷。』此即躬命之稱主人之詞。」按：何意亦止謂有母者宜尊母命以行，婦人無外事，故以母命命父兄師友以達耳。無母則宜自定娶，如雜記所云。故此云「莫使命之，辭窮，故自命之。自命之則不得不稱使」，似不必大夫以下始稱父兄師友也。

然則紀有母乎？曰有。【注】以不稱使知有母。【疏】昏禮記注：「宗子者，嫡長子也。命之，命使者。母命之，在春秋『紀裂繻來逆女』是也。」

有則何以不稱母？【注】据非主人何不稱母通使文。【疏】注〔二〕「据非」至「使文」。○意以婚禮不稱主人，爲養廉遠恥。既有母，則與主人自命異，似可稱矣，故据以問。

母不通也。【注】禮，婦人無外事，但得命諸父兄師友，稱諸父兄師友以行耳。母命不得達，故不得稱母通使文，所以遠別也。【疏】繁露陽尊陰卑云：「故數日者據晝而不據夜，數歲者據陽而不據陰，不得達之義。是故春秋之於昏禮也，達宋公而不達紀侯之母。紀侯之母宜稱而不達，宋公不宜稱而達。達陽而不達陰，以天道制之也。」漢書杜鄴傳：「故禮明三從之義，雖有文母之德，猶繫於子。春秋不書紀侯之

〔一〕「禮記」，原誤記爲「雜記」，叢書本同，據公羊通義校改。下文「如雜記所云」，亦當爲「禮記」。
〔二〕「注」字原脱，據體例補。

母，陰義殺也。」注引此傳曰：「婚禮不稱主人，主人謂壻也。不稱母，母不通也。」○注「婦人無外事」。○通義：「婦人無外事，但得命使於國中耳，不得通於四方。文不可曰紀侯之母使履緰來，故直不稱使也。『杞伯姬來求婦』，得以母通者，彼内女，録親親。」繁露玉英云：「婦人無出境之事，經禮也；母爲子娶婦，變禮也。」無出境事，即謂此，婦人無外事也。爲子娶婦，即杞伯姬求婦事也。儀禮疏引服氏左注云：「不稱主人，母命不通，故不稱使。婦人無外事。」是與公羊説同也。而説苑修文篇云：「親迎禮奈何？諸侯以屨二兩加琮，大夫、庶人以屨二兩加束脩二。曰：『某國寡小君，使寡人奉不腆之琮、不珍之屨，禮夫人貞女。』」似婦人得與外事，有母命之禮矣。子政習穀梁，或穀梁家説。

外逆女不書，此何以書？【注】据伯姬歸于宋不書逆人。【疏】注「据伯」至「逆人」。○舊疏：「在成九年春。」

譏。【注】譏，猶譴也。【疏】注「譏，猶譴也」。○廣雅釋言：「譏，譴也。」舊疏引宋氏注春秋説：「九旨者，一曰時、二曰月、三曰日、四曰王、五曰天王、六曰天子、七曰譏、八曰貶、九曰絶。譏較貶、絶爲輕，所謂輕重之旨也。」

何譏爾？【疏】通義云：「爾，猶是也。言何所譏於是事也。問貶曰『曷爲貶』，問譏則曰『何譏爾』者，貶不必爲本事，多罪在于彼而文見於此者，故主問其所爲；譏則皆爲本事，故不問曷爲矣。」

譏始不親迎也。【注】禮所以必親迎者，所以示男先女也。於廟者，告本也。夏后氏逆於庭，殷人逆於堂，周人逆於户。【疏】漢書外戚傳：「故易基乾、坤，詩首關雎，書美釐降，春秋譏不親迎。夫婦之際，人道之大倫也。」穀梁：「伯姬歸于紀。」傳曰：「逆之道微，無足道焉爾。」注言：「君不親迎，而大夫來逆，故曰微也。」是亦譏不親迎義也。齊風詩序：「著，刺時也。時不親迎也。」箋云：「時不親迎，故陳親迎之禮以刺之。」蓋不親迎已久，彼固在春秋前也。○注「禮所」至「女也」。○白虎通五行云：「娶妻親迎何法？法日入，陽下陰也。」又嫁娶篇：「天子下至士，必親迎授綏者，以陽下陰也，欲得其歡心，示親之也。必親迎御輪三周，下車曲顧者，防淫泆也。詩云：『文定厥祥，親迎于渭，造舟爲梁，不顯其光。』」荀子大略云：「易之咸，見夫婦。夫婦之道，不可不正也，君臣父子之本也。咸，感也，以高下下，以男下女，柔上而剛下。聘士之義，親迎之道，重始也。」禮記坊記云：「壻親迎，見于舅姑，舅姑承子以授壻，恐事之違也。」又郊特牲云：「男子親迎，男先於女，剛柔之義也。天先乎地，君先乎臣，其義一也。」禮昏禮云：「賓升，北面奠雁，再拜稽首，降，出。婦從，降自西階，主人不降送，壻御婦車，授綏。」注：「壻御者，親而下之。」又云：「壻乘其車，先俟于門外。」注：「壻車在大門外，乘之先者道之也。男率女，女從男，夫婦剛柔之義，自此始也。」皆男先女之義也。按：親迎之説不同。禮記疏引：「五經異義：禮戴説：天子親迎。春秋公羊説：自天子至庶人，皆親迎。左氏説：天子至尊無敵，故無親迎之禮；諸侯有故若疾病，則使上大夫迎，上卿臨之。許氏謹按，高祖時皇太子納妃，叔孫通制禮，以爲天子無親迎，從左氏義。鄭駮之云：『太姒之家在渭之涘，文王親迎于渭，即天子親迎明文也。禮記冕而親迎，繼先聖之後，以爲天地宗廟社稷主，非天子則誰乎？』是鄭氏從公羊義也。」穀梁桓八年注引：「春秋左氏説曰：『王者至尊無敵，無親迎之禮。祭公逆王后，未至京師而稱后，知天子不行而禮成也。』鄭君釋之曰：『天子雖尊，其於后猶夫婦。夫婦判合，禮同一體，所謂無敵，豈施此哉！』」蓋亦用異義並駁異義文。禮記疏引詩説云：「文王親迎于渭，紂尚南面，文王猶爲西伯。」又左氏桓八年疏云：「文王之迎太姒，身爲公子，迎在殷世，未可据此以爲天子禮。孔子對哀公，自論魯國之法。魯，周公之後，得郊祀天地，故以先聖天地爲言耳，其意非説天子禮也。」按：桓八年：「祭公來，遂逆王后于紀。」傳：「祭公者何？天子之三公也。」何氏云：「婚禮成于五，先納采、問名、問吉、納徵、請期，然後親迎。時王者遣祭公來，使魯爲媒，可則因用魯往迎之，不復成禮，疾王者不重妃匹，迎天下之母若迎婢妾，故譏之。」則但譏其六禮不重其事耳，無譏不親迎文。又襄十五年：「劉夏逆王后于齊。」傳：「劉夏者何？天子之大夫也。」何氏云：「禮，逆王后當使三公，故貶去大夫，明非禮。」則何氏亦不以天子當親迎，與異義所載公羊説異也。通義云：「以詩考之，文王親迎于渭，韓侯迎止于蹶之里。諸侯親迎更有明文，齊風著篇刺時不親迎，首章充耳以素言士之服，次章以青卿大夫之服，末章黄者君服，明國君不親迎合有譏也。」故莊廿四年，「公如齊逆女」，杜注左傳云：「禮也。」若然，士昏禮有「若不親迎」禮者。沈氏彤儀禮小疏云：「下云『婦入三月然後壻見』，固俟婦之廟見，而後壻見婦之父母也。則不親迎之爲無父者明矣。敖繼公儀禮集説云：『記曰：父醮子而命之迎。昏義曰：子承命以迎。是親迎必受父之命也。若無父則子無所承命，故其禮不可行。』此蓋統宗子支子而言。萬氏斯大儀禮商則專指宗子，謂『支子無父而有宗子之命，則得親迎』。彤謂：先王之禮敬宗，收族支子，既稱其宗以命使者，則宗子自必代其父而主其昏。謂支子得承宗子之命而親迎是也。敖説未盡，顧支子而無宗子以命之，則亦不得親迎。諸父諸兄不可命宗子，其可以命支子乎？」按：昏禮記之「若不親迎」，自謂有故或疾病者爾，敖、萬説均謬，沈氏從之傎矣。盛氏世佐云：「敖氏創爲無父者不親迎之説。據昭元年左傳楚公子圍娶婦事曰：『圍布几筵，告於莊、共之廟而來。』則無父者告於廟，而後迎禮也，豈以無所承命而廢鬼神陰陽之大典乎！隱二年經書『紀裂繻來逆女』，公羊傳曰：『譏始不親迎也。』莊二十四年『公如齊逆女』，杜云：『禮也。』詩曰『韓侯迎止，于蹶之里』。『冕而親迎』，孔子以告哀公。是諸侯之迎，且不以無父廢也，况大夫以下乎？敖氏之云，其爲臆説無疑矣。」○注「於廟者，告本也」。○禮昏禮云：「主人揖入，賓執雁從。至于廟門，揖入，三揖，至于階，三讓。主人升西面，賓升，北面奠雁，再拜稽首，降，出。婦從，降自西階，主人不降送。壻御婦車。」白虎通嫁娶篇：「遣女于禰廟者，重先人之遺體，不敢自專，故告禰也。」穀梁傳：「禮，送女，父不下堂，母不出祭門，諸母兄弟不出闕門。」注：「祭門，廟門也；闕，兩觀也。」知在廟明矣。禮記曲禮云：「齊戒以告鬼神。」注：「昏禮，凡受女之禮，皆於廟爲神席以告鬼神，謂此也。」昏禮言納采禮云：「主人筵于户西。」注：「筵，爲神布席也。户西者，尊處，將以先祖之遺體許人，故受其禮於禰廟也。」即告本之義也。按：昏禮納采、納吉、問名、納徵、請期五禮，婦家俱告廟行事，而壻家未嘗一告廟。白虎通嫁娶云：「娶妻不先告廟者，示不必安也。」蓋必婦入三月，祭行告廟矣。而孔穎達謂女家每事告廟，則男氏將行六禮必皆告廟，不徒卜而已。陳祥道禮書謂：「既納采問名，然後歸卜於禰。既卜，然後納吉，當在告廟之日。」遂引「卜郊，受命于祖廟，作龜于禰宫」，注云：「受命退乃卜，以爲卜昏之禮亦如之。」又下八年左傳「先配而後祖」，杜解云：「禮，逆婦必先告祖廟而後行。」鄭忽先逆婦而後告廟，故曰『先配而後祖』。」疏引鄭司農「以配爲同牢食，先食而後祭祖，無敬神之心，故曰『誣其祖』」。孔氏詆鄭而從杜。其實告廟而後行與夫祭祖而後同牢，古禮皆無其文。鄭公子忽自是諸侯以上禮，必三月後始告廟成昏；忽先配後祖，故曰「誣其祖」，與士禮不同也。卜必於廟，與告廟自殊，不必牽合。或又引「楚公子圍告于莊、共之廟」爲證，然楚圍篡弒已成，不可爲訓。大夫不敢祖諸侯。圍，大夫也，即合告廟，豈得告莊、共廟乎？當以班氏説爲正。○注「夏后」至「於户」。○舊疏引書傳云：「夏后氏逆於庭〔一〕，殷人逆於堂，周人逆於户。」繁露三代改制質文云：「三正以黑統昏禮逆于庭，正白統者昏禮逆于堂，正赤統者昏禮逆于户。」並何氏所本也。説文辵部：「逆，迎也。關東曰逆，關西曰迎。」通典嘉禮三〔二〕云：「遂皇始有夫婦之道。伏羲制嫁娶以儷皮爲禮。五帝馭時，娶必告父母。夏后氏親迎于庭。殷于堂。周制，限男女之歲，定婚姻之時，親迎于户。」注引何休曰：「後代漸文，而迎于户，示其親。」按：白虎通嫁娶篇引昏禮經曰：「賓升，北面奠雁，再拜稽首，降，出。婦從房中，降自西階。壻御婦車，授綏。」較今昏禮多「房中」二字。蓋此時奠雁在房户之外，當楣北面也。吴氏廷華儀禮章句云：「婦從者，奠雁時已出堂矣。變女言婦，已受摯而從之也。」蓋奠雁時，女從房中出堂，與壻相見也。

始不親迎昉於此乎？前此矣。【注】以惠公妃匹不正，不嫌無前也。【疏】注「以惠」至「前也」。

〔一〕「庭」上原衍一「廟」字，叢書本同，據公羊注疏校删。
〔二〕「嘉禮三」，原作「嘉三」，脱「禮」字，叢書本同，據通典校補。

○舊疏云：「問曰：七缺之義如何？答曰：七缺者，惠公妃匹不正，隱、桓之禍生，是爲夫之道缺也。」史記魯世家：「初惠公適夫人無子，公賤妾聲子生子息。息長，爲娶于宋。宋女至而好，惠公奪而自妻之，生子允，登宋女爲夫人，以允爲太子。」允即桓公，息即隱公。是妃匹不正，隱、桓禍生事也。宋女至而奪之，其不行親迎明甚，故不嫌無前也。齊風著詩作於哀公之世，序言刺不親迎，皆在春秋前也。

前此則曷爲始乎此？託始焉爾。【注】焉爾，猶於是也。【疏】注「焉爾」至「是也」。○爾字亦係衍文。僖十五年左傳「晉於是乎作爰田」，又「晉於是乎作州兵」，國語晉語作「焉作轅田」，「焉作州兵」；戰國策「君何患焉」，史記周本紀作「君何患於是」，是「焉」即「於是」也。惠氏棟周禮古義云：「行夫居於其國，則掌行人之勞辱事。焉使則介之。」注：「焉使，謂大小行人焉。故書曰『夷使』，鄭司農曰：『夷使，使於四夷。』玄謂夷發聲。按，此『夷使』，猶『於使』也。晉語『焉作爰田』、『焉作州兵』，淮南子天子『焉始乘舟』，禮記『故先王焉爲之立制』，又云『焉使倍之』，公羊傳『託始焉爾』，又云『吾將焉致乎魯國』，皆訓焉爲於。篆文焉於相似，故於亦作焉。」按：焉即於是，不必以於訓焉、以爾訓是，分屬也。

曷爲託始焉爾？【注】据納幣不託始。【疏】注「据納幣不託始」。○即莊二十二〔一〕年「公如齊納幣」。不言託始。

春秋之始也。【注】春秋正夫婦之始也。夫婦正，則父子親；父子親，則君臣和；君臣和，則天下治，故

〔一〕「二十二」，原訛作「二十三」，叢書本同，據公羊注疏校改。

夫婦者人道之始，王教之端。內逆女常書，外逆女但疾始，不常書者，明當先自正，躬自厚而薄責於人，故略外也。【疏】注「春秋正夫婦之始也」。○何意謂此譏紀侯不親迎，爲春秋之正夫婦之始也。○注「夫婦」至「之端」。○易序卦傳：「有男女然後有夫婦，有夫婦然後有父子，有父子然後有君臣，有君臣然後有上下，有上下然後禮義有所錯。」禮記哀公問：「夫婦別，父子親，君臣嚴，三者正則庶物從之矣。」又郊特牲：「男女有別然後父子親，父子親然後義生。」是夫婦爲人道之始、王教之端也。漢書匡衡傳：「妃匹之際，生民之始，萬物之原。」又外戚傳：「夫婦之際，人道之大倫也。」後漢書荀爽傳：「臣聞有夫婦然後有父子，有父子然後有君臣，有君臣然後有上下，有上下然後有禮義，禮義備則人知所厝矣。夫婦，人倫之始，王化之端。故文王作易，上經首乾、坤，下經首咸、恒。」又云：「且詩初篇實首關雎，禮始冠婚，先正夫婦，天地六經，其旨一揆。」○注「內逆」至「書者」。○舊疏：「內逆女常書，即桓三年公子翬、宣元年公子遂、成十五年叔孫僑如之屬是也。」按：春秋內逆女凡五見：翬逆女，爲內逆女之始；莊公爲親迎，示法；文公逆婦姜略之，示其賤；宣公，遂逆女，譏喪娶；成公，僑如逆女，譏其晚；襄公以下不書，蓋皆從同。故成十四年注：「凡娶，早晚皆不譏者，從履緰一譏而已。」亦謂不再譏不親迎也。外逆女，如杞伯姬、宋蕩伯姬之來求婦，齊高固來逆子叔姬，使鄫子來朝之類。書各有爲，不常書也。○注「明當」至「外也」。○校勘記云：「諸本同。浦鏜云：成十四年疏引此注作『先自詳正』，與上『公會戎于潛』注同，當据補。」按：四年疏內引此亦無詳字。

女曷爲或稱女，或稱婦，或稱夫人？女在其國稱女，【注】未離父母之辭，「紀履緰來逆女」是也。【疏】注「未離」至「是也」。○桓八年傳「女在其國稱女」，文四年傳「娶于大夫者，略之也」，注：「女者，父母辭〔一〕。」蓋父母雖殁，兄弟亦統之父母也。

在塗稱婦，【注】在塗見夫服從之辭，「公子結媵陳人之婦」是也。【疏】注「在塗」至「是也」。○見莊十九年。通義云：「女子重出，已在塗則義成爲婦，故禮親迎。女在塗聞女之父母死，反而奔喪，爲其父母期，從既嫁之服。」按：禮昏禮自親迎之前，「女次，純衣纁袡」，女從者皆稱女。至降出，婦從以下皆稱婦，亦禮經正名之義也。蓋是時壻女二人爲禮，所謂執贄以相見，夫婦之義從此始矣。婦服也，故云服從之義。舊疏：「僖二十五年、宣元年傳皆云『其稱婦者，有姑之辭也』者，兼二義故也。」按：傳、注皆望文生義。公子結媵陳人之婦，對夫之詞，故以在塗言之；蕩伯姬來逆婦，對姑之〔二〕文，故以有姑言之；宣元年、文四年稱婦姜，並以有姑詞稱之者，以非公親迎故也。

入國稱夫人。【注】入國則尊，尊有臣子之辭，夫人姜氏入是也。紀無大夫，書紀履緰者，重婚禮也。月者，不親迎例時月，重録之。親迎例時。【疏】注「入國」至「是也」。○見莊二十四年秋。按彼注云：「夫人至，大夫皆郊迎，明日大夫宗婦皆見。」周道尊尊，故從臣子詞，稱夫人也。舊疏解上稱婦云：「其至國猶稱婦者，對姑生稱。」其實凡書婦者，皆緣有姑生稱，仍係未至國之詞，若至國則宜稱夫人，不係姑之

〔一〕「辭」，原訛作「詞」，叢書本同，據公羊注疏校改。
〔二〕「之」，原訛作「立」，形近而訛，叢書本同，據上下文意徑改。

存歿也。沈氏彤儀禮小疏云：「然則大夫士之昏禮可以類推。此經，婦從女未在塗也。而稱婦，蓋奠雁之時，賓迎主授，女既從賓，則婦而非女，由此始矣。且降自西階，亦即在塗，故稱婦而不稱女也。入夫家無改稱者，婦，士妻之本稱也。」曲禮曰：「天子之妃曰后，諸侯曰夫人，大夫曰孺人，士曰婦人。」○注「紀無」至「禮也」。○閔元年〔一〕注：「所傳聞之世，大國有大夫，小國略稱人。」紀時尚未爲侯爵，於春秋時不得稱大國，故宜從小國例，無大夫稱人也。爲重婚禮，又以接我，故進而有大夫。故穀梁注：「履緰以名繫國，著其奉國重命，來爲君逆，得接公行禮，故以國氏重之。」亦此義也。○注「月者」至「録之」。○舊疏云：「例月，即此及桓三年秋七月公子翬、宣元年正月公子遂之屬是也。」重録之者，親迎例時〔二〕，不親迎重而書月，時略而月詳，所謂詳略之旨也。○注「親迎例時」。○舊疏云：「即莊二十四年『夏，公如齊逆女』、莊二十七年『冬，莒慶來逆叔姬』之屬是也。」其文四年「夏，逆婦姜于齊」，不親迎亦書時者，爲其娶于大夫而略之。成十四年「秋，叔孫僑如逆女」，不親迎亦書時，爲其晚娶，非重繼嗣之義而略之也。通義云：「大夫爲君逆女例月，大夫自逆例時。」非何義也。

○冬，十月，伯姬歸于紀。【疏】禮記曲禮云：「男女異長。」鄭注：「各自爲伯仲季。」孔疏：「春秋隱

〔一〕以下引文出自隱元年、襄二十年注，並非出自閔元年注。
〔二〕「時」，原訛作「月」，叢書本同，據【注】文校改。

公二年『伯姬歸于紀』、隱七年『叔姬歸于紀』是也。」白虎通姓名云：「男女異長，各自有伯仲；法陰陽，各自有終始也。春秋傳曰：『伯姬者何？內女稱也。』」

伯姬者何？內女也。【注】以無所繫也。不稱公子者，婦人外成，不得獨繫父母。【疏】注「以無所繫也」。○何意謂不繫何國之女，故知爲內女也。○注「不稱」至「父母」。○舊疏云：「正以莊元年傳云『羣公子之舍，則已卑矣』，明有得稱公子之道，故注者決之。」按：莊三十二年左傳：「雩，講於梁氏，女公子觀之。」蓋當時有是稱，然別之以女，知不得稱公子，固與男子殊也。婦人內夫家，外父母家，故云婦人外成也。

其言歸何？【注】据去父母國也。

婦人謂嫁曰歸。【注】婦人生以父母爲家，嫁以夫爲家，故謂嫁曰歸。明有二歸之道。書者，父母恩録之也。禮，男之將取，三日不舉樂，思嗣親也；女之將嫁，三夜不息燭，思相離也。內女歸例月，恩録之。【疏】校勘記：「毛本謂誤爲。按，毛詩傳本作婦〔一〕人謂嫁歸。釋文本有曰字，謂依公羊傳文。唐石經公羊『婦人』以下損缺，以每行十字計之，不當有『曰』字。若有『曰』字，則此行十一字矣。恐因注衍也。按，陸德明時，已有有曰之本矣，後人或依無曰者，或依有曰者，故不同耳。」詩周南葛覃篇「言告師氏，言

〔一〕「婦」，原訛作「歸」，叢書本同，據阮元校勘記校改。

告言歸」，傳：「婦人謂嫁曰歸。」疏云：「定本歸上無曰字。」蓋毛傳文古，故其語如此，鄭箋則有曰字，見江有汜、南山箋。廣雅釋詁：「歸，往也。」爾雅釋詁：「嫁，往也。」孟子滕文公下「往之女家」，即謂歸之女家也。以夫家爲家，故曰歸也。○注「婦人」至「之道」。○禮記郊特牲云：「婦人從人者也，幼從父兄，嫁從夫，夫死從子。」穀梁傳亦曰：「從人者也，婦人在家制於父，既嫁制於夫，夫死從長子，婦人不專行，必有從也。」公羊問答云：「喪服傳：『婦人雖在外，必曰歸宗，曰小宗，故服期也。』據此有二歸矣。然天子諸侯夫人，父母卒不得歸宗，以人君絶宗，許穆夫人所以有載馳之詠也，此指歸甯而言。若大戴記『婦有三不去，有所取無所歸，不去』，婦人被出之後亦有歸宗之義。莊二十七年傳『大歸曰來歸』，注：『大歸者，廢棄來歸也。』文十八年經『夫人姜氏歸于齊』是也。」詩燕燕云：「之子于歸。」傳：「歸，歸宗也。」是嫁曰歸，歸宗亦曰歸，明有二歸矣。故云有二歸之道也。蓋婦人雖出嫁在外，而不能保無被出之時，故於本族必有所主。吴氏紱□□□□〔一〕云：「歸宗，雖或然之事，而必有可歸之宗。此見婦人在夫家，恒凜凜有不克終之戒焉。」舊疏云：「即『伯姬歸于紀』、宣十六年『秋，郯伯姬來歸』之屬是也。」○注「書者，父母恩録之」。○穀梁傳：「伯姬歸于紀，此其如專行之辭，何也？曰：非專行也，吾伯姬歸于紀，故志之也。」此明詳内女略外女之義，正以從父母恩録之故也。○注「禮男」至「離也」。○白虎通嫁娶云：「禮曰：『嫁女之家，三日不絶火，思相離也；娶婦之家，三日不舉樂，思嗣親也。』感親之衰老代至也。」禮記曾子問曰「孔

〔一〕「□□□□」，缺字，殆爲著作名稱。查引文實出自鄂爾泰主編之欽定儀禮義疏。

子曰：『嫁女之家，三夜不息燭，思相離也』」，注：「親骨肉也。」又云「取婦之家，三日不舉樂，思嗣親也」，注：「重世變也。」韓詩外傳云：「嫁女之家，三夜不息燭，思相離也；取婦之家，三日不舉樂，思嗣親也。」禮記郊特牲云「昏禮不賀，人之序也」，亦思嗣親之義也。○注「内女歸例月，恩録之」。○舊疏云：「即此文冬十月、隱七年『三月，叔姬歸于紀』、成九年『二月，伯姬歸于宋』之屬是也。」恩録之，即上父母恩録之義也。

○紀子伯、莒子盟于密。【疏】左傳作「子帛」。墨子修城門云「一帛尉」，注：「帛同伯。」史記伍子胥傳「伯嚭」，論衡作「帛喜」，文選注作「帛丕」，知伯、帛同也。杜云：「密，莒邑，城陽東北，淳于縣東北有密鄉。」一統志：「密鄉故城在萊州府昌邑縣東南[一]十五里，即此密。」大事表：「今萊州府昌邑縣東南十五里有密鄉故城。疑此時之莒尚都介根。」

紀子伯者何？無聞焉爾。【注】言無聞者，春秋有改周受命之制，孔子畏時遠害，又知秦將燔詩書，其説口授相傳，至漢公羊高及弟子胡毋生等乃始記於竹帛，故有所失也。【疏】水經注淮水篇：「游水又東北逕紀鄣故城南，故紀子帛之國。」則酈元以帛爲紀子名矣，未知何据。劉氏逢禄左氏考證云：

〔一〕「南」，原訛作「有」，叢書本同，據大清一統志校改。

「古文伯或作白，白或作帛，鐘鼎、石鼓文可證者多矣。以子帛爲裂繻之字，則杜臆説也。果爾，臣先于君，其亢莫甚，而稱字以褒之乎？且經稱字、或曰父、或曰伯仲叔季，紀子伯及宋子哀皆闕詞，安可附會乎？」又解詁箋云：「著紀之本爵，則桓二年〔一〕之紀侯爲加爵明矣。春秋無虚加之詞也。存伯者，闕疑也。闕疑所以傳信，傳意如此，解詁失之。」按：何意謂春秋無聞之文，皆由孔子口授，弟子未著竹帛之故。劉氏必謂爲孔子所闕，未知何所見云然也。○注「春秋」至「之制」。○舊疏引春秋説云：「伏羲作八卦，某合而演其文，瀆而出其神，作春秋以改亂制。」又云：「某攬史記，援引古圖，推集天變，爲漢帝制法，陳敘圖録。」又引解疑論云：「聖人不空生，受命而制作，所以生斯民，覺後生也。」又引閔因敘云：「昔孔子受端門之命，制春秋之義，使子夏等十四人求周史記，得百二十國寶書，九月經立。感精符、考異郵、説題詞具有其文。」又引春秋説云：「某水精治法，爲赤制功。」又云：「黑龍生爲赤，必告云象使知命。」又云：「經十有四年『春，西狩獲麟』，赤受命，倉失權，周滅火起，薪采得麟。」又文謚例云：「『新周，故宋，以春秋當新王』，此一科三旨也。」是皆言孔子改周之文，受端門之命立制，以授漢事也。蓋見時衰政失，恐堯舜文武之道絶，又見麟獲之異，故順天命制春秋以授劉氏，所謂知我者其惟春秋，罪我者其惟春秋也。○注「孔子」至「相傳」。○監本「秦」誤「奏」。哀十四年注引：「演孔圖云：『得麟之後，天下血書魯端門，曰：「趨作法，孔聖没，周姬亡，彗東出，秦正起，胡破術，書紀散，孔不絶。」子夏明日往視之，血書飛爲赤烏，化

〔一〕「二年」，原訛作「三年」，叢書本同，據公羊何氏解詁箋及春秋校改。

爲白書，署曰演孔圖，中有作圖制法之狀。』史記秦本紀云：『秦皇爲無道，周人以舊典非之，乃用李斯之謀，欲以愚黔首，於是燔詩書』云。」又哀十四年傳「祖之所逮聞也」，注：「猶曰我但記先人所聞，辟制作之害。」定元年傳：「定哀多微辭，主人習其讀而問〔一〕其傳，則未知己之有罪焉爾。」是畏時遠害。又知秦將燔詩書事也，故序舊疏云：「孔子至聖，卻觀無窮，知秦無道，將必燔書，故春秋之說口授子夏，度秦至漢乃著竹帛也。」漢書藝文志云：「有所褒諱貶損不可書見，口授弟子，弟子退而異言。」又云：「春秋所貶損大人當世君臣，有威權勢力，其事實皆形於傳，是以隱其書而不宣，所以免時難也。及末世口說流行，故有公羊、穀梁、鄒、夾之傳。」史記十二諸侯年表：「七十子之徒口受其傳指，爲有所譏刺褒譏貶損之文詞不可以書見也。」所以口授相傳也。按：禮記疏引釋廢疾云：「四時皆田，夏殷之禮。詩云：『之子于苗，選徒囂囂。』夏田明矣。孔子雖有聖德，不敢顯然改先王之法，以教授于世，若其所欲改，其陰書于緯，藏之以傳後世。穀梁四時田者，近孔子故也。公羊正當六國之亡，讖緯見，讀而傳爲三時田也。」鄭氏蓋亦以孔子避時遠害，陰志於緯，而公羊家適已見讀，故多與緯文合故也。○注「至漢」至「失也」。○舊疏引戴宏序云：「子夏傳與公羊高，高傳與子平〔二〕，平傳與其子地，地傳與其子敢，敢傳與其子壽。至漢景帝時，壽乃共弟子齊人胡毋生子都著于竹帛，與董仲舒皆見於圖讖。」蓋口授相傳，則不能無所遺失，無師傳

〔一〕「問」，原訛作「聞」，叢書本同，據公羊注疏校改。
〔二〕以上二句中的「與」字，原分別訛作「于」、「於」，叢書本同，據公羊注疏校改。

者不敢妄臆，故傳家直以爲無聞，慎之詞也。

○十有二月，乙卯，夫人子氏薨。【疏】依曆十二月書乙卯，月之十七日。釋名釋親屬云：「諸侯之妃曰夫人。夫，扶也，扶助其君也。」

夫人子氏者何？隱公之母也。【注】以不書葬。【疏】注「以不書葬」。○此既書夫人，則下宜書葬，經不見葬文。舊疏云：「隱公欲表己讓，故屈卑其母，不成夫人之禮，是以見其不書葬，知其是隱公母也。」穀梁傳以此爲隱之妻卒而不書葬，夫人之義從君者也。劉氏逢禄據以説公羊，非何義。按：左傳哀二十四年云「孝、惠取于商，隱亦取于宋」，未知所據。

何以不書葬？【注】据姒氏書葬。【疏】注「据姒氏書葬」。○即定十五年「九月，辛巳，葬定姒」是也。按：定姒，妾母，以哀公得終爲君，猶得書葬。今隱公已成君，其母不書葬，且彼傳云：「有子則廟，廟則書葬。」則隱母尤宜書葬矣。故据而難之。

成公意也。何成乎公之意？【注】据己去即位。【疏】注「据己去即位」。○即上元年之「不書即位」也。彼云：「公何以不言即位？成公意也。」以己去即位，讓桓之意已明。

子將不終爲君，故母亦不終爲夫人也。【注】時隱公卑屈，其母不以夫人禮葬之，以妾禮葬之，以卑下桓母，無終爲君之心，得事之宜，故善而不書葬，所以起其意而成其賢。子者姓也，夫人以姓配號，義與仲子同。書薨者，爲隱公恩録痛之也。日者，恩録之，公夫人皆同例也。【疏】注「時隱」至「葬之」。○鄂本「卑屈」作「屈卑」。禮記雜記：「主妾〔一〕之喪，則自祔，至於練、祥，皆使其子主之。其殯、祭不於正室。」疏引崔氏云：「謂女君死，攝女君也。」「雖攝女君，猶下正嫡，故殯之與祭，不得在正室。」禮喪服注：「諸侯之妾，貴者視卿，賤者視大夫，皆三月而葬。」然則隱蓋從攝女君之禮葬其母矣。按：喪服緦麻三月章：「庶子爲父後者爲其母。」鄭注服問云：「禮，庶子爲父後者，爲其母緦。」隱公既即位，應依庶子爲後之服，即不卑屈其母，亦但能於葬禮從夫人耳，其服制仍不得一如適母也。○注「以卑」至「其賢」。○通義：「禮，適死，媵得升于適。」聲子繼室，故惠公時本稱夫人，及隱爲桓立，不欲其母加於仲子，乃不敢以小君禮葬之。蓋薨而後殺其禮，是以傳言『不終爲夫人〔二〕矣』。」按：左傳云：「繼室以聲子，生隱公。」繼室非夫人，故昭二年齊侯請繼室于晉，謂少姜也。及少姜卒，而下云「今嬖〔三〕寵之喪」可證。然則聲子在惠公時，不得稱夫人，徒以母以子貴。隱成君後，宜推尊加稱。今隱不欲加於桓母，故不以小君禮葬耳。又解詁箋云：「穀梁子曰『夫人薨，不地。夫人者，隱之妻也。卒而不書葬，夫人之義，從君者也』，斯爲得之。葬，生者之事也。春秋不書葬有三例：君弑賊不討不書葬，罪臣子盡誅之也。篡不明、殺無罪皆不書葬，罪君也，如隱之母不書葬，則罪在隱矣。安得云成公意也？且桓母不稱夫人，隱母尤不得稱

〔一〕「妾」，原訛作「妻」，叢書本同，據禮記校改。
〔二〕「夫人」，原訛作「君」，叢書本同，據公羊通義校改。
〔三〕「嬖」，原訛作「妾」，叢書本同，據左傳正義校改。

夫人也。」按：劉說非是。君不書葬，一以責臣子，一以責君，不得施之夫人，所謂春秋無達例也。隱不成其爲君，所以不成其母爲夫人，特以自遂其讓耳，亦不至坐之以罪。桓尚未爲君，隱世不得逆稱爲夫人，同一妾母不得稱夫人耳。何以桓母不稱夫人，隱母即不得稱夫人與？且以穀梁駁公羊，未免自亂其家法矣。○注「子者」至「子同」。○見上元年，彼注云：「婦人以姓配字，不忘本，因示不適同姓。」此猶是也。彼以子配仲，故云以姓配字；此以子氏配夫人，故云以姓配號也。○注「書薨」至「之也」。○書薨兼二義，一爲隱公恩録之，又以隱公不終爲君，遭桓之弑，故痛之也。○注「日者」至「例也」。○即下十一年書「壬辰，公薨」是也。凡日者，詳；不日者，略。故爲恩録之也。

○**鄭人伐衛。**【注】書者，與入向同。侵、伐、圍、入，例皆時。【疏】注「書者，與入向同」。○即上注云「凡書兵者，正不得也。外内深淺皆舉之者，因重兵害衆」是也。通義云：「伐例時，雖在月下，不蒙上月，後放此。」○注「侵伐」至「皆時」。○侵伐書時者，即僖二十八年「春，晉侯侵曹。晉侯伐衛」是也。入例時，見上。圍例時，僖二十三年「春，齊侯伐宋，圍緡」是也。舊疏云：「入例時者，已説於上，而注言此者，正以文承日月之下，故須解之。」

公羊義疏五

南菁書院　句容陳立卓人著

隱三年盡是年

〇三年，春，王二月。【注】二月、三月皆有王者，二月殷之正月也，三月夏之正月也。王者存二王之後，使統其正朔，服其服色，行其禮樂，所以尊先聖，通三統。師法之義，恭讓之禮，於是可得而觀之。

【疏】注「二月」至「月也」。〇後漢書章帝紀：「詔曰：春秋于春每月書『王』者，重三正，慎三微也。」又魯恭傳：「孝章皇帝深惟古人之道，助三正之微，定律著令。」左傳疏引服虔注亦云：「孔子作春秋，於春每月書『王』，以統三王之正。」漢書律曆志云：「於春三月每月書『王』，元之三統也。」則左氏家亦有是說。服氏即本之劉歆也。漢書劉向傳注：「應劭曰：『二王之後與己爲三統也。』孟康曰：『天地人之始也。』」白虎通三正云：「正朔有三何？本天有三統，謂三微之月也。明王者當奉順而成之，故受命各統一正也，敬始重本也。」春秋正辭云：「日月星辰之行，始於日至；陰陽風雨之氣，徵於丑仲；王政民事之序，揆於寅正；三正並行而不悖，尚矣。夏書曰：『怠棄三正。』子、丑非正，其諸後儒之惑與？」沈氏彤左傳小疏云：

「考古圖載，晉姜鼎銘曰『維王九月』，博古圖載周仲偁父鼎銘曰『維王五月』，敔敦銘曰『維王十月』，是每月皆書王也。此惟春三月書王，餘月可以例推。必兼書王二月、王三月者，明改商正二月、夏正三月也。此春秋文外之意，蓋周公舊典則然。」按：當時文誥或有每月書王之體，而春秋止書二月、三月者，則春秋之義，所以爲通三統張法者也。舊疏：「二月有王即此，三月有王，『定元年，春，王三月』是也。」○注「王者」至「觀之」。○白虎通三正云：「王者所以存二王之後何也？所以尊先王，通天下之三統也。明天下非一家之有，敬謹謙讓之至也。故封之百里使得服其正色，用其禮樂，永事其先祖。論語曰：『夏禮吾能言之，杞不足徵也；殷禮吾能言之，宋不足徵也。』春秋傳曰：『王者存二王之後，使得服其正色，行其禮樂。』詩曰：『厥作裸將，常服黼冔。』言微子服殷之服助祭于周也。周頌曰『有客有客，亦白其馬』，此微子朝周也。」禮記疏引：「異義：公羊說：存二王之後，所以通夫〔一〕三統之義。古春秋左氏說：周家封建二王之後以爲上公，封黄帝、堯、舜之後謂之三恪。謹案，治魯詩韋玄成、治易施讎等說引外傳曰：『三王之樂，可得聞觀乎？』知王者所封三代而已。與左氏説同。鄭駮之曰：所存二王之後者，命使郊天，以天子之禮樂祭其先祖受命之王，自行其正朔、服色。恪者，敬也，敬其先聖而封其後。與諸侯無殊異，何得比夏、殷之後？」郊特牲云：「猶尊賢也。尊賢不過二代，即師法之義。」恭讓之禮也。詩商頌譜云：「孔子録詩之時，則得五篇而已，乃列之以備三頌，著爲後王之義，監二代之成功，法莫大於是矣。」疏：「王者存二

〔一〕「夫」，原訛作「大」，禮記正義訛作「天」，據駮五經異義校改。

王之後，所以通夫〔一〕三統。夏之篇章既已泯棄，唯有商頌而已。孔子既録魯頌，同之二王之後，乃復取商頌，列之以備三恪，著爲後王之義，使後人監視三代之成法，其法莫大於是。言聖人之有深意也。」漢書劉向傳：「王者必通三統，明天命所授〔二〕者博，非獨一姓也。」向習穀梁説，是亦與公羊同。繁露三代改制云：「下存二王之後以大國，使服其服，行其禮樂，稱客而朝。故同時稱帝者五，稱王者三，所以昭五端，通三統也。」又云：「然而三代改正，必以三統天下，曰：三統五端，化四方之本也。」「其謂統三正者，曰：正者，正也，統致其氣，萬物皆應而正，統正，其餘皆正。凡歲之要，在正月也。法正之道，正本而末應，正内而外應。故君子曰：『武王其似正月矣。』」此公羊先師之義也。漢書梅福傳：「匡衡議，以爲王者存二王後，所以尊其先王而通三統也。」傳又云：「故武王克殷，未下車，存五帝之後，封殷于宋，紹夏于杞，明著三統，示不獨有也。」論語爲政云：「殷因於夏禮，所損益可知也；周因於殷禮，所損益可知也。」又季氏篇：「周監於二代，郁郁乎文哉。」又衛靈公篇：「行夏之時，乘殷之輅，服周之冕。」書召誥云：「相古先民有夏。天迪從子保，面稽天若，今時既墜厥命。今相有殷，天迪格保，面稽天若，今時既墜厥命。」亦皆以師法謙讓也。通義云：「王者，謂文王也，而又以爲通三王之正者，正朔三而改，文質再而復，先王治天

〔一〕「夫」，原訛作「大」，毛詩正義即訛作，據駁五經異義校改。
〔二〕「授」，原訛作「受」，叢書本同，據漢書校改。

下之大法，雖文王不是廢。周公制官禮，周之孟春謂之正月，夏之孟春謂之正歲，則存三統者，猶文王之意也。繼周而王者，當反寅正，故顏淵問爲邦，子曰『行夏之時』。將作春秋以爲後王法，顧不可更魯曆之日月，但可託其意於此。書王二月者，若曰是文王所因地布教之月，後有以地統爲正者，宜取爲正也。書王三月者，若曰是文王取敬授人時之月，後有以人統王者，宜取爲正也。然不曰王春正月，而曰春王正月者，正以三正不共春，施王於春上，則存三統之義不顯。」

○己巳，日有食之。【疏】漢書劉向傳引有「日有蝕之」。左傳釋文：「本或作『蝕』。食、蝕通。」漢書五行志：「穀梁傳言日不言朔，食晦。公羊傳日食二日也。」包氏慎言云：「据曆，爲三月之朔日。公羊傳例書日不言朔者，或二日食，或晦日食。何休公羊注以此爲二日。小二月則己巳，爲三月二日，非二月之二日也。穀梁傳例『言日不言朔，食晦』，大正月，二月則己巳爲二月晦，於傳例亦合。劉歆以爲正月二日。徐邈注穀梁又以爲正月晦日。經繫之于二月，杜氏長曆以爲二月朔，均與殷曆不合。經三月有庚戌。据曆，二月之十二日、四月之十三日皆庚戌，三月無庚戌也。元史曆志：『姜岌校春秋日食云：是歲二月己亥朔，無己巳，似失一閏。』」按：依曆，正月小，己巳朔；二月大，戊戌朔；三月當戊辰朔，則己巳正二日，與公羊例合，但不當在二月耳。

何以書？【注】諸言何以書者，問主書。【疏】注「諸言」至「主書」。○舊疏云：「今此直言『何以書』，上無所据，則是問主書，故如此解。」釋例云：「董生有言：『春秋辨是非，故長於治人，文成數萬，其旨〔一〕數千，萬物之散聚，皆在春秋。』又曰：『春秋無達辭，從變從義，而一以奉人。』以是知春秋之爲道屢遷，而其義必有所專主。其爲文周流空貫，不言之眇，皆在深察，一言之發，衆例具舉。」此春秋主書之義也。故上元年：「天王使宰咺來歸惠公、仲子之賵。」注：「主書者，不及事也。」又「祭伯來」，注：「主書者，以罪舉。」「鄭伯克段于鄢」，注：「主惡以失親親，故書之。」又「公子益師卒」，注：「主所以卒大夫，明君當隱痛之。」皆主書之例也。春秋正辭云：「春秋書天人内外之事，有主書，以立教也。然後多連而博貫之，則王道備矣。」

記異也。【注】異者，非常可怪，先事而至者是。後衛州吁弒其君完，諸侯初僭，魯隱係獲，公子翬進諂謀。【疏】注「異者」至「者是」。○白虎通災變云：「異之言〔二〕怪也，先發感動之也。」又引援神契云：「行有玷〔三〕缺，氣逆干天，情感變出，以戒人也。」漢書翼奉傳云：「臣聞人氣内逆，則感動天地；天變見於星氣日蝕，地變見於奇物震動。」詩疏引：「鄭駮異義引詩云：『彼月而食，則維其常，此日而食，于何不臧？

〔一〕「旨」，原訛作「指」，叢書本同，據春秋公羊經何氏釋例校改。
〔二〕「之言」，原誤倒作「言之」，叢書本同，據白虎通義校乙。
〔三〕「玷」，原訛作「點」，叢書本同，據白虎通義校改。

則非常爲異。』明謂此爲非常，明春秋爲示義也〔一〕。」按：日食可以推算而得，而何氏注及漢五行志所載董仲舒、劉向等説〔二〕，俱以爲災異者。漢書孔光傳云：「日有食之，變見三朝之會，上天聰明，苟無其事，變不虛生。」明天與人相應也，故十月之交疏云：「日月之食，於算可推而知，則是數自當然。而云爲異者，人君位貴居尊，恐其志移心易，聖人假〔三〕之靈神，作爲鑒戒耳。夫以昭昭大明，照於下土，忽爾殲亡，俾晝作夜，其爲怪異，莫斯之甚。故有伐鼓用幣之儀，貶膳去樂之數，皆所以重天變、警人君者也。而天道深遠，有時而驗，或亦人之禍衅，偶與相逢，故聖人得因其變常，假爲勸戒，使知達之主，識先聖之深情；中下之主，信妖祥以自懼。但神道可以助教，而不可以爲教。神之則惑衆，去之則害宜，故其言若有若無，其事若信若不信，以期於大通而已。」繁露二端云：「不本〔四〕二端之所從起，未可與論災異也，小大微著之分也。夫覽〔五〕求微細於無端之處，誠知小之將爲大，微之將爲著也。」「春秋五者俱正，而化大行。然書日蝕、星霣、有蜮、山崩、地震、夏大雨水、冬大雨雪、隕霜不殺草、自正月不雨至於秋七月、有鸜

〔一〕「明春秋爲示義也」，原訛作「爲春秋示義也」，叢書本同，據毛詩正義校改。
〔二〕「等説」下，原衍一「等」字，叢書本同，據上下文意刪。
〔三〕「假」，原訛作「服」，叢書本同，據毛詩正義校改。
〔四〕「本」，原訛作「分」，叢書本同，據繁露校改。
〔五〕「覽」字原脱，叢書本同，據繁露校補。

鴝來巢，春秋異之，以此見悖亂之徵。是小者不得大，微者不得著，雖甚〔一〕末，亦一端。孔子以此效之，吾所以貴微重始是也。因惡夫推災異之象於前，然後圖安危禍亂於後者，非春秋之所甚貴也。然而春秋舉之以爲一端者，亦欲其省天譴而畏天威，内動於心志，外見於事情，修身審己，明善心以反道者也，豈非貴微重始、慎終推效者哉！」〇注「後衛」至「諂謀」。〇衛州吁弑君在四年春。諸侯初僭，下五年：「初獻六羽。」傳：「譏始僭諸公也。」魯隱係獲，下六年：「鄭人來渝平。」傳：「狐壤之戰，隱公獲焉。」是也。公子翬進諂謀，下四年：「翬帥師伐鄭。」傳：「公子翬諂乎隱公。」是也。按：漢書五行志引：「劉向、董仲舒以爲，其後戎執天子之使，鄭獲魯隱，滅戴，衛、魯、宋咸弑君。」又引京房易傳：「推隱三年之食，貫中央，上下竟而黑，臣弑君從中成之形也。後衛州吁弑君而立。」五行志所推事變，與何注大同小異，皆陰陽之象，以意言也。志又云：「劉歆〔二〕以爲，正月二日燕、趙〔三〕之分野。」劉所据者夏正，夏正月周三月，與殷曆合。又云：「凡日〔四〕所躔而有變，則分野之國失政者受之。人君能修政，以御厥罰，則災消而福至；不能，則災息而禍生。故經書災而不記其故〔五〕，蓋吉凶無常，隨行而成禍福也。」「弑其」，釋文作「殺其」，

〔一〕「甚」，原訛作「其本」，叢書本同，據繁露校改。
〔二〕「劉歆」上原衍「左氏」二字，叢書本同，據漢書校删。
〔三〕「趙」，原訛作「越」，叢書本同，據漢書校改。
〔四〕「日」下原衍一「有」字，叢書本同，據漢書校删。
〔五〕「故」，原訛作「政」，叢書本同，據漢書校改。

云：「申志反，下殺其君同。」

日食，則曷爲或日或不日？ 或言朔或不言朔？【疏】舊疏云：「或日者，即此是也。或不日者，莊十八年『三月，日有食之』是也。或言朔者，桓三年『秋，七月，壬辰，朔，日有食之』是也。」按：或不言朔，亦此是也。

曰某月某日朔，日有食之者，食正朔也。【注】桓三年「秋，七月，壬辰，朔，日有食之」是也。此象君行外彊内虚，是故日月之行無遲疾，食不失正朔也。【疏】經義述聞云：「謹案，正，當也。廣韻：『正，當也。』食正朔也者，日之食當月之朔也。正之言貞也。廣雅云：『貞，當也。』下文『其或日或不日，或失之前或失之後』。失之前者，朔在前也；失之後者，朔在後也』，皆謂日食不與朔相當。則此食正朔，謂不前不後，當朔而食明矣。古人多謂當爲正，言食當月朔也。而解者曰『食不失正朔也』，則於正上增不失字矣。」按：王氏之説較注訓直捷，從之。○注「桓三」至「朔也」。○舊疏云：「外彊，謂外有威嚴，其民臣望而畏之。内虚者，虚心以受物，正得爲君之道，故食不失正朔。」按：桓三年注下云：「是後楚滅穀、鄧，上僭稱王。」仍爲異者，彼明天人感應之故。此明日食之理，義各有主，不相妨也。緣日月食皆其常，聖人特假天道以設教耳。

其或日或不日，或失之前或失之後。【疏】通義云：「古曆用平朔，或有大月之晦，日已合辰；有承小月之後，而合辰於二日者，故日食不恒在朔也。」

失之前者，朔在前也。【注】謂二日食，「己巳，日有食之」是也。此象君行暴急，外見畏，故日行疾月行遲，過朔乃食，失正朔於前也。【疏】注「謂二」至「是也」。○臧氏琳經義雜記云：「五行志：隱公三年『二月，己巳，日有食之』。公羊傳曰『食二日』。此西漢儒說公羊之言，傳無此文。何注謂『二日食』是也。劉子駿言左氏以爲二日，與公羊說同。惟杜云：今釋例以長曆推經、傳，明『此食是二月朔也，不書朔，史失之』與古義不合。」穀梁傳謂「言日不言朔，食晦日也」，亦與公羊殊。通義云：「据宣十年『四月，丙辰，日有食之』下有『己巳，齊侯元卒』，則丙辰非晦明矣，穀梁爲短。」按：楊疏引徐邈說：穀梁以晦爲前月之晦，並宣十年及十七年六月癸卯皆是，蓋穀梁經師有此說也。○注「此象」至「行遲」。○日者君象，故以日行之遲疾喻君之暴急、懦弱也。

失之後者，朔在後也。【注】謂晦日食，莊公十八年「三月，日有食之」是也。此象君行懦弱見陵，故日行遲，月行疾，未至朔而食，失正朔於後也。不言月食之者，其形不可得而覩也，故疑言日有食之。孔子曰：「多聞闕疑，慎言其餘，則寡尤。」不傳天下異者，從王録内可知也。【疏】注「謂晦」至「是也」。○漢書五行志：「嚴公〔一〕十八年，三月，日有食之。公羊傳曰『食晦』。」蓋亦公羊先師說。故何氏從之。通義云：「五行志曰：『凡春秋日食三十六。穀梁以爲朔二十六，晦七，夜二，二日一。公羊以爲朔二十七，

〔一〕「嚴公」即「莊公」，漢書避漢明帝劉莊名諱，以嚴代莊。

二日七，晦二。』蓋穀梁所謂夜者，公羊曰晦；穀梁所謂晦者，公羊曰二日。穀梁所謂二日者，在桓十七年，公羊併入朔數。唯文元年二月癸亥，今公羊經有朔字，則當爲朔二十八，二日六，晦二，與漢志稍異。」○注「此象君行儒弱」。○諸本「儒」作「懦」。校勘記云：「儒當偄之譌，此偄弱正字也，說文人部『偄，弱也』可證。釋文『懦，乃亂反，又乃臥反』，据音知本从耎，今亦訛从需。」○注「不言」至「食之」。○校勘記：「鄂本『月食』下有『之』字，是也。之字謂日也，無之字則疑說春秋不記月食矣。」又云：「『言日』，鄂本作『言曰』，是也。不敢正言月食日，故疑言之日有食之而已。」監本「形」作「刑」，誤。按：說文月部：「有，不宜有也。春秋傳『日月有食之』，从月。」段氏玉裁注云：「日下之月，衍字也。此引經釋不宜有之恉，亦即釋从月之意也。日不當見食也，而有食之者。孰食之？月食之也。月食之，故字从月。」詩十月之交云「日有食之」，箋云：「八月朔日，日月交會而日食，陰侵陽，臣侵君之象。」明日爲君陽，月爲臣陰。今日而食，故書以示義也。錢氏大昕潛研堂答問云：「問：說文『有，不宜有也』，引春秋傳『日月有食之』爲證。按，春秋書日食，不書月食。有字从月不从日。叔重乃似未讀春秋者，何故曰漢儒說春秋，以爲有者不宜有之詞？如『有蜚』、『有蜮』、『有鸛鵒來巢』、『有星孛入于北斗』之類皆是。日有食之，月食之也，不言月食而曰有食之者，扶陽抑陰之義，亦見其不宜有也。說文有从月，以月食日，爲不宜有，正與春秋義合。許氏引經往往以己意足成其義，如『圛，升雲半有半無』本解洪範『曰圛』之文，而後人乃以『圛圛升雲』爲句，以爲逸書。竊意此文當云春秋傳曰『日有食之，月食之』，後人妄有改竄，遂失其旨耳。春秋不書月食，三尺童子知之，以爲五經無雙之大儒而漫〔一〕不省憶，必不然矣。」阮氏元揅經室集云：「日有食之四字，自是唐虞以前恒語。有字从月，説文曰：『日有食之，不宜有也。』此自是唐虞以來相傳之故訓。不然，堯典内有字何以造从月哉？造字之後，直至周，詩始見『日有食之』之句。而孔子春秋内，凡『日有食之』皆用古法書之也。」○注「孔子」至「寡尤」。○論語爲政文。穀梁傳：「其不言食之者何也〔二〕？知其不可知，知也。」亦即闕疑、寡尤之意。○注「不傳」至「知也」。○校勘記：「鄂本『録内』作『内録』。按，舊疏亦云『彼不從王内録者』，當据以訂正。」以梁山、沙鹿皆非魯竟，故傳謂爲天下記異。日食魯亦同之，故從王魯録也。

○三月，庚戌，天王崩。【注】平王也。【疏】注「平王也」。○据曆三月無庚戌，當爲四月之十四日。史記周本紀：「於是諸侯共立故幽王太子宜臼，是爲平王。」四十九年魯隱公即位，五十一年平王崩。凡葬，皆顯其謚，此無葬文，故云平王也。

何以不書葬？【注】据書葬桓王。【疏】注「据書葬桓王」。○莊三年「五月，葬桓王」是也。

天子記崩不記葬，必其時也。【注】至尊，無所屈也。【疏】通義云：「天子有記葬者，則如文九年

〔一〕「漫」，原訛作「復」，叢書本同，據潛研堂文集校改。

〔二〕「何也」二字原脱，叢書本同，據穀梁傳校補。

所云。」按：彼云「不及時書，過時書，我有往者則書」是也。説苑修文篇引此傳説之云：「必其時奈何？天子七日而殯，七月而葬。諸侯五日而殯，五月而葬。大夫三日而殯，三月而葬。士庶人二日而殯，二月而葬。皆何以然？曰：禮，不豫凶事，死而後治凶服衣裳，修飾棺槨，作穿窆宅兆，然後喪文成。外親畢至，葬墳集。孝子忠臣之恩厚備盡矣。」○注「至尊，無所屈」。○儀禮喪服斬衰章：「諸侯爲天子，傳曰：天子至尊也。」禮記曲禮云：「君天下曰天子。」通典引馬融注云：「天下所尊，故曰至尊。」此與君父傳皆曰至尊，皆無所屈也。「無所屈」，明葬時同軌宜畢至也。

諸侯記卒記葬，有天子存，【注】存，在。【疏】注「存，在」。○孟子告子云「雖存乎人者」，注：「存，在也。」爾雅釋訓：「存，存在也。」釋詁注：「存即在也。」

不得必其時也。【注】設有王后崩，當越紼而奔喪，不得必其時，故恩録之。【疏】通義云：「文王之法，諸侯請謚於天子，乃得葬。又或有故，當越紼而從王事，故云爾。」○注「設有」至「録之」。○舊疏云：「不言天子崩者，舉輕以明重也。」白虎通崩薨篇：「王者崩，諸侯悉奔喪何？臣子悲哀慟怛，莫不欲觀君父之棺柩，盡悲哀者也。」此云王后者，謂王與后也。舊謂不言天子崩者，舉輕以明重者，非也。白虎通喪服云：「諸侯有親喪，聞天子崩，奔喪者何？屈己，親親猶尊尊之義也。春秋傳曰：『天子記崩不記葬者，必其時葬也。諸侯記葬，不必有時。』諸侯爲有天子喪當奔，不得必其時葬也。」通典引：「異義：公羊説：天王喪赴者，至諸侯雖有父母之喪，越紼而行。」「大鴻臚眭生説：『諸侯踰年即位，乃奔喪。春秋之義，未踰年，君死，不成以人君禮。言王者未加其禮，諸侯亦不得供其禮於王者相報也。』謹案：『禮不得以私廢公，以卑廢尊。如禮得奔喪，今以私喪廢奔天子之喪，非也。又人臣之義，不得計校天子未加禮於我，亦報之不加禮也。眭生之説，非也。』鄭駁之云：『孝經「資于事父以事君」，亦能爲人子，乃能爲人臣也。服問「嗣子不爲天子服」，此則嫌欲速，不一於父也。喪服四制云「門内之制恩掩義，門外之制義掩恩」，此言在父則爲父，在君則爲君也。春秋莊三十二年，子般卒時，父未葬也。子者繫於父之稱也，言卒不言薨，未成君也。未成君猶繫於父，則當從門内之制恩掩義。禮者在於所處，此何以私廢公，以卑廢尊？』」與眭生説同。然則白虎通、許叔重並主公羊説。通典引五經通義云：「凡奔喪，近者先聞先還，遠者後聞後還。諸侯未葬，嗣子聞天子崩，不奔喪。王者制禮，緣人心爲之節文，孝子之心不忍去棺柩，故不使奔也。」劉向習穀梁，以嗣子在喪不奔喪，蓋眭生説所本也。故定元年穀梁傳曰：「周人有喪，魯人有喪。周人吊，魯人不吊。周人曰：『固吾臣也，使人可也。』魯人曰：『吾君也，親親者也，使大夫則不可也。』故周人吊，魯人不吊。」明既不可使大夫，又不能親奔，故無吊禮也。而公羊以爲嗣子在喪，有奔喪之禮者，以己之親亦天子之臣，蓋亦不以父命辭王父命之意，因有不得必其時之事，故書葬以録恩也。

曷爲或言崩、或言薨？【疏】或言崩，此云是也。或言薨，下十一年書公薨是也。

天子曰崩，【注】大毀壞之辭。【疏】注「大毀壞之辭」。○御覽引説題詞云：「天子曰崩，崩之爲言殞也。」白虎通崩薨篇：「天子曰崩，大尊像，崩之爲言憪然伏僵，天下撫擊失神明，黎庶殞涕，海内悲涼。」即大毁壞之義也。御覽又引説題詞云：「天子曰崩，崩之爲言殰〔一〕也。」「殰」字譌。白虎通「倗」字不見字書。殰〔二〕當爲隕，故爲毁壞詞。穀梁傳：「高曰崩，厚曰崩，尊曰崩。天子之崩，以尊也。其崩之何也？以其在民上，故崩之。」禮記曲禮「天子死曰崩」，注：「自上顛壞曰崩。」疏：「譬若天形墜壓〔三〕然，則四海必覩。古之〔四〕王者登假也，則率土咸知，故曰崩。」

諸侯曰薨，【注】小毁壞之辭。【疏】注「小毁壞之辭」。○釋名釋喪制云：「薨，壞之聲也。」白虎通：「諸侯曰薨，國失陽。薨之爲言奄也，奄然亡也。」諸侯，一國所繫，比於天子爲小，故云小毁壞。説題詞云：「諸侯稱薨，薨之爲言奄然而亡。」曲禮云「諸侯曰薨」，注：「薨，顛壞之聲。」疏：「薨者，崩之餘〔五〕聲也。」正小毁壞之義。

大夫曰卒，【注】卒，猶終也。【疏】注「卒，猶終也」。○白虎通云：「大夫曰卒，卒之爲言終於國也。」説題詞：「大夫曰卒，精輝終絶，卒之爲言絶於邦也。」説文作「碎」，見歺部。作卒者，叚借字也。曲禮云「大夫曰卒」，注：「卒，終也。」

〔一〕「殰」，四部叢刊本、嘉慶仿宋刻本太平御覽作「殞」。
〔二〕「殰」，原誤作「釋」，叢書本同，據上下文意改。
〔三〕「壓」，原誤作「壞」，叢書本同，據禮記校改。
〔四〕「之」，原誤作「者」，叢書本同，據禮記校改。
〔五〕「餘」，原誤作「徐」，叢書本同，據禮記校改。

士曰不禄。【注】不禄，無禄也。皆所以别尊卑也。葬不别者，從恩殺略也。書崩者，爲天下恩痛王者也。記諸侯卒葬者，王者亦當加之以恩禮，故爲恩録。【疏】唐石經「士曰不禄」缺。○注「不禄，無禄也」。○曲禮「士曰不禄」，注：「不禄，不終其禄。」疏云：「士〔一〕禄以代耕，而今遂死，是不終其禄。」釋名云：「士曰不禄，不復食禄也。」説題詞云：「士曰不禄，爲身消名章也。」○注「皆所」至「卑也」。○白虎通云：「天子稱崩何？别尊卑、異死生也。」曲禮注：「皆所以别尊卑也。」通義云：「鄭康成曰：異死名者，爲人褻其無知，若猶不同然也。」○注「葬不」至「略也」。○禮記檀弓云：「葬者，藏也，欲人之弗得見也。」由死至葬，日漸遠，哀漸殺，因無異稱，故云從恩殺録也。○注「書崩」至「者也」。○白虎通喪服云：「諸侯爲天子斬衰三年何？普天之下莫非王土，率土之賓莫非人臣。臣之於君，猶子之於父。明至尊，臣子之義也。」又崩薨篇：「天子崩，遣使赴諸侯。」「七月之間，諸侯有在京師親供臣子之事者，有號泣悲哀奔走道路者，有居其國痛哭思慕，竭盡所供以助喪事者。」是天下恩痛之義也。○注「記諸」至「恩録」。○白虎通崩薨云：「臣死亦赴告於君何？此君哀痛於臣子也，欲聞之加賻贈之禮。」故下八年傳云「卒赴，而葬不告」，注：「赴天子也。緣天子哀傷，欲其知之。又臣子疾痛，不能不具以告也。」周禮宰夫之職「凡邦之弔事，掌其戒令，與其幣器財用凡所共者」，注：「弔事，弔諸侯、諸臣。幣，所用賻也。器，所致明器也。」又大宗伯云「以喪禮哀死亡」，注：「哀謂親者服焉，疏者含襚。」承上邦國言，知亦據諸侯言也。

〔一〕「士」，原訛作「上」，叢書本不誤，據改。

○夏，四月，辛卯，尹氏卒。【疏】四月無辛卯，曆爲五月之二十五日。「尹氏」，左氏作「君氏」。荀子大略云「堯學于君疇」，注：「君疇，漢書古今人表作尹壽。」君、尹易混，三傳岐誤，故説不同也。昭二十二年左傳「王入于尹」〔一〕，杜注：「尹氏邑。」大事表云：「今山西汾州有尹吉甫墓，即古尹城。」則與王入于尹無涉。

尹氏者何？天子之大夫也。【注】以尹氏立王子朝也。【疏】注「以尹」至「朝也」。○在昭二十三年。

其稱尹氏何？【注】据「宰渠氏」，官；「劉卷卒」，名。【疏】注「据宰」至「卒名」。○見桓四年夏及定四年秋。

貶。曷爲貶？【注】据俱卒也。【疏】注「据俱卒也」。○舊疏云：「据劉卷言之。」

譏世卿。【注】世卿者，父死子繼也。貶去名，言氏者，起其世也，若曰世世尹氏也。【疏】注「世卿」至「繼也」。○荀子强〔二〕國云「有天下者之世也」，注：「世，謂繼也。」國語吴語「吴國猶世」，韋注：「世，繼世也。」周語：「昔我先世后稷。」史記注引唐固云：「父子相繼曰世。」國策秦策「取〔三〕世監門子」，高注：「父

〔一〕事在昭二十三年，左傳原文作「王子朝入于尹」，王子朝自京入尹氏之邑。

〔二〕「强」，原訛作「經」，叢書本同，引文出自荀子强國，該書無經國篇。

〔三〕「取」，原訛作「所」，叢書本同，據戰國策校改。

死子繼曰世。」國語晉語「世及武子」，韋注：「父子爲世。」○注「貶去」至「氏也」。○「氏者」，校勘記云：「宋本、閩、監、毛本同，誤也。鄂本『者』作『言』，當據正。」曲禮疏引干寶周禮注云：「凡言氏者，世其官也。」漢書劉向傳：「是後，尹氏世卿而專恣。」

世卿，非禮也。【注】禮，公卿大夫士皆選賢而用之。卿大夫任重職大，不當世，爲其秉政久，恩德廣大。小人居之，必奪君之威權，故尹氏世，立王子朝；齊崔氏世，弑其君光，君子疾其末則正其本。見譏於卒者，亦不可造次無故驅逐，必因其過，卒絶之。明君案見勞授賞，則衆譽不能進無功；案見惡行誅，則衆讒不能退無罪。【疏】繁露王道云：「觀乎世卿，知移權之敗。」漢書魏相傳：「相因許伯奏事云：『春秋譏世卿，惡宋三世爲大夫，及魯季孫之顓權，皆危亂。』」後漢書樂恢傳：「夫政在大夫，孔子所疾；世卿持權〔一〕，春秋以戒。聖人懇惻，不虛言也。」白虎通封公侯云：「諸侯世位，大夫不世，安法？以諸侯南面之君，體陽而行，陽道不絶；大夫人臣，北面，體陰而行，陰道有絶。以男生内嚮，有留家之義；女生外嚮，有從夫之義。此陽不絶、陰有絶之効也。」詩疏引異義：「公羊、穀梁說：卿大夫世位，則權并一姓，故經譏周尹氏、齊崔氏也。左氏說：卿大夫得世禄，不得世位。父爲大夫，死〔二〕，子得食其故采，而有賢才，則復升父故位。故傳曰：『官有世功，則有官族。』謹案，易爻位三爲三公，二爲卿大夫。訟六三曰：『食舊

〔一〕「權」，原訛作「禄」，叢書本同，據後漢書校改。
〔二〕「死」，原訛作「故」，叢書本同，據毛詩正義校改。

德，謂食父故禄也。』尚書：『世選爾勞，予不絶爾善。』論語曰：『興滅國，繼絶世。』國謂諸侯，世謂卿大夫。詩云：『凡周之士，不顯亦世。』孟子：『文王之治岐也，仕者世禄。』知周世世禄也。」三傳之説大恉皆同。公、穀譏世卿非禮，自謂不得世位耳，即孟子告子篇所云「仕爲世官」，趙注「仕爲大臣，不得世及」之意也。其有功德者，仍得世禄，則左氏家所説禮記禮運所云「大夫有采，以處其子孫」是也。若然，詩小雅序云：「刺絶功臣者，蓋果有大功，亦得世位。」故書盤庚云：「世選爾勞。」詩疏引鄭箴膏肓云：「公卿之世，立大功德，先王之命有所不絶也。」是也。○注「禮公」至「用之」。○繁露精華云：「以所任賢，謂之主尊國安；所任非其人，謂之主卑國危。萬世必然，無所疑也。」又十指云：「論賢才之義，别所長之能，則百官序矣。」又立元神云：「天積衆精以自剛，聖人積衆賢以自强。」説苑君道云：「王者何以選賢？夫王者得賢才以自輔，然後治也。雖有堯舜之明，而股肱不備，則主恩不流，化澤不行。故明君在上，慎於擇士，務於求賢。設四佐以自輔，有英俊以治官，尊其爵而重其禄，賢者進以顯榮，罷者退而勞力，是以主無遺憂，下無邪慝，百官能治，臣下樂職，恩流羣生，潤澤草木。」又建本云：「近臣必選，大夫不兼官，執民柄者不在一族，可謂不權勢矣。」漢書王吉傳：「吉言：舜湯不用三公九卿之世，而舉臯陶、伊尹，不仁者遠。今俗吏得任子弟，率多驕驁，不通古今，至於積功治人，無益於民，此伐檀所爲作也。宜明選求賢，除任子之令。」即此譏世卿義也。○注「卿大」至「威權」。○白虎通封公侯云：「大夫不世位何？股肱之臣，任事者也，爲其專權，傾覆國家。又慮子孫庸不任輔政，妨塞賢路，故不世位。故春秋公羊傳曰：『譏世卿。世卿，非禮也。』」荀子君子云：「以族論罪，以世舉賢，雖欲無亂，得乎哉？詩：『百川沸騰，山冢崒崩；高岸爲谷，深谷爲陵。』此之謂也。」通義云：「周之命官，或曰人，或曰師，或以掌司典職冠所事，唯世其職乃曰氏。然三百六十之屬，以氏名者，財四十有四，而其位貴者不過中大夫，則知卿之義不得世也。古者有世禄無世卿。世禄，故故舊不遺；不世卿，故選不失賢。」○注「故尹」至「其本」。○昭二十三年：「尹氏立王子朝。」注：「貶言尹氏者，著世卿之權。」是也。崔氏世者，宣十年「齊崔氏出奔衛。崔氏者何？齊大夫也。其稱崔氏何？貶。曷爲貶？譏世卿」，又襄二十五年「齊崔杼弒其君光」是也。弒君不書氏示貶者，弒君之賊書名，所以絶之也。潛研堂答問云：「尹氏立王子朝在昭公之世，而書尹氏卒於隱之策。崔杼弒君在襄之世，而書崔氏奔衛於宣之策。此卿不得世之義也。」漢書張敞傳：「臣聞公子季友有功於魯，大夫趙衰有功於晉，大夫田完有功於齊，皆疇其官邑，延及子孫。終後田氏篡齊，趙氏分晉，季氏顓魯。故仲尼作春秋，迹盛衰，譏世卿最甚。」云「疾其末則正其本」者，繁露度制云：「凡百亂之源，皆出嫌疑纖微，以漸寖稍長，至於大。聖人章其疑者，别其微者，絶其纖者，不得嫌，以蚤防之。聖人之道，衆隄防之類也。」又正貫云：「故志得失之所從生，而後差貴賤之所始矣。」又十指云：「見事變之所至者，一指也；因其所以至者而治之，一指也。」「見事變之所至者，則得失審矣；因其所以至而治之，則事之本正矣。」王子朝弒君，事變之所至也，豫譏之隱、宣之經，則治之義也。故論語學而曰「君子務本」。繁露重政所云「不及本所從來而承之，不能遂其功」是也。○注「見譏」至「絶之」。○「過」，毛本、監本同，宋本、鄂本、元本作「遇」。舊疏云：「過，即崔氏出奔衛，尹氏立王子朝是也。卒，即此文是也。」則舊疏本自作「過」。按：過，專謂崔氏出奔衛。卒即此也。若尹氏立王子朝，當文已絶，無庸逆説也。所以必因過、卒絶之者，亦所謂因行事而加吾王心焉義也。○注「明君」至「無罪」。○惠氏棟云：「荀子多用案字。案者，考也，漢書賈誼傳『案之當今之務』是也。」孟子梁惠王篇：「國人皆曰賢，然後察之；見賢焉，然後用之。」趙注謂：「選其臣，防比周之譽、鄉原之徒。論語曰：『衆好之，必察焉。』」又云：「國人皆曰不可，然後察之；見不可焉，然後去之。」注：「衆惡之，必察焉。」惡直醜正，實繁有徒，防其朋黨以毁忠正。潛夫論忠貴云：「書稱『天工人其代之』，王者法天而建官，故明主不敢以私授，忠臣不敢以虚受〔一〕。」繁露天地之行云：「降霜露，所以生殺也。爲人君者，取象於天也。故任賢使能，觀聽四方，所以爲明也。量能授官，賢愚有差，所以相承也。引賢自近，以備股肱，所以爲剛也。考實事功〔二〕，次序殿最，所以成世也。有功者進，無功者退，所以賞罰也。」説苑〔三〕君道云：「太公曰：『其君以譽爲功，以毁爲罪，有功者不賞，有罪者不罰，多黨者進，少黨者退，是以羣臣比周而蔽賢，百吏羣黨而多姦，忠臣以誹死於無罪，邪臣以譽賞於無功，其國見於危亡。』王曰：『善哉！』」左傳云「賞不僭，而刑不濫」亦此意。舊疏引「舊云言不能退無罪者，謂不能退使無罪。非」，其説是。

外大夫不卒，此何以卒？【注】据原仲不卒。【疏】注「据原仲不卒」。○莊二十七年「公子友如

〔一〕查四庫全書、四部備要、四部叢刊、諸子集成、漢魏叢書、叢書集成、湖海樓叢書、子書百家、明刻兩京遺編各本之潛夫論引文中之「私授」均作「私愛」，「虚受」均作「誣能」。

〔二〕「考實事功」，原誤倒爲「考事實功」，叢書本同，據繁露校乙。

〔三〕「説苑」，原誤記爲「新序」，叢書本同。「君道」爲説苑篇章名，引文爲君道内容，據改。

陳，葬原仲」，經不書原仲之卒是也。外大夫卒，見於經者三，此及文三年王子虎、定四年劉卷。當文有解，無庸逆説。

天王崩，諸侯之主也。【注】時天王崩，魯隱往奔喪，尹氏主儐贊諸侯，與隱交接。而卒，恩隆於王者，則加禮録之，故爲隱恩録痛之。日者，恩録之，明當有恩禮。【疏】穀梁傳：「外大夫不卒，此何以卒？於天子之崩，爲魯主也，故隱而卒之。」注：「隱，猶痛也。周禮大行人職曰：『若有大喪，則詔相諸侯之禮。』然則尹氏時在職，而詔魯人之吊者。」鄭周禮注云：「詔相，左右教告之也。」疏：「諸侯爲天子斬，其有哭位、周旋、擗踴、進退，皆有禮法。須有助而告教之也。」是也。通義云：「蓋王喪，主訝喪賓者，以其新與內〔一〕接，有赴吊之禮，故得録卒，知非主爲譏世卿書者。魯史本有其卒，但舊文書名，今更之曰尹氏，則君子所託新義焉耳。凡治春秋者，當以此義求之。」○注「時天」至「奔喪」。○舊疏云：「魯隱奔喪不書者，蓋以得其常故也。若遣大夫往則書之，文九年『二月，叔孫得臣如京師。辛丑，葬襄王』是也。彼傳云『我有往者則書』，注『謂使大夫往也，惡文公不自往，故書葬以起大夫會之』是也。」○注「恩隆」至「録之」。○舊疏云：「言隱公恩隆於王者，則加禮録其儐贊之人也。」按：尹氏儐贊隱公，即爲恩隆於王者也。舊疏非。○注「日者」至「恩禮」。○上元年：「公子益師卒。」注：「故於所見之世，恩已與父之臣尤深。大夫卒，有罪無罪皆日録之。」又云：「主所以卒大夫者，明君當隱痛之也。」蓋尹氏新與魯接，恩隆王者，即

〔一〕「內」字原脱，叢書本同，據公羊通義校補。

當恩録之，故書日。比内大夫著王者當有恩禮，即賵賻之屬，非所謂恩隆王者則加禮，加其儐贊之人也。蓋春秋託王於魯也。

○秋，武氏子來求賻。【疏】校勘記云：「唐石經原刻脱『子』，後刮磨改補，故此行十一字。」

武氏子者何？天子之大夫也。其稱武氏子何？【注】据宰渠氏官，仍叔不稱氏，尹氏不稱子。【疏】注「据宰」至「稱子」。○宰渠氏官，見桓四年；仍叔不稱氏，見桓五年；尹氏見上。

譏。何譏爾？父卒子未命也。【注】時雖世大夫，緣孝子之心，不忍便當父位，故順古先試一年，乃命於宗廟。武氏子父新死，未命而便爲大夫，薄父子之恩，故稱氏言子，見未命以譏之。【疏】穀梁傳：「武氏子者何也？天子之大夫也。天子之大夫，其稱武氏子何也？未畢喪，孤未爵，使之，非正也。」亦此父卒子未命之意也。范云：「時平王之喪在殯。」因先王之喪在殯，故嗣子不得命大夫也。○注「時雖」至「父位」。○詩小雅裳裳者華序云：「刺絶功臣之世。」書盤庚：「世選爾勞。」蓋不世位者，春秋之法。當時王朝列國自世大夫也，故詩疏引鄭箴膏肓云：「公卿之世，立大功德，先王之命有所不絶。」仍據當時實事言也。白虎通爵篇云：「『世子三年喪畢，上受爵命於天子』何？明臣無自爵之義。」繁露觀德云：「臣子三年不敢當，雖當之，必稱先君，必稱先人，不敢貪至尊也。」是則先君新死，嗣子不受爵命有二義：一則不忍當父位，一則臣無自爵也。諸侯、大夫、士一也。惠氏士奇禮説云：「武氏子，仍叔之子，皆門子也。門子未爵命，故周禮無官。然代父從政，聘問列國，儼然大夫矣。故鄭伯盟于戲，六卿及門子皆從。子孔爲載書，大夫與門子弗順，入參謀議，出列會盟，位亞六卿，勢傾執政，豈非族大、寵多使然與？周書皇門篇：『其有大門宗子，茂揚肅德，以助厥辟，勤王國王家。』則先王之所以育門子，與門子所以效忠於王室，濟濟一時之盛，可想見矣。燕義有諸子官，康成謂，門子將代父當門，庶子猶諸子，副代父者。諸子職云『國子〔一〕存遊倅』，遊者貴遊，倅者副倅，然則門子爲正，國子副之。蓋卿之側室，大夫之貳宗與？」○注「故順」至「宗廟」。○通義云：「時雖世大夫，亦俟三年喪畢乃即先君廟而命之。」禮記祭統云：「古者，明君爵有德而禄有功，必賜爵禄於太廟，示不敢專也。」又周禮大宗伯云：「王命諸侯，則儐。」注：「王將出命，假祖廟，立依前，南鄉。」此則不因常祭之日者也，其祭統在一酳尸之後。○注「武氏」至「譏之」。○通義云：「『武氏子未没父喪，未受命爲大夫，稱子者，猶繫於父之詞也。居喪之禮，升降不由阼階，出入不當門，隧三年之中，恒若父存，故義繫於父也。古者，臣有大喪，君三年不呼其門。父卒未命，而見使使之者，與有失焉。』故成四年：『鄭伐許。』注：『時樂成君位，親自伐許，故如其意以著其惡。』與此書武氏子同義。繁露竹林説『鄭伐許』云：『先王之制，有大喪者，三年不呼其門，順其志之不在事也。奈何其父卒未踰年，即以喪舉兵也？』『今鄭伯既無子恩，又不熟計，是以生不得稱子，去其義也。』通義又云：『仍叔之子字其父，此不字其父者，别乎父在也，不加之者，彼言仍叔子，則嫌是一人，曰武氏子，則無

〔一〕「子」，原訛作「之」，叢書本不誤，據改。

嫌也。春秋之稱言也，無所苟而已矣。」

何以不稱使？【注】据南季稱使。【疏】注「据南季稱使」。○下九年「天王使南季來聘」是也。

當喪未君也。【注】當喪，謂天子也。未君者，未三年也，未可居君位稱使也。故絶正其義，與毛伯同。

【疏】穀梁傳：「其不言使何也？無君也。」范注：「桓王在喪未即位，故曰無君。」左傳云：「王未葬也。」杜云：「平王喪在殯，新王未得行其爵命，聽於冢宰，故傳曰『王未葬』。釋其所以稱父族，又不稱使也。」彼疏引蘇氏云：「文九年『毛伯來求金』，傳曰：『不書王命，未葬也。』此傳直云『王未葬』。不同者，毛伯直釋不稱使，故云『不書王命』。此武氏子非但不稱使，又稱父族，二事皆由未葬，故直云『王未葬』也。」按：二經書法相似，義無二致。即左傳所云亦無定例。蘇氏强爲分解，非也。○注「當喪」至「伯同」。○當喪，謂桓王也。未君爲未三年者，文九年：「毛伯來求金。」傳云：「何以不稱使？當喪未君也。踰年矣，何以謂之未君？即位矣，而未稱王也。未稱王，何以知其即位？以諸侯之踰年即位，亦知天子之踰年即位也。以天子三年然後稱王，亦知諸侯於其封内稱子也。緣臣民之心，不可一日無君；緣終始之義，一年不二君，不可曠年無君；緣孝子之心，則三年不忍當也。」是未君者未三年也。春秋説云：「求賻求金，皆不稱使。或曰未葬，或曰未三年，二説孰是？曰：天子諒陰，三年不言，王言謂之命，諒陰不言，焉得爵命大夫及遣使諸侯哉？既葬除喪，杜預之説悖矣。」白虎通爵篇：「吉冕服，受銅稱王以接諸侯，明已繼體爲君也。釋冕藏銅，反喪服，明未稱王以統事也。」然則未三年，臣下君之，已不忍自君，即不得稱使，故絶使之稱，以正君臣父子之義。

武氏子來求賻，何以書？【注】不但言何以書者，嫌以主覆問上所以說二事，不問求賻。【疏】注「不但」至「求賻」。○校勘記云：「浦云：定二年疏引此注無二『以』字，哀三年疏引此注無上『以』字。按，二『以』字皆衍文，當据定二年疏删正。」舊疏云：上二事者，即父卒子未命，當喪未君也。嫌仍問二事也。

譏。何譏爾？喪事無求，求賻非禮也。【注】主爲求賻書也。禮本爲有財者制，有則送之，無則致哀而已，不當求，求則皇皇傷孝子之心。【疏】繁露玉英云：「夫處位動風化者，徒言利之名爾，猶惡之，況求利乎！故天王使人求賻求金，皆爲大惡而書。」穀梁傳：「求之者，非正也。」注：「喪事無求，而有賵賻。」○注「禮本」至「之心」。○孟子公孫丑篇「不得不可以爲悦，無財不可以爲悦」，趙注：「悦者，孝子之欲厚送親，得之則悦也。王制所禁，不得用之，不可以悦心也。無財以供，則度而用之。喪事不外求，不可稱貸而爲悦也。」則何氏不當求之意也。翟氏灝四書考異云：「檀弓子思與柳若論喪禮曰：『吾聞有其禮，無其財，君子弗行焉。有其禮，有〔一〕其財，無其時，君子弗行也。』孟子所言乃即受之於子思者。」

蓋通于下。【注】云爾者，嫌天子財多不當求，下財少可求，故明皆不當求之。【疏】舊疏云：「蓋詁爲皆，若似『蓋云歸哉』之類，或者不受於師，故疑之。」盧校云：「若下疑脱『襄五年傳云蓋舅出也』九字，彼疏亦引此文。段云：蓋詁爲皆，句絶，若似『蓋云歸哉』之類者，小雅『蓋云歸哉』，箋云：『蓋猶皆也。』此以

〔一〕「有」，原訛作「無」，叢書本同，據四書考異校改。

雙聲爲詁訓也。上下皆不當求，故謂之皆。」襄公與鄫世子巫皆是一舅姊妹之子，故亦曰皆，而同用蓋字，盧文弨云「此有脱」，非也。然則蓋通於下者，謂皆通於下，明皆不可求，故注云嫌天子財多不當求，下財少可求也。周禮宰夫云「凡邦之吊事，掌其戒令」，注：「凡喪，始死吊而含襚，葬而賵贈。其閒加恩厚，則有賻焉。春秋譏武氏子來求賻。」彼謂天子加禮諸侯之事，注引春秋文，明諸侯亦不當求也。舊又引或者一説，則以蓋爲疑詞，似不如前一説直捷也。通義云：「言爲臣下者，亦通有譏也。穀梁曰：『周雖不求，魯不可以不歸。魯雖不歸，周不可以求之。求之爲言，得不得未可知之詞也。交譏之。』是也。」涉穀梁爲説，非何氏義。蓋通言上下不當求，故顔路請子之車，孔子不與，亦因不合求，故抑之也。

○八月，庚辰，宋公和卒。【注】不言薨者，春秋王魯，死當有王文。聖人之爲文辭孫順，不可言崩，故貶外言卒，所以褒内也。宋稱公者，殷後也。王者封二王後，地方百里，爵稱公，客待之而不臣也。詩云「有客宿宿，有客信信」是也。【疏】史記宋世〔一〕家：「宣公卒，弟和立，是爲穆公。」九年「八月，庚辰，穆公卒」。按：八月無庚辰，曆爲七月之十五日，九月之十六日。通義云：「終春秋，録卒葬者凡十有四國，宋、陳、蔡、衛、晉、齊爲大國，鄭、曹雖伯爵而尊同姓〔二〕，亦從大國之例。此八國者，皆卒日葬月，其略之者，有所貶也。其不書葬者，或以罪絶，或以諱殁，或以弑而賊未討，故各有義也。小國之例，恒始略

〔一〕「世」，原譌作「史」，叢書本不誤，據改。
〔二〕「姓」，原譌作「雖」，叢書本同，據通義校改。

末録，進之以漸，故邾婁始見於莊十六年，克卒不日，至廿八年丁未，邾婁子瑣卒，日卒不葬，自是以爲常。昭元年以後，乃日卒時葬。滕始見於隱公之篇，月卒不葬，成公以後日卒不葬，昭公以後日卒時葬。杞始見於僖公之篇，月卒不葬，襄公以後日卒時葬。秦始見於文公之篇，時卒不葬，昭公以後時卒時葬。三國皆至哀公乃日卒月葬。許當僖公之世新臣始見，時卒時葬，文公以後率日卒時葬，至鄭滅許，成再立國，乃復時卒時葬。薛在莊公之篇，月卒不葬，昭公以後時卒時葬，唯獻公録日焉。書卒不書葬者三國，吴也、楚也、莒也。吴楚之不葬，黜其僭也。莒之不葬，其君無謚也。」○注「不言」至「内也」。○范云：「天子曰崩，諸侯曰薨，大夫曰卒，周之制也。春秋所稱，曲存魯史之義。内稱公而書薨，所以自尊其君，則不得不略外諸侯書卒以自異也。」此本公羊爲説，而又未知盡從。蓋春秋王魯，理合如王稱崩，聖人畏時遠害，不敢逕改，故貶外言卒，起與魯異也。越絶書云：「卒者，闔廬死也。天子稱崩，諸侯稱薨，大夫稱卒，士稱不禄。闔廬，諸侯也，不稱薨而稱卒者何也？當此之時，上無明天子，下無賢方伯，諸侯力政，强者爲君，南夷與北夷交爭，中國不絶如綫矣！臣弑君、子弑父，天下莫敢禁止。於是孔子修春秋，方据魯以王，故諸侯死皆稱卒不稱薨，避魯之謚也。」雜記疏引：「異義：今春秋公羊説：諸侯曰薨，赴于鄰國，亦當稱薨。經書諸侯言卒者，春秋之文，王魯，故稱卒，以下魯也。古春秋左氏説：諸侯薨，赴於鄰國，稱名，則書名稱卒。卒者，終也。取其終身，又以尊不出其國。許君謹案，士虞禮曰『尸服卒者之上服』，不分别尊卑，皆同言卒。卒者，終也，是終殁之詞也。鄭駁之云：按雜記上云：『君薨，赴於他國之君，曰寡君不禄。』曲禮下曰：『壽考曰卒，短折曰不禄。』今君薨而云不禄者，言臣子於其君父，雖有考終眉壽，猶若其短折。然若君薨，而赴者曰卒，卒是壽終矣。斯無哀惜之心，非臣子之詞。鄰國來赴，書以卒者，言無所老幼皆終，成人之志，所以相尊敬。」則何氏此注正與異義所載公羊說合。通典引石渠禮議云：「聞人通漢問曰：『記曰：君赴於他國之君曰不禄，夫人曰寡小君不禄，大夫死或言卒死。皆不能明。』戴〔一〕聖對曰：『君死未葬曰不禄，既葬曰薨。』又問：『尸服卒者之上服。士曰不禄，言卒何也？』聖又曰：『夫尸者，所以象神也。其言卒而言不禄者，通貴賤尸之義也。』聞人通漢對曰：『尸，象神也，故服其服。士曰不禄者，諱詞也。孝子諱死曰卒。』」按：雜記君赴於他國之君曰：「寡君不禄，敢告於執事。」夫人曰：「寡小君不禄。」鄭注：「君夫人不稱薨，告他國謙也。」此鄭説君夫人稱不禄，謙退，同士之義。又注曲禮「諸侯曰薨」云：「史書策詞。」然皆不可通之春秋書卒之義。春秋書外曰卒，自係尊内卑外，與赴告及史册所稱無涉，不得据以相難。「褒」，鄂本作「襃」。○注「宋稱」至「臣也」。○白虎通王者不臣云：「不臣二王之後者，尊先王，通天下之三統也。詩曰：『有客有客，亦白其馬。』謂微子朝周也。尚書曰：『虞賓在位。』謂丹朱也。」禮疏引鉤命決云：「不臣二王之後者，謂觀其法度，故尊其子孫也。」僖二十四年左傳云：「宋，先代之後也，於周爲客。」詩商頌譜云：「問者曰：『列國政衰則變風作，宋何獨無乎？』曰：『有之，乃不録之。王者之後，時王所客也。巡守述職不陳其詩，亦示無貶黜，客〔二〕之義也。』」繁露三代改制云：「存湯之後

〔一〕「戴」，原訛作「載」，叢書本不誤，據改。

〔二〕「客」字原脱，叢書本同，據毛詩正義校補。

於宋，以方百里，爵稱公，皆使服其服，行其禮樂，稱先王客而朝。」又下五年傳：「天子三公稱公，王者之後稱公。」是也。○注「詩云」至「是也」。○詩周頌有客篇文也。毛詩序云：「有客，微子來見祖廟也。」

○冬，十有二月，齊侯、鄭伯盟于石門。【疏】杜云：「石門，齊地；或曰濟北盧縣故城西南濟水之門。」京相璠土地名：「石門，齊地。今濟北盧縣故城西南六十里有故石門，去水三百步。蓋水瀆流移，故側岸也。」水經濟水：「又北過臨邑縣東。」注：「水有石門，以石爲之，故濟水之門。」引「左傳云『鄭伯之車僨濟』〔一〕，即於此」。通典：「以漢臨邑故城在盧縣東，今在平縣境是其地也。於漢亦屬濟北。」

○癸未，葬宋繆公。【疏】包氏慎言云：「按，十二月無癸未。曆爲十一月之二十日。庚辰爲宋繆公之卒日。癸未爲宋繆公之葬日。公羊傳例，諸侯以五月葬者，不書日；其書日者，非過時，即不及時。繆公葬當五月之時，而書日，傳云：『當時而日，危不得葬也。』十一月之去七月，亦五月，疑經、傳寫誤，七月爲八月，十一月爲十二月。若自非誤，則四年之二月又不得戊申。今從曆排次之，其不合者，姑缺焉。

〔一〕「鄭伯之車僨濟」，原訛作「鄭車僨濟」，叢書本同，據左傳校補。

『繆』，左氏作『穆』，後放此。史記魯世家『太公、召公乃繆卜』，徐廣曰：『古書穆字多作繆。』孟子公孫丑篇『昔者魯繆公』，音義：『繆音穆。』萬章篇『以要秦繆公』音義同。禮記檀弓云：『繆公召縣子而問焉。』又大傳云『序以昭繆』，注：『繆讀曰穆，是古音通用也。』又史記鄭世家、漢書古今人表皆作『繆公』。陳樹華云：『凡謚法穆者，史記、漢書〔一〕多作繆，蓋古字叚借也。』」

葬者曷爲或日或不日？不及時而日，渴葬也。【注】不及時，不及五月也。禮，天子七月而葬，同軌畢至。諸侯五月而葬，同盟至。大夫三月而葬，同位至。士踰月，外姻至。孔子曰：「禮，葬於北方，北首，三代之達禮也，之幽之故也。」渴喻急也，乙未葬齊孝公是也。【疏】注「不及」至「月也」。○諸侯五月而葬是其正，故不及五月爲不及時，即下注所引葬齊孝公是也。僖二十七年「六月，庚寅，齊侯昭卒。八月，乙未，葬齊孝公」，甫三月也。○注「禮天」至「姻至」。○舊疏云：「皆隱元年左傳文。」按：白虎通崩薨篇：「天子七月而葬，諸侯五月而葬，何尊卑有差也？天子七月而葬，同軌必至；諸侯五月而葬，同會必至，所以慎終重喪也。」說苑修文云：「故天子七月而葬，同軌畢至；諸侯五月而葬，同會畢至；大夫三月而葬，同朝畢至；士庶人二月而葬，外姻畢至。」劉向、班固、何君皆不習左氏，恐古禮有是語，故依用焉。王制注云：「尊者舒〔二〕，卑者速。」故有七月、五月、三月、踰月之殊焉。同軌畢至者，左傳疏引鄭

〔一〕「書」字原脱，叢書本同，據上下文意徑補。
〔二〕「舒」，原訛作「疏」，叢書本同，據禮記正義校改。

玄、服虔，皆以軌爲車轍也。禮記中庸云：「車同軌。」明王者馭天下，必令車同軌。同軌畢至，海內皆至也。同盟至，謂同盟會者，故亦曰同會至。禮記曲禮云：「諸侯相見於隙地曰會。」又云：「涖牲曰盟。」古者將朝天子，必先會於隙地，故或有會盟之事也。同位者謂同在列位，故亦曰同朝也。王制疏云：「大夫三月者，除死月爲三月；士三月者，數死月爲三月。是踰越一月，故士言踰月也。」左疏引：「何氏膏肓云：『禮，士三月葬。今云踰月，左氏爲短。』鄭康成云：『人君殯數來日，葬數往月；大夫殯葬，皆數來日來月；士殯葬，皆數往日往月。士之三月，大夫之踰月也。』」又引蘇寬説：「以古禮，大夫以上殯葬皆數來日來月，士殯葬數往日往月。」何氏此注既分三月、踰月，自宜亦如鄭、蘇之意，而作膏肓又据王制駮左氏，或膏肓書成在先，作注時未及更正與？外姻，謂母妻之黨。爾雅釋親所云「婚兄弟，姻兄弟」是也。○注「孔子」至「故也」。○舊疏云：「檀弓下篇文云『孔子曰』之下無『禮』字。」則何氏引有矣，各本皆脱，今据疏文補。白虎通崩薨云：「所以於北方何？就陰也。」引檀弓曰：「葬於北方北首，三代之達禮也。」「孔子卒，以所受魯君之璜玉葬魯城北。」按：國君葬禮，儀禮未詳，其散見禮經傳記者：禮記雜記：「升正柩，執紼五百人，四紼皆銜枚。司馬執鐸，左八人，右八人。匠人執羽葆御柩。」此朝祖奠之禮也。喪大記：「飾棺：君龍帷、三池、振容；黼荒，火三列，黻三列，素錦褚，加僞荒；纁紐六，齊五采、五貝；黼翣二、黻翣二、畫翣二，皆戴圭；魚躍拂池。君纁戴六，纁披六。」禮器：「諸侯五月而葬，三重六翣。」此飾棺之禮也。雜記「遣車視牢具」，鄭注：「諸侯亦大牢，包七个。」禮器「諸侯三重」，注：「天子葬五重者，抗木與茵也。」

檀弓：「國君七个，遣車七〔一〕乘。」此陳明器之禮也。周禮喪祝：「及祖，飾棺，遂御。」小喪亦如之。禮記曾子問：「諸侯之喪，斬衰者奠。」此祖奠之禮也。大祝「作六辭，以通上下」，「六曰誄」。曾子問「諸侯相誄〔二〕」，此謚誄之禮也。司士「作六軍之士執披」，鄭司農云：「披，扶持棺險者也。諸侯旁八。」喪大記：「君葬用輴，四綍二碑，御棺用羽葆。」此柩行之禮也。冢人「共喪之窆器」，注：「下棺豐碑之屬。」喪大記：「君封以衡。」「君，命毋譁，以鼓封。」冢人：「凡諸侯葬於墓者，爲之蹕，均其禁。」此窆之禮也。見李氏貽德左傳賈服注輯述。○注「渴喻急也」。○釋名釋喪制云：「日月未滿而葬曰渴，謂欲速葬，無恩也。」廣韻十四泰引公羊傳云：「不及時而葬曰愒。愒，急也，苦蓋切。」則所据公羊作「愒」。潛研堂答問云：「説文『𢏚〔三〕』，即渴葬之『渴』。」按：説文弦部：「𢏚〔四〕，不成遂，急戾〔五〕也。从弦省，曷聲，讀若瘞。」彼云「不成遂」，猶言不成就也，因之急戾，是謂𢏚〔六〕。汪氏中經義知新録云：「釋名『日月未滿而葬曰渴』。馬援傳『裁買城西數畝，稾葬而已』，稾葬，即渴葬，稾、渴語之轉。漢書注以『稾』爲『草』，非也。」

〔一〕「七」，原訛作「五」，叢書本同，據禮記正義校改。
〔二〕「誄」，原訛作「謚」，叢書本同，據禮記正義校改。
〔三〕「𢏚」，原訛作「緆」，字在「弦部」，非「糸部」，叢書本不誤，據改。
〔四〕「𢏚」，原訛作「緆」，字在「弦部」，非「糸部」，叢書本不誤，據改。
〔五〕「戾」，原訛作「之」，叢書本同，據説文校改。
〔六〕「𢏚」，原訛作「緆」，字在「弦部」，非「糸部」，叢書本不誤，據改。

不及時而不日，慢葬也。【注】慢葬，不能以禮葬也，「八月，葬蔡宣公」是也。【疏】注「慢葬」至「葬也」。○校勘記云：「鄂本、閩本、監本、毛本皆作『慢薄』。疏標起訖同。按，解云：言但自慢薄不依禮，恐因此誤葬爲薄。按，以薄釋慢，猶以急釋渴。」宋本非也。釋名釋喪制云：「過時而不葬曰慢，謂傲慢，不念早安神也。」取義與此殊。○注「八月，葬蔡宣公」。○毛本「蔡」誤「祭」。葬蔡宣公事見下八年。彼夏六月己亥，蔡侯考父卒，八月即葬，是不待五月，故爲慢薄，不以禮也。

過時而日，隱之也。【注】隱，痛也。痛賢君不得以時葬，「丁亥，葬齊桓公」是也。【疏】注「隱，痛也」。○詩柏舟「如有隱憂」，傳：「隱，痛也。」穀梁莊四年傳：「故隱而葬之。」注：「隱，痛也。」禮記檀弓下：「哀戚之至隱也。」鄭注：「隱，痛也。」穀梁上「尹氏卒」傳：「爲魯主，故隱而卒之。」范注：「隱，猶痛也。」上元年「公子益師卒」注：「明君當隱痛之也。」○注「痛賢」至「是也」。○見僖十八年。齊桓公於僖十七年冬十二月乙亥卒，至十八年秋八月丁亥日始葬，痛賢君不得以時葬，故過時而日也。

過時而不日，謂之不能葬也。【注】解緩不能以時葬，「夏，四月，葬衛桓公」是也。【疏】注「解緩」至「是也」。○説文心部：「懈，怠也。」解，叚借字。詩烝民云「夙夜匪解」，揚雄元后誄作「夙夜匪懈」。解緩，猶怠緩也。葬衛桓公事見下五年。衛桓公於四年二月戊申爲州吁弑，至五年四月葬，是爲懈緩，故不日也。通義云：「慢葬、不能葬，皆謂無故而不用葬時之正者。不日者，從失禮，略也。渴葬，有故而報葬者也。禮，卜葬先遠日，故日之以志其遠近也。過時而日者，痛其遭遇禍變，至於此日而後得葬，是以日之也。」若然，衛桓公亦係遭變過時而不日者，衛桓既不如齊桓之賢，州吁於九月已討，十二月立晉，國本已定，直至四月始行先君葬事，故責其解慢也。

當時而不日，正也。【注】「六月，葬陳惠公」是也。【疏】注「六月」至「是也」。○定四年「二月，癸巳，陳侯吳卒」，「六月，葬陳惠公」是也。

當時而日，危不得葬也。【疏】舊疏云：「即此年『八月〔一〕，宋公和卒』，『十二月，癸未，葬宋繆公』，注不言者，以下有問，可知也。」穀梁傳：「日葬，故也，危不得葬也。」范云：「日者，憂危最甚，不得備禮葬也。」繁露玉英云：「非其位而即之，雖受之先君，春秋危之，宋繆公是也。」通義云：「水火兵寇，危之小者也；適嗣不定，國有爭禍，危之大者也。三朝記曰：立子設如宗社，宗社先示威，威明顯見，辨爵集德，是以母弟官子，咸有臣志，若宣公、穆公世濟其讓，後猶有爭，況乃私愛亂適以開覬覦者乎？易戒『履霜堅冰至』，疾其末者，貴正其本。是以宋有馮之弑，而危之於穆公之卒；齊有無知之弑，而危之於僖公之卒；晉文公妃匹不正，後有公子雍之難；衛襄公既歿，乃議廢輒立元，是二君者，春秋亦皆危之。人君尊本重統，卒葬者君位之終始。春秋於是示大經大法，俗儒横謂葬不葬非襃貶，日不日無義例，君子之修春秋，垂教云乎！豈曰記事云乎？」

此當時，何危爾？宣公謂繆公曰：「以吾愛與夷，則不若愛女；以爲社稷宗廟

〔一〕「八月」二字原脱，叢書本同。此爲釋解葬事是否當時，故不得脱漏時間。據春秋補。

主，則與夷不若女，盍終爲君矣！」【注】與夷者，宣公之子；繆公者，宣公之弟。【疏】史記宋世家：「宣公病，讓其弟和，曰：『父死子繼，兄終弟及，天下通義也。我其立和。』和亦三讓而受之。」經義述聞云：「解曰：若，如也。言『吾愛與夷，則不止如女而已』，言其甚也。謹案，傳意是謂與夷雖我所甚愛，而不可以爲社稷宗廟主，今乃言〔一〕愛與夷不如愛汝，則是愛之不甚，非其語意也。今按，『與夷』字、『女』字，當是上下互譌，尋文究理，蓋本作『以吾愛女，則不若愛與夷』，寫者錯亂耳。作疏者不能釐正，乃云不止如女，以曲成其意。按，傳云『不若』，未嘗言『不止若』也。且上下兩言不若皆謂不如，何獨於上不若解爲不止若乎？蓋所見已是誤本，故强爲之説，而終不可通也。」盍者，爾雅釋訓云：「曷，盍也。」郭注：「盍，何不也。」言何不終爲君也，與論語云「盍各言爾志」之「盍」同。○注「與夷」至「之弟」。○宋世家云：「宣公有太子與夷。」又云：「宣公卒，弟和立，是爲穆公。」

宣公死，繆公立，繆公逐其二子莊公馮與左師勃。【注】左師，官；勃，名也。【疏】宋世家：「穆公九年，病，召大司馬孔父，謂曰：『先君宣公舍太子與夷而立我，我不敢忘。我死，必立與夷也。』孔父曰：『羣臣皆欲立公子馮。』穆公曰：『毋立馮，吾不可以負宣公。』於是穆公使馮出居鄭。」左傳所載亦大同，皆不見左師勃，蓋莊公弟也。○注「左師」至「名也」。○通義云：「宋之六卿，曰右師、左師、司馬、司徒、司城、司寇。勃爲左師，蓋在莊公之世，傳据其後稱之。」

〔一〕「言」字原脱，叢書本同，據經義述聞校補。

曰：「爾爲吾子，生毋相見，死毋相哭。」【注】所以遠絶之。【疏】注「所以遠絶之」。○杜注「使公子馮出居于鄭」云：「辟殤公也。」

與夷復曰：【注】復，報。【疏】注「復，報」。○儀禮聘禮「復見之，以其摯」，注：「復，報也。」周禮大司馬「凡遠近惸獨老幼之欲有復於上」，注：「復，猶報也。」又宰夫「諸臣之復」，注：「復之言報也。」

「先君之所爲不與臣國，而納國乎君者，以君可以爲社稷宗廟主也。【疏】經傳釋詞：「爲，猶以也。」僖十年穀梁傳「里克所爲弑者」，趙策「所爲見將軍者」，皆言所以也。楚世家「秦之所爲重王者」，魯仲連傳「秦之所爲急趙」，秦策、趙策並作所以。故此「所爲不與臣國」亦謂「所以不與臣國」也。納，猶致也。禮記曲禮「納女于天子」，注：「納女，致女也。」納國，即下文之致國也。

今君逐君之二子，而將致國乎與夷，此非先君之意也。且使子而可逐，則先君其逐臣矣。」【疏】且猶若也。呂覽知士篇：「且靖郭君聽辨而爲之也，必無今日之患矣。」齊策「且」作「若」。是此云「且使子而可逐」即「若使子而可逐」也。呂覽去尤篇「且組則不然」，謂「若組則不然」也。燕策：「且苟〔一〕所附之國重，此〔二〕必使王重矣。」且字亦與若同義。

〔一〕「苟」，原訛作「尊」，叢書本同，據戰國策校改。
〔二〕「此」，原訛作「使」，叢書本同，據戰國策校改。

繆公曰：「先君之不爾逐，可知矣。【注】爾，女也。可知者，欲使我反國。【疏】注「爾女」至「反國」。○詩雄雉「百爾君子」，箋：「爾，汝也。」故書湯誓「爾無不信」，殷本紀作「汝無不信」也。言宣公本欲我反國於與夷，故不逐與夷。

吾立乎此，攝也。」【注】暫攝行君事，不得傳與子也。謙辭。【疏】隱元年杜注云：「假攝君政。」疏：「攝訓持也。隱以桓公幼少，且攝持國政，待其年長。」通義云：「按史記，繆公在位九年，與夷立十年乃弒，猶號殤公。禮，殤自年十九以下。然則宣卒繆嗣時，與夷甫生耳，緣繆公本意，俟與夷長乃復辟，若成王幼周公攝，踐[一]阼然也。」故注云「暫攝行君事」也。謙辭者，穆公實已爲君，行即位禮，猶自謂攝，故云謙辭。

終致國乎與夷。莊公馮弒與夷。【注】馮與督共弒殤公，在桓二年。危之於此者，死乃反國，非至賢之君，不能不争也。【疏】校勘記云：「馮，諸本同，唐石經缺，釋文作馮。殺音試，今本亦改作弒。」宋世家云：「華督使人宣言國中曰：『殤公即位十年耳，而十一戰，民苦不堪，皆孔父爲之，我且殺孔父以甯民。』華督攻殺孔父，殤公怒，遂弒殤公，而迎穆公子馮於鄭而立之，是爲莊公。」通義云：「督弒與夷，乃迎莊公。而傳稱馮弒者，馮在鄭，鄭比欲納之，反又不討賊，蓋知乎弒者也。潛夫論曰：『春秋之義，責知

〔一〕「踐」字原脱，叢書本同，據公羊通義校補。

誅率。』」繁露玉英云：「經曰『宋督弑其君與夷』，傳言『莊公馮殺之』，不可及於經，何也？曰：非不可及於經，其及之端眇，不足以類鉤之，故難知也。傳曰『臧孫許與晉郤克同時而聘乎齊』，按經無有，豈不微哉？不書其往而有避。今此傳言莊公馮，而於經不書，亦以有避也。是以不書聘乎齊，避所羞也；不書莊公馮殺，避所善也。是故讓者，春秋之所善。宣公不與其子而與其弟，其弟亦不與子而反之兄子，雖不中法，皆有讓，高不可棄也，故君子爲之諱。不居正之謂避其後也亂〔一〕，移之宋督，以存善志。此亦春秋之義，善無遺也。若直書其篡，則宣、穆之高滅，而善之無所見矣。」○注「馮與」至「争也」。○鄂本「争」作「事」，誤。馮、督共弑殤公，即桓二年「宋督弑其君與夷」是也。於此危之，亦疾其末必正其本之義。舊疏云：「至賢之君，謂受國者。正以與夷不賢，故終見篡。」按：注意非至賢之君云云，自謂馮不賢耳。言穆公若早與與夷，以正君位，不致被禍，今死乃反國，繼嗣不明，而馮又非賢，故不能不争也。舊疏非是。桓二年注：「不得爲讓者，死乃反之，非所以全其讓意也。」亦此義。

故君子大居正。【注】明修法守正，最計之要者。【疏】史記梁孝王世家〔二〕云：「殷道親親，立弟；周道尊尊，立子。殷道質，質者法天，親其所親，故立弟；周道文，文者法地，尊者敬也，敬其本始，故立長

〔一〕「不居正」句，據春秋繁露義證，「不居正之謂」及「也」字，皆爲衍文。

〔二〕「史記梁孝王世家」，原誤記爲「漢書袁盎傳」，叢書本同。該引文實出於史記梁孝王世家，爲袁盎等對景帝語，據改。

子。周道，太子死立適孫〔一〕；殷道，太子死立其弟。帝曰：『於公何如？』皆對曰：『方今漢家法周，周之道不得立弟，當立子。故春秋所以非宋宣公〔二〕死不立子而與弟，弟受國死，乃反之與兄之子，弟之子爭之，以爲我當代父後，即刺殺兄子。以故國亂，禍不絶。故春秋曰：君子大居正，宋之禍宣公爲之也。』」以爲刺殺兄子，亦約此傳馮弑與夷之義。通義云：「立適以長，適子死則立適孫，所以正體於上，傳重於下，是故周人世，殷人及。春秋雖有變文從質，而此不從殷者，撥亂世，因時之宜。」後漢書注引東觀記：「和帝詔曰：『禮重適庶之序。春秋之義大居正，太子國之儲嗣，可不重與？』」而左傳以宋宣公爲知人。劉氏逢禄左傳考證云：「鄙倍之詞，且子遭人弑，安能享國？以此爲義，豈大居正之君子所言？此故與公羊爲難。以殷禮，有兄終弟及之道，實非義命也，欲破危不得葬之例耳。宋世家亦引此文，而論贊仍引公羊義正之。朱子亦以公羊爲君子大義，而斥此論之妄。」卓哉是言！○注「明修」至「要者」。○宋本「修」作「脩」。繁露玉英云：「難者曰：『爲賢者諱皆言之，爲宣、繆諱獨弗言，何也？』曰：『不成乎賢也，其爲善不法，不可取，亦不可棄。棄之則棄善志也，取之則害王法。』」明非王法所貴，故不正，君子弗予也。

宋之禍，宣公爲之也。【注】言死而讓，開爭原也。繆公亦死而讓，得爲功者，反正也。外小惡不書，録渴隱者，明諸侯卒，王者當加恩意，憂勞其國，所以哀死閔患也。【疏】宋世家：「太史公曰：『春秋譏宋

〔一〕「孫」字原脱，叢書本同，據史記校補。

〔二〕「宋宣公」，原作「宋公」，脱「宣」字，叢書本同，據春秋及史記校補。

之亂自宣公廢太子而立弟，國以不甯者十世。』」又梁孝王世家：「袁盎等以宋宣公不立正，生禍。禍亂後五世不絶，小不忍害大義，狀報太后。」皆本公羊爲説。○注「繆公」至「正也」。○通義云：「不責繆公者，善反正也。假令穆公遂立馮，與夷或弑馮，則墮其父之讓，成其子之惡。雖與夷賢，終無禍，猶爲私其子。故君子以繆公之讓爲義，以宣之讓爲失正。」桓二年注云：「不舉馮弑爲重者，繆公廢子而反國，得正，故爲之諱也。」亦以繆爲功義也。○注「外小」至「患也」。○渴、慢、隱及不能葬，皆是小惡，而並書，於傳聞之世，明王者當哀死閔患也。舊疏云：「哀死者，即慢之屬是也。閔患者，隱之是也。」穀梁注引徐邈曰：「文元年傳曰『葬曰會』，言有天子諸侯之使，共赴會葬事。故凡書葬，皆據我而言葬，彼所以不稱宋葬繆公，而言『葬宋繆公』者，吊會之事，賵襚之命，此常事，無所書，故但記卒記葬，録魯恩義之所及，則哀其喪而恤其終，亦可知矣。」徐氏雖不必從公羊王魯之説，蓋魯於各國本有恩禮，故春秋即本其事爲王者示法焉。

公羊義疏六

南菁書院　句容陳立卓人著

隱四年盡五年秋

○四年，春，王二月，莒人伐杞，取牟婁。

牟婁者何？杞之邑也。【注】以上有伐杞。【疏】杜云：「杞國本都陳留雍丘〔一〕县。推尋事跡，桓六年，淳于公亡國，杞似并之，遷都淳于；僖十四年，又遷緣陵；襄二十九年，晉人城杞之淳于，杞又遷都淳于。」疏引世族譜云：「杞，姒姓，夏之苗裔。武王克殷，求禹之後，得東樓公，封之於杞，今陳留雍丘縣是也。九世及成公，遷緣陵，文公居淳于。成公始見春秋。湣公六年，獲麟之歲也。」齊氏召南考證云：「孔疏：『雍丘與淳于雖郡别而境連也。』按，雍丘，漢晉俱屬陳留，今開封之杞縣也。淳于，漢屬北海，晉屬東莞，今青州府安丘縣之淳于故城也。二地相去千有餘里，不知孔疏何以謂郡别而境連。」沈氏欽韓左

〔一〕「雍丘」二字原脱，叢書本同，據左傳正義校補。

傳補正云：「杜以杞即都淳于，然州公亡國後，僖十四年杞爲淮夷所病，遷緣陵，始在齊東竟。淮夷在徐方，若杞先都淳于，無由爲淮夷所病，疑杞此時尚在雍丘。此『莒人伐杞』，『杞』乃『紀』之誤。孔疏謂『雍丘、淳于郡别而境連』，此尤孟浪不知方員者矣。」杜又云：「牟婁，杞邑。城陽諸縣東北有婁鄉。」大事表云：「自隱四年後地屬莒，昭五年『莒牟夷以奔魯』。今青州府諸城縣東北有婁鄉，城與安丘接境。」一統志：『牟城在青州府壽光縣東北二十里，婁鄉城在諸城縣西南四十里。』按，杞此時尚未遷都緣陵，仍在雍丘。史記索隱引宋忠曰：『杞，今陳留雍丘縣是也。』去牟婁絶遠，則牟婁不得爲杞邑。」沈氏謂杞爲紀之誤，未爲無見。

外取邑不書，此何以書？【注】据楚子伐宋取彭城不書。【疏】注「据楚」至「不書」。〇襄元年傳曰：「魚石走之楚，楚爲之伐宋，取彭城，以封魚石。」是也。下六年「宋人取長葛」，外取邑亦書者，爲久也，亦以深疾之也。

疾始取邑也。【注】外小惡不書，以外見疾始，著取邑以自廣大，比於貪利差爲重，故先治之也。内取邑常書，外但疾始，不常書者，義與上逆女同。不傳託始者，前此有滅，不嫌無取邑，當託始明，故省文也。取邑例時。【疏】此亦春秋之始也。穀梁傳曰：「諸侯相伐取地，於是始，故謹而志之也。」范注：「春秋之始。」疏云：「外取邑不志，今志之者，爲入春秋以來取地之始，故志之。」是也。〇注「外小」至「之也」。〇隱元年注「所傳聞世，外小惡不書」，今責外取邑，故決之。穀梁傳曰：「言伐言取，所惡也。」注：「既伐其國，又取其土，明伐不以罪，而貪其利。兩書取伐，以彰其惡。」蓋比之尋常小惡差重，故治之也。〇注「内取」至「女同」。○下十年取郜、取防，僖二十二年取須句，襄十三〔一〕年取詩之屬是。内取邑常書也，外但以疾始書，與逆女同例，即上二年注云：「内逆女常書，外逆女不書，但疾始。不常書者，明當先自正，故略外也。」是也。○注「不傳」至「文也」。○十行本疏中標「注」作「傳」。不託始者，校勘記云：「此誤倒，當据以訂正。閩本、監本、毛本亦倒作『不傳』。」又云：「按，依疏云『何故不發傳』，然則『不傳』者言『不發傳』也，謂此應有託始之傳，而竟不發此傳也。十行本作『傳不』，非也。」按：以宋滅郜已在春秋前，故知不嫌無取邑事也。舊疏云：「凡不託始之義有四：一則見其經而不託始，即上二年注云『据戰伐不言託始』、『納幣不託始』之屬是也。二則其大惡不可託始，下五年『初獻六羽』，傳云『始僭諸公，昉於此乎？前此矣。前此，則曷爲始乎此？僭諸公猶可言，僭天子不可言』，彼注云：『傳云爾者，解不託始也。』三則省文不假託始，即此是也。四則無可託始，即桓七年『焚咸丘』注云『傳不託始者，前此未有，無所託也』是也。」○注「取邑例時」。○舊疏云：「即下六年『冬〔二〕，宋人取長葛』之屬是也。」通義云：「范武子曰：『伐國及取邑例時，此月者，蓋爲下戊申衛君完卒日起也。凡例宜時而書月者，皆緣下事當日故也。日必繼于月，故不得不書月；事實在先，故不得後録也。他皆放此。』舊疏亦云：『取牟婁雖在月下，不蒙上月也。』」

〔一〕「十三」，原訛作「十二」，叢書本同，據公羊注疏校改。
〔二〕「冬」，原訛作「秋」，叢書本同，據公羊注疏校改。

○戊申，衛州吁弒其君完。【疏】二月書戊申，月之十六日。「州吁」，穀梁作「祝吁」，下同。說文吅部〔一〕：「喌，呼雞重言之，从吅州聲，讀若祝。」又桓五年「城祝丘」。類聚引洪範五行傳作「興州丘之役」，祝、州一聲之轉。「弒其」，校勘記云：「唐石經、諸本同。釋文本作殺，其音申志反。今本亦改作弒。按，傳文或言『殺君』，經文無不言『弒其君』者，段曰：殺者，書其事也；弒者，正其罪也。」差繆略云：「『殺君』，公羊皆作『弒君』。」按：唐石經公、穀皆作「弒」，左氏釋文「弒」本又作「殺」，同音試。穀梁釋文：「弒，音試。舊作殺。」按：當作弒爲正。段氏玉裁經韻樓集云：「凡春秋傳於弒君或云殺者，述其事也。春秋經必曰弒者，正其名也。弒其君，殺其君也。弒之言試也。殺於六書从殳，杀聲；弒於六書从殺省，式聲。杀在脂部，式在之部。脂、之者，古音之大判，彼此不相借也，故殺與弒音義迥殊。漢公羊經傳叚弒爲試，斷無叚殺爲弒也。凡三經三傳之用殺爲弒者，皆譌字也。凡經傳弒既譌爲殺，作音家從而爲辭曰音試，曰申志反者，皆不合乎正誤之法。殺之不得音試，猶弒之不得音殺也。漢人之注經，正其誤字曰『當爲弒』，果譌殺，則當正之曰『殺當爲弒』，不當曰申志反而已。凡傳中記事記言，曰『殺某君』者，時時有之，非必譌字也。惟其述經爲訓，則必依經曰弒，無有作殺者，如左氏傳書曰『弒其君』、『弒其君之子』是也。經文於殺諸侯必曰弒，二百四十二年，凡書弒二十有六。春秋正名之書也，周公之典曰『放弒其君則殘之』，正其名曰『弒』，定其罪曰『殘』。殘者，掌戮所謂膊焚辜肆也，惟其名正而後其罪定。書弒者，聖人

〔一〕「吅部」原誤作「叩部」，叢書本同，據說文解字校改。

所以殘之也。自漢之後，經籍譌舛，殺而譌弒者且有之，弒而譌殺者尤多矣。陸德明爲釋文，絶無裁斷之識，但於隱四年『衛州吁弒其君完』發凡曰：『弒，本又作殺，同音試，凡弒君之例皆放此。』不重音，此何等大事，而謂聖人垂教之書本無一定之字，可以蒙混書之，待讀者之定其字乎？」

曷爲以國氏？【注】据齊公子商人弒其君舍，氏公子。【疏】注「据齊」至「公子」。○文十四年「秋，齊公子商人弒其君舍」是也。商人以庶弒嫡自立，與州吁事近，故据以難。舊疏云：「商人所以得稱公子者，以商人次正當立，其罪差輕。」按：弒君之賊，不得因次正末減，蓋商人之凶逆遜于州吁。左傳云「州吁有寵而好兵」，强横可知。

當國也。【注】與段同義。日者，從外赴辭，以賊聞例。【疏】注「與段同義」。○即上元年「鄭伯克段于鄢」是也。彼傳云：「段者何？鄭伯之弟也。何以不稱弟？當國也。」注：「欲當國爲之君，故如其意，使如國君，氏上鄭，所以見段之逆。」此州吁上衛，亦以州吁之凶逆也。通義云：「隱桓莊之篇，外弒君者四：州吁、無知皆不言公子，督不言公孫，南宫萬不氏，蓋弒君之賊，王法所誅，大夫去氏者，絶其位也；去公子、公孫者，絶其屬也。入所聞之世，亂臣賊子比踵而立，已從託始見法，罪同可知，故里克以後不復枚貶。穀梁於州吁云『嫌也，弒而代之也』，於公子商人云『不以嫌代嫌也』，似未得其説而强説之。」按：左傳注引賈逵説〔一〕「弒君取國故以國言之」，不稱公子。然商人亦弒君取國者，何不曰齊商人弒其君舍

〔一〕「左傳注」原誤記爲「史記注」，「賈逵説」原下衍「左氏云」三字，叢書本同，據左傳正義校改。

乎？其説亦非。○注「日者」至「聞例」。○舊疏云：「謂其君被弑，此君之臣即以其日赴於天子諸侯，望其早來救己，是以春秋悉皆書日，故曰『日者，從外赴辭』也。言『以賊聞例』者，言以弑君賊〔一〕，聞于天子諸侯，例日。如此，故下八年傳『卒何以日而葬不日？卒赴』，何氏云『赴天子也』。」義亦通乎此。然公羊之例，合書則書，而言從外赴辭者，不合書則不書，其合書者，皆從外赴，緣卒日不得輒改也，其諸侯相殺同例。若子弑父則不日，文元年注「夷狄子弑父，忍言其日」，襄三十年注「中國子弑父，不忍言其日」，亦略外之意也。

○夏，公及宋公遇于清。【疏】杜云：「清，衛邑，濟北東阿縣有清亭。」路史引嚴彭祖春秋圖云：「清有二，一在鄆，隱四年『遇于清』者；一在濮，宣十二年晉、宋『盟于清丘』者。」土地名：「東阿縣東北四十里有故清亭，即春秋所謂清者也。」水經注：「濟水自魚山而北，逕清亭東。京相璠曰『東阿東北四十里有故清亭』，濟水通得清之目焉，亦水色清深，用兼厥稱矣。是故燕王曰『吾聞齊有清濟、濁河以爲固〔二〕』，即此水也。」大事表：「在今山東泰安府東阿縣東北。」又云：「鄭箋詩云：『衛自河以東，夾於濟水。』正義：『濟自河北而南入于河，又出而東。楚丘在其閒，西有河，東有濟，故曰夾于濟水。』」齊所與分地，蓋齊、衛

〔一〕「以弑君賊」句，叢書本同，今十三經注疏本作「以賊弑君」。按：「以弑君賊」與注「以賊聞例」義更契合。

〔二〕「濁河以爲固」，原訛作「濟河以爲國」，叢書本同，據水經注校改。

分境之濟也。又清水亦謂之清，故清河縣有清亭。

遇者何？不期也，一君出，一君要之也。【注】古者有遇禮。爲朝天子若朝罷朝，卒相遇于塗，近者爲主，遠者爲賓，稱先君以相接，所以崇禮讓、絶慢易也。當春秋時，出入無度，禍亂姦宄，多在不虞，無故卒然相要，小人將以生心，故重而書之，所以防禍原也。言及者，起公要之，明非常遇也。地者，重録之。遇例時。【疏】下八年穀梁傳云：「不期而會曰遇。」周禮大宗伯職：「冬見曰遇。」後鄭注：「遇，偶也。欲其若不期而俱至。」○注「古者」至「易也」。○王制疏引異義：「朝名，公羊説：諸侯四時朝見天子及相聘，皆曰朝，以朝時行禮。卒而相逢於路，曰遇。古周禮説：春曰朝，夏曰宗，秋曰覲，冬曰遇。許慎案，禮有覲經。詩曰：『韓侯入覲。』書曰：『江、漢朝宗于海。』知有朝覲宗遇之禮。從古周禮説。鄭駁之云：此皆有似不爲古昔。案覲禮曰：諸侯前朝，皆受舍于朝。朝通名。」是鄭用公羊義。按：昭二十五年：「齊侯唁公于野井。」傳云：「以人爲菑，以幦爲席，以鞍爲几，以遇禮相見。」是遇禮之僅存者。然則遇禮、視朝禮易略可知。曲禮：「諸侯未及期相見，曰『遇』。」承上「天子當依而立，諸侯北面而見天子，曰『覲』。天子當宁而立，諸公東面，諸侯西面，曰『朝』」而言，明遇禮與朝覲殊。鄭注謂：「春朝，受摯於朝，受享於廟。」「秋覲，一受之於廟。」「夏宗依春，冬遇依秋。」蓋亦差次。周官之文取其陰陽相同，以意言之耳。禮經唯「覲禮」尚存，「遇」唯見之公羊。「朝」則白虎通王者不臣〔一〕云「朝則迎之于著」，與「覲則待

〔一〕「王者不臣」，原訛作「諸侯不臣」，叢書本同，據白虎通義校改。

之阼階」不同。又曲禮所云其「宗」，則無文以言矣。公羊以四時朝見皆曰朝者，書堯典：「羣后四朝。」禮記王制：「五年一朝。」又春秋凡諸侯相於皆曰朝，是朝爲統名，外此則遇，較朝爲略者也。杜云：「遇者，草次之期，二國各簡其禮，若道路相逢遇也。」孔疏：「曲禮未及期相遇。」指此類也。周禮：「冬見曰遇。」與此別。劉、賈以「遇者用冬遇之禮」，故杜難之。釋例曰：「周禮：『春曰朝，夏曰宗，秋曰覲，冬曰遇。』此四時之名。今者春秋不皆同之於禮。冬見天子，當是百官備物之時；而云遇，禮簡易。經書『季姬及鄫子遇于防』，此婦呼共朝，豈當復用見天子之禮？」要之，春秋之遇，自非周禮之遇。依公羊家說，自有遇禮，亦非魯、宋所行之遇禮也。云「朝罷朝〔一〕，卒相遇於塗」者，校勘記云：「解云，即朝天子，罷朝之時，相遇于塗。按，『于』當作『於』，『卒』當作『猝』。惠棟云：朝罷朝，詳見周禮注疏。」按：王制疏引鄭志答孫皓云：「唐虞之禮，五載一巡守；夏殷之時，天子蓋六年一巡守，諸侯閒而朝天子。其不朝者朝罷朝，五年再朝。」如鄭此言，則夏殷天子六年一巡守，其閒諸侯分爲五部，每年一部來朝天子，朝罷還國，其不朝者，朝罷朝諸侯，至後年不朝者，往朝天子而還，前年朝者，今既不朝，又朝罷朝諸侯，是再相朝也。」故下七年注云：「古者諸侯朝罷朝，聘也。」近者爲主，遠者爲賓，以別乎朝聘正禮，本國爲主，外至爲賓，則此宜魯爲主，宋爲賓矣。禮經聘禮、覲禮皆于廟，故聘禮曰「不腆先君之祧」，既拚以俟矣。覲禮注：「受舍於朝，受次於文王廟門之外。」莊四年傳云：「古者諸侯必有會聚之事，相朝聘之道，號辭必稱先君以相接。」遇

〔一〕「罷朝」之「朝」字原脱，叢書本同，據【注】文校補。

在於塗，雖無廟行禮，其稱謂要自無殊，皆所以崇禮讓、絶慢易者也。○注「當春」至「原也」。○桓六年：「春，正月，寔來。」傳：「慢之也。曷爲慢之？化我也。」注：「行過無禮，謂之化。諸侯相過至竟，必假塗，入都必朝，所以崇禮讓，絶慢易，戒不虞。」明此非當朝罷朝之時，魯與宋卒然相要，恐生禍亂，故書以譏之，與譏寔來同義。○注「言及」至「遇也」。○通義云：「清地在鄭、衛之界上，詩所賦清人者也。時宋公將會諸侯伐鄭，公往要與相見，故言『及』。『及』，我欲之也。凡内書遇者三，皆公要之。若公爲諸侯所要，則當如『鄭伯會公于斐』矣。」穀梁傳曰：「及者，内爲志焉爾。遇者，志相得。」范云：「今曰内爲志，非不期也。」按：彼傳「内爲志」，與公羊合；「志相得」，與公羊異。魯隱有内難不知防，汲汲與外諸侯遇；宋亦有公子馮之禍，而不知慎，春秋兩責之，故注特明其「非常遇」也。若公不見要，則桓十年「公會衛侯于桃丘，弗遇」是也。○注「地者，重録之」。○隱元年注：「會、盟、戰，皆録地。其所期處者，重期也。」此不期而遇，無期可重，亦書地，所以重其事，所以防禍原故也。○注「遇例時」。○舊疏云：「即隱八年『春，宋公、衛侯遇于垂』，莊三十年『冬，公及齊侯遇于魯濟』，及此之屬皆是。僖十四年『夏，六月，季姬及鄫子遇于防』，書月者，彼注云『甚惡内』是也。」

○宋公、陳侯、蔡人、衛人伐鄭。【疏】史記衛世家：「州吁自[一]立爲衛君，爲鄭伯弟段欲伐鄭，請

[一]「自」字原脱，叢書本同，據史記校補。

宋、陳、蔡俱，三國皆許州吁。」又宋世家：「殤公元年，衛公子州吁自立，欲得諸侯，使告于宋曰：『馮在鄭，必爲亂，可與我伐之。』宋許之，與伐鄭，至東門而還。」即此事也。惟公羊以鄭段已死異。

○**秋，翬帥師會宋公、陳侯、蔡人、衛人伐鄭。**【疏】通義云：「再列宋公云云者，直言翬帥師會伐鄭，則嫌與齊人、陳人、曹人伐宋。『夏，單伯會伐宋』文同。彼不及事，此及事，須別異之也。」「翬」，史記魯世家作「揮」。左傳言「羽父請以師會之，公弗許，固請而行」，其彊可知。

翬者何？公子翬也。【注】以入桓稱公子。【疏】注「以入桓稱公子」。○即桓三年「秋，公子翬如齊逆女」是也。

何以不稱公子？貶。曷爲貶？【注】据叔老會鄭伯伐許不貶。【疏】注「据叔」至「不貶」。○襄十六年，「叔老會鄭伯、晉荀偃、衛甯殖、宋人伐許」是也。

與弒公也。【注】弒者殺也，臣殺君之辭，以終隱之篇貶，知與弒公也。【疏】穀梁傳：「翬者何？公子翬也。其不稱公子何也？貶之也。何爲貶之也？與于弒公故貶也。」○注「弒者」至「之辭」。○釋名釋喪制云：「下殺上曰弒。弒，伺也，伺閒而後得施也。」左氏宣十八年傳：「凡自虐其君曰弒。」白虎通誅伐篇：「弒者試也。欲言臣子殺其君父不敢卒，候閒伺事，可稍稍弒之。」說文殺部：「弒，臣殺君也。易曰『臣弒其君』。」注：「以殺詁弒，雙聲爲訓也。」○注「以終」至「公也」。○下十年：「夏，翬帥師會齊人、鄭人伐宋。」傳：「曷爲貶？隱之罪人也，故終隱之篇貶也。」是也。通義云：「外弑君者書名氏。内諱不言弑。弑君之賊無所見，故翬遂皆託貶文以起之。」又云：「春秋大夫不氏之例有四：一曰貶，無駭、翬、山等是也。二曰未命，柔、俠、履緰等是也。三曰小國，夷國之大夫，慶、快、遂、椒等是也。四曰一事而再見者卒名。然『宋華元出奔晉』、『宋華元自晉歸于宋』、『晉人執我叔孫舍』、『叔孫舍至自晉』，猶有再見而再氏者。録氏爲善，斯去氏爲貶益昭矣。」錢氏大昕答問云：「凡篡弑之事，必有其漸，聖人隨事爲之，杜其漸。隱之弑也，于翬帥師戒之；子般之弑也，于公子慶父帥師伐於餘丘戒之。此大夫不得專兵柄之義也。」

其與弑公奈何？【疏】通義云：「諸問事狀者曰『奈何』。」按：奈何，如何也。書召誥曰：「曷其奈何弗敬。」亦或但謂之奈，淮南兵略訓：「唯無形者無可奈也。」即無可奈何也。

公子翬諂乎隱公，【注】諂猶佞也。【疏】注「諂猶佞也」。○荀子修身云「以不善先人者謂之諂」，楊注：「諂之言陷也，謂以佞言陷之。」繁露王道云：「觀乎公子翬，知臣窺君之意。」

謂隱公曰：「百姓安子，諸侯説子，盍終爲君矣？」【疏】公羊問答云：「詩『子之湯兮』，箋云：『子刺幽公也。』正義引此傳，以爲諸侯之臣亦呼君曰子。」通義云：「子稱君者，古人語質。詩曰：『無庶予子憎。』」經傳釋詞云：「矣猶乎也。易師彖傳『吉又何咎矣』，詩中谷有蓷云『何嗟及矣』，六月『侯誰在矣』是也。」魯世家：「公子揮諂謂隱公曰：『百姓便君，君其遂立〔一〕，吾請爲君殺子允，君以我爲相。』」徐廣曰：「允一作軌。」即桓公也。與十一年左傳「羽父請殺桓公，將以求太宰」合，較此傳爲詳。

隱曰：「吾否。【注】否，不也。【疏】校勘記：「唐石經、鄂本同。閩本、監本、毛本作『隱公曰否』，非。」○注「否，不也」。○易否象〔二〕：「大人否亨。」虞注：「否，不也。」廣雅釋詁：「否，不也。」孟子萬章上：「否，不然也。」注：「否，不也，不如是也。」魯世家云：「隱公曰：『有先君命，吾爲允少，故攝代。』」然則隱奉父命攝位，故其讓尤爲春秋所許。

吾使脩塗裘，吾將老焉。」【注】塗裘者，邑名也。將老焉者，將辟桓，居之以自終也。故南面之君，勢不可復爲臣，故云爾。不以成公意者，隱本爲桓守國，國邑皆桓之有，不當取以自爲也。【疏】魯世家又云：「今允長矣，吾方營菟裘之地而老焉，以授子允政。」左傳亦作「菟裘」，云：「使營菟裘，吾將老焉。」是也。○注「塗裘者，邑名」。○杜云：「菟裘在泰山梁父縣南。」史記注引服虔云：「菟裘，魯邑也。營菟裘以作宫室，欲居之以終老焉。」路史引嚴彭祖春秋盟會圖云：「菟裘，兖之泗水縣。」大事表云：「在今兖州府泗水縣西北。」而水經注汶水篇亦云：「淄水出太山梁父縣東，西南流逕菟裘城北。春秋，公謂羽父曰：『吾將歸老焉。』故郡國志曰：『梁父有菟裘聚。』」○注「將老」至「終也」。○左傳「公曰『爲其少故也，

〔一〕「立」，原訛作「之」，叢書本同，據史記校改。

〔二〕「易否象」，原誤記爲「易象上傳」。以下引文出自易否卦之象傳，非象傳，據改。

吾將授之矣』」，杜云：「不欲復居魯朝，故別居外邑。」釋文：「將辟音避，今本多即作避字。」○注「故南」至「云爾」。○白虎通王者不臣云：「王者臣不得爲諸侯臣，以其尊，當與諸侯同。」蓋謂王朝之臣與諸侯敵，體勢不得爲之臣，則本國南面之君，勢不得復爲臣明矣。故隱公欲營外邑，以辟位也。○注「不以」至「爲也」。○此決傳文不言營塗裘，何以不書成公意也之義也。今按：注意似迂。隱雖攝位，業行即位之禮，土地人民皆其所有。雖代桓立，桓曾在臣子之科，則隱即取邑以自老，亦無不當，豈必退居臣位，聽桓之錫邑以居？且不書營塗裘，亦無以見成公意也。

公子翬恐若其言聞乎桓，【疏】經傳釋詞云：「若猶或也。」儀禮士昏禮記曰：『若衣若笄。』襄十一年左傳曰：『若子若弟。』又曰：『君若能以玉帛綏晉。』」此傳曰：「公子翬恐若其言聞乎桓。」按：若猶此也，謂恐此其言聞于桓也。莊四年傳：「則襄公得爲若行乎？」謂此行也；定四年傳：「則若時可矣。」謂此時也；論語公冶長篇：「君子哉若人！」謂此人也，是也。故魯世家：「揮懼子允聞而反誅之。」是懼其言聞之桓也。

於是謂桓曰：「吾爲子口隱矣。」【注】口猶口語相發動也。【疏】注「口猶」至「動也」。○校勘記云：「按，下口字即説文訆字之省。説文：『訆，扣也，如求婦先訆叕之。』」經義述聞云：「注意蓋讀口爲叩。叩，發動也，謂以己之言發動隱公之言也。論語子罕篇『我叩其兩端』，孔曰：『發事之終始兩端以語之。』釋文：『叩音口，發動也。』是其證。學記曰：『善待問者如撞鐘，叩之以小者，則小鳴；叩之以大者，則大鳴。』叩亦發動之意，與此相近。」

隱曰：『吾不反也。』」【疏】魯世家云：「揮乃反譖隱公於子允曰：『隱公欲遂立去子，子其圖之。』」桓曰：「然則奈何？」曰：「請作難，【注】難，兵難也。【疏】注「難，兵難也」。○列子說符云「民果作難」，釋文：「難，一作亂。則作難，猶言作亂。」故注以爲兵難也。弑隱公。」【注】謚者，傳家所加。【疏】魯世家云：「揮曰：『請爲子殺隱公。』子允許諾。」是也。中論智行云：「魯隱公懷讓心，而不知佞僞，終以致殺。」○注「謚者，傳家所加」。○通義云：「生而舉謚，順記事者之詞。若左傳述石碏曰：『陳桓公方有寵于王。』史記述周公曰：『我成王之叔父。』古人文義猶疏𤛬，每有如此。」舊疏云：「死謚，周道也。今始請弑，已言隱公者，公羊子從後加之也。」

於鍾巫之祭焉弑隱公也。【注】鍾者，地名也。巫者，事鬼神禱解以治病請福者也；男曰覡，女曰巫。傳道此者，以起淫祀之無福。【疏】左傳亦云：「十一月，公祭鍾巫〔一〕，齊于社圃，館于寪氏。壬辰，羽父使賊弑公于寪氏，立桓公。」魯世家略同。○注「鍾者地名」。○史記注引賈逵云：「鍾巫，祭名也。」按：左傳謂公「與鄭人戰于狐壤，止焉。鄭人囚諸尹氏。賂尹氏，而禱於其主鍾巫」，是則鍾宜鄭地矣。御覽引韓詩章句云：「鄭俗，三月上巳之晨，溱、洧水上招魂續魄，祓除不祥。」春官男巫有「掌望祀、望衍、

〔一〕「鍾巫」：公羊以爲「鍾者，地名也。巫者，事鬼神禱解以治病請福者也」。左氏以爲「鍾巫」爲神名，是曾經營救隱公的尹氏的祭主。依據二傳，以下專名綫就出現了兩種情況，特此說明。

授號、旁招以茅」之事，女巫有「掌歲時祓除不祥」之事。則招魂者男巫，祓除者女巫也。鄭人家主巫祭，蓋風俗使然與？淮南精神訓「鄭之神巫」是也。○注「巫者」至「者也」。○周禮「男巫春招弭，以除疾病」，注：「招，招福也。弭，讀爲敉。敉，安也，安凶禍也。」士喪禮「巫止于廟門外」，注：「巫掌招弭，以除疾病。」史記封禪書「伊陟贊巫咸」，索隱：「以巫咸爲巫覡。然楚詞亦以巫咸主神。」則巫之興久矣。漢書郊祀志「巫社、巫祠」，師古曰：「皆古巫之神也。」又「巫保、巫先」，注：「巫保，神名；巫先，巫之最先者也。」○注「男曰覡，女曰巫」。○舊疏云：「楚語文。」按：楚語：「觀射父曰：『古者民神不雜。民之精爽不攜貳者，而又能齊肅中正，其知能上下比義，其聖能光遠宣朗〔一〕，其明能光照之，其聰能聽徹之，如是則明神降之，在男曰覡，在女曰巫。是使制神之處位次主〔二〕。』」又云：「九黎亂德，民神雜糅，不可方物。夫人作享，家爲巫史。」蓋巫能降神，神物憑之，鍾巫尹氏所主，即所謂家爲巫史者也。周禮冢人疏云：「男子陽，有兩稱，名巫，名覡。女子陰也，不變，直名巫，無覡稱。」吕覽侈樂云「作爲巫音」，高注：「男曰覡，女曰巫。」後漢書張衡傳注：「在男曰覡。」説文巫部：「覡，能齊肅事神明者也。在男曰覡，在女曰巫。」又云：「巫，祝也，女能事無形以舞降神者也。」段注：「此析言之耳。統言，則周禮男亦曰巫，女非不可曰覡也。詩譜曰：『陳大姬無子，好巫覡禱祈鬼神歌舞之樂，民俗化而爲之。』」廣雅釋詁：「覡，巫也。」蓋對文

〔一〕「朗」，原訛作「服」，叢書本同，據國語校改。
〔二〕「使制神之處位次主」，原訛作「使處制神之處次」，叢書本同，據國語校改。

則異，散則通也。故漢書郊祀志云「在男曰覡，在女曰巫」，注：「巫覡亦通稱耳。」是也。賈公彥謂：「男有二稱，女止稱巫。」蓋以周官有男女巫之職，故爲是説耳。淮南子注亦曰：「神在女曰巫。」○注「傳道」至「無福」。○禮記曲禮云：「非其所祭而祭之，名曰淫祀，淫祀無福。」周書命訓解：「福莫大於行義，禍莫大於淫祭。」風俗通怪神云：「禮又曰『淫祀無福』，是以隱公將祭鍾巫，遇賊蔿氏。」此注明傳文不但言隱公被弑，并極言其弑之所在，爲其祭鍾巫，故以起淫祀之禍也。

○九月，衛人殺州吁于濮。【疏】杜云：「濮，陳地，水名。」又哀二十七年杜注云：「濮自陳留酸棗縣傍河東北經濟陰，至高平鉅野縣入濟。」按：衛世家云：「石碏乃因桓公母家于陳，詳爲善州吁。至鄭郊，石碏與陳侯共謀，使右宰醜進食，因殺州吁于濮。」則濮宜在陳境。故彼注引賈逵、服虔左傳注並云：「濮，陳地也。」大事表云：「在今陳州北境，即潩水。」按：水經潩水篇：「潩水又東南，逕長社縣故城西北，南濮、北濮二水出焉。是水首受潩水，川渠雙引，俱東注，有洧與之過，枝流脈亂，互得通稱。」長社，今長葛縣，在許州屬。而説文水部云：「濮出濮陽南，入鉅野。」鉅野，魯地。又水經注：「瓠子河，出東郡濮陽縣北河，東至濟陰句陽[一]爲新溝，又東北過廩丘爲濮水。」廩丘爲今之范縣，去長葛絶遠，非一水明甚。且陳無濮水也。即哀廿七年左傳，齊成子救鄭，及濮，自齊至鄭，亦不由陳竟，則濮非陳水可知。索隱云：「濮水首受河，又受汴，汴亦

〔一〕「濟陰句陽」，原訛倒作「濟陽句陰」，叢書本同，據水經注校改。

受河，東北至鉅野入濟。則濮在曹、衛之閒。賈言陳地，非也。据地理志陳留封丘縣濮水受濟，當言陳留水。」按：水經注：「濮水一出封丘縣者，首受濟；别出酸棗縣者，首受河。」顧氏祖禹方輿紀要謂「在大名府開州南六十里〔一〕」者，與説文所云出濮陽合。濮陽今開州也。通義云：「濮，衛地，昔衛靈公將之晉，會于濮水之上，蓋近今淇縣也。録于濮者，與鄢同義。」土地名：「濮水故道在濮陽南。」按：世家則州吁殺于陳，不得于衛之濮，要之陳地自有濮水，故春秋昭九年，「遷城父人于陳，以夷濮西田益之」。京相璠曰：「以夷之濮西田益也。」杜預亦言：「以夷田在濮水西者，與城父人。」服虔曰：「濮水名即此，與衛之濮自二源焉。」京相璠曰：「濮水故道在濮陽南。」猶以濮爲衛地。

其稱人何？【注】据晉殺大夫里克，俱弑君賊不稱人。【疏】注「据晉」至「稱人」。○僖十年「晉殺其大夫里克」是也。彼傳云：「曷爲不以討賊之辭言之？惠公之大夫也。」

討賊之辭也。【注】討者，除也。明國中人人得討之，所以廣忠孝之路。書者，善之也。討賊例時，此月者，久之也。【疏】穀梁傳：「稱人以殺，殺有罪也。」繁露王道云：「衛人殺州吁，齊人殺無知，明君臣之義，守國之正也。」春秋説云：「春秋討賊皆稱人，衛州吁弑君之賊，執之者陳人，涖之者衛人，而主之者石碏焉。君子謂衛有人焉。穀梁謂『于濮者，譏失賊』，非也。州吁弑桓公而代之爲君，石碏力不能討，欲假手于陳以討之，故使告于陳，而陳人執之。如譏失賊，則當書陳人殺衛州吁，如蔡人殺陳佗而後可也。不

〔一〕「南六十里」，查顧祖禹讀史方輿紀要中無此四字。

稱陳人，而稱衛人，謂之失賊可乎？書于濮者，言陳亦欲殺之也。」按：惠氏此辨甚是。左傳莊十二年所謂「天下之惡一也」，即此意也。○注「討者」至「之也」。○孟子告子下「天子討而不伐」，趙注：「討者，上討下也。」禮記王制云「畔者君討」，皆有除義。穀梁注：「有弒君之罪者，則舉國人皆欲殺之。」白虎通誅伐云：「討者何謂也？討者，除也。欲言臣當埽除弒君之賊也。春秋曰：『衛人殺州吁于濮。』傳曰：『其稱人何？討賊之辭也。』」又云：「王者諸侯之子篡弒其君而立，臣下得誅之者，廣討賊之義也。」是也。○注「討賊」至「之也」。○舊疏云：「討賊例時者，莊九年『春，齊人殺無知』是也。桓六年『秋，八月，蔡人殺陳佗』，亦書月者，與此同也。」穀梁傳曰：「其月，謹之也。」范云：「討賊例時，衛人不能即討祝吁，致令出入自恣，故謹其時月所在，以著臣子之緩慢。」按：春秋書月，危之之義，亦即穀梁謹之之義，謹而危之也。州吁已自立爲君，尤非鄭段可比，幸石碏手定大難，討除國賊。故春秋書人，明人人所欲甘心焉。責其久者，爲討賊者張義，所謂責備賢者者也。

○冬，十有二月，衛人立晉。晉者何？公子晉也。【注】「以下有衛侯晉卒」，又言立。【疏】左傳：「逆公子晉于邢。冬，十二月，宣公即位。」衛世家云：「迎桓公弟晉於邢而立之，是爲宣公。」是爲公子晉也。通義云：「莊公之子、桓公之弟，不言公子者，王子朝不成爲君，晉成爲君，故別之也。非貴宜爲君者，故又不得言子晉。」○注「以下」至「言立」。○「衛侯晉卒」，見桓十二年冬。「以下有『衛侯晉卒』」，知此立晉爲公子，諸侯之子稱公子也。又「立」者，篡文，知非適子故稱公子，公子不得禰先君，喪服傳所謂「自卑而別於尊者也」。

立者何？立者不宜立也。【注】諸侯立不言立，此獨言立，明不宜立之辭。【疏】通義云：「春秋以立子爲正，立弟爲不正。已於葬宋穆公危見之。但穆公之立在春秋前，故復以立晉見法，後若晉人立黑臀不書者，亦託始之義〔一〕。」穀梁傳云「立者不宜立者也」，注：「嗣子有常位，故不言立。」

其稱人何？【注】据尹氏立王子朝也。【疏】注「据尹」至「朝也」。○在昭二十三年秋。

衆立之之辭也。【注】晉得衆，國中人人欲立之。【疏】左傳書曰：「衛人立晉，衆也。」繁露王道云：「衛人立晉，美得衆也。」又玉英云：「非其位而即之，雖受之先君，春秋危之，宋穆公是也。非其位，不受之先君而自〔二〕即之，春秋危之，吴王僚是也。雖然，苟能行善得衆，春秋弗危，衛侯晉以正書葬是也。俱不宜立，而宋穆公受之先君而危，衛宣弗受先君而不危，以此得衆心之爲大安也。」穀梁傳亦云：「衛人者，衆辭也。」按：爾雅釋言云：「師，人也。」又釋詁云：「師，衆也。」史記鄒陽傳「人無不按劍相盼者」，漢書「人」作「衆」，是人即衆。故書衛人爲衆詞也。

然則孰立之？石碏立之。【疏】衛世家云：「石碏與陳侯共謀殺州吁于濮，而迎桓公弟晉於邢而

〔一〕「義」，原訛作「詞」，叢書本同，據公羊通義校改。
〔二〕「自」字原脱，叢書本同，據春秋繁露校補。

立之。」是石碏立之也。校勘記云：「『碏』，唐石經、諸本同。」隸釋載漢石經公羊殘碑『碏』作『踖』。惠氏棟公羊古義云：「説文無『碏』字，當从石經作『踖』。」潛夫論：『石氏，衛公族。』」史記注引賈逵云：「石碏，衛上卿。」杜云：「衛大夫。」

石碏立之，則其稱人何？【注】据尹氏立王子朝不稱人。【疏】注「据尹」至「稱人」。○昭二十三年注云：「明罪在尹氏。」明尹氏立之，非衆所欲立，故不稱人也。

衆之所欲立也。衆雖欲立之，其立之非也。【注】凡立君爲衆，衆皆欲立之，嫌得立無惡，故使稱人，見衆言立也，明下無廢上之義，聽衆立之，篡也。不刺嗣子失位者，時未當喪，典主得權重也。月者，大國篡例月，小國時。立、納、入，皆爲篡。卒日，葬月，達於春秋，爲大國例。主書從受位也。【疏】穀梁傳云：「晉之名惡也，其稱人以立之何也？得衆也。得衆則是賢也，賢則其曰不宜立何也？春秋之義，諸侯[一]與正而不與賢也。」注：「雍曰：『正，謂適長也。夫多賢不可以多君，無賢不可以無君。立君非以尚賢，所以明有統也。建儲非以私親，所以定名分。名分定，則賢無亂長之階，而自賢之禍塞矣。君無嬖幸之由，而私愛之道滅矣。』」此即公羊立適以長不以賢之義，皆所以防愛爭。雍之此論，尤爲明通。○注「凡立」至「篡也」。○校勘記云：「『聽衆立之，篡也』，諸本同；鄂本作『聽衆立之，爲立篡也』，當据以補正。按，下注云：立、納、入，皆爲篡也。解云：立爲篡，此衛人立晉是也。」衛宣爲衆所立，嫌立無

[一]「之義諸侯」四字原脱，叢書本同，據穀梁注疏校補。

惡，然下無廢上之義，則亦不得立上。衛宣聽衆立之，則不能無惡，故書人，以善其得衆；書立，以見其篡，美刺不相掩也。繁露玉英云：「春秋之法，君立不宜立，不書；大夫立，則書。書之者，弗予大夫之得立不宜立者也；不書，予君之得立之也。君之立不宜立者非也；既立之，大夫奉之是也。荀息、曼姑之所得爲義也。」通義云：「次當立，正也；非次當立，而受之天子，命之先君，乃可言也。君子以石碏爲專矣。得乎民者宜爲君，晉因民之所欲立，不辭讓而即之，雖非義之高者，未爲大惡也。其咎在衛人之立之也。碏有討賊功，又順輿志定君安國，鮮復責其不當立晉者。春秋別嫌明微，每施於此。」按：春秋張義之書，非記事之史。以衛事而論，桓公有子無子不可知，州吁既誅，國不可絶，立晉本無可議，然未受之天子命之先君，得國於臣下之手，恐開後世權臣廢立之漸，故書立以戒之。明雖得衆者，猶不免於篡，其不得衆者可知矣。春秋正辭曰：「春秋不書多於書，以所不書知所書，以所書知所不書。治亂必表其微，所謂禮禁未然之前也。凡所書者，有所表也，是故春秋中無空文。」○注「不刺」至「重也」。○舊疏云：「刺桓嗣子失位，即不書晉之立，故襄十四年『衛侯衎出奔齊』，襄二十六年傳云：『曷爲不言剽之立？不言剽之立者，以惡衛侯也。』彼注云：『欲起衛侯失衆出奔，故不書剽立。剽立無惡，則衛侯惡明矣。』」然則晉書立見惡，則桓嗣無惡可知。緣桓公被弒，州吁自立，嗣子之得全與否且不可知。其不當喪典主得權重明甚，故春秋矜而不刺也。○注「大國篡例月」。○舊疏云：「即此及莊六年『夏，六月，衛侯朔入于衛』、哀六年『秋，七月，齊陽生入于齊』之屬是也。而莊九年『夏，齊小白入于齊』不月者，彼注云：『移惡于魯也。』」○注「小國時」。○舊疏云：「即僖二十五年『秋，楚人圍陳，納頓子于頓』、昭元年

『秋〔一〕，莒去疾自齊入于莒』之屬是也。」○注「立、納、入，皆爲篡」。○舊疏云：「立爲篡者，此及昭二十三年『尹氏立王子朝』是也。納爲篡者，『納頓子于頓』，及文十四〔二〕年『晉人納捷菑』之屬是也。入爲篡者，小白、陽生之屬是也。」○注「卒日」至「國例」。○舊疏云：「隱八年，『夏，六月，己亥，蔡侯考父卒。秋，八月，葬蔡宣公』是也。」按：注録此者，正以桓十二年「冬，十一月，丙戌，衛侯晉卒」，十三年「三月，葬衛宣公」，從大國卒月葬月例，無譏文。見其得衆宜立也，於立譏之，亦所謂實與而文不與者也。○注「主書從受位也」。○舊疏云：「謂主惡晉之從立矣。」按：晉得民心宜立，猶以從受位主書其立，亦責備賢者之義也。繁露玉英云：「明乎經變之事，然後知輕重之分，可與適權矣。」此類是也。

○五年，春，公觀魚于棠。【疏】左氏作「矢魚」，傳云：「遂往陳魚而觀之。」與公、穀觀魚同義。史記世家作「觀漁于棠」，彼注引賈逵左氏注云：「棠，魯地。陳漁而觀之。」漢書五行志亦作「漁」，皆叚借字也。孔疏：「陳魚者，獸獵之類，謂使捕魚之人陳設取魚之備，觀其取魚以爲戲樂，非謂既取得魚而陳列之也。」

何以書？譏。何譏爾？遠也。【疏】左傳：「書曰『公矢魚于棠』，非禮也。且言遠地也。」

〔一〕「秋」字原脱，叢書本同，據公羊注疏校補。
〔二〕「十四」，原訛作「十三」，叢書本同，據公羊注疏校改。

公曷爲遠而觀魚？【注】据浚洙也。【疏】注「据浚洙也」。○見莊九年傳曰：「洙者何？水也。」注云：「洙在魯北，齊所由來。」舊疏云：「然則近國北自有洙水，何故遠至棠地而觀魚乎？故難之。」

登來之也。【注】登，讀言得來。得來之者，齊人語也。齊人名求得爲得來，作登來者，其言大而急，由口授也。【疏】注「登讀」至「授也」。○校勘記云：「按此當作『登讀爲得』也，『來』當誤衍。」古義云：「禮大學云『一人貪戾』，注：『戾之言利也。』春秋傳曰『登戾之』，正義云：『以來爲戾。』與公羊本不同。下傳云『百金之魚，公張之』，則登戾之説信矣。按，古來讀如釐，故與戾音相近。」潛研堂答問云：「説文訓德爲升，未詳其義。」又曰：「古文德與得通。公羊傳『登來之』也，齊人語，以得爲登，與升同義。説文彳部：『德，升也。』段注：『升，當爲登。』辵部：『遷，登也。』此當同之。德訓登者，公羊傳『登來之也』。何曰：登讀言得，齊人名求得爲得來。唐人詩『千水千山得得來』，得即德也。登德雙聲。」按：爾雅釋詁：「來，至也。」呂覽不侵篇注：「來，猶致也。」戾來同訓。詩「魯侯戾止」，傳：「戾，來也。」登來之，猶言得致之也。通義云：「登來之者，猶言得之也。齊、魯之閒無入聲，呼得聲如登來之合。鄭司農注大學引春秋傳曰：『登戾之。』即此文也。來，古音狸，狸又轉爲戾，故易曰：『震索索，中未得也。雖凶无咎〔一〕。畏鄰戒也。』九章曰：『諒聰不明而蔽壅兮，使讒諂而日得。自前世之嫉賢兮，謂蕙若共不可佩。』彼得字以登戾反讀之正協韻。」則何氏謂其言大而急，信矣。由口授者，舊疏云：「高語之時，猶言得來之，至著竹帛乃

〔一〕「无咎」，原訛作「元咎」，叢書本同，據周易校改。

作登字。」

百金之魚，公張之。【注】解言登來之意也。百金，猶百萬也。古者以金重一斤，若今萬錢矣。張，謂張罔罟、障谷之屬也。【疏】注「百金」至「錢矣」。○公羊古義云：「食貨志曰：『漢興，更令民鑄莢錢，黄金一斤。』如淳曰：『時以錢爲貨，黄金一斤直萬錢。』食貨志又云：『米至石萬錢，馬至匹百金。』薛瓚曰：『秦以一溢爲一金，漢以一斤爲一金。』一斤爲萬錢，則百金爲百萬錢矣。何注與如、薛二説皆合，而司馬貞索隱取瓚注而非如説，蓋未之考也。又云顔遊秦漢書注云：『一金萬錢。』見平準書注。戰國策云『公孫閈使人操十金而往卜於市』，高誘曰：『二十兩〔一〕爲一金。』又云『趙王封蘇秦爲武安君，黄金萬溢』，高誘注曰：『萬溢，萬金也。二十兩爲一溢。』」按，此即臣瓚所謂「秦以一溢爲一金」也。按：食貨志言莽制黄金一斤直錢萬，蓋後漢或仍其舊，故何以今法解之也。史記陸賈列傳正義：「漢制一金直千貫。」劉氏寶楠云：「漢世金不如此之貴，疑千是十誤。且與錢萬之説相合。」通義云：「食貨志『黄金一斤直錢萬』，故王莽傳曰：『故事，聘皇后黄金二萬斤，爲錢二萬萬。』何邵公以百金當百萬錢，實漢法也。然魚價貴不至此，本緣黄金方一寸重一斤，謂之一金，或可凡物以斤計者，亦通言金。百金之魚，蓋大魚重百斤者與？」○注「張謂」至「屬也」。○校勘記云：「閩本、監本、毛本同。鄂本『罔』作『網』。釋文『障』作『鄣』。」周禮「冥氏掌設弧張」，注：「弧張，罿罦之屬，所以扃絹禽獸。」義與此同。障谷，見僖三年傳云：「桓公曰：

〔一〕「兩」，原訛作「全」，據戰國策齊策一高注校改。

『無障谷。』」是也。通義云：「張者，張弓矢以射也。淮南時則訓曰：『季冬命漁師始漁，天子親往射魚。』左氏經『觀魚』〔一〕作『矢魚』，朱文公据左傳言則君不射，是以弓矢射之，如漢武親射蛟江中之類。」非何義也。俞氏平議云：「傳文但言張不言張罔罟，何解非也。詩韓奕：『孔修且張。』毛傳：『張，大也。』桓六年左傳『隨張』，杜注：『張自侈大也。』百金之魚公張之，蓋言棠有百金之魚，故公侈大之也。上文曰：『公曷爲遠而觀魚？登來之也。』下文曰：『登來之者，美大之辭也。』然則此文言『公張〔二〕之』，正所謂美大之也，若以爲張罔罟，則與上下文不屬矣。」亦未諦當。

登來之者何？【注】弟子未解其言大小緩急，故復問之。

美大之辭也。【注】其言大而急者，美大多得利之辭也。實譏張魚，而言觀譏遠者，恥公去南面之位，下與百姓争利，匹夫無異，故諱使若以遠觀爲譏也。諸諱主書者，從實也。觀例時，從行賤略之。【疏】通義云：「公自美大其能得百金之魚也。」按：美大雙字詞。論語爲政云：「孝乎惟孝。」包注：「孝乎惟孝，美大孝之辭也。」語意同。○注「實譏」至「譏也」。○繁露玉英云：「公觀魚于棠，何惡也？凡人之性，莫不善義，然而不能義者，利敗之也；故君子終日言不及利，欲以勿言愧之而已，愧之以塞其源也。夫處位

〔一〕「觀魚」二字原脱，叢書本同，據公羊通義校補。
〔二〕「張」字原脱，叢書本同，據羣經平議校補。又書名「平議」訛作「平義」，徑改。

動風化者，徒言利之名爾，猶惡之，況求利乎！　故天王使人求賻求金，皆爲大惡而書。　今非〔一〕直使人也，親自求之，是爲甚惡，譏。　何故言觀魚？　猶言觀社也，皆諱大惡之詞也。」是實譏張魚，而諱之言觀，若以遠觀爲譏也。　穀梁傳云：「禮，尊不親小事，卑不尸大功。　魚，卑者之事也。　公觀之，非正也。」漢書董仲舒傳：「故受禄之家食禄而已，不與民争業。　然後利可均布，而民可家足。　此上天之理，而亦太古之道。　天子之所立法以爲治，大夫之所當循以爲行者也。」後漢朱暉傳云：「王制，天子不言有無，諸侯不言多少，食禄之家不與百姓争利。」韓詩外傳四：「天子不言多少，諸侯不言利害，大夫不言得喪，士不言通財貨，不爲賈道。　故駟馬之家不恃〔二〕雞豚之息，伐冰之家不圖牛羊之入，千乘之君不通貨財，冢卿〔三〕不修幣施，大夫不爲場圃，委積之臣不貪〔四〕市井之利。　是以貧窮有所歡，而孤寡有所措其手足也。」繁露度制云：「孔子曰：『君子不盡利以遺民。』詩云：『彼有遺秉，此有不斂穧，伊寡婦之利。』故君子仕則不稼，田則不漁，食時不力珍，大夫不坐羊，士不坐犬。　詩曰：『采葑采菲，無以下體。　德音莫違，及爾同死。』以此防民，民猶忘義而争利，以亡其身。　天不重與，有角不得有上齒，故已有大者，不得有小者，天數也。　夫已有大者，又兼小者，天不能足之，況人乎！　故明聖者象天所爲爲制度，使諸有大奉禄，亦皆不得

〔一〕「非」字原脱，叢書本不誤，據補。
〔二〕「恃」，原訛作「時」，叢書本同，據韓詩外傳校改。
〔三〕「冢卿」，原訛作「家卿」，叢書本同，據韓詩外傳校改。
〔四〕「貪」，原訛作「食」，叢書本不誤，據改。

兼小利、與民爭利業，乃天理也。」史記循吏傳：「公儀休以高弟〔一〕爲魯相，奉法循理，使食禄者不得與下民爭利，受大者不得取小。」又云：「食茹而美，拔其園葵而棄之。見其家織布好，而疾出其家婦，燔其機，云：『欲令農士工女安所讎其貨乎？』」董仲舒傳引此云：「吾已食禄，又奪園夫工女利乎？」又禮記大學云：「畜馬乘，不察於雞豚。伐冰之家，不畜牛羊。」皆言有禄之家不得下與百姓爭利。既以南面諸侯而自等匹夫，故深爲之諱也。○注「諸諱」至「實也」。○春秋之義，爲尊者諱，爲親者諱，爲賢者諱。諱之，正所以譏之，若曰：「此惡也，吾爲之諱爾。」聖人文詞遜順，言之者無罪，聞之者足戒，乃在乎是。如此，實譏張魚，而言譏遠。遠且譏，則張魚之失，不待言。亦如莊之譏觀社，則淫之惡，不貶而自見矣。○注「觀例時」。○莊二十三年「夏，公如齊觀社」及此是也。均非禮，故從行賤略之。

棠者何？濟上之邑也。【注】濟者，四瀆之别名。江、河、淮、濟爲四瀆。【疏】杜云：「今高平方與縣北有武唐亭，魯侯觀魚臺。」水經注：「菏水又東，逕武棠亭北。公羊以爲濟上邑也。城有高臺，二〔二〕丈許，下臨水，昔魯侯觀魚于棠，謂此也。在方與縣故城北十里，經所謂菏也。分濟於定陶東北，東南逕乘氏縣故城南，又東逕昌邑縣故城北，又東逕金鄉縣故城南，又東逕東緡縣故城北，又東逕方與縣。」〔三〕

〔一〕「弟」，原訛作「第」，叢書本同，據史記校改。
〔二〕「二」，原訛作「一」，叢書本同，據水經注校改。
〔三〕水經注這段文字，是將原文不相貫接的句子撮綴在一起的。

大事表：「在今魚臺縣東北十二里。棠與唐古通，即二年公與戎盟之唐也。」亦作常，詩魯頌閟宮「居常與許」是也。毛傳謂：「常、許，魯南鄙、西鄙。」許即許田，爲南鄙；常爲西鄙也。讀書叢録云：「管子小匡篇：桓公曰：『吾欲南伐，何主？』管子對曰：『以魯爲主，反其侵地常、潛。』國語魯語作棠、潛。左氏隱五年：『公觀魚于棠。』棠即常也。」閻氏若璩四書釋地云：「春秋三棠邑：一宋魯之界上，矢魚于棠是也，今魚臺縣；一楚地，伍奢長子尚爲棠君是也，今六合縣；一齊邑，齊棠公之妻。杜注不言棠所在。余謂棠，萊邑也。」左傳補注云：「水經注据杜注。唐與棠自爲二地，唐亭在魯竟内，地亦非遠。寰宇記：『棠水在宋州楚丘縣北四十里，從單州城武縣入界，南行五里合絶溝即此水也。』則不得爲濟上之邑。隸釋載漢石經公羊殘碑，此下直接下傳『曷爲或言率師，或不言率師』，無『夏，四月，葬衛桓公。秋，衛師入盛』一十二字。古者，經、傳異本，後儒省兩讀，始合併之。漢石經公羊有傳無經，此漢以前舊式可考者。」校勘記云：

○注「濟者」至「四瀆」。○爾雅釋水云：「江、河、淮、濟爲四瀆。四瀆者，發源注海者也。」風俗通引三正記曰：「江、河、淮、濟爲四瀆。瀆者，通也，所以通中國垢濁，民陵居，殖五穀也。江者，貢也，珍物可貢獻；河者播，播爲〔一〕九流，出龍圖也；淮者均，均其務也；濟者齊，齊其度量也。」

○夏，四月，葬衛桓公。【疏】舊疏云：「即上三年傳云：『過時而不日，謂之不能葬也。』注云：『解緩

〔一〕「播爲」之「播」字原脱，叢書本同，據風俗通義校補。

不能以時葬，「夏，四月，葬衛桓公」是也。』桓公見弒在去年春，過期乃葬，故以解緩言之。」

○秋，衛師入盛。【疏】盛，唐石經、諸本同，左氏作郕。荀子王霸篇「以觀其盛者也」，注：「盛讀爲成。盛、郕皆从成得聲，故通。」土地名：「東郡廩丘縣三十里有故郕都。又剛縣西南有盛鄉城。」杜云：「東平剛父縣西南有郕鄉。」按：廩丘在范縣，剛與剛父，未知是一是二。泰山郡下有剛縣，在甯縣，與范地不相屬，恐非盛地所及。通義云：「入例月。衛師入盛不月者，同姓相入，託始于是，疾略之也。盛，文之昭也，天子嘗命爲上卿之長，衛滅王棄親，入兄弟之國，春秋所尤惡。故令〔一〕與『吴入州來』、『於越入吴』同例矣。」按：上二年注云：「入例時，傷害多則月。」此書時，猶正例也。

曷爲或言率師，或不言率師？將尊師衆稱某率師，【注】將尊者，謂大夫也；師衆者，滿二千五百人以上也。二千五百人稱師，「無駭率師入極」是也。禮，天子六師，方伯二師，諸侯一師。【疏】注「將尊」至「夫也」。○舊疏云：「公羊之例，大夫見名氏，故云此。」○注「師衆」至「是也」。○無駭事見上二年。二千五百人爲師，周禮夏官序官有此文。白虎通三軍云：「國有三軍何？所以戒非常、伐無道，尊宗廟，重社稷，安不忘危也。何以言有三軍也？論語曰：『子行三軍，則誰與？』詩云：『周王于邁，

〔一〕「令」，原訛作「令」，叢書本同，據公羊通義校改。

六師及之。』三軍者何法？法天、地、人也。以爲五人爲伍，五伍爲兩，四兩爲卒，五卒爲旅，五旅爲師，二千五百人爲師，師爲一軍，六師萬五千人也。傳曰：『一人必死，十人不能當；十人必死，百人不能當；百人必死，千人不能當；千人必死，萬人不能當；萬人必死，横行天下。』雖有萬人，猶謙讓自以爲不足，故復五千人。」與何氏説同。詩棫樸云「六師及之」，箋云：「天子六軍。萬二千五百人爲師。今王興師行者，殷末之制，未有周禮。」則亦用公羊義。彼疏引：「鄭志趙商問：『此箋引常武「整我六師」，宣王之時〔一〕又出征伐之事。不稱六軍，而稱六師，不達其意。』又臨碩〔二〕並引詩三處六師之文，以難周禮。鄭釋之云：『春秋之兵，雖累萬之衆，皆稱師。詩之六師，謂六軍之師。』」則鄭氏總言三文六師皆云六軍，是鄭又持疑未定也。其實萬二千五百人爲軍之説，自是周禮。其以師爲軍，是春秋今文家説，或夏、殷之制，不可通之周禮也。馮氏景解春〔三〕集與閻百詩書云：「國語伶州鳩與景王論武王曰：『王以黄鍾之下宫，布戎於牧之野，故謂之厲，所以厲六師也。』先生曰：『斯時武王僅有三軍，六師未備，謂爲追書者之常。』景按，大雅：『周王于邁，六師及之。』周王，文王也，亦未有六軍。故鄭箋曰：『二千五百人爲師。』觀義疏最明，夫以六師言，則一萬五千人；以六軍言，則七萬五千人，是師少而軍多也。又易師卦注云：『多以軍爲名，次

〔一〕「時」，原訛作「詩」，叢書本同，據毛詩正義校改。
〔二〕「臨碩」下原衍一「問」字，叢書本同，據毛詩正義校删。
〔三〕「春」，原訛作「舂」，叢書本同。皇清經解、叢書集成初編中收有馮景的解舂集、解舂集詩鈔、解舂集文鈔，没有「解春集」，據改。

以師爲名，少以旅爲名。師者舉中之言。』此軍師名實確有別者。蓋詩人之作，或以後事言之，或論當時之實，若此詩『六師及之』，及之是据當時實事，不得云追書者之事。文王既有六師，則武王大巡六師，又何疑之有？是以師爲軍，說尤明確。」上二年「莒人入向」，杜注云：「將卑師少稱人。」孔疏：「師者，衆也。雖復五軍、三軍，悉皆以師爲名，取其衆義也，故經不書軍也。釋例曰：『春秋不書軍旅，壹皆曰師，從衆詞也。經之大例，君自將者，言君不言師；卿將者，滿師則師將並書，不滿則空舉將名；大夫將者，滿師則稱師，不滿則稱人。所以然者，定四年傳曰：「君行師從，卿行旅從。」則君行必有師，卿行必有旅，君將不言帥師，卿將不言帥旅，以其可知故也。卿行不合師從，今乃帥領一師，若不言師，則師文不見；卿尊自合書名，師文又須別見，故師將並舉，言某帥師也。其師少者，卿自須見，唯舉將名，不言帥師，言衆少不足録也。大夫爵位卑下，名氏不合見經，但所帥滿師，師自須見，故言師不言將也；若不滿師者，一旅之衆，例所不書，大夫位卑，又名不當見，則空舉其將，謂之爲人，人即大夫身也。其將尊師少及將卑師衆，若其序列，則將卑師衆在上，襄二年「晉師、宋師、衛甯殖侵鄭」是也。』釋例曰：『大夫將滿師稱師，不滿稱人而已。卿將滿師則兩書，不滿則直書名氏。君將不言帥師，卿將不言帥旅。此史策記注之常。』」是杜、孔並用公羊義也。○注「禮天子」至「一師」。○疑禮緯文也。宜爲方伯三師，諸侯二師。白虎通三軍篇引穀梁傳曰：「天子有六軍，上國三軍，次國二軍，下國一軍。」今穀梁有脫文也。公羊昭五年傳：「舍中軍者何〔一〕？

〔一〕「何」字原脱，據公羊傳校補。

復古也。」魯於春秋不得爲方伯，而以二軍爲復古，知次國二軍矣。此注雖不言一師，從可知也。白虎通又云：「諸侯所以一軍者，諸侯藩屏之臣也，任兵革之重，距一方之難，故得有一軍也。」此正班氏申言小國諸侯一軍之義。班氏多用公羊，兼採穀梁家説，則今本有譌脱可知。三略云：「聖王御世，度得失而爲之制，故諸侯二師，方伯三師，天子六師。」古者一二皆積畫，不無訛易也。但何氏以師爲二千五百人，與諸家異。古周禮以師、旅、卒、伍之師爲二千五百人。其六師、三師、二師之師當古軍制，萬二千五百人。故魯二軍，得二萬五千人。魯頌侈言其盛，故曰「公徒三萬」，則五倍于師矣。鄭氏答臨碩，謂古春秋億萬之衆皆稱師，似亦不專指二千五百人之數，均與何氏微異。

將尊師少稱將，【注】師少者，不滿二千五百人也。「衛孫良夫伐廧咎如」是也。【疏】注「衛孫」至「是也」。○見成三年。校勘記云：「廧，鄂本以下同。按，成三年經作『將咎如』，左氏作『廧』，此誤。宋本『廧』字剜改，蓋本作『將』。」按：此蓋誤涉左氏文也。舊疏云：「不言郤克〔一〕者，科舉以言之。」

將卑師衆稱師，【注】將卑者，謂士也。「衛師入盛」是也。【疏】注「將卑」至「是也」。○即此是也。孔疏以將卑爲大夫，將尊爲卿，與此異。公羊以大夫屬將尊，士屬將卑。襄十一年傳云：「古者，上卿下卿，上士下士。」下卿蓋即大夫也。司徒、司空上卿各一，下卿各二。司馬上下卿各一。上士相上卿，下士相下卿，此何氏義也。正合三卿五大夫之數。

〔一〕「郤克」，原訛作「卻克」，叢書本同，據公羊注疏校改。

將卑師少稱人。【注】鄭人伐衛是也。【疏】注「鄭人伐衛是也」。○見上二年冬。

君將不言率師，書其重者也。【注】分別之者，責元率，因録功惡有小大，「救徐」、「從王伐鄭」是也。【疏】通義云：「公伐邾婁是也。」繁露王道云：「君將不言率師，重君之義。」又奉本云：「君將不言臣，臣不言師。」按：疑衍一「臣」字。謂君自將，不舉其臣，事統於尊也。亦不言師，即謂不言率師，君爲重故。○注「分別」至「小大」。○校勘記云：「元率，宋本作元帥。閩本、監本、毛本並作率。」舊疏云：「責元帥者，凡書兵者，是正不得，故責之也。因録功惡有小大者，即將尊師衆而有功小，將卑師少而有功大；將卑師少而無功爲惡小，將尊師衆而無功爲惡大也。」按：繁露竹林云：「戰、攻、侵、伐，雖數百起，必一二書，傳其害所重也。」又云：「會同之事，大者主小；戰伐之事，後者主先。苟不惡，何爲使起之者居下？是其惡戰伐之辭已！」故春秋凡書將者，皆責元帥，爲其重兵害衆，構怨結禍，更相報償故也。而又録功惡之大小者，孟子所謂彼善於此者也，故士匄不伐喪，而春秋大之；子反内專政而外擅名，而春秋予其平，功惡不相掩，而大小自見者也。○注「救徐」至「是也」。○僖十五年「春，公孫敖率師及諸侯之大夫救徐」，彼注云：「言次者，刺諸侯緩於人恩，既約救徐而生事止次不自往，遣大夫往，卒不能解也。」是其將尊師衆無功，故爲惡大也。桓五年：「秋，蔡人、衛人、陳人從王伐鄭。」傳：「其言從王伐鄭何？從王正也。」彼注云：「美其得正義也。」故以從王征伐録之，蓋起時天子微弱，諸侯背叛，莫肯從王者征伐，以善三國之君獨能尊天子死節。稱人者，刺王者也。天下之君，海内之主，當秉綱撮要，而親自用兵，故見其微弱，僅能從微者，不能從諸侯，猶莒稱人，則從不疑也。」知實諸侯者，以美得正，然則從王伐鄭，實三國之君，以刺王者，故稱人。若此注美其功大，則似實微者矣。不同者，以經文稱三國稱人，故即依人爲解也。通義云：「据此傳，知經雖以稱人爲貶，至圍入侵伐之等書人者，皆將卑師少常詞，非盡意義所繫，大氏功罪之別多於月日詳略見之也。」

公羊義疏七

南菁書院　句容陳立卓人著

隱五年九月盡十二月

○九月，考仲子之宫。

考宫者何？考，猶入室也。始祭仲子也。【注】考，成也。成仲子之宫廟而祭之。所以居其鬼神，猶生人入宫室，必有飲食之事。不就惠公廟者，妾母卑，故雖爲夫人，猶特廟而祭之。禮，妾廟子死則廢矣。不言立者，得變禮也。加之者，宫廟尊卑共名，非配號稱之辭，故加之以絶也。【疏】校勘記云：「唐石經、諸本同。漢石經無下『也』字。」爾雅釋宫云：「宫謂之室，室謂之宫。」宫室互通，故以入室解考宫也。○注「考，成也」。○爾雅釋詁文。穀梁傳：「考者何也？考者，成之也。成之爲夫人也。」按：何意以考爲成仲子之宫，不取乎成夫人之禮也。詩斯干序云：「斯干，宣王考室也。」箋云：「考，成也。宣王於是築宫廟羣寢，既成而釁之，歌斯干之詩以落〔一〕之。此之謂成室。宗廟成，則又祭先祖。」○注「成仲」至「之事」。○左疏引服虔云：「宫廟初成，祭之，名爲考。將納仲子之主，故考成以致其五祀之神，以堅之。」禮記雜記云：「成廟則釁之。」説文西部：「釁，血祭也。」詩疏引賈逵云：「殺而以血塗鼓謂之釁鼓。則釁者，血塗之名。」故大戴禮諸侯釁廟篇云：「成廟釁之以羊，君玄服立於寢門内，南向。祝、宗人、宰夫、雍人〔二〕皆玄服。」盧注：「廟新成而釁者，尊而神之。以神事，故亦同爵弁。以〔三〕戴君朝服者，謂不與焉。」又云：「宗人曰：『請命以釁某廟。』君曰：『諾。』遂入。雍人拭羊，乃行入廟門。碑南，北面東上。雍人舉羊，升屋自中，中屋南面〔四〕，刲羊，血流于前，乃降。門以雞，有司當門北面，雍人割雞屋下當門，郟室，割雞于室中，有司亦北面也。」其居室則考而不釁。故雜記云：「路寢成，則考之而不釁。」注云：「設盛食以落之。」即引檀弓「晉獻文子成室，諸大夫發焉」，是落之事是也。古人緣生以事死，生人入室有飲食之事，故宗廟成亦祭，以妥其神焉。其祭器成，則以豭豚。昭四年左傳叔孫爲孟丙作鐘，「饗大夫以落之」，詩疏引服虔云「釁以豭豚爲落」是也。趙氏佑温故録云：「古人用釁之禮不一。定四年左傳：『君以軍行，祓社釁鼓。』文王世子『始立學者，既興器用幣』，注：『興讀曰釁。』月令孟冬：『命太史釁龜筴。』雜記

〔一〕「落」，原訛作「樂」，叢書本同，據毛詩正義校改。
〔二〕「雍人」二字原脱，叢書本同，據大戴禮記校補。
〔三〕「以」，原訛作「小」，叢書本同，據四部叢刊本大戴禮記校改。
〔四〕「面」字原脱，叢書本同，據四部叢刊本大戴禮記校補。

下：『成廟則釁之。其禮：雍人舉羊，升屋自中，中屋南面，刲羊，血流于前，乃降。門、夾室皆用雞。其衈皆於屋下。割雞，門當門，夾室中室。』又云：『路寢成，則考之而不釁。釁屋〔一〕者，交神明之道也。凡宗廟之器，其名者，成則釁之以豭豚。』大戴禮亦有釁廟獨爲篇。其具在周官者：『大祝』、『天府』而外，春官則有『肆師』，『以歲時序其祭祀，及其祈珥』；『小祝』，『大師，掌釁祈號祝』；『龜人』，『上春釁龜』；『雞人』，『凡祭祀，面禳釁，共其雞牲』。夏官則『大司馬』，『若大師』，『帥執事涖釁主及軍器』；『小子』，『掌珥於社稷，祈於五祀』，『釁邦器及軍器』；『羊人』，『凡祈珥、釁，積，共其羊牲』；『圉師』，『春除蓐、釁廄』；秋官則『士師』，『凡刉珥，則奉犬牲』；『犬人』，『凡幾珥，用駹可也』；『司約』，『若有訟者，則珥而辟藏』。康成注皆以祈即刉字，珥即衈字。用毛牲者刉，用羽牲者衈，皆取血以釁之事。釁之者，神之也。先鄭則釁讀爲徽，謂『飾美之也』。是凡器皆用釁，龜玉亦釁之，廟社皆用釁，主亦釁，馬廄亦釁之也。」○注「不就」至「祭之」。○漢書韋玄成傳：「玄成言：古者制禮，別尊卑貴賤，國君之母非適不得配食，則薦於寢，身殁而已。」册府元龜：「晉孝武追崇庶祖母宣太后，議者或謂宜配食中宗。臧燾議曰：『陽秋〔二〕之義，母以子貴，故仲子、成風咸稱夫人。經言「考仲子之宫」，若配食惠公，則宫無緣別築。前漢孝文、孝昭太后並繫子爲號，祭于園寢，不配於高祖、孝武之廟也。後漢和帝之母曰恭懷皇后，安帝祖母曰敬隱皇后，順帝之

〔一〕「屋」字原脱，叢書本同，據禮記雜記下校補。

〔二〕陽秋，乃春秋，晉簡文鄭太后諱阿春，晉人避其諱，以「陽秋」爲「春秋」，下同。

母曰恭閔皇后，雖不繫子爲號，亦祭于陵寢，不配章、安二帝。此則二漢雖有太后皇后之異，至於並不配食，義同陽秋。惟光武追廢吕后，故以薄后配食高廟。又衛后既廢，霍光追尊李夫人爲皇后，配孝武廟，此非母以子貴之例，直以高、武二廟無配故耳。又漢世立寢於陵，自是晉制所異，謂宜遠準陽秋考宫之義，近慕二漢不配之典。尊號既正，則罔極之情申；别建寢廟，則嚴禰之義顯。繫子爲稱，兼明母貴之所由，一舉而允三議，固哲王之高致也。』議者從之。」晉書簡文宣鄭太后傳〔一〕：「孝武追尊簡文太后，時羣臣希旨，多謂宜配食。徐邈曰：『臣按，陽秋之義，母以子貴。魯隱尊桓母，别考仲子之宫，而不配食於惠廟。若乃祔葬配食，則義所不可。』」虞歆議以爲春秋之義，庶母雖名同崇號，而實異正適，是以猶考别宫，而公子主其祀，是以隱公爲桓立其母廟，不配惠公，可謂權衡悉合。後儒責隱立宫以祭庶弟之母，啓後世追尊妾母者，不察之甚矣。○注「禮妾」至「廢矣」。○穀梁傳：「禮，庶子爲君，爲其母築宫，使公子主其祭也。於子祭，於孫止。」禮記喪服小記云「慈母與妾母不世祭也」，鄭注：「以其非正。春秋傳曰：『於子祭，於孫止。』」即穀梁説。范云「貴賤之序」，即本鄭氏，非正之義也。惟穀梁以仲子爲孝公之妾，隱公爲其孫故，非隱爲失禮。又彼傳云「使公子主其祭」，范云：「公當奉宗廟，故不得自主。公子者，長子之弟及妾之子。」其所論於孫止，即此之子死則廢也。漢書韋賢傳〔二〕告謝〔三〕毁廟曰：「孝莫大於嚴父，故父

〔一〕「晉書簡文宣鄭太后傳」，原誤記作「宋書禮志」，叢書本同，以下引述故事實出晉書，據改。
〔二〕「韋賢傳」，原誤記爲「匡衡傳」，叢書本同，所引述内容實出韋賢傳，據改。
〔三〕「謝」字原脱，叢書本同，據漢書校補。

之所尊子不可以不承，父之所異子不敢同。禮，公子不得爲母信，爲後則於子祭，於孫止，尊祖嚴父之義。」若然。喪服小記又云：「妾祔於妾祖姑，亡則中一以上而祔，祔必以其昭穆。」妾母不世祭，得祔諸妾祖姑者，孔疏云：「當爲壇祔之耳。」義或然也。其「無妾祖姑者」，則小記所云「易牲而祔於女君可也」，注：「女君，適祖姑。易牲〔一〕而祔，則凡妾下女君一等。」是也。○注「不言」至「禮也」。○舊疏云：「欲決成六年『立武宫』，定元年『立煬宫』，皆言立者，以其非禮故也。」○注「加之」至「絶也」。○亦以決武宫、煬宫、桓宫、僖公〔二〕不加之之義也。以武、煬等皆君，於稱宫宜。仲子是妾，不合與宫連文。又宫廟尊卑共名，不合不稱宫，故加之以絶，見其殊乎君與適夫人也。

桓未君，則曷爲祭仲子？【注】据無子不廟也。【疏】注「据無子不廟也」。○舊疏云：「即上解於孫止是也。其子死訖猶尚不祭，其子未君之時不祭明矣。」按：莊三十二年傳：「有子則廟，無子不廟。」注自据彼傳爲解，言未踰年君無子即不廟，況未爲君之妾母乎？

隱爲桓立，故爲桓祭其母也。然則何言爾？成公意也。【注】尊桓之母爲立廟，所以彰桓當立，得事之宜，故善而書之，所以起其意，成其賢也。【疏】注「尊桓」至「賢也」。○上元年傳云：「公將平國而反之桓。曷爲反之桓？桓幼而貴，隱長而卑。」故隱爲桓立，尊其母，爲得事之宜也。通義云：

〔一〕「牲」，原訛作「姓」，叢書本同，據上下文意徑改。
〔二〕「公」，據文意當作「宫」。公羊傳哀公三年經：「五月，辛卯，桓宫、僖宫災。」

「仲子之葬久矣，初殁惠公之喪，又遭天王崩，三年之中，遏密八音，未可盛禮興樂，故至是始祭。不就惠公廟者，配無二適也，凡此皆見春秋之初，魯猶秉周禮。」解詁箋云：「穀梁得之，其曰『成之爲夫人』，斯失矣。禮，妾祔于妾祖姑，亡則中一以上而祔，祔必以其昭穆。謂亡妾祖姑者，易牲而祔於女君可也。此士制也。周爲姜嫄立廟，設守祧一人，世世不毁，以義起，非常制也。庶子爲君，爲其母築宫，使公子主其祭，於子祭，於孫止，禮也。隱不成仲子爲夫人，故爲之考廟宫，若成之，得不以祔於〔一〕王母乎？經所譏者，正其不得立廟世祭，且著其僭諸公之樂，以明祖禰之廟且僭天子之樂，大惡不可言也。何君以爲善而書之，以成其賢，疏於禮矣。」按：劉氏於仲子主穀梁之説，故與何君全乖。穀梁又以隱不宜讓，故無賢辭。以公羊不書立之例見之，則考仲子之宫自非失禮。元年傳於「不書即位」曰「成公意」，於「仲子之喪告諸侯」曰「成公意」；二年傳於「不書子氏葬」曰「成公意」；又於此言「成公意」，終始無惡文，非善而何？何氏墨守本經，劉氏譏之，傎矣。

○初獻六羽。

初者何？始也。【疏】爾雅釋詁：「初，始也。」穀梁傳：「初，始也。」同。

〔一〕「得不以祔於」五字，原脱訛爲「不得爲」三字，叢書本同，據公羊何氏解詁箋校補。

六羽者何？舞也。【注】持羽而舞。【疏】注「持羽而舞」。○周禮舞師云：「教羽舞，帥而舞四方之祭祀。教皇舞，帥而舞旱暵之事。」鄭注：「羽，析白羽爲之，形如帗也。」皇，故書爲翌。「玄謂：皇，析五采羽爲之，亦如帗。」又樂師：「有帗舞，有羽舞，有皇舞，有旄舞，有干舞，有人舞。」先鄭云：「帗舞者，全羽；羽舞者，析羽；皇舞者，以羽冒覆頭上，衣飾翡翠之羽；旄舞者，氂牛之尾；干舞者，兵舞；人舞者，手舞。」後鄭謂：「帗，析五采繒；皇，雜五采羽如鳳皇色。」如後鄭義，六舞惟羽舞，皇舞持羽而舞也。所持何羽，義具於下。

初獻六羽何以書？譏。何譏爾？譏始僭諸公也。【注】僭，齊也，下傚上之辭。【疏】注「僭齊」至「之辭」。○廣雅釋詁云：「僭，擬也。」漢書韓安國傳注：「僭，擬也。」擬，儗，即齊之謂。穀梁傳「始僭樂矣」，注：「下犯上謂之僭。」本此爲義也。「傚」，釋文音「户教反」。校勘記云：「此當本作下效，故爲作音。」繁露王道云：「觀乎獻六羽，知上下之差。」差亦僭也。

六羽之爲僭奈何？天子八佾，【注】佾者，列也。八人爲列，八八六十四人，法八風。【疏】注「佾列」至「八風」。○白虎通禮樂云：「八佾者何謂也？佾者，列也。以八人爲行列，八八六十四人。」通典引蔡邕月令章句云：「天子省風以作樂舞，所以節八音而行八風。」獨斷云：「天子八佾，八八六十四人。八者，象八風，所以風化天下也。」

諸公六，【注】六人爲列，六六三十六人，法六律。【疏】注「六人」至「六律」。○白虎通禮樂云：「諸公六六爲行。」何氏本此。獨斷云：「公之樂六佾，象六律也。」通義云：「舊説非也。佾以八人爲列，於文从八。王逸招魂章句云：『二八二列也。夫人有二列之樂，故晉悼公賜魏絳女樂二八也。』穀梁傳：『尸子曰：舞夏，自天子至諸侯皆用八佾。初獻六羽，始厲樂矣。』其意正以初獻六羽爲每佾用六羽，故言自八佾至於四佾，皆八羽而成佾。魯佾六羽，始殺樂矣。雖於此經不然，然足爲佾必八人之證。繁露三代改制曰：『法商而王，舞溢員；法夏而王，舞溢方；法質而王，舞溢橢；法文而王，舞溢衡。』由此言之，綴兆不必正方，又不得以人數宜如佾數爲難。」按：左疏引服虔説，以用六，爲六八四十八人；大夫四，爲四八三十二人；士二，爲二八十六人。又月令章句云：「佾，列也〔一〕。每佾八人，服冕而執戚。」則服氏、蔡氏以八人爲佾，杜氏以八八六十四人、六六三十六人、四四十六人、二二四人爲説。取何氏義，以舞勢宜方故也。

諸侯四。【注】四人爲列，四四十六人，法四時。【疏】注「四人」至「四時」。○白虎通云：「諸侯四四爲行。」獨斷云：「侯之樂四佾，所以象四時。」白虎通又云：「天子八佾、諸侯四佾何？所以別尊卑。樂者，陽也，故以陰數。法八風、六律、四時也。八風、六律者，天氣也，助天地成萬物者也，亦猶樂，所以順氣，變化萬民，成其性命也。故春秋公羊傳曰：『天子八佾，諸公六佾，諸侯四佾。』」是班氏用今文説，何氏即本班爲義也。月令章句：「天子八佾，諸侯六佾，大夫四佾。」按：白虎通又引：「詩傳〔二〕曰：『大夫士，琴

〔一〕「也」字原訛作「人」，叢書本同，據月令章句校改。
〔二〕「傳」字，今唯抱經堂叢書本有，是。其餘白虎通義諸本均無。

瑟御。』大夫士，北面之臣，非專事子民者也，故但琴瑟而已。」則魯詩、公羊春秋皆以大夫無舞也。通義云：「四八三十二，此正制也。左氏言諸侯六佾、大夫四者，衆仲探公問羽數之意，欲僭諸公，特詭詞以對耳。又天子之大夫視諸侯，故得通言大夫四佾矣。」按：諸侯六，大夫四，士二，自是左氏家説，不得通之公羊。孔氏雖欲合之，謬矣。蔡氏章句或亦取左氏義耳。白虎通爵篇云：「何以知公爲爵也？春秋傳曰：『諸侯四佾，諸公六佾。』」約此經爲説也。廣雅釋樂云：「天子樂八佾，諸公六，諸侯四。」與公羊同。通典引月令章句〔一〕：「天子八佾，諸侯六，大夫四，士二。」説郛引章句又云：「問者曰：子説月令，多類周官、左傳。」明古文家以天子八，諸侯六，大夫四，士二也。御覽引禮記曰：「天子宮懸，四面，舞行八佾；諸侯軒懸，三面，舞行六佾；大夫判懸，二面，舞行二佾。」蓋古逸禮語，故與左氏説同。

諸公者何？諸侯者何？天子三公稱公，王者之後稱公，【疏】通義云：「顧炎武曰：天子三公稱公，周公、召公、毛公、畢公、蘇公是也。王者之後稱公，宋公是也。」按：僖九年經云「公會宰周公」，注：「宰，治也。三公之職號，尊名也。」是天子三公稱公也。上三年「宋公和卒」，注云：「宋稱公者，殷後也。王者封二王後，地方百里，爵稱公，客待之而不臣也。」是王者之後稱公也。詩篤公劉箋云：「郃，后稷上公之封，大國之制三軍。」正義云：「后稷本二王後，以有大功，故封于郃，明爲大國公爵。公劉是其曾孫耳。」

〔一〕「月令章句」下原衍「引樂容曰舞」五字，叢書本同，通典於「蔡邕月令章句曰」下直接引文，無此五字，據删。

其餘大國稱侯，【注】大國謂百里也。【疏】注「大國謂百里也」。○孟子萬章云：「公侯皆方百里。」又云：「大國地方百里。」禮記王制同。是公侯地同，祇以王者之後特加爵爲公。故白虎通爵篇云：「公者，加尊二王之後；侯者，百里之正爵。」是也。舊疏謂「侯與公等者，据有功者〔一〕言之」，又云「其實凡平之侯正與伯等」者，皆非也。繁露爵國云：「大國十六萬口而立口軍三，何以言之？曰：以井田准數之，方里而一井，一井而九百畝而立口。方里八家，一家百畝，以食五口，上農夫耕百畝，食九口，次八人，次七人，次六人，次五人。多寡相補，率百畝而三口，方里而二十四口。方里者十，得二百四十口。方十里爲方〔二〕里者百，得二千四百口。方百里爲方里〔三〕者萬，得二十四萬口。法三分而除其一。城池、郭邑、屋室、閭巷、街路市、官府〔四〕、園囿、萎圂、臺沼、椽采，得良田方十里者六十六，與方里六十六，定率得十六萬口。三分之，則各五萬三千三百三十三口，爲大國口軍三〔五〕。此公侯制也。」

小國稱伯子男。【注】小國，謂伯七十里，子男五十里。【疏】注「小國」至「十里」。○王制云：「公侯田方百里，伯七十里，子男五十里。」鄭注：「此地，殷所因夏爵三等之制。春秋變周之文從殷之質，合伯

〔一〕「者」字原脱，叢書本同，據公羊注疏校補。
〔二〕「方」下原衍一「百」字，叢書本同，據繁露校刪。
〔三〕「里」上原衍一「百」字，據繁露校刪。
〔四〕「官府」，原訛作「宮府」，叢書本同，據繁露校改。
〔五〕「三」字原脱，叢書本同，據繁露校補。

子男以爲一，則殷爵三等者，公、侯、伯也。異圻内謂之子。周武王初定天下，更立五等之爵，增以子、男，而猶因殷之地，以九州之界尚狹也。周公攝政致太平，斥大九州之界，制禮成武王之意，封王者之後爲公，及有功之諸侯，大者地方五百里，其次侯四百里，其次伯三百里，其次子二百里，其次男百里。所因殷之諸侯，亦以功黜陟之。其不合者，皆益之地爲百里焉。是以周世有爵尊而國小、爵卑而國大者，唯天子圻内千里不增，以禄羣臣，不主爲治民。」按：何氏此注疑有脱誤。「伯七十里，子男五十里」，自是夏殷之制。春秋當以公爲一等，侯爲一等，伯子男爲一等，當「公百里，侯七十里，伯子男五十里」。故白虎通爵篇引公羊此傳下即云：「殷爵三等，爲公侯伯也。所以合子男從伯者，王者受命，改文從質，無虚退人之義，故上就伯也。尚書曰『侯、甸、男、衛作國伯』，謂殷也。春秋傳曰：『合伯子男以爲一爵。』」又曰：「王者有改道之文，無改道之實。殷家所以令公居百里、侯居七十里何也？封賢極于百里，不可空退人，示優賢之義，欲褒尊而上之。何以知殷家侯不過七十里？曰：土有三等，有百里、七十里、五十里，其地半者其數倍，制地之理體也，多少不相配。」此班氏所据公羊家説也。又按：繁露爵國云：「春秋曰『會宰周公』，又曰『公會齊侯、宋公、鄭伯、許男、滕子』，又曰『初獻六羽』。傳曰：『天子三公稱公，王者之後稱公，其餘大國稱侯，小者稱伯子男。』凡五等，故周爵五等，士三品，文多而實少；春秋三等，合伯子男爲一爵，士二品，文少而實多。」凡五等宜是三等，涉下五等而誤。董生意以公侯百里、伯七十里、子男五十里爲周制。其時周官未出，其實周爵五等，士五品也。春秋殷制，當公侯百里，伯子男七十里矣，故云士二品。何氏於上大國稱侯注云：「大國謂百里。」則此注當云「小國七十里」，與董生正合，與班氏所据公羊説微異，則又公羊先師之不同者。俗儒習見孟子、王制之文，並何氏注亦改之，謬矣。通義云：「舊説此爲春秋改文從質。然周爵雖五，固分三等。周禮曰：『公於上等，侯伯於中等，子男於下等。』是也。但春秋時變之，又以伯子男同一位，故桓、文之序盟會，恒先宋公，次諸侯，次伯子男，錯雜列之。左傳『鄭伯，男也』，王肅曰：『鄭，伯爵，而連男言之，猶言曰〔一〕公侯，足句辭也〔二〕。』經書『吴子』，而國語曰：『命圭有命，固曰吴伯。』皆以伯子男同等故也。含文嘉曰：『四方所瞻，侯子所望，大國稱侯，小國稱子，舉中以包之。』」是也。繁露爵國又云：「故伯七十里，七七四十九，三分除其一，定得田方十里者二十八，與方十里者六十六，定率得十萬九千二百一十二口，爲次國口軍三。子男五十里，五五二十五，爲方十里者六十六，定率得四萬口，爲小國口軍三。」此周制也。春秋合伯子男爲一等，其不以七十里、五十里爲春秋制，審矣。

天子三公者何？天子之相也。【注】相，助也。【疏】注「相，助也」。○類聚引風俗通云：「相者，助也。」詩雝「相維辟公」傳、禮記緇衣「相亦惟終」注並云：「相，助也。」又月令「命相布德和令」，鄭注：「相，謂三公也，相王之事也。」是也。

天子之相，則何以三？【注】据經但有祭公、周公。【疏】注「据經」至「周公」。○見桓八年、僖

〔一〕「言曰」二字原脱，叢書本同，通義援引如此，據左傳正義校補。
〔二〕「也」字原脱，叢書本同，通義援引如此，據左傳正義校補。

九年。

自陝而東者，周公主之；自陝而西者，召公主之；一相處乎内。【注】陝者，蓋今弘農〔一〕陝縣是也。禮，司馬主兵，司徒主教，司空主土。春秋撥亂世，以黜陟爲本，故舉黜陟以所主者言之。【疏】校勘記云：「『陝』，唐石經、諸本同。毛本『陝』作『陜』，與説文〔二〕篆體合。釋文：『陝，失冉反。一云當作郟，古洽反。王城郟鄏。』非何義。」又云：「『召公』，唐石經、諸本同。釋文作『邵公』，云又作『召』。按，作邵乃俗字。」吕覽孟春紀「命相布德和令」，高誘云：「相，三公也。出爲二伯，一相處乎内。」按：書堯典云「四岳」。史記注引鄭注云：「主四岳者，謂之四伯。」則堯時稱岳，四人；殷、周稱伯，二人也。禮記王制云：「八伯各以其屬，屬于天子之老二人，分天下以爲左右，曰二伯。」注云：「老謂上公。周禮曰：『九命作伯。』春秋傳曰：『自陝以東，周公主之；自陝以西，召公主之。』」禮記樂記云：「五成而分陝，周公左，召公右。」詩下泉傳云：「諸侯有事，二伯述職。」禮記曲禮云「五官之長曰伯，是職方」，注云：「謂爲三公者，周禮：『九命作伯。』職，主也。是伯分主東西者。」引此傳語。禮記疏引異義〔三〕云：「王者已有州牧，所以復設二伯何？欲使絀陟也。三歲一閏，天道小備，故二伯絀陟也。何以爲二伯乎？曰：『以

〔一〕「弘農」，原作「宏農」，清代避乾隆皇帝弘曆名諱，以宏代弘。兹恢復本字，下同徑改。

〔二〕「説文」，原訛作「訓文」，叢書本同，據阮元校勘記校改。

〔三〕禮記疏中不見以下所引文字。周禮正義有之，文字有出入，「州牧」作「州伯」，「絀陟」作「絀職」，「爲其畏」作「爲其威」，「臣有所屈伯」作「明有所屈迫」。

三公在外稱伯，東西分爲二。所以稱伯何？欲抑之也。三公，臣之最尊者也，又以王命行天下，爲其畏，故抑之也，臣有所屈伯也。』」史記燕世家云：「其在成王時，召公爲三公。自陝以西，召公主之；自陝以東，周公主之。」白虎通封公侯云：「王者所以有二伯何？分職而授政，欲其亟成也。春秋公羊傳曰：『自陝已東，周公主之；自陝已西，召公主之。』不分南北何？東方被聖人化日少，西方被聖人化日久，故分東西，使聖人主其難，賢人主其易也，乃俱致太平也。又欲令同有陰陽寒暑之節，共法度也。」又巡守篇：「傳曰：『周公入爲三公，出作二伯，中分天下，出黜陟。』詩曰：『周公東征，四國是皇。』言東征述職，周公黜陟而天下皆正也。又曰：『蔽芾甘棠，勿翦勿伐，召伯所茇。』言召公述職，親説舍于野樹之下。」詩甘棠序云：「甘棠，美召公也。召伯之教，明於南國。」箋云：「召伯食采于召，作上公，爲二伯。」説苑貴德云：「詩傳曰：『自陝以東者，周公主之；自陝以西者，召公主之。』召公述職，當桑蠶之時，不欲變民事，故不入邑中，舍于甘棠之下，而聽斷焉。陝間之人，皆得其所。故後世思而歌詠之。」彼所引詩傳則魯詩説也。三公佐君而治，二相出巡，故一相處内，引周、召事，明二公出作方伯也。○注「陝者」至「是也」。○漢書地理志云：「弘農郡：陝，故虢國。有焦城，故焦國。北虢在大陽，東虢在滎陽，西虢在雍州。」公羊問答云：「郡國志：『陝縣有陝陌，二伯所分。』括地志〔一〕：『陝原在陝州陝縣西南二十五里，分陝從原爲界。』集古録：『陝州石柱，相傳以爲周、召分陝所立，以別地里。』」御覽引十道志云：「陝州陝郡，禹貢豫州之

〔一〕「括地志」，原誤記爲「据地志」，叢書本同，據公羊問答校改。

域，周爲二伯分陝之地，即古虢國。」白虎通封公侯云：「所分陝者，是國中也，若言面，八百四十國矣。」毛詩譜云：「文王受命，作邑于豐，乃分岐邦周、召之地爲周公旦、召公奭之采地，施先公之教於己所職之國。」則周、召分采，舊在岐地，後得六州之地，咸被其德，故由陝分界也，故周南所詠如江、漢、汝在今河南、湖、廣地。水經注引韓詩序謂南在南郡南陽之間，謂周南也。召南所載如南山，則終南山也。江、沱則梁州之沱也，在今陝西、四川地，則陝爲即今之陝州明矣。詩譜云：「其得聖人之化者，謂之周南；得賢人之化者，謂之召南。」皆謂由陝而南者也。其陝以東之冀、兗、青、徐、豫、揚，陝以西之雍，從可知也。周承殷制，分爲二伯。王制所謂八州、八伯。又云：「天子之老二人曰二伯。」八伯者，伯下之牧也。夏則無文，唐虞則詩崧高箋云：「當堯時，姜氏爲四伯，堯之末分爲八伯。」故尚書大傳云：「元祀巡守四岳八伯。」舜之元祀有八伯，明堯末置之，舜因而不改焉。◯注「禮司」至「主土」。◯白虎通封公侯云：「司馬主兵，司徒主人，司空主地。王者受命爲天、地、人之職，故分職以置三公，各主其一，以效其功。」又：「別名記曰：『司徒典民，司空主地，司馬順天。天者施生，所以主兵何？兵者，爲民除害也，所以全其生、衛其養也，故兵稱天。寇賊猛獸，皆爲除〔一〕害者所主也。』論語曰：『天下有道，則禮樂征伐自天子出。』司馬主兵，不言兵言馬者，馬陽物，乾之所爲，行兵用焉，不以傷害爲文，故言馬也；司徒主人，不言人言徒者，徒者衆也，重民衆。司空主土，不言土言空者，空尚主之，何況于實？以微見著。」書鈔引異義云：「今尚書

〔一〕「除」，原訛作「謀」，叢書本同，據白虎通義校改。

夏侯、歐陽說：天子三公，一曰司徒，二曰司馬，三曰司空，九卿、二十七大夫、八十一元士，凡百二十。」與公羊說同也。異義又載：「古周禮說：天子立三公，曰太師、大傅、大保，無官屬，與王同職，故曰坐而論道，謂之王公。又立三少以副之，曰少師、少傅、少保，是爲三孤。冢宰、司徒、宗伯、司馬、司寇、司空，是爲六卿之屬。許氏謹案，周公爲傅，召公爲保，太公爲師，無爲司徒、司空文。知師、保、傅，三公官名也。五帝三王不同物，周之制也。」則許氏以今文家說爲前代制。漢代今文正行，故續漢志注引漢官儀云：「王莽時，議以漢無司徒官，故定三公之號曰大司馬、大司徒、大司空。世祖即位，因而不改也。」韓詩外傳八曰：「三公者何？曰司空、司馬、司徒也。司馬主天，司空主土，司徒主人。」漢書百官公卿表云：「或説司馬主天，司徒主人，司空主地。」論衡引書大傳云：「郊社不修，山川不祝，風雨不時，霖雪不降，則責之天公；臣多弑主，孽多亂宗，五品不訓，責於人公；城郭不繕，溝池不修，水泉不降，水爲民害，則責之地公。」御覽引書大傳又云：「百姓不親，五品不訓，則責之司徒；蠻夷猾夏，寇賊姦宄，則責之司馬；溝瀆壅遏，水爲民害，則責之司空。是司馬主兵，兵以順天除害，故亦稱天公也。」按：御覽引書大傳〔一〕云：「乃告司馬、司徒、司空。」月令疏引書傳：「有司馬公，司徒公，司空公，領三卿。」是周初自以司馬、司徒、司空爲三公。故書牧誓亦止有司徒、司馬、司空也。○注「春秋」至「言之」。○上傳說諸公有二，一王者之後，一天子三公。此傳止申言天子三公，不及二王之後，故解之。正以天子三公主黜陟，春秋撥亂之書，黜陟

〔一〕「傳」，原訛作「誓」，叢書本同，以下引文未見於書泰誓，實出尚書大傳，據改。

爲本，故偏取以明所主焉。通義云：「主者，主其黜陟也。」蓋春秋因事寓戒，故於僭諸公詳之。繁露考功名云：「考績黜陟，計事除廢，有益者謂之公，無益者謂之煩。擥名責，實不得虚言，有功者賞，有罪者罰，功盛者賞顯，罪多者罰重。故是非不能混，喜怒不能傾，姦軌不能弄，萬物各得其冥。則百官勸職，争進其功。」又天地之行云：「考實事功，次序殿最，所以成世也。有功者進，無功者退，所以賞罰也。」「天不剛，則列星亂其行；主不堅，則邪臣亂其官。星亂，則亡其天；臣亂，則亡其君。」是王者黜陟以撥亂之義也。

始僭諸公昉於此乎？【疏】昉，唐石經、諸本同。漢石經昉作放。

前此矣。前此則曷爲始乎此？僭諸公猶可言也，僭天子不可言也。【注】傳云爾者，解不託始也。前僭八佾於惠公廟，大惡不可言也。還從僭六羽譏，本所當託者非但六也，故不得復傳上也。加初者，以爲常也。獻者，下奉上之辭。不言六佾者，言佾則干舞在其中，明婦人無武事，獨奏文樂。羽者，鴻羽也，所以象文德之風化疾也。夫樂本起於和順，和順積於中，然後榮華發於外，是故八音者，德之華也；歌者，德之言也；舞者，德之容也。故聽其音可以知其德，察其詩可以達其意，論其數可以正其容，薦之宗廟足以享鬼神，用之朝廷足以序羣臣，立之學宫足以協萬民。凡人之從上教也，皆始於音，音正則行正，故聞宫聲，則使人温雅而廣大；聞商聲，則使人方正而好義；聞角聲，則使人惻隱而好仁；聞徵聲，則使人整齊而好禮；聞羽聲，則使人樂養而好施。所以感蕩血脈，流通精神，存寗正性，故樂從中出，禮從外作也。禮樂接於身，望其容而民不敢慢，觀其色而民不敢争，故禮樂者，君子之深教也，不可須臾離也。君子須臾離禮，則暴慢襲之；須臾離樂，則姦邪入之。是以古者天子諸侯，雅樂鐘磬未曾離於庭；卿大夫御，琴瑟未曾離於前，所以養仁義而除淫辟也。魯詩傳曰「天子食日舉樂，諸侯不釋縣，大夫、士日琴瑟」，王者治定制禮，功成作樂。未制作之時，取先王之禮樂宜於今者用之，堯曰大章，舜曰簫韶，夏曰大夏，殷曰大護，周曰大武。各取其時民所樂者名之，堯時，民樂其道章明也；舜時，民樂其修紹堯道也；夏時，民樂大其三聖相承也；殷時，民樂大其護己也；周時，民樂其伐討也。蓋異號而同意，異歌而同歸。失禮鬼神例日，此不日者，嫌獨考宮以非禮書，故從末言初可知。【疏】包氏慎言云：「不可言，惡大也。王制曰：『變禮易樂者誅。』僭天子犯誅罪，故云不可言。」按：大戴禮本命云：「誣文武者罪及四世。」即此變禮易樂者是也。○注「傳云」至「始也」。○校勘記云：「宋本、監本同。鄂本云〔一〕作言。」其託始者，即上「無駭入極」、「紀履緰來逆女」等傳是也。此傳不云託始，正以魯隱上僭，不始於是，其在先者，爲僭天子，又不可言，故不得託始也。○注「前僭」至「羽議〔二〕」。○校勘記云：「議，閩本、監本、毛本同，誤也。鄂本議作譏。浦鏜〔三〕云：『儀禮經傳通解引作譏，當据正。』」僭八佾於惠公廟，何氏必有所据，經籍散亡，無以言之。繁露王道云：「魯舞八佾如天子之爲。」是僭天子事也。又云：「獻八佾，諱八言

〔一〕「云」，原訛作「之」，叢書本同，據阮元校勘記校改。
〔二〕「議」，上【注】中作「譏」，爲阮元所校改。參看下引校勘記。
〔三〕「鏜」字原脱，據校勘記校補。阮元校勘記均作「浦鏜云」，其按語才用「浦云」是也。

六。」是從僭六羽譏，爲八佾諱故也。通義云：「前此羣公之廟已徧舞八佾，今於仲子降一等，猶僭諸公。春秋内大惡諱，僅因其可言者譏始於此。然六羽猶譏，八羽可知。故曰易『本隱以之顯』，春秋『推見以至隱』，此之類也。」按：禮記明堂位云：「命魯公世世祀周公以天子之禮樂。」又祭統云：「成王、康王追念周公之所以勳勞者，而欲尊魯，故賜之以重祭。外祭，則郊社是也；内祭，則大嘗禘是也。夫大嘗禘，升歌清廟，下而管象，朱干玉戚以舞大武，八佾以舞大夏，此天子之樂也。」蓋魯祀周公本舞八佾，後世因用之於羣廟耳。昭二十五年傳：「子家駒曰：『八佾以舞大武。』」明昭公時猶用八，季氏之僭八佾，有自來矣。

○注「本所」至「上也」。○舊疏云：「由非六之故，是以不得復發傳云上古已有六矣。」按：語義未明。何意謂本所當託者是八羽，非但於六。今諱八譏六，故不復發傳如上託始之傳也，無緣述及上古。○注「加初」至「常也」。○孔疏云：「初獻六羽者，謂初始而獻，非在後恒用。知者，宣十五年『初税畝』，杜云：『遂以爲常，故云初。』杜於此不解初義，明不與彼同。」按：同一初文，義自無二。杜於此「初」偶有未解，不得即據爲確義。杜於傳文「始用六佾」下注云：「其後季氏舞八佾於庭，知惟在仲子廟用六。」則杜明以仲子之廟恒六羽矣。○注「獻者」至「之辭」。○左氏莊三十一年云「齊侯來獻戎捷」，杜注：「獻，奉上之辭。」又穀梁范注：「獻，下奉上之辭。」禮記少儀云「若獻人」，注：「於尊者曰獻。」儀禮燕禮「獻庶子于阼階上」，注：「凡獻，皆薦也。」皆於下奉上義合。○注「不言」至「文樂」。○祭統鄭注云：「朱干，赤盾；戚，斧也，此武象之舞所執也。佾猶列也。大夏，禹樂，文舞也，執羽籥。文武之舞皆八列，互言之耳。」明朱干玉戚亦八列。大夏亦執舞器，故云互言，是言佾則干舞在其中矣。御覽引五經通義云：「王者之樂有先後者，各尚其德也。以文得之，先文樂，持羽旄而舞；以武得之，先武樂，持朱干玉戚而舞，所以增威武也。」是文樂象文，武樂象武。婦人無武事，不得有武舞也。解詁箋云：「禮，諸侯不敢作樂，天子得賜之樂。樂以象先王之功也，周於姜嫄廟用樂舞，以大濩則武舞矣。此竇公傳之誤也。周官云『凡小祭祀則不興舞』，注：『王玄冕所祭者。』諸侯既不得親祭妾母，若妾祖母，安得奏文樂乎？」按：妾母雖使公子主祭，當時必有違禮用樂者，故春秋譏焉。左傳云「將萬焉」，杜不明言萬爲何舞。據宣八年公羊傳，則萬者，干舞；籥者，羽舞。萬、羽不同，而左氏直言問羽數，則似以萬即羽矣。彼疏引劉炫述義云：「羽者爲文，萬者爲武。武則左執朱干，右秉玉戚；文則左執籥，右秉翟。此傳將萬問羽，即似萬羽同者。以當此時萬羽俱作，但將萬而問羽數，非謂羽即萬也。」則以婦人廟亦有武舞，非公羊義。范云：「言佾干在其中，明婦人無武事，獨奏文樂。」疏引徐邈亦同范説，蓋皆本之何氏也。○注「羽者」至「疾也」。○詩疏引：「異義：公羊説：樂，萬舞以鴻羽，取其勁輕，一舉千里。詩毛傳：『萬以翟羽。』韓詩説：以夷狄大鳥羽。謹案，詩云：『右手秉翟。』爾雅説：『翟，鳥名，雉屬也。』知翟羽舞也。」按：所載公羊説「萬」字宜衍。通義云：「翟羽文，鴻羽質。蓋鴻舞者，殷制；翟舞者，周制。周禮：『舞大濩以享先妣。』魯有六代之樂，或意以仲子之宫比先妣廟而舞殷舞與？春秋有變文從質之義，亦因以示法。易曰：『鴻漸于陸，其羽可用爲儀。』儀猶獻也。」義或然也。○注「夫樂」至「於外」。○此下疑成語，與禮記樂記文大同小異。樂記云：「是故情深而文明，氣盛而化神，和順積中，而英華發外。唯樂不可以爲僞。」繁露楚莊王云：「天下未徧合和，王者不虛作樂。樂者，盈於内而動發於外者也。應其治時，制禮作樂以成之。成者，本末質文皆以具矣。」御覽引元命包云：「王者不空作樂。樂者，和盈于内，動發于外，應其發時，制禮作樂以成之。」宋注：「和盈于内，鄉人邦國咸歌之；發于外，形四方之風也。」與繁露説合。○注「是故」至「容也」。○樂記云：「德者，性之端也；樂者，德之華也；金石絲竹，樂之器也。詩，言其志也；歌，詠其聲也；舞，動其容也。三者本於心〔一〕，然後樂器從之。」史記樂書：「太史公曰：正教〔二〕者，皆始于音，音正而行正。」漢書景帝紀：「詔曰：歌者所以發德也，舞者所以昭功也。」○注「故聽」至「其容」。○樂書云：「凡音由於人心，天之與人有以相通，如景之象形，響之應聲。」樂記云：「凡音之起，由人心生也。人心之動物使之然也。感於物而動，故形於聲，故聽其音可知其德也。」書堯典云：「詩言志。」詩周南序云：「詩者，志之所之也，在心爲志，發言爲詩。」樂書又云：「寬而静、柔而正者，宜歌頌；廣大而静、疏達而信者，宜歌大雅；恭儉而好禮者，宜歌小雅；正直清廉而謙者，宜歌風；肆直而慈愛者，宜歌商；温良而能斷者，宜歌齊。是察其詩，可以達其意；察其所歌詩，意亦可達也。」樂記云：「是故先王本之性情，稽之度數。」又云：「使其聲足樂而不流，使其文足論而不息，使其曲直、繁瘠、廉肉、節奏足以感動人之善心而已矣。」曲直、繁瘠、廉肉、節奏則數也，故賓牟賈述武舞云：「總干而山立，武王之事也；發揚蹈厲，大公之志也；武亂皆坐，周召之治也。」是論其數，可以正其容也。○注「薦之」至「萬民」。○樂書云：「汲黯進曰：『凡王者作樂，上以

〔一〕「心」，原訛作「必」，皇清經解續編本、叢書本均不誤，據校改。
〔二〕「教」，原訛作「聲」，叢書本同，據史記校改。

承祖宗，下以化兆民。』」白帖引樂緯云：「受命而王，爲之制樂，樂其先祖也。」周禮大司樂云：「乃分樂而序之，以祭以享以祀。」又云：「乃奏夷則，歌小吕，舞大濩，以享先妣。乃奏無射，歌夾鍾，舞大武，享先祖。」又云：「凡樂，黄鍾爲宫，大吕爲角，大蔟爲徵，應鍾爲羽。路鼓、路鼗，陰羽之管，龍門之琴瑟，九德之歌，九磬之舞，於宗廟中奏之。」皆享鬼神事也，其實天神地示亦統之矣。用之朝廷者，周禮樂師云：「教樂儀，行以肆夏，趨以采薺，車亦如之，環拜以鍾鼓爲節。」鄭注：「教樂儀，教王以樂出入於大寢朝廷之儀。」彼疏引書傳云：「天子將出，撞黄鍾之鐘。」是出入升降皆有樂節之也。又如儀禮鄉、射、燕諸禮皆有樂。無非以序羣臣者也。立之學宫〔一〕者，周禮大胥云：「春入學，舍采，合舞；秋頒學，合聲。」大司樂云：「以樂德教國子：中、和、祗、庸、孝、友。以樂語教國子：興、道、諷、誦、言、語。以樂舞教國子：舞雲門、大卷、大咸、大磬、大夏、大濩、大武。」樂師云：「掌國學之政，以教國子小舞。」鄉飲酒禮亦有升歌、間歌、合樂諸節，皆取和協之義。樂書：「太史公曰：下以變化黎庶。」是也。○注「凡人」至「行正」。○樂典引河間獻王樂記：「古之爲樂也，本於詩；今之爲詩也，沿乎樂。樂之典教不可復，已故禮慝而樂淫，樂節則禮，禮和則樂。樂節則禮，是以容得其正焉；禮和則樂，是以心得其平焉；斯須不違正樂，則夷鄭之音無自入焉。以此修德學道，音正而行正矣。」漢書董仲舒傳：「樂者，所以變民風、化民俗也。其變民也易，其化民也著。」樂書：「太史公曰：正教者皆始於音，音正而行正。故宫動脾而和正聖，商動肺而和正

〔一〕「宫」，原訛作「官」，叢書本同，據文意及【注】文校改。

義，角動肝而和正仁，徵動心而和正禮，羽動腎而和正智。故樂所以内輔正心而外異貴賤也。」樂記云：「樂必發諸聲音，形諸動静，人道也。聲音動静，心術之變，盡於此矣。」○注「故聞」至「好施」。○樂書：「太史公曰：故聞宫音，使人温舒而廣大；聞商音，使人方正而好義；聞角音，使人惻隱而愛人；聞徵音，使人樂善而好施；聞羽音，使人整齊而好禮。」與此徵羽相易。按：徵屬夏，於樂善好施宜應從史記。說郛引五經通義，以爲湯作濩事云：「聞宫聲，使人温良而寬大；聞商聲，使人方廉而好義；聞角聲，使人惻隱而愛人；聞徵聲，使人樂養而好施；聞羽聲，使人恭儉而好禮。」白虎通禮樂云：「聞角聲，莫不惻隱而慈者；聞徵聲，莫不喜養好施者；聞商聲，莫不剛斷而立事者；聞羽聲，莫不深思而遠慮者；聞宫聲，莫不温潤而寬和者。」皆與此大同小異。又五經析疑云：「聞角聲，莫不惻隱而哀者；聞商聲，無不斷割而無事者。」蓋本成語，引之或殊也。其取義亦止本仁義禮智信，按五行立說。○注「所以」至「正性」。○「通流」，鄂本作「流通」，宜據正。樂記云：「故樂行而倫清，耳目聰明，血氣和平，移風易俗，天下皆甯。」樂書：「太史公曰：故音樂者，所以動盪血脈、通流精神而和正人心也。」董仲舒傳：「故聲發於和而本於性，接於肌膚，藏於骨髓。」白虎通云：「故樂所以蕩滌，反其邪惡也。」書鈔引樂緯云：「作樂所以防隆滿，節喜盛也。」樂書云：「以爲州異國殊，情習不同，故博采風俗，協比聲律，以補短移化，助流政教。天子躬於明堂臨觀，而萬民咸蕩滌邪穢，斟酌飽滿，以飾厥性。」○注「故樂」至「作也」。○樂記云「樂由中出」，注：「和在心也。」又云「禮自外作」，注：「敬在貌也。」又云「樂由中出，故静；禮自外作，故文」，注：「文猶動。」樂書：「太史公曰：夫禮由外入，樂自内出。」漢書禮樂志云：「樂以治内而爲同，禮以修外而爲異。」○注「禮樂」

至「敢爭」。○樂記云：「内和而外順，則民瞻其顔色，而弗與爭也；望其容貌，而民不生易慢焉。故德煇動於内，而民莫不承聽；理發於外，而民莫不承順。」○注「故禮」至「入之」。○樂記云：「君子曰：禮樂不可斯須去身，致樂以治心，則易直子諒之心油然生矣。」又云：「心中斯須不和不樂，而鄙詐之心入之矣。外貌斯須不莊不敬，而易慢之心入之矣。」樂書：「太史公曰：故君子不可須臾離禮，須臾離禮，則暴慢之形窮外；不可須臾離樂，須臾離樂，則姦邪之行窮内。」是也。○注「是以」至「辟也」。○樂書：「太史公曰：故樂音者，君子之所以養義也。夫古者，天子諸侯聽鐘磬，未嘗離於庭；卿大夫聽琴瑟之音，未嘗離於前。所以養行義而防淫泆也。」○注「魯詩」至「琴瑟」。○疑唐風山有樞〔一〕「何不日鼓瑟」傳也。後漢書儒林列傳〔二〕：「魯人申公受詩於浮丘伯，爲作詁訓，是爲魯詩。」東漢世習之者，有高詡、包咸、魏應等。自鄭氏箋毛，而三家遂廢。魯詩亡於永嘉之亂，此其傳也。白虎通禮樂云：「王者食所以有樂何？樂食天下之大平富積之饒也。明天子至尊，非功不食，非德不飽。故傳曰：『天子食時舉樂。』王者所以日四食何？明有四方之物，食四方之功也。四方不平，四時不順，有徹樂之法也。所以明至尊著法戒也。」又云：「詩傳曰：大夫士琴瑟御，大夫士北面之臣，非專事子民者也，故但琴瑟而已。」故禮記曲禮云：「大夫無故不徹縣，士無故不徹琴瑟。」注：「故，謂災患喪病。」明非災患喪病，皆日琴瑟也，但此以徹縣專屬

〔一〕「樞」，原訛作「蓲」，叢書本同，據毛詩正義校改。

〔二〕「後漢書儒林列傳」，原誤記爲「漢書藝文志」，叢書本同，以下引文實出於後漢書儒林列傳，據改。

諸侯爲異。彼疏引熊氏云：「説題辭云：『樂無大夫士制。』鄭箴膏肓從題辭之義。」題辭又云：「無樂者，謂無〔一〕祭祀之樂。」然則大夫士日琴瑟者，治身之樂也。故周禮小胥有大夫判縣，士特縣，鄉飲酒禮有工歌之樂，而特牲、少牢諸篇無樂也。又按：詩鄭風女曰雞鳴云：「琴瑟在御，莫不静好。」傳：「君子無故不徹琴瑟。」雖特爲士言之，其實縣中亦有琴瑟，得包有大夫也。戴禮言大夫不徹縣，魯詩止諸侯以上。朱氏彬經傳考證云：「記與三家之詩，皆七十子後者各記所聞，故有殊也。」周禮膳夫云：「王日一舉。」又云：「以樂侑食。」禮記王制云：「天子日食舉樂。」又論語微子述魯樂官有亞飯、三飯、四飯之官。周禮疏引鄭注云：「皆舉食之樂。」則諸侯與天子同食日舉樂，不僅不徹縣焉。〇注「王者」至「作樂」。〇樂記云：「王者功成作樂，治定制禮，其功大者其樂備，其治辯者其禮具。」注：「功成治定同時耳，功主於王業，治主於教民。」明堂位曰：「武王崩，成王幼弱，周公踐天子之位，以治天下〔二〕，六年，朝諸侯於明堂，制禮作樂。」白虎通禮樂云：「樂言作、禮言制何？樂者陽也，動作倡始，故言作；禮者陰也，繫制于陽，故曰制。樂象陽，禮象陰也。」初學記引五經通義云：「功成作樂，治定制禮，所以禁奢侈，滌邪志，通中和也。」漢書董仲舒傳：「教化之情，不得雅、頌之音不成，故王者功成作樂，樂其德也。」繁露楚莊王云：「問者曰：『物改而天授顯矣，其必更作樂何也？』曰：『樂異乎是，制爲應天改之，樂爲應人作之。彼之所受命

〔一〕「無」字原脱，叢書本同，據禮記正義校補。
〔二〕「武王」至「天下」，原脱訛作「説周公曰治天下」，叢書本同，據禮記校補。

者，必民之所同樂也，是故大改制於初，所以明天命也；更作樂於終，所以見天功也。緣天下之所新樂，而爲之文曲，且以和政，且以興德。王者先功成後治定，故文、武、周公俱有樂，功成即作。而制禮，必俟成王之世也。』」○注「未制」至「用之」。○白虎通禮樂云：「王者始起何用正民？以爲且用先王之禮樂，天下太平，乃更制作焉。書曰：『肇稱殷禮，祀新邑。』此言太平去殷禮。春秋傳曰：『曷爲不修乎近而修乎遠？同己也，可因先以太平也。』」漢書董仲舒傳：「王者未作樂之時，乃用先王之樂宜於世者，而以深入教化於民。」又王吉傳：「王者未制禮之時，引先王禮宜於今者用之。」又禮樂志云：「王者未作樂之前，因先王之樂以教化百姓，説樂其俗，然後改作，以章功德。」書疏引鄭注：「洛誥云：王者未制禮樂，恒用先代之禮樂。伐紂以來皆用殷禮，非始成王用之也。」蓋始起之時，草創初定，未遑制作，故一依前代，無事變更。論語堯曰篇湯告天之辭曰「敢用玄牡」，集解引「孔曰：殷家尚白，未變夏禮，故用玄牡」，是也。○注「堯曰」至「大武」。○「護」，宋本、閩本、監本同。毛本作「濩」，非。釋文亦作「護」。白虎通禮樂云：「禮記曰：堯樂曰大章，舜樂曰簫招，禹樂曰大夏，湯樂曰大護，周樂曰大武、象。」獨斷云：「堯曰咸池，舜曰大韶（一曰大招），夏曰大夏，殷曰大濩，周曰大武。」按：周禮大司樂又有「雲門、大卷、大咸、大磬、大夏、大濩、大武」，注云：「此周所存六代之樂。黄帝曰雲門、大卷。黄帝能成名萬物，以明民共財，言其德如雲之所出，民得以有族類。大咸，咸池，堯樂也。堯能殫均刑法以儀民，言其德無所不施。」史記注引庾蔚之云：「樂興於五帝，禮成於三王。樂興王者之始，禮隨世之質文。」故作樂自黄帝、堯、舜始也。韶、磬、招通。○注「各取」至「同歸」。○「紹」，閩本、監本、毛本作「紀」，依鄂本改正。浦云：「儀禮經、傳通解作紹。」按：以紹釋韶，以同音爲訓詁也。「討」，閩本、監本、毛本作「紂」，依宋本改。禮記禮器云「樂也者，樂其所自成」，注：「作樂者，緣民所樂於己之功。舜之民樂其紹堯而作大韶，湯、武之民樂其濩伐而作濩、武。」是作樂皆取其民所樂己者名之也。御覽引元命包云：「是故作樂者，必反天下之始樂於己爲本。舜之時，民樂其紹堯業，故樂名韶，韶者紹也。禹之時，民大樂其駢三聖相繼，故樂名夏，夏者大也。湯之時，民大樂其救之於患害，故樂名大護，護者救也。武王之時，民樂其興師征伐，故樂名武，武者伐也。四者，天下所同樂一也。其所同樂之端，不可一也。」宋注：「舜服繼堯之業。駢，讀曰頻。是即異號同意，異歌同歸之義也。」白虎通禮樂云：「堯曰大章者，大明天地人之道也。舜曰簫韶者，舜能繼堯之道也。禹曰大夏者，言禹能順二聖之道而行之，故曰大夏也。湯曰大護者，言湯承衰能護民之急也。周公曰酌者，言周公輔成王，能斟酌文武之道而成之也。武王曰象者，象太平而作樂，示已太平也。合曰大武者，天下始樂周之征伐行武，故詩人歌之曰『王赫斯怒，爰整其旅』。當此之時，天下樂文王之怒以定天下，故樂其武也。」「大司樂」，鄭注云：「大磬，舜樂也，言其德能紹堯之道也。大夏，禹樂也，禹治水傅土，言其德能大中國也。大濩，湯樂也，湯以寬治民而除其邪言，其德能使天下得其所也。大武，武王樂也，武王伐紂以除其害，言其德能成武功。」惟大夏取義微殊。繁露楚莊王云：「是故作樂者，必反天下之所始樂於己以爲本。舜時民樂其昭堯之業也，故韶，韶〔一〕者昭也。禹之時民樂其三聖相承，故

〔一〕「韶」字原脱，叢書本同，據繁露校補。

夏，夏〔一〕者大也。湯之時民樂其救之於患害也，故護，護者救也。文王之時民樂其興師征伐也，故武，武者伐也。四者天下之樂同一也，其所同樂之端不可一也。作樂之法必反本之所樂，所樂不同事，樂安得不世異？是故舜作韶而禹作夏，湯作護而文王作武。四樂殊名，則各順其民始樂於己也，吾見其效矣。詩云：『文王受命，有此武功，既伐于崇，作邑于豐。』樂之風也。又曰：『王赫斯怒，爰整其旅。』當是時，紂爲無道，諸侯大亂，民樂文王之怒而詠歌之也。周人德已洽天下，反本以爲樂，謂之大武，言民所始樂者武也云爾。故凡樂者作之於終而名之於始，重本之義也。」然則周之大武本作於文王，武王、周公復有所增修耳。文王爲受命之王，故詩人皆推本爲説也。堯樂有咸池，又有大章者，樂記云：「大章，章之也。」注：「堯樂名也，言堯德章明矣。」周禮闕之，或作大卷。」又云：「咸池，備矣。」注：「黄帝所作樂名也，堯增修而用之。咸，皆也，池之言施也，言德之無所不施也。周禮曰大咸。」然則咸池者，堯所增修黄帝之樂。大章則堯自作樂名也。禮疏引熊安生説：「以大卷當大章，泥於周禮大卷在咸池之上，而樂記又以大章在咸池上故也。不知周禮順世代爲序，樂記以大章爲主，以其爲堯之正樂，咸池則堯所增修異代之樂，故次於下也。」樂記又云：「韶，繼也。」注：「韶之言紹也，言舜能繼紹堯之德。」又云：「夏，大也。」注：「言禹能大堯舜之德。」又云：「殷周之樂盡矣。」注：「言盡人事也。」周禮曰：「殷曰大濩，周曰大武。」與周禮注同。彼疏又引鉤命決云：「伏羲樂爲立基，神農樂爲下謀，祝融樂爲祝續。」又引樂緯云：「帝嚳曰

〔一〕「夏」字原脱，叢書本同，據繁露校補。

六英，顓頊曰五莖。」禮樂志六莖、五英互異。宋注云：「六英者，爲六合之英華；五莖，爲五行之道立根莖。」亦望文生義耳。樂記云：「五帝殊時，不相沿樂。」先儒有數羲農等爲五帝者，故亦可有樂，周代已不存矣。樂書云「名與功偕」，正義曰：「名謂樂名也。功者，揖讓干戈之功也。聖王制樂之名，與所建之功俱作也。」章明、韶紹，以韻爲訓；夏大、武伐，以義爲訓；護即取本字爲義也。○注「失禮鬼神例日」。○舊疏云：「成六年二月『辛巳，立武宮』之屬是也。」○注「此不」至「可知」。○舊疏云：「言考宮與獻羽實同日，若置日於考宮上，則嫌獻羽不蒙之，獨自〔一〕考宮以非禮而已，故從下事言初。初是非禮辭，則獻羽非禮可知。然考宮得變禮，而不置於獻羽上者，嫌別日故也。知「初」是〔二〕非禮者，正以『初税畝』同文。」按：何氏此注云：「嫌獨考宮以非禮書。」似又以考宮亦失禮，與上注「得變禮」義異。蓋穀梁傳云：「庶子爲君，爲其母築宮，使公子主其祭也。」公羊以仲子爲惠妾桓母，隱即爲桓立，亦不必遽爲其母立廟〔三〕，故仍疑其非禮與？或「獨」爲衍字與？穀梁傳曰：「初獻六羽，始僭樂矣。」是亦以「初」爲非禮辭。

〔一〕「自」，原訛作「日」，叢書本同，據公羊注疏校改。
〔二〕「是」字原脱，叢書本同，據公羊注疏校補。
〔三〕「立廟」，原作「廟立」，叢書本不誤，據乙。

○邾婁人、鄭人伐宋。【注】邾婁，小國，序上者，主會也。【疏】注「邾婁」至「會也」。○杜云：「邾主兵，故序鄭上。」孔疏：「天下有道，諸侯不得專行征伐。以其不稟王命，故以主兵爲首，雖小國主兵，即序於大國之上，欲見伐由其國，善惡所歸故也。雖大夫爲主，國君從之，亦序主兵者於上。僖二十七年『楚人、陳侯、蔡侯、鄭伯、許男圍宋』。」左氏以楚人指子玉，故如此解。按：孔氏此疏深得經旨。穀梁注亦云：「邾主兵，故序鄭上也。」「伐宋」而注言「主會」者，邾婁會鄭伐宋，故曰主會，明邾婁當首其惡，非會盟之會也。

○螟。【疏】釋文：「螟，蟲食苗心。」通義云：「爾雅曰：『食苗心螟，食葉蚮〔一〕，食節賊，食根蟊。』經〔二〕唯書螟者，散文通矣。京氏易傳曰：『棄正作淫茲謂惑，厥風温，螟蟲起。』」按：左疏引：「舍人爾雅注云：『食苗心者螟，言冥冥然難知也。』李巡曰：『食禾心曰螟，言其姦，冥冥難知也。』」詩疏引陸璣疏云：「螟似子方，而頭不赤。」郝氏懿行爾雅義疏云：「子方即虸蚄，見齊民要術。今食苗心小青蟲，長僅半寸，與禾同色，尋之不見，故言冥冥難知也。余族弟卿雲言，又有小白蟲藏在苗心，么麼難辨，有此即禾葉變白色，而不能放穗矣。余按，説文以螟爲食穀葉者，誤。」按：今南方苗將秀時，有小青蟲匿於苗心，大不及半寸，不可見，但視葉有纏絲，亦謂之結蟲，謂苗葉纏結穗不能出，由心達葉俱爲所食，重則枯槁，輕亦收成減薄。是説文與爾雅無異也。禮記月令云：「仲春行夏令，蟲螟爲害。」注云：「暑氣所生爲災害也。」與蟊

〔一〕「蚮」，爾雅原文作「蟘」，下引陸璣文亦作「蟘」。蚮同蟘。
〔二〕「經」字原脱，叢書本同，據公羊通義校補。

異物而同類。左疏引陸璣又云：「舊説螟、蟘、蟊、賊一種蟲也，如言寇賊姦宄，内外言之耳。故犍爲文學曰：此四種蟲皆蝗也，實不同，故分別釋之。」郭璞亦云：「分別蟲啖食禾所在之名耳。」

何以書？記災也。【注】災者，有害於人物，隨事而至者。先是隱公張百金之魚，設苛令急法以禁民之所致。【疏】注「災者」至「至者」。○「災」，閩本、監本、毛本同作「災」，宋本作「灾」。上三年傳曰「記異也」，注：「異者，非常可怪，先事而至者。」此災，謂害於人物，隨事而至者。異大於災也。詩疏引洪範五行傳曰：「害物曰災。」易復云：「有災眚。」釋文引子夏傳：「傷害曰災。」國語周語云「天降災戾」，韋注：「災謂水旱蟲螟之屬。」三年日食之後，有衛州吁、公子翬諸變，此因觀魚失政在先，螟災在後，是爲隨事而至也。白虎通引潛潭巴云：「災之爲言傷也，隨事而誅；異之爲言怪也，謂先發感動之也。」○注「先是」至「所致」。○疏及閩本、監本、毛本作「急法」，十行本作「急治」，誤。隱公事見上。左疏引孫炎爾雅注云：螟、蟘、賊、蟊，「皆政貪所致，因以爲名」。説苑貴德云：「故爲人君者，明貴德而賤利。以道下下之，爲惡尚不可止，今隱公貪利而身自漁濟上，而行八佾，以此化於國人，國人安得不解於義而縱其欲？則災害起而臣下僻矣。故其元年始書螟，言災將起、國家將亂云爾。」按：「元」當作「五」。類聚引漢含孳曰：「螟應苛刻。」文選注引彼注云：「苛者切也。」與此苛令急法合。詩疏云：「郭璞直以蟲食所在爲名。而李巡、孫炎並因託惡政，則災由政起，雖食所在爲名，而所在之名緣政而致，理爲兼通也。」經義雜記二三云：『董仲舒、劉向以爲，時公觀魚于棠，貪利之應也。劉歆以爲，又逆臧釐伯之諫，貪利區霧〔一〕，以生羸蟲之孽也。』案，何注公羊云：『先是隱公張百金之魚，設苛令急法以禁民之〔二〕所致。』又『春，公觀魚于棠』，傳：『何以書？　譏遠也。』注：『實譏張魚而言觀，譏遠者，恥公去南面之位，下與百姓爭利，匹夫無異。』與董義合。杜注左傳，但言蟲食苗心爲災故書。當以劉説補之。」

○**冬，十有二月，辛巳，公子彄卒。**【注】日者，隱公賢君，宜有恩禮於大夫。益師始見法，無駭有罪，俠又未命也，故獨得於此日。【疏】左疏引世本云：「魯孝公生僖伯彄，彄生哀伯達，達生伯氏缾，缾生文仲辰。」説文竹部：「箏，讀若春秋魯公子彄。」取其音也。按：十二月無辛巳，十二月小也，辛巳爲十一月二十九日，及六年正月初一日。○注「日者」至「大夫」。○上元年注云：「於所傳聞之世，高祖曾祖之臣恩淺，大夫卒，有罪無罪皆不日，略之也。」此公子彄卒日，故云隱公賢君，宜有恩禮於大夫也。通義云：「前者，公觀魚于棠，彄諫不聽。比卒，公曰『叔父有憾於寡人，寡人弗敢忘』，葬之加一等。故爲隱公恩痛日之，因以褒争臣。」按：公羊不載僖伯諫觀魚事，然不能無故加恩，孔義或然。○注「益師」至「此日」。○元年「十二月，公子益師卒」，欲見三世之法，故不日，以見所傳聞世，大夫有罪無罪皆不日也。下八年冬，「十有二月，無駭卒」。傳：「疾始滅也。」是有罪不日。又九年：「三月，俠卒。」傳：「俠者何？　吾

〔一〕「霧」，原訛作「瞀」，叢書本同，據經義雜記校改。
〔二〕「以禁民之」四字原脱，叢書本同，據經義述聞及何休公羊注校補。

大夫之未命者也。」是未命也，惟彄與益師同無罪，而彄當時實隱公有恩，故因日以示義。毛本、閩本、監本「俠」上有「据」字。校勘記云：「鄂本無『据』字，是也。舊疏中標注同，十行本衍，當删正。浦云：『元年益師卒』疏引此亦無『据』字。」

○**宋人伐鄭，圍長葛。**【疏】杜云：「潁川長社縣北有長葛城。」京相璠土地名：「長社縣北有長葛鄉。」大事表云：「在今許州府長葛縣北十二里。」水經注洧水篇：「洧水又東南與龍淵水合，水出長社縣西北，東逕故城北，鄭之長葛邑也。春秋『宋人伐鄭，圍長葛』是也。後社樹暴長，故曰長社。又按，京、杜並云長社縣北有長葛鄉，斯乃縣徙於南矣。」漢書地理志「潁川郡長社」注：「應劭曰：『宋人圍長葛』是也。其社樹暴長，因名長社。」方輿紀要：「長社故城在許州長葛縣西一里。」

邑不言圍，此其言圍何？【注】据伐於餘丘不言圍。【疏】通義云：「常辭國乃言圍。」又云：「邑而言圍者有四類：長葛、新城、緡邑〔一〕，惡之言圍。師及齊師圍成、圍宋彭城、圍戚，國之言圍。内邑不聽言圍，圍棘之屬是也。内諱取邑言圍，圍洮、圍台之屬是也。」○注「据伐」至「言圍」。○舊解云：即莊二年，「夏，公子慶父帥師伐於餘丘」是也。

〔一〕「邑」，原訛作「郊」，叢書本同。春秋記載僖公二十三年，「齊侯伐宋，圍緡」；僖公二十六年，「楚人伐宋，圍緡」，均當爲「緡邑」，非緡郊，據改。

彊也。【注】至邑雖圍當言伐，惡其彊而無義也，必欲爲得邑，故如其意言圍也。所以不知鄭彊者，公以楚師伐宋圍緡不言彊也。【疏】注「至邑」至「義也」。○通義云：「宋彊而無義，圍蹙窮邑至於朞歲，將爲明年取長葛見惡，故張本於此。」穀梁傳曰：「伐國不言圍邑，此其言圍何也？久之也。伐不踰時，戰不逐奔，誅不填服。」范云：「無仁隱之心，而有貪利之行，故圍伐兼舉以明之，亦惡其彊而無義也。」穀梁又云：「苞人民、毆牛馬曰侵，斬樹木、壞宮室曰伐。」彼疏引廢疾云：「廄焚，孔子曰：『傷人乎？』不問馬。今穀梁以苞人民爲輕，斬樹木壞宮室爲重，是理道之不通也。」鄭釋之云：「苞人民、毆牛馬，兵去可以歸還；其爲壞宮室、斬樹木，則樹木不可復生，宮室壞不自成，爲毒害更重也。」劉氏逢祿難曰：「傳釋侵伐之例不及公羊爲長。苞人民、毆牛馬、斬樹木、壞宮室，侵伐入同有之，不當以分輕重也。」○注「必欲」至「圍也」。○繁露玉杯云：「春秋之好微與？其貴志也。」鄭伯志在滅段，故如其意書克；宋人志在得長葛，故如其意言圍。所謂逆而罪之，不如徐而味之也。春秋之所惡者，不任德而任力，故表其意以惡其彊也。○注「所以」至「彊也」。○傳文「彊也」不明，故注文申言其非謂鄭彊也。僖二十六年：「楚人伐宋圍緡。」傳：「邑不言圍，此其言圍何？刺道用師也。」注：「時以師與魯，未至，又道用之，於是惡其視百姓之命若草木〔一〕，不仁之甚。」不言宋彊，故知此非惡鄭也。惟彼楚自伐宋，此注言「公以」者，因魯乞師伐齊，遂道伐宋，罪坐所由，故言「公以」也。或涉彼下經「公以楚師伐齊」誤衍。

〔一〕「於是惡其視百姓之命若草木」十二字原脱，叢書本同，據公羊注疏校補。

公羊義疏八

南菁書院　句容陳立卓人著

隱六年盡七年

○六年，春，鄭人來輸平。【疏】唐石經、宋本、閩本、監本、毛本同。左氏作「渝平」。老子道德經考異唐傅奕定本：「質直若輸。」河上公、王弼作「渝」，古字通。

輸平者何？輸平猶墮成也。【疏】公羊古義：「左傳作渝平〔一〕，云『更成也』，成猶盟也。桓元年傳『渝盟無享國』。秦晉爲盟，成而不結；宋及楚平，傳載盟詞。渝盟猶渝成也，渝成猶渝平也。公與鄭絶，鄭來渝平，隱不享國，桓莊結成，以隱爲詞，則渝盟不得爲成盟矣。詛楚文云『變輸盟刺』，廣雅：『輸，更也。』渝與輸同，輸亦訓墮，故左氏謂之『更成』，公羊謂之『墮成』，其義一耳。」左傳校勘記：「惠棟云：渝讀爲輸，二傳作輸，廣雅云：『輸，更也。』釋詛楚文『變輸盟刺』謂變更盟刺耳。渝，更也。平，成也。故經

〔一〕「平」字原脱，叢書本同，據左傳及公羊古義校補。

書『渝平』，傳言『更成』。杜氏訓渝爲變，必俗儒傳寫之譌。按，渝、輸古通用。爾雅云：『渝，變也。』杜氏用雅訓變，亦更之義也。」通義云：「渝、輸異文同義。易曰：『成有渝。』『越之盟』詞曰：『渝盟無享國。』詛楚文曰：『變輸盟刺。』輸盟猶渝盟也；輸成猶渝成也；成猶平也。調人：『凡有鬭怒者，成之。』和難平爭，謂之成。平而變渝，是謂墮成。古文訓詁以輸爲墮。左傳『墮幣』，服虔曰：『墮，輸也。』詩：『載輸爾載。』荀子成相辭：『展禽三絀，春申道綴基畢輸。』其義皆爲墮。」按：爾雅釋詁云：「平，成也。」郭引穀梁傳曰：「平者，成也。」又釋言：「渝，變也。」注謂：「變，易。」說文水部：「渝，謂變汙。」詩羔裘及板箋皆云：「渝，變也。」渝變即墮壞之義，故渝正字，輸叚借也。爾雅釋文云：「舍人『渝』作『糯』。糯又渝之或體也。」按：書呂刑云：「獄成而孚，輸而孚。」輸與成對，亦即墮義。成者，有司讞獄於上，從而定之；輸者，上反其所讞者也。成無弗孚，輸亦無弗孚，故出入皆當其情也。穀梁傳：「輸者墮也。平之爲言，以道成也。來輸平者，不果成也。」與公羊義合。

何言乎墮成？【注】据翬會諸侯伐鄭後未道平也。何道墮成？【疏】通義云：「諸云何言乎者，皆見非經所常言，問何所爲而言此。」○注「据翬」至「墮成」。○即上四年「秋，翬帥師會宋公以下伐鄭」是也。伐鄭以後，經無平文，故不得言墮平。

敗其成也。【注】翬伐鄭後，已相與平，但外平不書，故云爾。【疏】注「翬伐」至「與平」。○翬伐鄭與平，傳無文，何氏或別有所据。按：漢書藝文志載有公羊外傳五十篇，公羊雜記八十三篇，何氏時宜見在，故所引或傳所不載也。○注「但外」至「云爾」。○舊疏云：「魯與鄭平，而言外平者，謂伐鄭之後，時公子翬在〔一〕外與鄭平，不得公命，是以不書，故曰外平不書耳。」

曰：吾成敗矣，【注】吾，魯也。【疏】注「吾，魯也」。○舊疏云：「稱魯人之辭，故加曰。」据傳文，則隱平在魯，曰鄭人來者，兼爲内諱與？

吾與鄭人末有成也。【注】末，無也。此傳發者，解鄭稱人爲共國辭。【疏】校勘記云：「宋本、閩本、監本、毛本同。漢石經無也字。唐石經末作未，誤。何訓爲無，明當作末。宋十行本下句亦譌作未有成。」○注「末，無也」。○禮記檀弓云「不忍一日末有所歸也」，注：「末，無也。」小爾雅廣詁云：「末，無也。」吕覽開春云「吾末有以言之」，高注：「末猶無也。」○注「此傳〔二〕至「國辭」。○舊疏云：「傳發此『吾與鄭人末有成』事者，非直解鄭擅獲諸侯爲有罪，而魯侯不能死難亦當絶，故令鄭稱人。言輸平，則魯侯亦合稱人矣。一箇人字，兩國共有，故云稱人爲共國辭。」段氏玉裁云：「疏云『一箇人字，兩國共有』，當是『國共』，非『共國』也。下注『稱人，共國辭者』同誤。」按：段説是也。

吾與鄭人，則曷爲末有成？【注】据無戰伐之文。

狐壤之戰，隱公獲焉。【注】時與鄭人戰於狐壤，爲鄭所獲。【疏】左傳隱十一年：「公之爲公子，與

〔一〕「在」字原脱，叢書本同，據公羊注疏校補。
〔二〕「傳」，原訛作「發」，據【注】文改。

鄭人戰于狐壤，止焉。」杜云：「狐壤，鄭地。」則左氏以狐壤之事在春秋前。杜又云：「内諱獲，故言止。」按：左傳皆紀實，無諱文。依左氏，則隱公尚爲公子，不必諱。杜注可謂贅矣。

然則何以不言戰？【注】戰者，内敗文也。据鞌戰，君獲言師敗績。【疏】注「戰者，内敗文也」。○桓十年「齊侯、衛侯、鄭伯[一]來戰于郎」，傳：「何以不言師敗績？内不言戰，言戰乃敗矣。」注：「春秋託王于魯。戰者敵文也。王者兵不與諸侯敵，戰乃其已敗之文，故不復言師敗績。」故戰爲内敗文也。○注「据鞌」至「敗績」。○鞌戰見成二年，彼云：「季孫行父以下帥師會晉郤克以下及齊侯[二]戰于鞌。齊師敗績。秋，七月，齊侯使國佐如師。」傳：「佚獲也。」注：「佚獲者，已獲而逃亡也。」然則彼齊君被獲，故言師敗績，此魯侯被獲，亦宜言戰。經無戰文，故据以爲難焉。

諱獲也。【注】君獲不言師敗績，故以輸平諱也，與鞌戰辟内敗文異。戰例時，偏戰日，詐戰月。不日者，鄭詐之。不月者，正月也，見隱終無奉正月之意。不地者，深諱也，使若實輸平，故不地也。稱人共國辭者，嫌來輸平獨惡鄭，明鄭擅獲諸侯，魯不能死難，皆當絶之。【疏】通義云：「言來者，起狐壤内地，内敗舉戰不舉敗，公獲不舉戰，其辱彌甚，其諱彌深。春秋多微文，故戰于狐壤，而曰鄭人來輸平；高克奔陳，而曰鄭棄其師，固不可以文句求也。」蓋若但敗，則可書戰以起之。今君獲而又不死位，辱莫大焉，故並戰

〔一〕「鄭伯」二字原脱，叢書本同，據春秋經校補。
〔二〕「齊侯」，原訛作「齊師」，據公羊傳校改。

諱之，所以爲獲諱故也。○注「君獲」至「諱也」。○繁露奉本云：「王痍君獲，不言師敗。」故成十六年傳云：「楚何以不稱師？王痍也。」「然則何以不言師敗績？末言爾。」注：「凡舉師敗績，爲重衆。今親傷人君，當舉傷君爲重。」僖十五年：「晉侯及秦伯戰于韓，獲晉侯。」傳云：「此偏戰也，何以不言師敗績？君獲不言師敗績也。」注：「舉君獲爲重也。」此舉外以明内，外諸侯被獲不言師敗績，舉君獲爲重；内不得舉君獲，故並不書戰以見敗，而以輸平諱也。若然，莊九年乾時之戰，言「我師敗績」者，傳云：「復仇也。」注：「復仇以死敗爲榮，故録之。」彼有復仇之美，故敗績不諱也。○注「與窐」至「文異」。○鄂本作「異」，是也。閩本、監本、毛本「異」誤「是」，疏中引注同，當据正。窐戰辟内敗文者，成二年注云：「君獲不言師敗績，等起不去師敗績者，辟内敗文也。」然則齊侯被獲，宜去敗績，但舉君獲爲重，直言戰而已。又以内大夫在，嫌爲魯敗，故不得但言戰，所以辟内敗文。此自以魯君見獲，故不言戰焉，是與彼異。○注「戰例」至「戰月」。○校勘記云：「十行本補刊『偏』誤『徧』。今據宋本、閩本、監本、毛本訂正。」偏戰日者，舊疏云：「即桓十二年〔一〕『丁未，戰于宋』，傳曰『此偏戰也，何以不言師敗績』云云是也。」案：僖二十二年：「冬，十有一月，己巳，朔，宋公及楚人戰于泓。」傳：「偏戰者日爾，此其言朔何？春秋辭煩而不殺者，正也。」又文十一年「冬，十月，甲午，叔孫得臣敗狄于鹹」，注「嫌夷狄不能偏戰」，是偏戰日也。詐戰月者，舊疏云：「即莊十年『春，王正月，公敗齊師于長勺』之屬是也。」然則僖三十三年殽之戰日者，傳云：「詐戰

〔一〕「年」，原訛作「月」，叢書本同，據公羊注疏校改。

不日，此何以日？盡也。」繁露竹林云：「難者曰：『春秋之書戰伐也，有惡有善也，惡詐擊而善偏戰，恥伐喪而榮復仇，奈何以春秋爲無義戰而盡惡之也？』曰：『凡春秋之記災異也，雖畝有數莖，猶謂之無麥苗也。今天下之大，三百年之久，戰攻侵伐不可勝數，而復仇者有二焉，是何異於無麥苗之有數莖哉？不足以難之，故謂之無義戰也。以無義戰爲不可，則無麥苗亦不可也；以無麥苗爲可，則無義戰亦可矣。若春秋之於偏戰也，善其偏，不善其戰，有以效其然也。春秋愛人，而戰者殺人，君子奚説善殺其所愛哉！故春秋之於偏戰也，猶其於諸夏也，引之魯，則謂之外；引之夷狄，則謂之內。比之詐戰，謂之義；比之不戰，則謂之不義。故盟不如不盟，然而有所謂善盟；戰不如不戰，然而有所謂善戰；不義之中有義，義之中有不義。辭不能及，皆在於指，非精心達思者，其孰能知之！』」蓋詐則出其不意，傷害尤多；偏則結日而戰，有忿不加暴之義。故僖元年傳「季子待之以偏戰」，春秋美之也。○注「不日者，鄭詐之」。○明此爲詐戰也。通義云：「穀梁傳曰：『來輸平者，不果成也。』蓋自翬伐鄭後，二國未有成，今謀與鄭平而不果，乃反致戰。若所謂平莒及郯，莒人不肯者，故經得以輸平言之，歸輸于鄭者，起鄭人不肯也。」義或然也。○注「不月」至「之意」。○下十一年傳「隱何以無正月」，注：「据六年輸平不月。」又云：「隱將讓乎桓，故不有其正月也。」輸平在正月，何氏必有所据，若書正月，則嫌隱有正，與「成公之意」不合矣。○注「不地」至「地也」。○舊疏云：「若地，宜言輸平于狐壤，似若戰于之類。」辱莫大乎君獲，故深諱之也。繁露竹林云：「使人有廉恥者，不生于大辱。大辱莫甚於去南面之位而束獲爲虜也。」○注「稱人」至「絕之」。○鄂本「擅獲」上有「明鄭」二字。閩本、監本、毛本無，脱也，宜据補。成二年傳「佚獲也」，注：「當絶賤，使與大夫敵體以起之。」知魯侯不死難亦當絶也。僖十五年「獲晉侯」，注云：「釋不書者，以獲君爲惡；書者，以惡見獲。與獲人君者〔一〕皆當絶。」是鄭與魯皆坐絶，故書人以起之。明魯亦人焉耳，不專惡鄭之詐戰也。

○**夏，五月，辛酉，公會齊侯盟于艾。**【疏】包氏慎言云：「五月書辛酉，五月無辛酉，四月之十二日，六月之十三日也。」艾者，杜云：「泰山牟縣東南有艾亭。」大事表云：「杜不言齊地，當疑地在齊魯之間，在今沂州蒙陰縣西北。又哀十一年『及齊師戰于艾陵』，孔氏曰：『在博野縣南六十里，在今泰安府泰安縣東南。』與此別。張氏守節謂艾與艾陵爲一地者，誤也。」大事表又云：「桑氏水經沂水出泰山蓋縣艾山，漢蓋縣在今沂水縣西北六十里〔二〕。沂水與蒙陰相鄰，以地勢準之，亦相近。」齊乘云：「艾山在沂州西三十里。」寰宇記：「艾山一名臨樂山，在沂州新泰縣東北三十里。」按：沂州西三十里，與蒙陰西北亦不連，其謂新泰東北，與泰安東南相近，恐是艾陵也。舊疏云：「下無相犯之處而書日者，以下八年『三月，我入邴』，傳云：『其言我何？言我者，非獨我也，齊亦欲之。』然則雖不復侵伐，亦有争邑之隙，故書日也。」

〔一〕「者」字原脱，叢書本同，據公羊注疏校補。
〔二〕「六十里」，一九九三年六月中華書局本春秋大事表作「七十里」。

○秋，七月。

此無事，何以書？春秋雖無事，首時過則書。【注】首，始也。時，四時也。過，歷也。春以正月爲始，夏以四月爲始，秋以七月爲始，冬以十月爲始。歷一時無事，則書其始月也。【疏】臧氏琳經義雜記云：「初學記文部引劉歆七略曰：『春秋兩家文，或具四時，或不。古文无事不必具四時。』按，春秋兩家，謂今文公羊、穀梁是也。古文謂左氏也。『或不』當句，『不』讀爲否。『不必具四時』，『不』衍字也。謂公、穀之經或有不具四時，左氏雖無事必具也。隱六年『秋，七月』，杜注云：『雖無事而書首月，具四時以成歲，他〔一〕皆放此。』是也。漢書評注藝文志〔二〕云：『劉向〔三〕以中古文易經校施、孟、梁丘經，或脱去「无咎」、「悔亡」，唯費氏經與古文同。』春秋之脱四時，猶易之脱『无咎』、『悔亡』也。惟古文無脱，斯東漢以來，儒者咸好古學與？」按：今文公、穀二家亦皆四時具，故穀梁家范注亦云：「無事書首月，不遺時也。」彼九年傳亦曰：「無事焉何以書？不遺時也。」是也。杜氏此注即本公羊立說。劉歆此言未知何据。漢書律曆志載劉歆説云：「於四時雖無事必書時月。易四象之節也。」是三家於此並無異説。○注「首，始也」。○爾雅釋詁：「首，始也。」○注「時，四時也」。○周禮宮正「以時比宮中之官府」，注：「時，四

〔一〕「他」字原脱，叢書本同，據經義雜記及左傳正義校補。

〔二〕「漢書評注藝文志」，原記爲「漢書藝文志」，叢書本同，引文實出自漢書評注，據改。

〔三〕「劉向」，原訛作「劉何」，叢書本同，據漢書校改。

時也。」禮記祭法云「祭時也」，注：「時，四時也。」易象上傳「應乎天而時行」，虞注：「時，謂四時。」○注「過，歷也」。○説文辵部：「過，度也。」史記外戚世家「皆過栗姬」，索隱：「過，謂踰之。」踰、度皆與歷義近。○注「春以」至「月也」。○謂建子、建卯、建午、建酉之月也。通義云：「王者嚮明而治，必奉順四時之正。天道正於上，人事正於下。故春秋謹時月日，以進退中失之事焉。十二公之篇，有無冬者，無秋冬者，五月或以冠夏，十有二月或不冠冬，方見變文以起微意，常不立，則變不見，是故無事必具四時爲常法也。其或不具者，即有所爲可知爾。」

首時過，則何以書？【注】据無事也。

春秋編年，四時具，然後爲年。【注】明王者當奉順四時之正也。尚書曰「欽若昊天，歷象日月星辰，敬授民時」是也。有事不月者，人道正則天道定矣。【疏】釋文：「編，必連反。」字林、聲類皆布千反。隸釋載漢石經，「爲年」下直接傳文「外取邑不書，此何以書？久也」。下闕。公羊問答云：「何以謂之編年？曰：隋書李德林傳：『史者，編年也。故魯號紀年。墨子：吾見百國春秋。史又有無事而書年者。』」通義云：「諸特言春秋者，皆一經之達例，所以損益舊史而示新義者也。」周書周月解〔一〕云：「凡四時成歲，有春夏秋冬，各有孟仲季。」○注「明王」至「是也」。○堯典文也。浦氏鏜云：「尚書作『人時』。按，作『人』者，係唐人避諱所改。經傳子史皆引作民。」按：書大傳、考靈燿、史記、漢書所引皆作民。凡兩漢諸

〔一〕「周月解」，原誤記爲「時月解」，叢書本同，據逸周書校改。

儒所引無作人者。「欽若」，史記作「敬順」。欽訓敬，若訓順也。漢書魏相傳云：「天地變化，必由陰陽，陰陽之分，以日爲紀。日〔一〕冬夏至，則八風之序立，萬物之性成，各有常職，不得相干。明王謹於尊天，慎於養人，故立羲和之官。君動静以道，奉順陰陽，則日月光明，風雨時節，寒暑調和。臣愚以爲，陰陽者，王事之本，羣生之命，自古聖賢未有不由之者也。天子之義，必純取法天地，而觀於先聖。」書曰：「撫于五辰，庶績其凝。」漢書律曆志劉歆説曰：「夫曆春秋者，天時也，列人事而目〔二〕以天時。傳曰：『民受天地之中以生，所謂命也。』故列十二公二百四十二年之事，以陰陽之中制其禮。故春爲陽中，萬物以生；秋爲陰中，萬物以成。是以事舉其中，禮取其和，曆數以閏正天地之中，以作事厚生，皆所以定命也。易金火相革之卦曰：『湯武革命，順乎天而應乎人。』又曰『治曆明時』，所以和人道也。」皆奉順四時之正義也。月令疏引考靈耀云：「主春者鳥星，昏中，可以種稷。主夏者心星，昏中，可以種黍。主秋者虚星，昏中，可以種麥。主冬者昴星，昏中，則入山，可以斬伐，具器械。王者南面而坐，視四星之中者，而知民之緩急。急則不賦力役，故敬授民時也。」五行大義引曾子書、疏引伏生傳皆同。○注「有事」至「定矣」。○包氏慎言時月日褒貶説云：春秋本天以治人，首書「元年，春，王正君〔三〕」也，君正而國定，故以時月日

〔一〕「日」，原訛作「曰」，叢書本同，漢書作「日」，據改。宋祁曰：「江南本『紀』字下無『日』字，浙本有。」
〔二〕「目」，叢書本同，中華書局點校本漢書校訂爲「因」。
〔三〕「正君」，春秋原文作「正月」。然包氏以下論證的實爲「正君」。

治公卿大夫。洪範曰：「王省惟歲，卿士惟月，師尹〔一〕惟日。」王不知省歲則不知爲王，卿士不知省月則無以爲卿士，庶尹不知省日則無以爲庶尹。春秋以時月日進退王公卿大夫，非春秋之法，自古帝王相傳之法也。劉子駿爲左氏家之宗，其言曰：「曆春秋者，天時也，列人事而目以天時。」以陰陽之中制其禮，則名書之以春秋，取其以禮制中也。禮者國之命，天之所爲，非人之所設也。子思子作中庸以發明春秋之旨，言春秋以中爲用也。事背乎中，則貶責加焉。中者，元之所交會。乾元統天，坤元承天，而交于春秋，故曰：「時月以建分至啓閉之分，易之八卦之位也，象事成敗易，吉凶之效也。朝聘會盟，易大業之本也。」〔二〕吉凶生大業，鑒古知今，觀往察來。爲人君者，正身以正朝廷，正朝廷以正百官，正百官以正萬民，如時之繫歲，月之繫時，日之繫月。統之有宗，會之有要，則大業日新矣。洪範曰：「日月歲時無易，百穀用成，乂用明，俊民用章，家用平康。」反是，而不成、不明、不彰、不平康，亦如之。然則時之缺，月之缺，日之缺，非史氏之缺，仲尼缺之，示教也。無王者王之所誅，桓簒弒，無王也，天子不能誅，反下聘之，故於聘之年去秋冬二時，明刑罰之弛也。成十年去「冬」，曠時祭而遠「如晉」，藏令不行也。桓十七年五月無「夏」，夫人不知有公也。昭十年十二月無「冬」，欲倚吴而取吴孟子，失所庇也。僖二十八年，冬下無

〔一〕「師尹」，原訛作「庶尹」，叢書本同，據尚書校改。「師尹」、「庶尹」皆爲衆位官長之義，故以下論述中用「庶尹」不予校改。

〔二〕「時月」至「本也」句中，原「建」訛作「逮」，「閉」下脱「之分」二字，「卦」下脱「之位」二字，「易大業之本」倒訛脱作「易之大業」，叢書本同，據劉歆三統曆説改補。

「月」，而有日「壬申」、「丁丑」〔一〕，天子爲諸侯所致，無月者，諸侯不供職也。易繫辭〔二〕曰：「天地之道，貞觀者也；日月之道，貞明者也。」四時之序，天地之運，貞觀也；日月會合，有晦有朔，貞明也。貞之爲言正也，不正則無觀無明，而乾坤幾乎息矣。春秋之以時月日爲褒貶，示人以正傳而已。然則有事則不必月者，視乎事之是否，以定詳略爲褒貶。天道遠，人道邇，天視自我民視，天聽自我民聽，故以天道正人，仍以人道奉天。天之與人昭昭也，所以必奉四時之正也。

○冬，宋人取長葛。

外取邑不書，此何以書？久也。【注】古者師出不踰時，今宋更年取邑，久暴師苦衆居外，故書以疾之。不繫鄭舉伐者，明因上伐圍取也。【疏】穀梁傳云：「外取邑不志，此何以志？久之也。」鹽鐵論備胡云：「春秋動衆則書，重民也。宋人圍長葛，譏久役也。」上四年莒人取杞牟婁，疾始取邑；此宋人取鄭長葛，譏久，故同一傳也。○注「古者」至「疾之」。○白虎通三軍云：「古者，師出不踰時者，爲怨思也。天道一時生，一時養。人者，天之貴物也，踰時則内有怨女，外有曠夫。詩云：『昔我往矣，楊柳依依。今我來思，雨雪霏霏。』春秋曰：『宋人取長葛。』傳曰：『外取邑不書，此何以書？久也。』」上五年穀

〔一〕春秋經及公羊傳「僖公二十八年冬」下無月，而有日「壬申」，但無「丁丑」。左傳有「丁丑，諸侯圍許」。
〔二〕「繫辭」，原訛作「繫詞」，據周易校改。

梁傳注云：「宋以此冬圍之，至六年冬乃取之。古者師出不踰時，重民之命，愛民之財。乃暴師經年，僅而後克，無仁隱之心，而有貪利之行，故圍伐兼舉，以明之。」即取何義爲説也。文選注引琴操曰：「騶虞者，邵國之女所作也。古者君子在位，役不踰時，不失嘉會。邵〔一〕國之大夫久於行役，故作是詩。」御覽引禮記曰：「師出不踰時，爲怨思也。踰時則内有怨女，外有曠夫矣。」禮記或禮説之譌。鹽鐵論執務云：「古者行役不踰時，春行秋反，秋往春來，寒暑未變，衣服不易，固已還矣。今則徭役極遠，盡寒苦之地，危難之處，今茲往而來歲還，父母延頸而西望，男女怨曠而相思。故一人行而鄉曲恨，一人死而萬人悲。詩曰：『念彼恭人，畏此罪罟。』」又備胡云：「古者無過時之師，無踰時之役。」又引：「詩云：『昔我往矣，楊柳依依。今我來思，雨雪霏霏。』故聖人憐其如此，憫其久去父母妻子，暴露中野，居寒苦之地。」又繇役篇云：「古者無過年之繇，無踰時之役。今近者數千里，遠者過萬里，歷一朞，長子不還，父母愁憂，妻子詠歎，憤懣之恨發動於心，慕思之積痛于骨髓。此杕杜、采薇之所爲作也。」按：詩采薇云：「靡室靡家，玁狁之故。」箋云：「古者不踰時，今薇生而行，歲晚乃得歸，使女無室家。」漢書匈奴傳引彼詩爲懿王時事，故得有踰時之作焉。詩何草不黄云：「哀我征夫。」箋云：「古者師出不踰時，所以厚民之性也。」彼幽王之詩，故箋陳古以刺今焉。○注「不繫」至「取也」。○范云：「上有伐鄭圍長葛，言長葛則鄭邑可知，故不繫

〔一〕「邵」下原衍一「南」字，叢書本同，據文選注、路史餘論五鄒虞續校删。文選注引至「不失嘉會」止，略去了邵國以下二句，陳立補引。

之鄭。」左疏引服虔云：「長葛不繫鄭者，刺不能撫有其邑。」望文生義，無足据也。

○七年，春，王三月，叔姬歸于紀。

【注】叔姬者，伯姬之媵也。至是乃歸者，待年父母國也。婦人八歲備數，十五從嫡，二十承事君子。媵賤書者，後爲嫡，終有賢行。紀侯爲齊所滅，紀季以酅入于齊，叔姬歸之，能處隱約，全竟婦道，故重録之。【疏】注「叔姬」至「媵也」。○舊疏云：「知如此注，見上二年冬『伯姬歸于紀』，自爾以來，不見紀伯姬卒之文，今叔姬又歸之，知是其媵矣。」白虎通嫁娶云：「備姪娣從者，爲其必不相嫉妬也。一人有子，三人共之，若己生之也。」姪者，兄之子；娣者，女弟。叔姬，伯姬娣也。○注「至是」至「國也」。○白虎通又云：「男三十而娶，女二十而嫁，陽數奇，陰數偶。男長女幼者，陽舒，陰促〔一〕。男三十筋骨堅強，任爲人父；女二十肌膚充盛，任爲人母；合爲五十，應大衍之數，生萬物也。」又云：「姪娣年雖少，猶從適人者，明人君無再娶之義也。還待年於父母之國者，未任答君子也。詩云：『姪娣從之，祁祁如雲。韓侯顧之，爛其盈門。』公羊傳曰：『叔姬歸于紀。』明待年也。」是公羊家舊説也。杜云：「叔姬者，伯姬之娣也。至是歸者，待年於父母之國，不與嫡俱行，故書。」范云：「叔姬，伯姬之娣，至此歸者，待年於父母之國，六年乃歸。」皆本何氏義也。范氏引許慎云：「易曰：『歸妹愆期，遲歸有時。』」疏

〔一〕「男三十」至「陰促」爲白虎通嫁娶文，原引自抱經堂本，多處誤衍。今據漢魏叢書、四部叢刊、四庫全書、子書百家、關中叢書諸本依次校删原引文「嫁」下之「何」字，「偶」下之「也」字，「者」下之「何」字，「陽」下之「道」字，「陰」下之「道」字，令文字曉暢。

曰〔一〕：「一解云引易者，證待年于父母國，不〔二〕與嫡俱行也。」○注「婦人」至「君子」。○釋文作「從適」，云：「丁歷反，本又作嫡。」舊疏以爲書大傳文。穀梁注引：「許慎曰：『姪娣年十五以上，能共事君子，可以往，二十而御。』易曰：『歸妹愆期，遲歸有時。』詩曰：『韓侯取妻，諸娣從之，祁祁如雲。』娣必少於嫡，知未二十而往也。」是與何氏義同。詩召南：「江有汜。」箋云：「江水大，汜水小，然得並流，似嫡媵宜俱行。」蓋亦謂十五以上與嫡同往者也。蓋女子十五笄而字，故可以從嫡。○注「媵賤」至「賢行」。○舊疏云：「春秋之内，例不書媵，以其賤故。今此書，以其後爲嫡，終有賢行也。知後爲嫡者，以莊二十九年『冬，十二月，紀叔姬卒』，三十年『八月，癸亥，葬紀叔姬』，卒葬皆書，爲嫡明矣。」按：白虎通嫁娶云：「嫡夫人死，更立夫人者，不敢以卑賤承宗廟。自立其娣者，尊大國也。春秋傳曰：『叔姬歸于紀。』叔姬者，伯姬之娣也。伯姬卒，叔姬升爲嫡，經不譏也。」白虎通又云：「或曰嫡死不復更立，明嫡無二，防篡煞也。祭宗廟攝而已。以禮不聘爲妾，明不升。」自是古文春秋及禮家説與今文春秋不同也。○注「紀侯」至「録之」。○莊三年云：「紀季以酅入于齊。」莊四年：「紀侯大去其國。」是紀爲齊滅，紀季以酅入齊事也。莊十二年「春，王三月，紀叔姬歸于酅」，傳：「其言歸于酅何？隱之也。何隱爾？其國亡矣，徒歸于叔爾。」惠氏士奇春秋説云：「叔姬者，伯姬之媵也。媵不稱歸。詩曰：『江有汜，之子歸，不我以。』之子謂嫡，嫡歸而以媵

〔一〕「曰」，原訛作「引」，據上下文意徑改。
〔二〕「不」字十三經注疏本穀梁傳無，據文意徑補。

俱行。今嫡不以媵備數，故曰『不我以』。以者，備數之詞。雖待年父母之國，其後歸也，亦當略之而不録，又安得稱歸？且媵不聘，春秋傳曰『聲伯之母不聘』，然則叔姬者，紀侯之妾，春秋與伯姬同稱歸者，以賢而能守節也。」蓋紀季以酅爲齊附庸，處齊襄無道之世，叔姬能全竟婦道，故春秋重而録之。莊二十九〔一〕年注云：「國滅卒者，從夫人行，待之以初。」明其能全夫人之行也。左疏引賈逵云：「刺紀貴叔姬。」三傳皆無此義。孔疏云：「魯女嫁于他國之卿，皆書之。夫人之娣尊，與卿同其書，固是常例。」夫魯女嫁于鄰國，春秋二百四十二年，僅一叔姬爲媵乎？直是妄説。

○滕侯卒。【疏】漢書地理志云「沛郡：公丘」，注云：「故滕國，周懿王子錯叔繡所封，三十一世爲齊所滅。」師古曰：「左氏傳云：郜、雍、曹、滕，文之昭也，系本〔二〕亦云『錯叔繡，文王子』，而此志云懿王子，未詳其義。」按：漢書古今人表列叔繡於武成之世，志云懿王，自是錯誤。左傳疏引地志作文王可證。春秋釋例土地名云：「沛國公丘縣東南有滕城。」杜注云：「滕國在沛郡公丘縣東南。」

何以不名？【注】据蔡侯考父卒名。【疏】注「据蔡」至「卒名」。○見下八年夏。

微國也。【注】小國，故略不名。【疏】桓二年云：「滕子來朝。」知滕，子爵，故爲微國。

〔一〕「二十九」，原訛作「三十」，叢書本同，據公羊注疏校改。
〔二〕系本即世本。唐人注史記、漢書，引世本爲系本，避唐太宗李世民名諱。

微國則其稱侯何？【注】据大國稱侯，小國〔一〕稱伯、子、男。【疏】注「据大」至「子男」。○上五年傳文。

不嫌也，【注】滕侯卒不名，下常稱子，不嫌稱侯爲大國。【疏】注「滕侯」至「大國」。○下常稱子，桓二年「滕子來朝」是也。後此常稱子，知實子爵，故不嫌爲侯，此稱侯者自别有義。通義云：「所傳聞之世，未卒小國，獨卒滕侯、宿男、邾婁子、薛伯，是四國皆當隱之篇來接於我者，其爲慕賢親内褒録甚明。説左氏者，但以爲從赴，且如彼傳云『魯爲凡、蔣、邢、茅、胙、祭，臨于周公之廟』，是必嘗來赴矣。而六國之卒，壹不見於春秋何也？周初，滕、薛皆侯，時降在伯、子。春秋與其來朝賢君，褒稱故爵。但滕侯後旋事桓，慕賢〔二〕不終，不足書卒，故還從其父加録。若然，薛伯以伯卒，滕子之父以侯卒者。春秋之義，許人子者必使子也。自桓公以後，滕遂稱子，歷莊、閔、僖、文之篇，不復書卒。所以深著此滕侯卒爲褒文，使與大國無嫌矣。」

春秋貴賤不嫌同號，【注】貴賤不嫌者，通同號稱也。若齊亦稱侯，滕亦稱侯；微者亦稱人，貶亦稱人，皆有起文，貴賤不嫌同號是也。【疏】注「貴賤」至「稱也」。○通義云：「貴賤易辨，不相嫌者，則可以同號。若大國稱侯，褒亦稱侯；微者稱人，貶亦稱人，各有起文，號同實異。」按：春秋别嫌明微。嫌則别

〔一〕「國」，原訛作「者」，叢書本同，據公羊注疏校改。
〔二〕「賢」字原訛作「義」，叢書本同，據公羊通義校改。

之，其不嫌者當文自見，故無須別也。○注「若齊」至「是也」。○齊稱侯者，上三年「齊侯、鄭伯盟于石門」之屬是也。舊疏云：「不云晉者，晉爵未大故。」按：齊始見春秋，故注科舉，無義例也。微者稱人，上元年「及宋人盟于宿」之屬是也。貶亦稱人者，僖二十一年：「楚人使宜申來獻捷。」傳：「楚子也，貶。」又二十七年：「楚人、陳侯以下圍宋。」傳：「爲執宋公貶。」又上六年「鄭人來渝平〔一〕」是也。皆有起文者，舊疏云：「滕侯卒不名，下恒稱子，起其微也。齊侯恒在宋公之上，起其大也。宋人盟于宿不書日，亦起其微也。鄭人來輸平稱人者，國共辭，起其貶之。」然則齊貴滕賤，微者賤，楚子貴，俱無嫌義，故不妨號同。又若「王子虎卒」，「王子猛卒」，同稱王子，不嫌其同也，一君一臣昭昭也。

美惡不嫌同辭。【注】若繼體君亦稱即位，繼弑君亦稱即位，皆有起文，美惡不嫌同辭是也。滕，微國。所傳聞之世未可卒，所以稱侯而卒者，春秋王魯，託隱公以爲始受命王，滕子先朝隱公，春秋褒之以禮，嗣子得以其禮祭，故稱侯見其義。【疏】通義云：「美惡易見，不相嫌者，則可以同辭。若『宋萬出奔陳』、『曹羈出奔陳』、『楚子使椒來聘』、『吴子使札來聘』之類，屬辭比事，美惡自明。蓋春秋正百物之名，理羣事之然否，必其不嫌，乃得同號同辭。苟嫌矣，析疑辨微，纖芥不遺。是故『紀履緰來』曰『逆女』，『莒慶來』曰『逆叔姬』，『救邢』先言次而後言救，『救晉』先言救而後言次，『牟婁』、『防兹』言及，『鄆』、『讙』、『龜陰』不言及，王用諸侯之師曰『從』，諸侯之師相爲用曰『以』，善曰還，不善曰復，善曰歸，不善曰入，皆使貴

〔一〕左傳之春秋經作「渝平」，公羊傳之春秋經作「輸平」。本書當以春秋公羊爲準。下引舊疏則作「輸平」。

賤不相假，美惡不相錯，難可悉數者也。」按：此亦爲全經發凡起例，故曰春秋也。○注「若繼」至「是也」。○舊疏云「繼體君稱即位」，文、成之屬是也。「繼弒君亦稱即位」〔一〕，桓、宣是也。皆有起文者，前君之薨書地者，起其後即位者是繼體之君也。若前君薨不地者，起其後即位非繼體之君也。由是之故，春秋不嫌同辭矣。春秋正辭云：「若『秦伯使術來聘』，『吴子使札來聘』，美也；『楚子使椒來聘』，惡也。人皆知之，故使同辭以起問者。又若子般弒亦稱卒，子野、毁亦稱卒，則以閔公不言即位異之。宣公亦言即位，昭公亦言即位，則以子卒不日異之。春秋之文，信如四時。又若莊公元〔二〕年『王姬歸于齊』，齊襄也。十一年『王姬歸于齊』，齊桓也。一無惡，一有惡，則以『單伯逆王姬』，『築王姬之館于外』見之。又以後之徒言『歸』也，而見『逆』與『築館』之爲起文，詳略互相明，以使不嫌也。又若諸侯篡國亦書『入』，『天王入于成周』亦書『入』，傳曰：『不嫌。』亦其義也。又若我無君不稱使，『齊高子來盟』是也。『宋司馬華孫來盟』亦不稱使，則其主不嫌也。篡不明去葬，嫌也；篡明者書葬，不嫌也；篡已明而不書葬，重於篡也；篡不明而書葬，因其事也。齊景公之篡也，以書『齊慶封來奔』見之；宋文公之篡也，以書『諸侯』之『會于扈』見之；齊惠公、鄭襄公、晉悼公皆不見篡，徒以不書弒君之葬，則知其不討賊，而篡亦見之矣。衛宣公受國于討賊之後，嫌於非篡，則書『立』以明之。晉成公以賊復見，亦嫌於應受國，則去葬以明之。

〔一〕「繼弒君亦稱即位」句，原脱「君亦稱」三字，叢書本同，據公羊注疏校補。
〔二〕「元」，原訛作「二」，叢書本同，據公羊注疏校改。

齊惠、鄭襄、晉悼、齊景，皆晉成公比也，然與不篡者同辭，而書葬以起問者，明義法也。又若殺大夫稱名、稱國同辭矣，乃如晉殺先穀、衛殺孔達，其事不同，則孔達有起文以異之。陳殺洩冶、晉殺三郤，其事不同，則洩冶有起文以異之。鄭殺申侯、齊殺國佐、鄭殺公孫黑，其事亦不同，皆無起文，則去葬以明殺無罪，書葬以明殺有罪，亦異之。又若晉殺三郤亦稱國，晉殺胥童亦稱國，則與君弒同月而先書以大異之。又若晉侯殺其世子申生、宋公殺其世子痤，則不書葬，以明晉侯之志乎殺以異之。」莊氏此論可謂深切著明，讀春秋者，隅反可也。○注「滕微」至「其義」。○「禮」，宋本、閩本、監本同。鄂本「禮」作「禄」。按：鄂本是也。滕子朝隱公在下十一年，彼注云「稱侯者，春秋託隱公以爲始受命王。滕、薛先朝隱公，故褒之」是也。劉氏逢禄箋云：「何君説紀季姜義曰：子尊不加於父母，此云嗣子得以其禄祭，互相足也。禮，已孤暴貴，不爲父作謚。父爲士，子爲大夫，葬以士，祭以大夫，蓋三王通義。此先書滕侯卒者，唯王者有先施之誼，所以懷諸侯也。」明子褒爲侯，應以侯禄榮其親，故於此書侯以張義。薛不褒其父侯者，舊疏云「薛侯父卒在春秋之前，故無褒之文」是也。

○夏，城中丘。【疏】杜云：「中丘在琅邪臨沂縣東北。」大事表云：「今沂州府東北三十里有中丘城，故此傳云「內之邑也」。水經注沂水篇：「沂水南逕中丘城西，春秋隱七年『城中丘』是也。」一統志：「中丘城在沂州府蘭山縣東北三十一里。」漢志：「臨沂屬東海郡，今爲蘭山縣地。」

中丘者何？內之邑也。城中丘何以書？【注】上問「中丘者何」，指問邑也，故因言何以書，嫌但問書中丘，故復言城中丘何以書也。【疏】注「上問」至「書也」。○校勘記云：「宋本、監本、閩本、毛本同。定二年疏引此注『上問』作『上言』，當据正，下文云『因言』可證。若作『問』，則與『指問邑也』『問』字複矣。」又「故因」，彼疏引此注作「欲因」，亦宜据正。蓋若但問何以書，嫌止問中丘書之故，均連城中丘問之，明所問之故在城也。

以重書也。【注】以功重，故書也。當稍稍補完之，至令大崩弛壞敗，然後發衆城之，猥苦百姓，空虛國家，故言城，明其功重，與始作城無異。城邑例時。【疏】鹽鐵論備胡云：「春秋動衆則書，重民也。」繁露十指云：「舉事變，見有重焉，則百姓安矣。」通義云：「重用民力，故得時不得時必書。」然則重有二義：一者，重用民力；二者，注云「功重」，是也。○注「至令」至「壞敗」。○宋本、閩本、監本、毛本同。鄂本「弛」作「㢮」。按：釋文亦作「崩弛」。㢮，俗字。史記河渠書：「延道弛兮離常流。」索隱：「河道皆弛壞。」漢書賈山傳：「臣恐朝廷之解弛。」皆壞敗之義也。師古曰：「弛，放也。」是也。○注「猥苦百姓」。○漢書五行志：「兼受其猥。」師古曰：「猥，積也。」又溝洫志：「水猥盛，則放溢。」師古曰：「猥，多也。」「猥苦」猶曰多苦、積苦也。不早修完，重苦百姓，故曰猥也。○注「故言」至「無異」。○繁露竹林云：「春秋之法，凶年不修舊，意在無苦民爾。」是凶年雖修舊亦譏，豐年但可修舊耳。不知補完，至大興工作，故書「城」以譏。左傳謂譏「不時」。經書城，亦有在冬令，而傳又云書「時」，是春秋爲胥吏之書，毫無意旨矣。穀梁云：「城爲保民爲之也。」范云：「刺公不修勤德政，更造城以安民。」夫勇夫重閉，而況國乎？周官有掌固司險之官，掌修城郭溝涂，若並城責之，過矣。○注「城邑例時」。○舊疏云：「即下九年『夏，城郎』、襄十三年『冬，城防』是也。」按：此内城之例。僖二年「城楚丘」則書月，彼傳云：「孰城？城衛也。」明外城不止書時矣。

○齊侯使其弟年來聘。【疏】莊八年左傳「僖公之母弟曰夷仲年」，即此。錢氏大昕論春秋曰：「『齊侯使其弟年來聘』，再見於春秋，爲無知之弑君張本也。母弟雖親，不可踰其分也。」按：左傳又云：「生公孫無知，有寵於僖公，衣服禮秩如適。」則夷仲年之過盛可知矣。

其稱弟何？【注】据諸侯之子稱公子。【疏】注「据諸」至「公子」。○禮喪服傳文。上元年「公子益師卒」，注云：「諸侯之子稱公子。」

母弟稱弟，母兄稱兄。【注】母弟，同母弟；母兄，同母兄。不言同母言母弟者，若謂不如爲如矣，齊人語也。分别同母者，春秋變周之文，從殷之質。質家親親，明當厚異於羣公子也。聘者，問也。來聘書者，皆喜内見聘事也。古者諸侯朝罷朝聘，爲慕賢、考禮、一法度、尊天子。不言聘公者，禮，聘受之於大廟，孝子謙，不敢以己當之，歸美於先君，且重賓也。【疏】隸釋載漢石經「稱兄」下接下傳「凡伯者何」。按：春秋稱弟者，此及桓三年「弟年」、十四年「弟語」、襄二十九年「弟年夫」之屬是也。稱兄者，昭二十年「兄輒」是也。皆謂母弟、母兄也。春秋説云：「春秋凡書弟者，皆母弟。左氏、公羊皆然。」趙匡駁云：「以爲不可以訓。此非駁傳，乃駁經也。以兩國言之，則秦后子鍼，楚公子于〔一〕，皆秦景、楚靈之弟也，春秋

〔一〕「楚公子于」殆「楚公子比」之訛。公子比字子干。子干，楚共王子，楚靈王弟。

獨書『秦伯之弟鍼』，豈非鍼爲母弟與？以一國言之，則宋公子地、公子辰皆景公之弟也，春秋獨書『宋公之弟辰』，則地非母弟可知。魯宣及叔肸同出敬嬴，衛獻與子鮮同出敬姒，故肸之卒、鱄之奔，皆稱弟，此母弟之尤章明較著者，故曰非駁傳乃駁經也。」穀梁云：「諸侯之尊，弟兄不得以屬通。」只可說禮，不可與語春秋。○注「不言」至「語也」。○隱元年傳：「如勿與而已矣。」注：「如，即不如，齊人語也。」按：古人文字多有此例，如「無念念也」、「無甯甯也」之屬是也。○注「分別」至「子也」。○「分」，閩本、監本、毛本作「公」，誤，依宋本正。釋文出「分別」二字，陸本不誤也。繁露十指云：「承周文而反之質，則化所務立矣。」是變文從質之義也。又三代改制云：「主天法商而王，其道佚陽，親親而多仁樸，故立嗣予〔一〕子，篤母弟。」「主地法夏而王，其道進陰，尊尊而多義節，故立嗣與孫，篤世子。」周文同夏，春秋變周從殷，故親親，所以親厚異於羣公子也。故史記梁孝王世家曰：「太后謂帝曰：『吾聞殷道親親，周道尊尊，其義一也。』袁盎等曰：『殷道親親，立弟；周道尊尊，立子。殷道質質者法天，親其所親，故立弟；周道文文者法地，尊者敬也，敬其本始。方今漢家法周，周道不得立弟，當立子。』」是質文尊親之殊也。通義云：「春秋承衰周之敝，文勝而離，人知貴貴，莫知親親。開端首見鄭段之禍將大，矯其失，非因人情所易親者而先示之親，則其教不易成。蓋由父言之，凡我〔二〕兄弟，豈有同異；由母言之，雖愛無差等，亦施由親始，特

〔一〕「予」，原訛作「子」，叢書本不誤，據改。
〔二〕「我」，原訛作「有」，叢書本同，據公羊通義校改。

撥亂之漸，不得已之志耳。故至所見之世，且録責小國殺公子，以廣親親之義，明非專厚於同母也。」按：孔氏此論，洞穿禮經、春秋，可謂至論。不然，則喪服傳云「禽獸知母而不知父」，則與春秋有不可通者矣。

○注「聘者問也」。○周禮大宗伯云：「時聘曰問。」類聚引白虎通云：「聘者問也。」詩采薇傳云：「聘，問也。」○注「來聘」至「事也」。○文七年：「公會諸侯、晉大夫盟于扈。」傳：「諸侯何以不序？大夫何以不名？公失序也。公失序奈何？諸侯不可使與公盟，昳晉大夫，使與公盟。」是諸侯不與盟，春秋恥而爲之諱。不見鄰國朝聘，其恥甚矣，故以内見聘爲喜。穀梁傳曰：「其弟云者，以其來接於我，舉其貴者也。」亦以貴者來聘爲喜也。○注「古者」至「天子」。○禮記曲禮云：「諸侯使大夫問於諸侯曰聘。」大戴禮朝事篇：「然後使諸侯世相朝，交歲相問，殷相聘，以習禮、考義、正刑、一德，以崇天子。」類聚引白虎通云：「諸侯相朝聘何？爲相尊敬也。」故諸侯朝聘，天子無恙。法度得無變更，所以考禮、正刑、一德，以尊天子也。禮聘禮鄭目録云：「大問曰聘，諸侯相於，久無事，使卿相問之禮；小聘使大夫。」周禮曰：「凡諸侯之邦交，歲相問也，殷相聘也，世相朝也。」彼記云：「久無事，則聘焉。」注：「謂盟會之屬。」凡朝聘，天子兼其中，即朝罷朝聘之義也。禮記王制云：「天子無事與諸侯相見曰朝。考禮、正刑、壹德，以尊於天子。」知凡朝聘，皆然也。漢書淮陽憲王欽傳：「駿諭指曰：禮爲諸侯制相朝聘之義，蓋以考禮壹德，尊事天子也。」鄭目録云「諸侯相於」者，於猶厚也，見呂覽注。是諸侯相厚，則有聘問之禮也。王制云：「比年一小聘，三年一大聘。」小聘則周禮「大行人」之「歲相問」也，大聘則「大行人」之「殷相聘」也。聘使卿，禮記聘義云：「上公七介，侯伯五介，子男三介。」各下其君二等。聘禮所記是侯伯之卿，故彼經云：「上介奉束錦，士介四人皆奉玉錦束。」其周禮玉人所記：「瑑圭璋八寸，璧琮八寸，以覜聘。」則上公之臣禮，公食大夫禮俎實云「倫膚〔一〕」也。據子男之臣也。其周禮司儀所載，亦大國聘禮，所謂諸公之臣相爲國客是也。公之臣受勞於堂，侯伯之臣受勞於舍，故聘禮云：「賓揖先入，受于舍門内。」注：「不受於堂。」是也。小聘使大夫，則三介又下其卿二等也。三禮札記云：「周禮有天子聘諸侯之禮。」大行人云：「間問以諭諸侯之志。」又云：「歲徧存，三歲徧覜，五歲徧省。」是也。有諸侯聘天子之禮，大宗伯云：「時聘曰問，殷覜曰視。」大行人云：「時聘以結諸侯之好，殷覜以除邦國之慝。」是也。儀禮但有諸侯聘諸侯之禮，而無諸侯聘天子及天子聘諸侯之禮，蓋皆闕而不存耳。「考」，鄂本不誤，十行本、閩本、監本、毛本誤作「孝」。○注「不言」至「賓也」。○聘禮云：「至於朝，主人曰：『不腆先君之祧，既拚以俟矣。』」注：「遷主所在曰祧。周禮，天子七廟，文武爲祧。諸侯五廟。則祧，始祖也，是亦廟也。言祧者，祧尊而廟親，待賓客者，上尊者。」又云：「及廟門，公揖入，立于中庭。」又云：「几筵既設，擯者出請命。」注：「有几筵者，以其廟受，宜依神也。」是皆受之於太廟也，聘禮重故也。又云：「賓朝服問卿，卿受于祖廟。」問卿，聘賓奉其君命來，故主國之卿亦受之於祖廟，雖廟受而不几筵，辟君也。諸侯覲天子亦於廟，覲禮云：「諸侯前朝，皆受舍于朝。」注：「受舍于朝，受次於文王廟門之外。」曲禮云：「天子當依而立，諸侯北面而見天子曰覲。」注：「諸侯春見曰朝，受贄于朝，受享于廟。」「秋見曰覲，一受之于廟。」周官大行人公侯伯子男皆「廟中將幣三

〔一〕「膚」，原訛作「虜」，叢書本同，據周禮校改。

享」，是朝、覲、聘皆於廟也。必於廟者，孝子歸美先君，且重責之義。白虎通云：「緣臣子欲知其君父無恙，又當奉土地所生珍物以助祭，是以皆得行聘問之禮也。」蓋謂諸侯聘天子也。下十一年注云：「不言朝公者，禮，朝受之於太廟，與聘同義。」

〇**秋，公伐邾婁。**【疏】上元年注云：「君大夫盟例日，惡不信也。此月者，隱推讓以立，邾婁慕義而來相親信，故爲小信辭。」彼正据此以難盟蔑不書日也。

〇**冬，天王使凡伯來聘。**【注】書者，喜之也。古者諸侯有較德殊風異行，天子聘問之，當北面稱臣，受之於太廟，所以尊王命，歸美於先君，不敢以己當之。【疏】杜云：「凡國，伯爵也，汲郡共縣東南有凡城。」釋文本作「汎城」。左傳僖二十四年云：「凡、蔣、邢、茅、胙、祭，周公之胤也。」蓋凡亦諸侯，而入爲王卿士者與？水經注清水篇：「又南經凡城東。司馬彪、袁山崧郡國志曰：共縣有汎亭，周凡伯國，春秋王使凡伯來聘是也。杜云：共縣東南有凡城。今在西南。」按：漢書地理志：「河内郡有共縣。」續漢志：「河内郡共縣有汎亭。」劉昭注：「凡伯邑。」考河内周地，凡伯國卿士食采汎城。方輿紀要：「凡城在衛輝府輝縣西南二十里。」〇注「書者，喜之也」。〇與書來聘同義。〇注「古者」至「當之」。〇惠氏棟云：「『較』讀爲覺。」詩曰：「有覺德行。」按：後漢書何敞傳注：「較，明也。」又一切經音義引廣雅：「較，見也。」謂德之明而可見者，故曰較德。受之太廟，歸美先君，與鄰國相聘同義。禮疏引異義：「天子聘諸侯。公羊說：天子無下聘義。周禮說：間問以諭諸侯之志。許慎謹案：禮，臣疾，君親問之，天子有下聘之義。從周禮說。鄭無駁，與許同。」据何氏此注，則公羊亦以天子有下聘事矣。蓋諸侯有不純臣之義，故有覜聘之禮，相接則曰「賓來」，朝則車送車迎。春秋於天子聘屢書矣，皆無貶辭，故鄭君注大行人「間問」以爲王使臣於諸侯之禮也。諸侯有較德殊風異行，見美於天子，故喜而書聘以爲榮。北面稱臣，受之太廟，何氏宜有所見，無文以證之，以理準之，亦宜如是。

○戎伐凡伯于楚丘，以歸。【疏】大事表云：「今曹州府曹縣東南四十里，爲衛之南楚丘，本戎州己氏之邑。隱七年『戎伐凡伯于楚丘，以歸』，又襄十年『宋公享晉侯于楚丘』即此。」蓋宋衛二國相錯處。杜云：「楚丘，衛地，在濟陰城武縣西南。」京相璠曰：「今濮陽城西南十五里有鉏丘城。六國時，鉏、楚同音，以爲楚丘地也。」顧氏炎武左傳杜解補正云：「此非僖二年所城之楚丘。解曰衛地，非也，其曰在城武縣，則是春秋時爲曹地。」沈氏欽韓左傳補注云：「杜云衛地，非也。此爲曹之楚丘。紀要：『楚丘城在曹州曹縣東南四十里。衛之楚丘在衛輝府滑縣東六十里。』水經注亦誤以成武之楚丘爲衛文公所居。程公說春秋分記曰：『戎州，己氏邑，在今拱州楚丘縣。戎蓋昆吾之後，別在夷狄，周衰入于此。天王使凡伯聘魯，由雒邑道楚丘至仙源，逮其歸，戎乃要而伐之。楚丘在河南，宜爲周魯往來之地，以其逼近宋都故。漢晉屬梁國。杜預誤以此爲僖二年衛所城之邑。水經注亦誤以此爲衛文公所徙居。衛爲狄所滅，東徙渡河，野處曹邑。文公徙居楚丘曹邑，在今滑之白馬。楚丘在澶之衛南，地在河北。凡伯安有踰河北道衛而南使于魯耶？』輿地廣記：『今楚丘縣有景山。京岡乃後人附會名之爾。』欽韓案，漢志云：『山陽郡成武縣有楚丘亭，齊桓公所城，遷衛于此。』」由此展轉遂誤。

凡伯者何？【注】上言聘，此言伐，嫌其異，故執不知問。【疏】注「上言」至「其異」。○舊疏云：「謂聘伐辭異，嫌其非一人也。」

天子之大夫也。【疏】詩大雅瞻卬〔一〕序云：「凡伯刺幽王也。」箋云：「凡伯，天子大夫也。」孔疏：「禮，侯伯入王朝則爲卿，故板箋以凡伯爲卿士。此言大夫者，大夫，卿之總稱也。」杜以爲「凡伯，周卿士，凡國，伯爵」。范云：「凡，氏；伯，字，上大夫也。」公羊宜與之同，如元年祭伯是也。

此聘也，其言伐之何？【注】据出聘與郊、柳異，不得言伐也。問伐加之者，辟問輕重兩舉之。【疏】注「据出」至「伐也」。○昭二十三年：「晉人圍郊。」傳：「郊者何？天子之邑也。曷爲不繫於周？不與伐天子也。」宣元年：「晉趙穿帥師侵柳。」傳：「柳者何？天子之邑也。曷爲不繫乎周？不與伐天子也。」凡伯出聘大夫，非天子邑，不得言伐也。繁露王道云：「不得執天子之大夫。執天子之大夫，與伐國同罪，故執凡伯言伐也。」○注「問伐」至「舉之」。○舊疏云：「桓十二年『及鄭師伐宋。丁未，戰于宋』，

〔一〕「卬」，原訛作「印」，叢書本不誤，據改。

傳云：『戰不言伐，此其言伐何？』彼問輕重兩舉不言之，故此言之者，辟問輕重兩舉之。」則此專爲伐凡伯問，故加之也。

執之也。【疏】漢書劉向傳：「戎執其使。」鹽鐵論論功云：「凡伯囚〔一〕執，而使不通。」

執之，則其言伐之何？【注】据執季孫隱如不言伐。【疏】注「据執」至「言伐」。○昭十三年平丘之會，「晉人執季孫隱如以歸」是也。

大之也。【注】尊大王命，責當死位，故使與國同。【疏】注「尊大」至「國同」。○「大」，閩本、監本、毛本作「天」，誤，依宋本正。春秋正辭云：「重王命以重王使，伐國之罪，猶且降等焉，故大之焉。」論語子路言：「使於四方，不辱君命，可謂士矣。」士可殺而不可辱。凡伯以天子貴臣爲戎所執，忍辱偷生，以故見責，大之與伐國同。亦如謀人軍師，謀人邦邑者也。穀梁注云：「以一人當一國，皆尊尊之正義，春秋之微旨。」是也。

曷爲大之？【注】据王子突〔二〕繫諸人。【疏】注「据王」至「諸人」。○莊六年：「王人子突救衛。」傳：「王人者何？微者也。子突者何？貴也。貴則其稱人何？繫諸人也。曷爲繫諸人？王人也。」彼爲

〔一〕「囚」，原訛作「因」，叢書本同，據鹽鐵論校改。

〔二〕「王子突」即「王人子突」，故【注】曰「繫諸人」。「王人」即王臣。突是王子，稱「王子突」、「子突」；出爲王之使者，稱「王人子突」。

子突不能救衛，故諱而書人，以爲王殺恥。此則大夫一介耳，而大之同於國。舊疏云：「等是王臣，一伸一屈，故難之。」是也。

不與夷狄之執中國也。【注】因地不接京師，故以中國正之。中國者，禮義之國也。執者，治文也。君子不使無禮義制治有禮義，故絶不言執，正之言伐也。執天子大夫而以中國正之者，執中國尚不可，況執天子之大夫乎？所以降夷狄，尊天子，爲順辭。【疏】與者，許也。論語先進：「吾與點也。」管子形勢解：「鬼神助之，天地與之。」皆義爲許。不與夷狄之執中國，猶言不許夷狄之執中國也。淮南泰族訓：「文王處酆百里，皆令行禁止於天下。周之衰也，戎伐凡伯于楚丘以歸。故得道則以百里之地令於諸侯，失道則以天下之大畏於冀州。」彼蓋取穀梁爲説。穀梁以戎爲衛。衛在河内，河内曰冀州故也。○注「因地」至「正之」。○春秋之例，諸侯有罪，執歸京師，以京師治諸夏也。故成十五年「晉侯執曹伯，歸之京師〔一〕」，僖二十八年「晉人執衛侯，歸之于京師」，注：「明諸侯尊貴，不得自相治，當斷于天子也。」楚丘去京師遼遠，且春秋内京師而外諸夏，内諸夏而外夷狄，是以京師當治諸夏，諸夏乃治戎狄，方得遠近中外之差次也。○注「中國」至「伐也」。○白虎通禮樂云：「夷者，僔夷無禮義。」定五年注云：「治國有狀，

〔一〕「歸之京師」，公羊傳經文作「歸之于京師」，左、穀之經文均無「之」字。「歸于」與「歸之于」内涵微辭是不同的。僖公二十八年傳「歸于者，非執之于天子之側者也」下，何休解詁引此亦無「之」字，可證公羊傳「之」字衍。故該句當作「歸于京師」。

能與中國通者〔一〕，以中國之辭言之曰越。」皆以中國治夷狄、以有禮義治無禮義意也。執爲治文者，孟子盡心上：「執之而已矣。」禮記檀弓云：「肆諸市朝，而妻妾執。」皆有治義。不以無禮義治有禮義，故變文言伐，以絶正其義。繁露王道云：「執天子大夫，與伐國同罪，執凡伯言伐，止亂之道也。」○注「執天」至「順辭」。○繁露王道又云：「觀乎執凡伯，知犯上之法。」執中國且不可，執天子之使，犯上甚矣。夷狄至降，天子至尊，以中國治之，上尊天子，下降夷狄也。穀梁傳唯「戎衛」爲異。其曰「戎衛」者，「爲其伐天子之使，貶而戎之也」，其義大同。范云：「昭十二年『晉伐鮮虞〔二〕』，傳曰：『晉，狄之也。』今不曰衛伐凡伯，乃變衛爲戎者，伐中國之罪輕，故稱國以狄晉，執天子之使罪重，故變衛以戎之。」亦以執天子之大夫重於執中國也。傳文之微詞見義也。

其地何？【注】据執季孫隱如不地。【疏】注「据執」至「不地」。○昭十三年「晉人〔三〕執季孫隱如」，但言以歸，無地文也。

大之也。【注】順上伐文，使若楚丘爲國者，猶慶父伐於餘丘也。不地以衛者，天子大夫銜王命至尊，顧在所諸侯，有出入所在赴其難，當與國君等也。録以歸者，惡凡伯不死位，以辱王命也。【疏】傳兩言大之，皆

〔一〕「通者」二字原脱，叢書本同，據公羊注疏校補。
〔二〕「鮮虞」，原訛作「解虞」，叢書本同，據穀梁注疏校改。
〔三〕「人」字原脱，叢書本同，據公羊注疏校補。稱國與稱國人其意義不同。

順上伐文。一則以凡伯一人當一國，以責其不死位；一則以楚丘一邑當一國，以衛當赴其難也。○注「猶慶」至「丘也」。○莊二年云：「公子慶父帥師伐於餘丘。」傳：「於餘丘者，邾婁之邑也。曷爲不繫乎邾婁？國之也。曷爲國之？君存焉爾。」以君存則變邑爲國文，以天子大夫所在，故亦大邑文爲國也。通義云：「實執則不地，加地，順伐文也。」○注「不地」至「等也」。○范注云：「夫天子之使過諸侯，諸侯當候在疆場，膳宰致饔，司里授館，猶懼不敬。」疏引國語云：「定王使單襄公聘于宋，遂假道于陳，以聘于楚。陳人候不在疆，膳宰不致饔，司里不授館。單子歸，以告王曰：陳侯不有大咎，國必亡。王曰：何故？對曰云云，是棄先王之法制也。周之秩官有之，敵國賓至，司里授館，甸人積薪，膳宰致飧，廩人獻饔，賓至如歸。今臣承王命以過陳，司事莫至，是蔑先王之官也。」是天子使臣過竟，諸侯猶宜致禮，其有患難，更宜赴救，故以楚丘爲國，知當與國君等也。解詁箋云：「何君明守土之義，是矣。」穀梁子曰：『戎者，衛也。』戎衛者，爲其伐天子之使，故貶而戎之也。此與賈戎爲戎晉同義〔一〕，於經爲合。」按：己氏之戎偪近衛地，則依公羊本義，亦無不合。穀梁疏引麋信云：「不言夷狄，獨言戎者，因衛有戎邑故也。」是衛地有戎也。○注「録以」至「命也」。○通義云：「言以歸者，起實執。」宣二年：「宋華元帥師及鄭公子歸生帥師戰于大棘，宋師敗績，獲宋華元。」注：「復出宋者，非獨惡華元，明恥辱及宋國。」又襄八年「鄭人侵蔡，獲蔡公子燮」，傳：「侵而言獲者，

〔一〕「此與」句中之「賈戎」殆爲「晉戎」之訛。以晉爲夷狄事，指昭公十二年「晉伐鮮虞」，穀梁傳曰：「晉，狄之也。其狄之何也？不正其與夷狄交伐中國，故狄稱之也。」

適得之也。」注：「將兵禦難，不明候伺，雖不戰鬭，當坐獲。」「以歸」，明凡伯當坐誅絶，不直書執，亦爲中國諱。穀梁所謂「以歸，猶愈乎執也」。昭二十三年「吴敗頓、胡、沈、蔡、陳、許之師于雞父。胡子髡、沈子楹滅。獲陳夏齧」，傳：「不與夷狄之主中國，言獲何？吴少進也。」則又以所見之世，吴少進，故不諱獲也。

公羊義疏九

南菁書院　句容陳立卓人著

隱八年盡十一年

○八年，春，宋公、衛侯遇于垂。【注】宋公序上者，時衛侯要宋公，使不虞者爲主，明當戒慎之。無王者，遇在其閒，置上則嫌爲事出，置下則嫌無天法，可以制月，文不可施也。【疏】杜云：「垂，衛地。濟陰句陽縣東北有垂亭。」大事表云：「今山東曹州府曹縣北三十里有句陽店，是其地。」水經注瓠子河篇：「瓠瀆又東逕垂亭北。春秋隱八年，宋公、衛侯遇于犬丘，經書垂也。京相璠曰：今濟陰句陽縣小成陽東五里有故垂亭者也。」酈元曰陽城在句陽東半里許。魏世家无忌謂魏王曰：「文臺墮，垂都焚。」徐廣曰：「句陽有垂亭〔一〕。」方輿紀要：「句陽城在曹州曹縣北三十里。」春秋正辭云：「有三月曷不繫諸時？決不月也。遇在內不月也，況在外乎？」○注「宋公」至「慎之」。○舊疏云：「會盟則以大小爲序，遇則以

〔一〕「亭」字原脱，叢書本同，據史記三家注校補。

不虞爲先。何氏故如此解，是以莊三十二年『夏，宋公、齊侯遇于梁丘』，齊在宋下，是其一隅耳。」上四年傳：「遇者何？不期也。一君出一君要之也。」外諸侯相遇，見要者爲主。魯與遇，無論內要外要，皆由內及外也。○注「無王」至「施也」。○「王」，監本、毛本作「主」。宋本、閩本作「王」是也。校勘記云：「按，解云：若言『八年，春，王、宋公、衛侯遇于垂』，即嫌桓王亦與之遇，可證本作『王』也。」按：下有三月，宜書「春，王三月」，惟遇事不在三月，又遇例時，故不得繫月於春王之下。若於此經言「春，王、宋公、衛侯」云云，則似周王同遇，故云置上則嫌爲事出，謂置王嫌爲遇事出也。置王屬于三月，則上不承春，是無天法。舊疏云：「天法，即春是也。」不承春，則不足以制月，故云嫌無天法，可以制月也。春秋正辭云：「不月則不言春王。春，天時也；月，王月也。此有三月矣，曷爲不繫之王？王繫之春，然後以月繫之王。歲之始，莫先於臨天下之一[一]人，而後有萬不同之事物，無不繫之於王月。以月承春，王不可闕也。不以月承春，王不可以不闕也。據亂而作，苟非桓公之策書，則不忍輒以爲無王矣。慎言哉！」

○三月，鄭伯使宛來歸邴。【疏】唐石經、宋本、閩本、監本、毛本同作「邴」也。漢書五行志引作「邴」。左氏作「祊」，下同。古方丙同音，故周禮「內史掌王之八枋之法」，釋文作「柄」，云：「本亦作『枋』。」士冠禮「面枋」，注：「今文『枋』爲『柄』。」急就篇：「邴勝箱。」注：「邴一作祊，音柄，又音丙。」惠氏棟

[一]「一」字原脱，叢書本同，據春秋正辭校補。

穀梁古義云：「穆天子傳云『戊戌，天子北入于邴』，郭璞曰：邴，鄭邑。左傳作『祊』，古丙、方同字。」是也。杜云：「祊，鄭祀泰山之邑，在琅邪費縣東南。」水經注沂水篇：「治水〔一〕又東南逕費縣。又東南逕祊城南。春秋隱八年左傳〔二〕『鄭伯請釋太山之祀而祀周公』，使宛歸太山之祊，而易許田。」一統志：「費縣故城在今沂州府費縣西北二十里。劉宋移縣理，祊城即古祊邑也。」方輿紀要：「祊城，今費縣治。」

宛者何？鄭之微者也。【疏】杜云：「宛，鄭大夫。不書氏，未賜族。」春秋外大夫無不書氏，此無氏，故知微者。穀梁云：「名宛，所以貶鄭伯，惡與地也。」易地，非宛所得主，貶宛無謂，書歸邴，亦見鄭伯之背叛矣。

邴者何？鄭湯沐之邑也。天子有事于泰山，諸侯皆從。泰山之下，諸侯皆有湯沐之邑焉。【注】有事者，巡守祭天告至之禮也。當沐浴絜齊以致其敬，故謂之湯沐邑也。所以尊待諸侯而共其費也。禮，四井爲邑，邑方二里，東方二州四百二十國，凡爲邑廣四十里，袤四十二里，取足舍止共槀穀而已。歸邴書者，甚惡鄭伯無尊事天子之心，專以湯沐邑歸魯，背叛當誅也。録使者，重尊湯沐邑也。王者所以必巡守者，天下雖平，自不親見，猶恐遠方獨有不得其所，故三年一使三公絀陟，五年親自巡守。巡，猶循也；守，猶守也。循行守視之辭，亦不可國至人見爲煩擾，故至四嶽，足以知四方之政而

〔一〕「治水」，原訛作「洛水」，叢書本同，據水經注校改。
〔二〕「左傳」二字原脱，以下引文出自左傳，非春秋經。

已。尚書曰：「歲二月，東巡守，至于岱宗，柴，望秩于山川，遂覲東后。協時月正日，同律度量衡。修五禮、五玉、三帛、二生、一死贄，如五器，卒乃復。五月南巡守，至于南嶽，如岱禮。八月西巡守，至于西嶽，如初。十有一月朔巡守，至于北嶽，如西禮。還至嵩，如初禮。歸，格于禰〔一〕祖，用特。」是也。【疏】王制疏引：「異義云：公羊說，諸侯朝天子，天子之郊皆有朝宿之邑；從天子泰山之下，皆有湯沐之邑。左氏說：諸侯有功德于王室，京師有朝宿之邑，泰山有湯沐之邑。魯，周公之後；鄭，宣王母弟，此皆有湯沐邑，其餘則否。許慎謹案，京師之地皆有朝宿邑，周千八百諸侯，盡〔二〕京師地，不能容之，不合事理之宜。鄭無駁，與許同〔三〕。」按：周初兩都，都並建地方達闊，以四井爲邑計之，似亦無不可，不得以東遷後偪處伊洛間爲律也。孔疏云：「定四年左傳祝佗言康叔之受分物云：『取于有閻之土，以供王職；取于相土之東都，以會王之東蒐。』有閻之土，猶魯之許田也。相土之東都，猶鄭之祊邑也。鄭近京師，無假朝宿。魯近泰山，無假湯沐。各受其一。衛以道路並遠也，故兩有之。」然則東周之世，朝宿之邑或不能國國皆有矣。湯沐邑亦得謂之朝宿。史記武帝紀：「詔曰：古者天子五載一巡守，用事泰山，諸侯有朝宿地。」是也。○注「有事」至「禮也」。○釋文「巡守」本又作「狩」，下同。鄂本作「巡狩」。禮記王制云「歲二

〔一〕「禰」，今尚書作「藝」，注曰：「藝，馬、王云：禰也。」
〔二〕「盡」字原脱，叢書本同，據禮記正義校補。
〔三〕「鄭無駁，與許同」句，禮記正義王制爲：「是許慎不從公羊之說。鄭無駁，當從許說。」

月，東巡守，至于岱宗，柴，而望祀山川」，鄭注：「柴，祭天告至也。」禮疏謂「燔柴以祭上天而告至」。其祭天之後，乃望祀山川，所祭之天則蒼帝靈威仰也。金氏榜禮箋云：「巡狩，則方嶽之下，覲其方之羣后，亦曰明堂。孟子書齊宣王曰：『人皆謂我毁明堂。』」左氏傳「作王宫于踐土」，亦其類也。然則方明之設，即所以祭天告至與？故武帝紀云：「明堂圖中有一殿，四面無壁，以茅蓋，通水，圜宫垣爲複道，上有樓，從西南入，命曰昆侖。天子從之入，以拜祠上帝焉。」孔氏廣森經學巵言云：「此非如國〔一〕中明堂五室十二堂之制。」荀子曰：『築明堂於塞外，以朝諸侯。』楊注：『明堂，壇也。謂巡守至方嶽之下，會〔二〕諸侯，爲宫方三百步，四門，壇十有二尋，深四尺，加方明于壇上。』蓋其堂〔三〕祀方明，故以明堂言之。而朝事義言方明之下，公侯伯子男覲位，亦並與明堂位同。漢時公玉帶上明堂圖，中有一殿，四面無壁，近泰山明堂之遺象。」禮覲禮云：「祭天，燔柴。祭山丘陵，升。祭川，沈。祭地，瘞。」鄭注：「升、沈必就祭者也。就祭，則是王巡守及諸侯之盟祭也。」郊特牲曰：『郊之祭也，迎長日之至也，大報天而主日也。』宗伯職曰：『以實柴祀日月星辰。』則燔柴祭天，謂祭日也。柴爲祭日，則祭地瘞者，祭月也。日月而云天地，靈之也。王制曰：王『巡守，至于岱宗，柴』，是王巡守之禮，其神主日也。春秋傳曰『晉文公爲踐土之盟』，而傳云『山川之神』，是諸侯之盟，其神主山川也。月者，太陰之精，上爲天使，臣道莫貴焉。是王官之伯令諸侯

〔一〕「國」，原訛作「圖」，叢書本同，據經學巵言校改。
〔二〕「會」，原訛作「令」，叢書本同，據經學巵言校改。
〔三〕「堂」，原訛作「望」，叢書本同，據經學巵言校改。

而盟，其神主月。」按：鄭氏引郊特牲及宗伯職文，證祭天之爲祭日，又以柴爲祭日，推之謂瘞亦祭月，又引王制以證巡守之禮其神主日，似未妥協。王制注「以柴爲祭天告至」自是正論。郊特牲曰：「天子適〔一〕四方，先柴。」此巡守祭天之明文。經傳雖不言祭地，然有柴，又有望，則有瘞可知。蔡氏德晉云：「舜典、王制所謂柴望，既祭天，自未有不祭地。」此云祭地瘞，可補二經之缺。則此注「告至」内亦宜有祭地禮矣。故王制云：「天子將出，類乎上帝，宜乎社。」社即祭地，詩時邁序：「巡守告祭，柴望也。」般序〔二〕：「巡守而祀四嶽河海也。」説文作「祡」，云「燒柴尞祭天也」，引虞書亦作「祡」，皆是爲巡守告天地之證。秦氏蕙田五禮通考云：「鄭氏據大宗伯以實柴祀日月星辰，因謂燔柴祭日，瘞祭月。但周禮煙祀、實柴、槱燎三者，自昊天上帝、日月星辰、司中、司命、風師、雨師，皆同之。謂日月皆燔柴則可，謂祭日燔柴、祭月瘞則不可。」「燔柴與瘞，自是巡守告祭天地之禮，非祭日月以爲司盟之〔三〕神。不得〔四〕與方明牽合爲一。」又云儀禮覲禮「自諸侯覲于天子以下，論會同之禮」。祭天燔柴以下，「謂王巡守覲諸侯之禮。王巡守，諸侯來覲，爲壇壝宫，加方明，四傳擯，皆與時會、殷同之儀同。但會同則拜日及禮日月山川丘陵四瀆而已。巡守則祭天地，其禮尤大，故特記之」。按：秦氏此論尤爲分明。覲禮云：「方明者，木也。」注云：「上下四

〔一〕「適」，原訛作「實」，叢書本同，據禮記郊特牲校改。
〔二〕「序」字原脱，叢書本同，據毛詩正義校補。
〔三〕「司盟之神」，原誤作「盟神」，脱「司」「之」二字，叢書本同，據五禮通考校補。
〔四〕「不得」，原訛作「不地」，叢書本同，據五禮通考校改。

方神明之象也。」言上下則天地亦包在其中矣。漢書律曆志引伊訓曰：「伊尹祀于先王，誕資有牧方明。」竹書紀年太甲：「十年〔一〕，大饗于太廟，初祀方明。」與太廟並祭，自不止祭天地山神示可知。汪氏中明堂通釋云：「明堂有六：一宗周、二東都、三路寢、四方嶽之下、五大學、六魯太廟。」下云：「方嶽之下有明堂者，孟子梁惠王篇：『夫明堂者，王者之堂也。』史記封禪書：『泰山東北址，古時有明堂處。』其制，會盟則爲壇，文在司儀。掌舍，王所居，則爲宮。春秋傳：『王巡虢守，虢公爲王宮於玤。晉侯爲王宮於踐土。』猶存其禮。荀子彊國篇『爲之築明堂於塞外』，亦斯意也。」是也。○注「當沐」至「邑也」。○「絜」，鄂本同。閩本、監本、毛本「絜」改「潔」，非。釋文出「絜齊」二字。王制云：「方伯爲朝天子，皆有湯沐之邑於天子之縣内，視元士。」鄭注：「給齊戒自絜清之用。浴用湯，沐用潘。」蓋朝宿湯沐，義本相足，對文異，散則通。故在天子縣内者，亦稱湯沐。在泰山下者，亦稱朝宿，史記武帝詔所云是也。釋文「齊」，本多即作「齋」字。○注「所以」至「而已」。○周禮小司徒云：「九夫爲井，四井爲邑。」注：「四井爲邑，方二里。」方里而井，四井，故縱横各二里也。白虎通封公侯云：「所以分陝者，是國中也。若言面，八百四十國矣。」以王制計之，一州二百一十國，一方四州，故八百四十國也。東方二州，則惟四百二十國也。凡爲邑，廣四十里，袤四十二里者，以四十里與四十二里開方計之，得一千六百八十里，四百二十國，國各四里，適可容也。何氏以一方廣袤之法計足以容，即天子圻内千里，八州一千六百八十國，四倍之，亦足容

〔一〕「十年」，原訛作「丁年」，叢書本不誤，據改。

也。況王制所載係開方之數，言州方千里，足建百里七十里五十里之數，如此耳，非必當時實有此數。傳稱武王克商，光有天下，兄弟之國十有五人，姬姓之國四十人，加庶姓、異姓不得多至一千八百國。見之春秋者，僅一百二十四國。由成、康至幽、平，即諸侯轉相吞併，不得耗盡若是也。共其費者，謂飧牢牽積、芻薪禾米之屬，凡諸侯朝天子，諸侯相爲賓，諸公之臣相爲賓，均有王朝及主國致給。此方嶽之下，莫適爲主，故須自有私邑，方有舍止之處、稿穀之資焉。校勘記云：「葉鈔釋文作『廣卌』、『衮卌』。按，漢石經論語有『卌』字，説文無之。惟林部森下云：『卌，數之積也。』」又云：「古二十作廿，三十作卅。唐石經猶然。孝〔一〕經音義作『卌强而仕』。」徐本蓋廣四褎四，非。○注「歸邴」至「誅也」。○史記魯世家：「八年，與鄭易天子之太山之邑祊及許田，君子譏之。」注：「穀梁傳曰：祊者，鄭伯之所受命於天子而祭太山之邑也。許田乃魯之朝宿之邑。天子在上，諸侯不得以地相與也。」包氏慎言云：「此所謂外大惡書也。專地比于背叛，土地非諸侯有，天子有也。歸者罪明，則受者之罪亦明矣。」舊疏云：「所傳聞之世，外小惡不書。」不尊事天子，專地背叛，惡莫大焉。穀梁傳「惡與地也」，是也。桓元年傳：「有天子在，諸侯不得專地也。」○注「録使」至「邑也」。○舊疏云：「正決哀八年『齊人歸讙及僤』之屬，不録使者故也。」○注「王者」至「其所」。○白虎通巡守云「道德太平，恐遠近不同化，幽隱有不得所者」，故必親自行之，謹敬重

〔一〕「孝」，原訛作「者」，叢書本不誤，據改。

民之至也。「考禮義，正法度，同律曆，計〔一〕時月，皆爲民也」。風俗通山澤云：「道德太平，恐遠近不同化，幽隱有不得其所者，故自親行之也。」皆與何氏合。○注「故三」至「巡守」。○舊疏云：「『三〔二〕年一使三公黜陟』，書傳文。」按：路史發揮引書傳云：「再絀少以地，較爲詳備，五年親自巡守，則堯典之五載一巡守也。」白虎通巡守云：「所以不歲巡守何？爲大煩也。過五年爲大疏也。三歲一閏，天道小備；五歲再閏，天道大備；故五年一巡守，三年小備〔三〕，二伯出，述職黜陟。一年物有終始，歲有所成，方伯行國。時有所生，諸侯行邑。傳曰：『周公入爲三公，出爲二伯，中分天下，出黜陟。』詩曰：『周公東征，四國是皇。』言東征述職，周公黜陟而天下皆正也。又曰：『蔽芾甘棠，勿翦勿伐，召伯所茇。』言召公述職，親説舍於甘棠之下也。」若周制，則周禮大行人云「十有二歲王巡狩殷國」。書及王制皆言五載一巡守，則殷以前之制也。周官，何君所不取。又春秋變周之文，故本尚書爲説。○注「巡猶」至「之辭」。○舊疏標起訖「五年」至「而已」，以爲堯典文。蓋書大傳語，或專指五年親自巡守語。白虎通巡狩云：「王者所以巡狩何？巡者循也，狩者牧也。爲天下循行守牧民也。」孟子梁惠王篇：「巡狩者，巡所守也。」文選注引逸禮云：「巡狩者何？巡者循也，狩者牧也。」風俗通山澤云：「巡者循也，狩者守也。」按：巡循、狩守牧，皆疊韻爲訓。○注「亦不」至「而已」。○儀禮覲禮云：「諸侯覲于天子，爲宮方三百步，四門，壇十有二尋、

〔一〕「計」，原訛作「叶」，叢書本同，據白虎通校改。

〔二〕「三」，原訛作「二」，叢書本同，公羊傳注疏作「三」，上引注文不誤，據改。

〔三〕「小備」二字原脱，叢書本同，據白虎通校補。

深四尺。」鄭注：「王巡守至于方嶽之下，諸侯會之，亦爲此宫以見之。」按：書大傳云：「維元祀巡守四嶽八伯。壇四奥。」故知亦爲壇爲宫也。左傳：「王巡虢守，虢公爲王宫于玤。」是其事也。一方諸侯依王制計四百二十國。故不能國至人見，第覲於方嶽之下而已。鄂本「嶽」作「岳」，下同。「嶽」，正字。風俗通山澤云：「嶽，捔也，捔考功德。天子巡守，捔考諸侯功德而黜陟之。」是也。○注「尚書」至「是也」。○皆堯典文。舊疏引鄭注云：「歲二月者，正歲建卯之月也。巡守者，行視所守也。岱宗者，東嶽名也。柴者，考績燎也。望秩于山川者，遍以尊卑祭之。五岳視三公，四瀆視諸侯。其餘小者，或視卿大夫，或視伯、子、男矣。秩，次也。東后，東方之諸侯也。協正四〔一〕時之月數及日名，備有失誤者。度，丈尺；量，斗斛；衡，斤兩。五禮，公、侯、伯、子、男朝聘之禮。五玉，瑞節，執之曰瑞，陳列曰玉也。三帛，所以薦玉也。受瑞玉者，以帛薦之。帛必三者，高陽之後用赤繒，高辛氏之後用黑繒，其餘諸侯皆用白繒。周禮改之爲繅也。二生一死贄者，羔雁生也，卿大夫所執；雉死，士所執也。如者，以物相授與之。言授贄之器有五，卿、大夫、上士、中士、下士也。器各異飾，飾未聞所用也。周禮改之飾羔雁、飾雉，執之而已，皆去器。卒，已也。復，歸也。巡守禮畢，乃反歸矣。每歸用特牛告于文祖矣。五月不言初者，以其文相近。八月、十一月言初者，文相遠故也。」然則鄭本至于北嶽下，亦云如初。又云「告于文祖」，則鄭本作「藝」，藝，文也。與何本異。釋文：「禰，乃禮反。本又作藝。」段氏玉裁云：「作藝，乃淺人用古文尚書改之也。

〔一〕「四」字原脱，叢書本同，據公羊注疏校補。

何所据者，今文尚書，其説六宗用今説可證也。」白虎通巡守云：「巡守所以四時出何？當承宗廟，故不踰時也。以夏之仲月者，同律度當得其中也。二月、八月晝夜分，五月、十一月陰陽終。尚書曰：『二月東巡守，至于岱宗。五月南巡守，至于南嶽。八月西巡守，至于西嶽。十有一月朔巡守，至于北嶽。』」又云：「王者出必告廟何？孝子出辭、反面，事死如事生。尚書曰：『歸格于祖禰。』曾子問曰：『王者、諸侯出，親告祖禰，使祝徧告五廟〔一〕。』尊親也。」孔叢子巡守篇云：「古者天子將巡守，先告于祖禰，命史告羣廟，及社稷圻内名山大川，告者七日而徧，親告用牲，史告用幣，申命冢宰而後親道而出〔二〕。」又云：「歸反舍于外次，三日齊，親告于祖禰，用特，命有司告羣廟、社稷及圻内名山大川，而後入聽朝。」然則今文作禰，古文作藝，故書釋文引馬注云：「藝，禰也。」是馬氏習古文，仍用今文爲説。古藝、禰同部，故通。鄭氏訓藝爲文，僞孔傳襲之，皆非也。白虎通又云：「造于禰，獨見禰何？辭從卑，不敢留尊者之命，至禰不嫌不至祖也。」然則出辭由禰及祖，歸格由祖而禰，故王制言「歸假于祖禰也」，釋文：「格，本又作假。」是也。又「還至嵩，如初禮」，書無此語，鄭本似亦無之。段氏玉裁尚書撰異云：「五帝紀言巡守與尚書略同，不言中嶽。而封禪書曰『尚書曰〔三〕，舜在璇璣玉衡』云云。於『至北嶽』下云：『北嶽，恒山也，皆如岱宗之禮。』下有『中嶽，嵩高也』，下接『五載一巡守』。此獨言中嶽，不與本紀同。漢郊祀志亦云：『北嶽，

〔一〕「廟」，原訛作「嶽」，叢書本同，據白虎通校改。
〔二〕「而出」二字原脱，叢書本同，據孔叢子校補。
〔三〕「曰」，原訛作「者」，叢書本同，據史記封禪書校改。

恒山也，皆如岱宗之禮。中嶽，嵩高也。五載一巡守。』全與封禪書同，亦言中嶽。假令尚書原文無中嶽，必不敢增竄。愚以爲史漢言至〔一〕岱宗，至南嶽，至西嶽，至北嶽，而不言至中嶽，但言中嶽嵩高也。然則亦備五嶽之訓故而已。風俗通：『謹案，尚書「五月南巡守，至于南嶽」，南嶽，衡山也。「八月西巡守，至于西嶽」，西嶽，華山也。「十一月北巡守，至于北嶽」，北嶽，恒山也。皆如岱宗之禮。中嶽，嵩高也，王者所居，故不巡也。』按，應氏言王者所居，故不巡焉〔二〕，可證今古文尚書本皆無至于中嶽之文。何邵公則補經文曰『還至嵩，如初禮』〔三〕，蓋亦今文家説，而較封禪、郊祀爲蛇足矣。論衡書虚篇：『舜巡守，東至岱宗，南至霍山，西至太華，北至恒山。』不言中嶽，亦可證今文無中嶽。」江氏聲尚書亼注音疏云：「何注公羊引此經，『此』下有『還至嵩，如初禮』六字，不知誰何妄人所增。蓋名太室爲〔四〕崇高山，始于漢武，周時猶未以嵩高名山，況唐虞乎？」按：爾雅釋山説五嶽有二，一河南華，河西嶽，河東岱，河北恒，江南衡。此周初之五嶽。別云：山大而高崧，即嵩高山，明不在五嶽中也。當時或以華爲中嶽與？釋山又云：「泰山爲東嶽，華山爲西嶽，霍山爲南嶽，恒山爲北嶽，嵩高爲中嶽。」此漢以後之五嶽。故郭注

〔一〕「至」下原誤迭一「至」字，叢書本同，據古文尚書撰異校删。
〔二〕「焉」字原脱，叢書本同，據古文尚書撰異校補。
〔三〕「還」至「禮」句，今尚書無。惠棟九經古義曰：「今古文尚書無『還至嵩，如初禮』六字。」「今文尚書不可考，然何邵公所引不爲無據也。」
〔四〕「爲」字下原衍一「嵩」字，叢書本同，據尚書集注音疏校删。

霍山云：「在衡陽湘南縣南。」又云：「今在廬江灊縣西。漢武帝以衡山遼曠，因讖緯皆呼霍山爲南嶽，故移其神於此。其土俗人皆呼爲南嶽是也。」唐虞之五嶽，東岱、西華、南衡、北恒，其中嶽當即禹貢之太嶽，在今平陽府地。巡守既畢，至中嶽，見圻内諸侯，亦屬應有之舉，惟不必在嵩耳。禮記疏引鄭書注又云：「『每歸格于祖』，既言每歸，似是嶽別一歸。若嶽別一歸而後去。」恐一歲之終，四嶽不能徧至。蓋鄭意每歸者，每五年巡守而歸也。僞孔傳云：「自東嶽南巡守，五月至，則是從東嶽而去矣。」鄭注王制云：「特，特牛也。祖下及禰皆一牛，則從始祖下及禰皆各用一特。」唐虞五、殷六、周七矣。」此云循行守視，固不必太平乃行。故詩時邁序云：「巡守告祭柴望。」武王時未可言太平。周禮大司馬云：「及師，大合軍以行禁令，以救無辜、伐有罪。」鄭注：「師，所謂王巡守若會同，是不必太平乃巡守也。」皇侃疏禮記：「以爲未太平不巡守，非也。」彼蓋誤以禪爲爲巡守故與？

○庚寅，我入邴。【疏】包氏慎言云：「三月書庚寅，月之二十二日。」按：是年宜閏二月，則三月無庚寅，宜閏二月之二十六日，四月之二十七日也。

其言入何？【注】据上書歸，取邑已明，無事復書入也。【疏】通義云：「据『齊人來歸運[一]、讙、龜陰田』，不別言入。」按：上書來歸，與齊人來歸同，故注云「取邑已明也」。

難也。【注】入者，非已至之文，難辭也。此魯受邴，與鄭同罪當誅，故書入，欲爲魯見重難辭。【疏】注

〔一〕「運」，左傳、穀梁傳作「鄆」。

「入者」至「辭也」。○穀梁傳：「入者，内弗受也。」杜云：「桓元年乃卒易祊田，知此入祊，未肯受而有之。」皆難義也。舊疏：「直就而入之，非是將歸之辭。」○注「此魯」至「難辭」。○通義云：「上言來歸邴者，致鄭伯之意也。先言歸，而後言入，專惡於鄭伯也，明我無欲于邴。宛既來請，遲之又久，不得已而許，故退受地之日於下，曰我以庚寅之日然後入也。」按：擅易天子土地與受，皆當誅，退日於下書入，亦府罪於鄭，爲魯殺惡之意。

其日何？【注】据取邑不日。【疏】注「据取邑不日」。○舊疏云：「即隱四年『莒人伐杞，取牟婁』之屬是也。」

難也。【注】以歸後乃日也。言時重難，不可即入，至此日乃入。【疏】注「以歸」至「乃入」。○此明退日於下之義。通義云：「魯入邴卒未與許，至桓公即位，始更以璧假之。而魯重難其事信矣。」然則魯時即入，仍未能有。以穀梁「内弗受」説爲信。

其言我何？【注】据吴伐我，以日伐，故言我。【疏】注「据吴」至「言我」。○校勘記云：「『日』，閩本、監本、毛本同誤。鄂本作『吴』，是也，當據正。」即哀八年「吴伐我」是也。

言我者，非獨我也，【注】自入邑不得言我，有他人在其中乃得言我，故能起其非獨我。【疏】注「自入」至「獨我」。○我者，對人之辭，故有他人則言我，以起之也。穀梁注引徐邈曰：「入承鄭歸邴下，嫌内外文不別，故著我以明之。」按：上已明言來歸矣，無爲有内外不別之嫌。

齊亦欲之。【注】時齊與鄭、魯比聘會者，亦欲得之，故以非獨我起齊惡。齊惡起，則魯蒙欲邑，見於惡愈矣。【疏】注「時齊」至「得之」。○舊疏云：「即上三年冬，『齊侯、鄭伯盟于石門』；六年夏，『公會齊侯盟于艾』；七年夏，『齊侯使其弟年來聘』；九年冬，『公會齊侯于邴』；十年春，『王二月，公會齊侯、鄭伯于中丘』是也。」通義云：「時天子不巡守，無所用湯沐邑。邴在泰山之下，遠鄭而近齊，故齊欲得之。鄭人利魯朝宿之邑，故將以邴易許田，是以不與齊與魯也。」義或然也。○注「故以」至「愈矣」。○經言我，即非獨我之詞，與所見之世書我異。時齊與魯、鄭比聘會者，齊故不言齊，齊自起二國，均蒙欲邑之惡，即見之於惡齊也。然則魯本以邴爲天子邑，重難擅受，兼齊亦欲之，故經順諱文歸惡於鄭，而又起齊惡，以惡內所謂隱而顯也。

○夏，六月，己亥，蔡侯考父卒。【疏】六月無己亥，爲五月之六日，七月之八日。亦無辛亥，爲五月之十八日，七月之十九日也。包氏慎言云：「當閏四月。而經六月有己亥，爲月之二日。七月有庚午，爲月之三日。若閏四月，則一爲五月二日，一爲六月三日，與經不合。九月又書辛卯，爲月之廿五日，閏四月，亦爲八月之日。時曆蓋于九月後方置閏也。閏之進退，以中氣爲定。四月不閏。則夏至已在八月，七月無中氣，時曆或連大六七兩月，以晦日爲夏至也，故移閏於九月後。」上四年左傳注云：「蔡，今汝南上蔡縣。」漢書地理志：「汝南上蔡縣，故蔡國，周武王弟叔度所封。」左疏引杜譜云：「蔡，姬姓，文王子叔度之後。武王封之上蔡，爲蔡侯。作亂見誅，其子蔡仲，成王復封之于蔡。至平侯徙新蔡，昭侯徙九江下蔡。」史記管蔡世家：「宣侯二十八年，魯隱公初立。三十五年，宣侯卒，子桓侯封人立。」惟史記以宣侯名措父，與春秋異。穀梁傳：「諸侯日卒，正也。」

○**辛亥，宿男卒。**【注】宿本小國，不當卒，所以卒而日之者，春秋王魯，以隱公爲始受命王，宿男先與隱公交接，故卒褒之也。不名不書葬者，與微者盟功薄，當褒之。爲小國，故從小國例。【疏】注「宿本」至「之也」。○上元年「及宋人盟于宿」，注：「宿不出主名者，主國主名與可知。」此與邾婁儀父、滕侯卒同義。上元年「邾婁儀父」，傳云：「曷爲稱字？褒之也。曷爲褒之？爲其與公盟也。與公盟者衆矣，曷爲獨褒乎此？因其可褒而褒之。」注：「春秋王魯，託隱公以爲始受命王，因儀父先與公盟，可假以見褒賞之法。」又七年「滕侯卒」，注：「所以稱侯而卒者，春秋王魯，託隱公以爲始受命王，滕子先朝隱公，春秋褒之。」是也。宿小國，亦不當卒，爲先與隱公交接，故褒而卒日之。劉氏逢禄解詁箋云：「滕侯卒不日，此日者，其國早滅于宋，不能至所見世見正文，故盡其詞以起其當興也。」通義云：「爲元年與内盟，故褒録之也。稱男者，滕於所聞世恒書卒，須加侯起褒文，宿自後不復見卒，則此爲加録已顯，故從本爵矣。」○注「不名」至「國例」。○決上三年宋公和卒書名書葬，爲大國故也。上元年：「及宋人盟于宿。」傳：「孰及之？内之微者也。」是與微者也。與微者盟功薄，故僅褒而書卒，仍從小國不書卒之例而加褒之也。上七年：「春，滕侯卒。」傳：「何以不名？微國也。」注：「小國，故略不名。」是也。

○秋，七月，庚午，宋公、齊侯、衛侯盟于瓦屋。【疏】七月無庚午，爲六月、八月之八日。杜云：「瓦屋，周地。」按：一統志：「瓦屋頭集，在大名府清豐縣東三十五里。或謂盟于瓦屋即此。」名勝志：「瓦屋頭在開州西南。」方輿紀要：「瓦岡在滑縣東。」水經注：「濮渠東逕滑臺，又東南逕瓦亭南。」當是此瓦屋，杜以爲周地，非也。穀梁傳：「此其日何也？諸侯之參盟於是始，故謹而日之也。」注：「世道交喪，盟詛滋彰，非可以經世軌訓，故存日以記惡，蓋春秋之始也。」

○八月，葬蔡宣公。

卒何以名而葬不名？卒從正，【注】卒當赴告天子，君前臣名，故從君臣之正義言也。【疏】注「卒當」至「言也」。○「君前臣名」，曲禮文也。禮記雜記云：「凡赴於君，曰『君之臣某死』。」注：「臣死，其子使人至君所告之。」臣告於君，自合稱名，君臣之正義也。通義云：「名者，所以爲識別，正其世及之繫。」迂回不可從。

而葬從主人。【注】至葬者有常月可知，不赴告天子，故自從蔡臣子辭稱公。【疏】通義云：「傳曰：『葬，生者之事也。』故從其主人辭也。生有五等，没壹稱公，王者探臣子之心，莫不欲尊其君父，故假以爵之最尊，又爲之作謚，以易其名，以甄其宮。」○注「至葬」至「稱公」。○上三年注：「諸侯五月而葬。」是葬有常月也。葬無赴告之禮，故從臣子尊辭也。

卒何以日而葬不日？卒赴，【注】赴天子也。緣天子閔傷，欲其知之。又臣子疾痛，不能不具以告。【疏】注「赴天」至「以告」。○上三年注云：「記諸侯卒葬者，王者當加之以恩禮，故爲恩録也。」禮士喪禮云：「乃赴于君，主人西階東，南〔一〕面，命赴者，拜送。」注：「赴，告也。臣，君之股肱耳目，死當有恩禮。」疏云：「檀弓『父兄命赴者』，謂大夫以上也〔二〕，士則主人親命之。尊卑禮異也。」是諸侯至士，皆有赴君之禮也。惟檀弓所記，自謂主人時方昏瞀，故父兄命赴告諸姻族朋友耳。其赴告于君，雖諸侯大夫，皆必親命拜送，敬也。鄭、賈分别大夫士，均失之。白虎通崩薨篇：「臣死亦赴告于君何？此君哀痛於臣子也，欲聞之加賻賵之禮。故春秋曰：『蔡侯考父卒。』傳曰：『卒赴而葬不告。』」是也。天子閔傷者，檀弓云：「天子之哭諸侯也，爵弁絰〔三〕紂衣。」注：「服士之祭服以哭之，明爲變也。」是也。又喪大記「卿大夫疾，君問之無算」〔四〕，則諸侯有疾或亦告天子，故卒不能不赴也。既夕記注云：「赴，走告也。」禮記雜記作「訃」，注云：「或皆作『赴』。『赴』，至也。臣死，其子使人至君所告之。」是也。

而葬不告。【注】不告天子也。發傳於葬者，從正也。【疏】注「發傳」至「正也」。○舊疏云：「言從正

〔一〕「南」字原脱，叢書本同，據儀禮校補。
〔二〕「謂大夫以上也」句，原訛脱作「是大夫以上」，叢書本同，據儀禮改補。
〔三〕「絰」字原脱，叢書本同，據禮記校補。
〔四〕「卿」至「算」句，「卿」，原訛作「記」，「君」下衍一「親」字，叢書本同，據禮記雜記改删。又，引文實出於雜記，此誤記爲喪大記。喪大記作「君於大夫疾，三問之」。

者，謂卒日葬不日者，是卒葬之正法。三年經云『癸未，葬宋繆公』，而書日，即失其正也。其衛桓公葬不發傳者，桓公者初則見弒于州吁，終有簡慢之失，侵小國之略，故發傳於此。」按：穀梁傳云：「月葬，故也。」亦以月葬爲正也。通義云：「卒以日爲正者，見赴喪之禮當言日也。葬以不日爲正者，見告葬之禮本不言日也。此傳發通例。蔡宣公葬不當時，自爲慢葬，去日矣。若然，葬不告日，而春秋得加日録渴葬〔一〕者，君子据列國之史，彼自各有葬日，且魯史記外事要不若内事之詳，春秋則外事例日者必日，皆參列國之史知之。時有榦枝旬朔上下錯迕者，亦雜他國之曆故爾。昔子夏讀晉乘，見『三豕渡河』；子讀楚檮杌，至于『楚復陳』，曰：『大哉！楚王輕千乘之國，而重叔時之言〔二〕。』俗儒謂春秋唯見魯史，又詳略去取，悉無意義，一依赴告，何陋之乎言春秋也！」可謂深切著明矣。漢石經此傳下接「公曷爲與微者盟」。

○九月，辛卯，公及莒人盟于包來。【疏】説文邑部有「⿰包阝」字，云：「地名。」疑即「包來」也。左氏作「浮來」。公羊古義云：「古浮、包字同。秦有儒生『浮丘伯』，見漢書楚元王傳，而鹽鐵論作『包丘子』，

〔一〕「葬」，原訛作「隱」，公羊通義如此。「渴隱」不辭。「渴葬」，義爲不足五個月就急於下葬，春秋爲其記日。如僖二十七年「夏，六月，庚寅，齊侯昭卒。秋，八月，乙未，葬齊孝公」。死葬之間不到三個月，記時、月、日。據此校改。

〔二〕「輕千乘之國，而重叔時之言」十一字原脱，叢書本同，據公羊通義校補。

蓋古音通也。」按：浮、包古韻同部。故从孚从包字，經多相通。禮記投壺云「若是以浮」，注：「浮或作匏。」説文手部：「捊，引取也，从手孚聲。抱，捊或从包。」漢書酷吏傳：「枹鼓不絶。」蕭該音義引字林曰：「枹音浮。」是也。杜云：「浮來，紀邑。東莞縣北有邳鄉，邳鄉西有公來山，號曰邳來閒。」大事表云：「今沂州府蒙陰縣西北有浮來山，與莒州接界。」水經注沂水篇：「沂水又東逕浮來之山，春秋書『公及莒人盟于浮來』者也。即公來山也。在邳鄉西，故號曰邳來之閒也。浮來之水注之[一]，其水左控三川，右會甘水，而注于沂。」齊乘云：「浮來山在莒州西三十里。」明公鼐云：「据水經注，沂水東經蓋縣故城南，又東經浮來之山，浮來水注之。春秋『公及莒人盟于浮來』者也。」又曰：「大峴山水東南流經邳鄉東，東南注于沭。詳酈氏所記。則邳鄉爲峴山水所經，其去峴山[二]非遠，正沂水西北之竟。況沂水下流不由莒地，若如齊乘言，浮來在莒西，去沂水甚遠，水經注安得云浮來水注于沂乎？後人不識浮來所在，遂以莒城西山當之耳。范云『宋邑』，未知所据。」辛卯，爲八月之晦日。

公曷爲與微者盟？【注】据與齊高傒盟諱之。【疏】漢石經「微」作「徵」，此隸之變體。○注「据與」至「諱之」。○莊二十二年：「秋，及齊高傒盟于防。」傳：「公則曷爲不言公？諱與大夫盟。」是也。

稱人則從，不疑也。【注】從者，隨從也，實莒子也。言莒子，則嫌公行微不肖，諸侯不肯隨從公盟，而

[一]「之」，原訛作「云」，叢書本同，據水經注校改。
[二]「峴山」二字原誤迭，叢書本同，此删。

公反隨從之，故使稱人，則隨從公不疑矣。隱爲桓立，狐壤之戰不能死難，又受湯沐邑，卒無廉恥，令翬有緣諂，爲桓所疑，故著其不肖，僅能使微者隨從之耳，蓋痛録隱所以失之，又見獲受邑，皆諱不明，因與上相起也。【疏】通義云：「疑，如示民不疑之疑。古者君燕，大夫爲賓，卿不爲賓〔一〕；君祭，大夫爲尸，卿不爲尸，皆爲位近則疑，遠則不疑。禮有所謂順而摭者，其義通于春秋。」按：穀梁云：「可言公及人，不可言公及大夫。」注：「稱人，衆詞。可言公及人，若舉國之人皆盟也；不可言公及大夫，如以大夫敵公故也。」亦此義。但穀梁以人爲〔二〕大夫不同耳。○注「從者，隨從也」。○詩既醉云：「從以孫子。」箋：「從，隨也。」周禮：「鄰長：則從而授之。」注：「從者，隨也。」是也。○注「實莒」至「疑矣」。○舊疏云：「行微者，其行卑微。不肖者，鄭注昏禮記云：『不肖，不似也。』」及者，汲汲之詞，又我欲之詞。明書莒子，嫌莒君不肯從公。公汲汲與莒君盟，故詭而稱人爲微者，則從公不嫌矣。通義云：「本所以及齊高傒盟，及晉處父盟，皆没公者。彼大國之貴卿，嫌可敵公，故絶正之，今既稱莒人，乃是微者，與公貴賤殊隔，自當聽從約束，非敢敵亢，無所嫌疑，不假没公。穀梁傳曰『可言公及人，不可言公及大夫』，正此意也。」繁露玉英云：「春秋之書事，時詭其實，以有避也；其書人，時易其名，以有諱也。故詭晉文得志之實以代諱，避致王也；詭莒子號，謂之人，避隱公也。」又觀德云：「包來之會，莒人疑我，貶而稱人。」彼莒人應莒子之

〔一〕「卿不爲賓」四字原脱，叢書本同，據公羊通義校補。
〔二〕「爲」，殆「與」之訛。

諱，言莒子則疑我，故貶而稱人，則從可知。春秋正辭曰：「春秋之義，不可書則避之，不忍書則隱之，不足書則去之，不勝書則省之。辭有據正則不當書者，皆書其可書，以見其所〔一〕不可書；辭有詭正而書者，皆隱其所大不忍，避其所大不可，而後目其所常不忍常不可也。此則不可書、不隱書，故詭其詞以隱所不忍、避所不可也。董子所謂『隨其委曲而後得之』者也。」○注「隱爲」至「失之」。○隱爲桓立，見上元年。狐壤之戰，見上六年。受湯沐邑，見上三月。翬進諂，見上四年。痛録隱所以失之，則莊氏所謂「不忍書」者也。隱公，賢君，而有上諸事，故諱而痛之也。○注「又見」至「起也」。○舊疏云：「見獲諱不明者，即言輸平是也。受邑諱不明者，即『庚寅，我入邴』是也。言因與上相起者，此經著其不肖，起其事實甚惡矣。」蓋當時史策自必書「公及莒子盟于包來」，春秋詭而稱人，讀春秋者探其稱人之故、味其避子之旨，則春秋之諱義見矣。諱義見，而隱之惡著矣。所爲與上輸平、入邴相起也。

○螟。【注】先是有狐壤之戰、中丘之役，又受邴田，煩擾之應。【疏】注「先是」至「之應」。○見上六年、七年、此年三月。漢書五行志云：「八年九月螟。時鄭伯以邴將易許田，有貪利心。京房易傳曰：『臣安禄兹謂貪，厥災蟲，蟲食根。德無常兹謂煩，蟲食葉。不絀無德，蟲食本。與東作争兹謂不時，蟲食節。蔽惡生孽，蟲食心。』」爾雅「螟」，爲食心蟲。率皆貪酷煩擾所致也。

〔一〕「所」字原誤迭，叢書本不誤，據删。

○冬，十有二月，無駭卒。

此展無駭也，何以不氏？【注】据公子彄卒，氏公子。【疏】注「据公」至「公子」。○上五年「公子彄卒」是也。「据」，十行本、閩本、監本、毛本作「莊」，誤。鄂本「莊」作「据」。疏中標注亦作「据公子彄」，當据正。

疾始滅也，故終其身不氏。【注】嫌上貶主起入爲滅，不爲疾始，故復爲疾始滅，終身貶之，足見上貶爲疾始滅。【疏】此與上二年傳義相足。穀梁傳：「或説曰：故貶之也。」注：「若無侅帥師入極是。」○注「嫌上」至「始滅」。○上二年，書入不書滅，爲内大惡諱，亦足起入爲滅，必於卒貶去無駭之氏，正爲疾始故也。春秋重首惡當誅，託始於無駭，故終其身不氏，惡之深也。繁露滅國上云：「隱代桓立，所謂僅存耳，使無駭帥師滅〔一〕極。」然則貶無駭，亦以貶隱公，府獄于無駭，其亦善則稱君、過則稱臣意與？

○九年，春，天王使南季來聘。【疏】穀梁傳：「南，氏姓也；季，字也。」顧氏炎武云：「南，非姓，『姓』〔二〕字衍也。」穀梁古義云：「白虎通引詩傳文王十子，末云南季載。南，采也，猶祭伯、毛伯之謂。左

〔一〕「滅」，原訛作「入」，叢書本同，據春秋繁露滅國上校改。
〔二〕「姓」，原訛作「二」，叢書本同，據日知録校改。

傳作『聃季』，史作『冄季』。『冄』與『南』同音，故亦作南。」穀梁以聘諸侯爲非正，范注云：「周禮：『時聘，以結諸侯之好。』許慎曰：『禮，臣病，君親問之。天子有下聘之義。』傳曰：『聘諸侯，非正。』甯所未詳。」是自破其傳也。左傳本「天王」或作「天子」者，誤。石經、宋本、岳本、足利本「子」並作「王」也。范云「南季，天子之上大夫」，是也；又祭云氏，以爲姓者，誤。南季與伯同。范又云：「祭，非姓。」非是。

○三月，癸酉，大雨震電。【疏】御覽引元命包云：「陰陽合爲雷，陰陽激爲電。」經義雜記云：「左傳：『春，王三月，癸酉，大雨霖以震，書始也。』『凡雨，自三日以往爲霖。平地尺爲大雪。』杜注：『此解經〔一〕書霖也。而經無霖字，經誤。』正義曰：『傳發凡以解經，若經無霖字，則傳無由發，故知經誤。然則經當如傳言「大雨霖以震」，不當云「大雨震電」，是經脱「霖以」二字，而妄加「電」也。』按，公、穀經並作『大雨震電』。何注云：『震雷電者，陽氣也。有聲名曰雷，無聲名曰電。』『大雨震電，陽氣大失其節。』穀梁注：『震，雷也。電，霆也。』又五行志上〔二〕：『劉歆曰：春分後一日，始震電之時也。劉向曰：雷電未可以發也。大雨水而雷電，是陽不閉陰。』歷考兩漢儒春秋傳義，知經本作『震電』，非誤。左氏傳當讀『大雨霖』句、『以震書始也』句。劉歆云『始，震電之始也』，本此。傳以『霖』解『大雨』，以『凡雨，三日以往爲

〔一〕「經」字原脱，叢書本同，據經義雜記及左傳正義校補。
〔二〕「上」字原脱，叢書本同，據經義雜記校補。

霂』，自〔一〕解『霂』字。傳文每有此例〔二〕。杜氏誤讀作『大雨霂以震』句、『書始也』句，遂謂癸酉始雨日，傳解經書『霂』，經無『霂』字，爲誤矣。」按：三月無「癸酉」，癸酉爲二月之十四日。庚辰爲二月之二十一日。周之三月，夏之正月。古曆驚蟄在其月，則震電未爲大異，惟在二月爲大異。既震電矣，而又大雨雪，故傳云「俶甚也」，疑經月傳寫有誤。

何以書？記異也。何異爾？不時也。【注】震雷電者，陽氣也。有聲名曰雷，無聲名曰電。周之三月，夏之正月，雨當水雪雜下，雷當聞於地中，其雉雊，電未可見，而大雨震電，此陽氣大失其節，猶隱公久居位不反於桓，失其宜也。日者，一日之中也。凡災異一日者日，歷日者月，歷月者時，歷時者加自，文爲異。發於九年者，陽數可以極，而不還國於桓之所致。【疏】注「震雷」至「氣也」。○易説卦傳：「震爲雷。」又云：「離爲火，爲日，爲電。」漢書五行志：「劉向以爲，於易，雷以二月出，其卦曰『豫』，言萬物隨雷出地，皆逸豫也。以八月入，其卦曰『歸妹』，言雷復歸。入地則孕毓根核，保藏蟄蟲，避盛陰之害；出地則養長華實，發揚隱伏，宣盛陽之德。入能除害，出能興利，人君之象也。」是雷震電皆陽氣也。大戴禮天圓篇：「陰陽之氣，俱則雷，交則電。」是也。○注「有聲」至「曰電」。○通義云：「易中孚傳曰：雷有聲名曰雷，有光名曰電。迎陰獨起，陽上薄之，其電炎炎也，漫漫也；其雷淳淳也。陰陽和合，其電耀耀

〔一〕上引傳文「三日」上，左傳有「自」字，此脱，疑誤倒於此。
〔二〕「例」上原衍一「義」字，叢書本同，據經義雜記校删。

也，其光長，而雷殷殷也。」開元占經霆〔一〕引京房曰：「凡霆者，金餘氣也。金者内鏡而外冥。」又曰：「霆或中天〔二〕而見，此人君自以爲明也。」又曰：「霆或正直而長光明，此人君行微，人不知曲直。」又曰：「霆或奕奕明之而復息〔三〕者，此人君譏聞内直言之事。」彼所謂霆，則雷之無聲曰電者，故穀梁謂「電，霆也」，與霹靂之霆别。故易繫辭〔四〕傳「鼓之以雷霆」，衆經音義引劉瓛注：「霆〔五〕，電也。震爲雷，離爲電。」孔穎達本作「鼓之以雷電」，是霆即電也。蓋西漢舊有此説。○注「周之」至「雜下」。○「水雪」，宋本同，閩本、監本、毛本作「冰雪」。經義雜記云：「『冰雪雜下』，漢志云：『水雪雜雨下也。』冰字譌。鄭康成注禮記，李巡、郭璞注爾雅，俱言『水雪雜下』矣。」按：漢書五行志云：「隱公九年，三月癸酉，大雨，震電。大雨，雨水也；震，雷也。劉歆以爲，三月癸酉，於曆數春分後一日，始震電之時也，當雨，而不當大雨。大雨，常雨之罰也。」「劉向以爲，周三月，今正月也，當雨水，雪雜雨，雷電未可以發也。」與何義同。惟以爲春分後一日不合。○注「雷當」至「其節」。○校勘記云：「解云：一本云：『雷當聞於雉雊。』誤也。」武億云：夏小正『雉震呴』條：『正月必雷，雷不必聞，唯雉爲必聞之。何以謂之雷？則雉震呴，相識以雷。』注

〔一〕「霆」，原訛作「電」，叢書本同，據開元占經校改。
〔二〕「中天」，原訛作「中中」，叢書本同，據開元占經校改。
〔三〕「奕奕明之而復息」，原脱誤爲「明久而不復息」，叢書本同，據開元占經校改。
〔四〕「辭」，原訛作「詞」，據周易校改。
〔五〕「霆」，原訛作「電」，叢書本同，據一切經音義校改。

文蓋本此。疏既牽引非倫。又云：一本云：『雷當聞於雉呴。』誤，皆謬言也。」初學記引洪範五行傳云：「正月雷漸動而雉雊雷，諸侯之象也；雉，亦人君之類也。」又南齊志引五行傳云：「夫雷者，人君之象，入則除害，出則興利。雷之微氣以正月出，其有聲者以二月出，以八月入，其餘微者以九月入。冬三月雷無出者，若是陽不閉陰，則出涉危難而害萬物也。」然則二月雷乃發聲，八月雷始收聲，斥其有聲者。正月陽氣漸達，雷動於微，不可得聞。徵之於雉雊，所以正月蟄蟲始振，亦緣雷陽已動。故古人以驚蟄爲正月中氣也。按：夏小正「雉震呴」，傳：「震〔一〕也者，鳴也；呴也者，鼓其翼也。正月必雷，雷不必聞，惟雉爲必聞之。何以〔二〕謂之雷？則震呴，相識以雷。」洪氏震煊疏義引：「五行傳云：『正月雷微而雉雊，雷通氣也。』惟雉爲必聞之者，漢書五行志云：『雉者聽察，先聞雷聲。』」又云：「雷者，所以開發萌芽，辟除陰害。君子必於其微時驗之，將以爲戒令也。若已發聲，則人盡聞之，不煩記矣。故啓蟄以目〔三〕驗雷，雉震呴以耳驗雷，先幾而作，謹始慎微之道也。」是正月雷尚始聞於地中，則震電爲異明矣。若依曆在二月，於夏正爲丑月，月令「季冬之月」已記「雉雊、雞乳」，明冬至後一陽來復，雷雖無聲，氣已潛動，故亦得雉雊也。未可聞雷，此震爲電，是爲陽失其節。故穀梁注引劉向云：「雷出非其時者，是陽不能閉陰，陰氣縱逸而將爲害也。」亦與何意不甚異。○注「猶隱」至「宜也」。○漢書五行志又云：「劉向以爲，隱以弟桓幼，代

〔一〕「震」上原衍一「雉」字，叢書本同，據大戴禮記夏小正校删。
〔二〕「以」，原訛作「必」，叢書本不誤，據改。
〔三〕「目」，原訛作「月」，叢書本不誤，據改。

而攝立。公子翬見隱居位已久，勸之遂立。隱既不許，翬懼而易其辭，遂與桓共殺隱。天見其將然，故正月大雨爲水雷電。是陽不閉陰，出涉危難而害萬物。天戒若曰：爲君失時，賊弟佞臣將作亂矣。」通義云：「中孚傳又曰：『雷之始發大壯始，君弱臣强從解起。』推是年三月癸酉，猶在漸泰之氣，雷已發聲，臣强之甚也，蓋翬驕蹇將弑君徵也。」○注「日者」至「爲異」。○舊疏云：「一日者日，即此文是。歷日者月，即桓八年『冬，十月，雨雪』之屬是也。歷月者時，即桓元年『秋，大水』之屬是也。歷時者加自文爲異者，即文二年『自十有二月不雨，至于秋七月』之屬是也。」然則，杜說左傳以癸酉爲始雨日，蓋本劉歆常雨之說，今文家所不取。○注「發於」至「所致」。○校勘記云：「可字疑衍。以、已通。補刊還作遷，誤也。今据閩本、監本、毛本訂正。」按：列子天瑞篇：「一變而爲七，七變而爲九，九變者究也。」說文九部：「九，陽之變也。」乾鑿度亦云：「九之爲言究也。」陽極於九，發之九年，是爲陽數已極也。乾之上爻曰：「上九，亢龍有悔。」亢者上而不能下之意。陽極于上，動則有悔，正隱不還國於桓之象，故天示之異，事未至而先見也。司馬遷述董子言曰：「有國者不可以不知春秋，前有讒〔一〕而不見，後有〔二〕賊而不知。」其此之謂與！

〔一〕「讒」下原衍一「賊」字，叢書本同，據太史公自序校刪。
〔二〕「賊」上原衍一「讒」字，叢書本同，據太史公自序校刪。

○庚辰，大雨雪。

何以書？記異也。何異爾？俶甚也。【注】俶，始怒也。始怒甚，猶大甚也。蓋師説以爲平地七尺雪者，盛陰之氣也。八日之間，先示隱公以不宜久居位，而繼以盛陰之氣大怒，此桓將怒而弒隱公之象。【疏】漢書五行志云：「劉向以爲：雷電未可以發也。既已發也，則雪不當復降。皆失節，故謂之異。」初學記引元命包云：「陰陽凝而爲雪。」穀梁傳：「八日之閒再有大變，陰陽錯行，故謹而日之也。」五行志又引：「洪範五行傳曰：貌之不恭，是謂不肅，厥咎狂，厥罰恒雨，厥極惡。」「劉歆傳獨異，曰：上嫚〔一〕下暴，則陰氣勝，故其罰常雨也。」又曰：「庶徵之恒雨，劉歆以爲春秋大雨，劉向以爲大水。『三月癸酉，大雨，震電』，『庚辰，大雨雪』。大雨，雨〔二〕水也；震，雷也。劉歆以爲，大雨，常雨之罰也。於始震電八日之閒而大雨雪，常寒之罰也。」「劉向以爲，雷電未可以發也，既已發也，則雪不當復降，皆失節，故謂之異。」○注「俶始」至「甚也」。○經義述聞云：「俶訓爲始，不訓爲怒。雪非雷霆之屬，亦不象人之怒也。郭璞注爾雅：『俶，作也〔三〕。』引此傳『俶甚也』。文義亦未安。今按，俶，厚也，見大雅既醉箋。

〔一〕「嫚」，原訛作「慢」，叢書本同，據漢書校改。
〔二〕「雨」，原訛作「之」，叢書本同，據漢書校改。
〔三〕「也」字原脱，叢書本同，據經義述聞及爾雅校補。

俶甚者〔一〕，厚甚也。平地七尺雪，厚莫甚於此矣，故曰俶甚也。如此之厚者，世所罕見，故謂之異也。」又云：「俶甚也，謂厚甚也。」解詁〔二〕曰「始怒」，則於始下增「怒」字矣。校勘記云：「按，此當作俶始也。始甚，猶大甚也。二怒字皆衍文。釋文：俶甚，尺叔反，始也。不云始怒也，可證下文盛陰之氣大怒，桓將怒而弒隱之象。此因始甚之文申説之詞，淺人蓋〔三〕据此加怒字於上矣。」又云：「按，前説不然。始甚，則不得云猶大甚。」按：「俶」與「埱」聲義同。説文土部：「埱，气出土也。一曰始也。」訓始既與俶同，則气出土亦有甚義。故方言云：「衝、俶，動也。」通義云：「俶，厲〔四〕也。周之三月，本夏之正月。夏小正傳曰：『正月必雷，雷不必聞。』今陽氣不以時出，乃至震電，則雪不當復降。八日之間，陰氣又旋脅之而成雪，以爲盛陰厲〔五〕甚也。是臣有作威之象。」按：注以始怒釋此傳之俶義，非訓俶爲怒意，謂始甚者，始怒甚也。又申之云「猶大甚也」，大甚，如詩雲漢「旱既大甚」之大甚也。○注「蓋師」至「七尺」。○浦氏鏜云：「『一』誤『七』，從六經正誤校。」按：左傳云：「平地尺爲大雪。」蓋兩經〔六〕師説有所受矣。開元占

〔一〕「者」，原訛作「也」，叢書本同，據經義述聞校改。
〔二〕「解詁」，原訛作「解者」。「始怒」二字出自何休解詁，即前【注】，據改。
〔三〕「蓋」，原訛作「並」，叢書本同，據公羊義疏校改。
〔四〕「厲」，原訛作「屬」，叢書本同，據公羊通義校改。
〔五〕「厲」，原訛作「屬」，叢書本同，據公羊通義校改。
〔六〕「兩經」，原訛作「兩京」，叢書本同，據句意徑改。

經引考異郵云：「庚辰，大雨雪，雪深七尺。」何氏所謂師説與？○注「雪者」至「之象」。○漢書五行志云：「劉向以爲：後八日大雨雪，陰見閒隙而勝陽，篡殺之戾將成也。公不寤，後二年而殺。」穀梁傳注引「劉向曰：雷電陽也，雨雪陰也」。昭四年左傳云：「冬〔一〕無愆陽，夏無伏陰。」八日之閒愆伏並作，故愆陽爲隱公陽極不悔之象，伏陰爲桓將以臣弑君、以陰犯陽之象也。春秋説云：「吴孫亮，太平二年二月甲寅，大雨震雷。乙卯，雪，大寒。兩日之閒一雷一雪。晉安帝義熙六年正月丙寅，雷，又雪。并在一日之中，皆與隱同占。先雷後雪者，陰乘閒隙起而害陽，弑逆之禍成〔二〕焉。隱尋見弑，亮亦被廢，安恭二帝皆強臣劉裕殺之。」

○俠卒。【疏】左氏經作「挾卒」。古「挾」、「俠」通。漢書惠帝紀「除挾書律」，應劭注：「挾，藏也。」通作「俠」，詩大明「使不挾四方」，韓詩外傳作「俠」；方言三「挾斯敗也」，廣雅釋詁「俠斯敗也」，是也。

俠者何？吾大夫之未命者也。【注】以無氏而卒之也。未命所以卒之者，賞疑從重。無氏者，少略也。【疏】禮記王制云：「大國三卿，皆命于天子；次國三卿，二卿命于天子，一卿命于其君。小國亦三卿，一卿命于天子，二卿命于其君。」又祭統云：「古者，明君爵有德」注：「命于天子者，天子選用之。

〔一〕「冬」，原訛作「春」，叢書本同，據左傳校改。
〔二〕「成」，原訛作「城」，叢書本同，據上下文意徑改。

而禄有功，必賜爵禄于太廟，示不敢專也。故祭之日，一獻，君降立于阼階之南，南鄉，所命北面，史由君右，執策命之，再拜稽首，受書以歸，而舍奠于其廟。」是皆命大夫之制也。穀梁傳：「弗大夫者，隱不爵大夫也。」與公羊異。○注「以無」至「之也」。○以不書氏，故知未命大夫也。穀梁傳云：「所俠也。」范注：「俠，名也。所，其氏。」彼疏引徐邈引尹更始云：「所者，俠之氏。」則所自有氏。春秋以其微而略之，故不氏，不得如杜云「未賜族也」。穀梁疏引麋信云：「所，謂斥也。」古人無訓所謂斥者。○注「未命」至「略也」。○解詁箋云：「禮，大夫疾，君問之無算；士，壹問之。君於卿大夫，比葬不食肉，比卒哭不舉樂；爲士，比殯不舉樂，吊臨賵襚。士喪禮備矣。此託隱公賢君，宜有恩禮於未命大夫矣。」義或然也。通義云：「俠未命，故不氏。得書卒者，本當從卿秩也。卿而言未命者，穀梁以爲隱謙不自爵命大夫，理或然與？柔溺不卒，則本下大夫，例以名見。」据何注云「無氏者，少略」，則不取穀梁之説。按：書卒者，見隱公賢君，宜有恩禮於大夫，與益師同義。於益師見隱公之於命大夫，於俠見隱之於未命大夫也。不氏，略之也，著其未命也。

○**夏，城郎。**【**疏**】元年左傳云：「費伯帥師城郎。」杜注：「郎，魯邑。高平方與縣東南有郁郎亭。」大事表云：「在今兗州府魚臺縣東北九十里。桓十年『齊侯、衛侯、鄭伯來戰于郎』，莊十年『齊師、宋師次于郎』，蓋魯之邊邑，故數受兵。」

○**秋，七月。**【疏】穀梁傳：「無事焉，何以書？不遺時也。」按：此傳已發於上六年「秋，七月」下。

○**冬，公會齊侯于邴。**【疏】左傳、穀梁皆作「防」。古方、丙聲字多通用。杜云：「防，魯地，在琅邪縣東南。」隸釋金鄉長侯成碑：「君諱成，字伯盛。山陽防東人也。其先本自邠岐，周文之後，封于鄭。鄭共仲賜氏曰侯。厥後宣多，以功佐國，要盟齊魯，嘉會自邡，因以爲家。」則亦作「邡」。大事表云：「魯有兩防。此所謂東防也，在今沂州府費縣東北六十里，世爲臧氏食邑。襄二十三〔一〕年臧孫紇自邾如防，即此。」齊氏召南考證云：晉時有琅邪國，無琅邪縣。東萊集解引此注作「琅邪華縣東南」是也。華縣故城在今費縣。此時西防尚未爲魯有，此會地當東防也。穀梁傳：「會者，外爲主焉爾。」

○**十年，春，王二月。**【疏】左傳以此爲正月。杜云：「傳言正月會，癸丑盟。釋例推經、傳日月，癸丑是正月二十六日。知經二月誤。」通義云：「是會左傳以爲正月，蓋魯之舊史如是。春秋將假隱無正月以見義，故特辟之也。左氏得其事，而不知其義；公羊得其義，而不詳其事。每以左氏事證公羊之義，乃益決公羊之可信矣。」

〔一〕「三」，原訛作「二」，叢書本同，臧孫紇出奔邾事在襄公二十三年，據校改。

○公會齊侯、鄭伯于中丘。【注】月者，隱前爲鄭所獲，今始與相見，故危録内，明君子當犯而不校也。【疏】注「月者」至「録内」。○爲鄭所獲，見六年傳。會例時，此月，故危之。凡春秋會書月皆爲危。桓元年「三月，公會鄭伯于垂」，注：「桓公會皆月者，危之也。」僖元年「八月，公會齊侯以下于朾」，注：「月者，危公會伯者而與邾婁有辨〔一〕。」是也。惟定四年「三月，公會劉子以下于召陵」，注：「月而不舉重者，楚以一裘之故，拘蔡昭公數年，然後歸之，諸侯雜然侵之，會同最盛〔二〕，故善録其行義兵也。」范云：「隱行自此皆月者，天告雷雨之異，以見篡弑之禍，而不知戒懼，反更數會，故危之。」取義微異，皆以月爲危詞也。○注「明君」至「校也」。○「犯而不校」，論語泰伯篇文。校勘記云：「毛本『校』作『挍』，非。何讀爲交接之交，言前爲鄭所獲，於此不當交會也。」按：列子周穆王云「憣校四時」，注：「校讀作交。」似作交亦通。史記律書云：「兵者，聖人所以討强暴、平亂世、夷險阻、救危殆。自含血戴〔三〕角之獸見犯則校，而況於人？」則以校爲報。若如報解，當是謂隱公前爲鄭獲，不校之可矣，不宜復與會好，故危之也。要不若作交解者爲捷。舊疏云：「謂校接之交，不謂爲報也。」校勘記云：「當作謂交接之交，不爲報也。」

〔一〕「辨」，原訛作「隙」，叢書本同，據公羊注疏校改。
〔二〕「盛」，原訛作「甚」，叢書本同，據公羊注疏校改。
〔三〕「戴」，原訛作「載」，叢書本同，據史記校改。

似爲明爽。

○夏，翬帥師會齊人、鄭人伐宋。

此公子翬也，何以不稱公子？【注】据楚公子嬰齊貶，後復稱公子。【疏】校勘記云：「隸釋載漢石經『此公子翬也』上有『十年』二字，蓋雖不載經，猶紀某公年數，以相識別。考其殘碑，可想見其全經體式也。」○注「据楚」至「公子」。○舊疏云：「成二年『公及楚人以下盟于蜀』，彼傳云：『此楚公子嬰齊也，其稱人何？得壹貶焉爾。』至成六年書『楚公子嬰齊率師伐鄭』是也。」通義云：「据桓之篇復稱公子，既非終身貶，何不獨於前一貶？」亦通。

貶。曷爲貶？隱之罪人也。故終隱之篇貶也。【注】嫌上一貶可移於他事者，故終隱之篇貶之，明爲隱貶，所以起隱之罪人也。【疏】注「嫌上」至「人也」。○上一貶，謂四年「伐鄭」不書公子也。嫌上爲伐鄭事貶，故終貶於隱之篇。其爲隱之罪人著矣。翬之弒君，既不可直書於桓無罪，又不宜貶於桓世，故終隱之篇貶。見爲隱貶，於桓世稱公子，見其同惡相濟，所謂「不待貶黜而自明者」，此也。通義云：「何焯曰：翬之罪既不可以質言貶于桓〔一〕之代，於義益無所附，今加貶於隱一代之中，使人因而

〔一〕「桓」，原訛作「相」，叢書本不誤，據改。

推得其故，所謂微而顯也。」范注穀梁亦云：「翬，隱之罪人也，故終隱之篇貶也。」

○六月，壬戌，公敗宋師于菅。【疏】六月書壬戌，月之十一日。又書辛未、辛巳，一爲二十日，一爲三十日。杜云：「菅，宋地。」大事表云：「當在今山東曹州府單縣北境。」

○辛未，取郜。辛巳，取防。【疏】杜云：「濟陰城武縣東南有郜城。」大事表云：「郜在今曹州城武縣東。按，此爲北郜，本宋邑，今鄭取之以歸于我也。城武有南郜城、北郜城。僖二十年『郜子來朝』，此南郜耳。」水經注泗水篇：「黄溝又東北逕郜城北。春秋桓二年『取郜大鼎于宋』。十三州志曰：『今城武縣東南有郜城，俗謂之北郜者也。』」一統志：「郜城故城在曹州府城武縣東南十八里，故郜國，漢屬山陽郡。」按：此郜即古郜國，爲宋所滅，蓋在春秋前。故桓二年「取郜大鼎于宋」，即宋滅郜所得之鼎也。僖公世，郜子來朝，自是失地之君，時已無此國。顧氏分别南北郜，誤仞郜國尚存故耳。杜又云高平昌邑縣西南有西防城。大事表云：「此魯取宋邑在今兖州府金鄉縣西北，欲别于臧氏食邑，故謂之西防。」説文邑部：「邴，宋下邑。」疑即此。方輿紀要：「防城在兖州府金鄉縣西六十里。」

取邑不日，此何以日？【注】据取闞不日也。【疏】注「据取闞不日」。○即昭三十二年「春，王正月，取闞」是也。

一月而再取也。【注】欲起一月而再取，故日。【疏】通義云：「十日之閒而再取邑，志疏數也。」

何言乎一月而再取？【注】据取漷東田及沂西田，亦一月再取兩邑，不日。【疏】注「据取」至「不日」。○即哀二年「春，王二月，季孫斯、叔孫州仇、仲孫何忌帥師伐邾婁，取漷東田及沂西田」是也。彼不甚之者，以彼邾婁子新來奔喪，上年仲孫何忌帥師伐之，次年又連取其地，魯之爲惡明矣。不必再書日，而譏文自著，律所謂二事俱發從重論是也。

甚之也。【注】甚魯因戰見利生事，利心數動。【疏】注「甚魯」至「數動」。○「利」，各本作「移」，誤。依鄂本正。穀梁傳：「此其日何也？不正其乘敗人而深爲利，取二邑，故謹而日之也。」注：「禮不重傷，戰不逐北，公敗宋師于菅，復取其二邑，貪利不仁，故謹其日。」

内大惡諱，此其言甚之何？春秋録内而略外，於外大惡書，小惡不書；於内大惡諱，小惡書。【注】明取邑爲小惡，一月再取，小惡中甚者耳，故書也。於内大惡諱，於外大惡書者，明王者起當先自正，内無大惡，然後乃可治諸夏大惡。因見臣子之義，當先爲君父諱大惡也。内小惡書，外小惡不書者，内有小惡適可治，諸夏大惡未可治，諸夏小惡明當先自正，然後正人。小惡不諱者，罪薄恥輕。敗宋師日者，見結日偏戰也。不言戰者，託王於魯，故不以敵辭言之，所以彊王義也。【疏】注「明取」至「書也」。○上四〔一〕年：「莒人取牟婁。」傳云：「外取邑不書，此何以書？」春秋不書外小惡，而云外取邑不書，知取邑爲小惡也。若「無駭入極」，諱滅曰入，明滅國爲大惡，故爲內諱。若諸夏則不諱，齊滅譚、滅遂皆書是也。此甚魯取二邑，近大惡，嫌不爲內諱，故決之，明雖取二邑，猶爲小惡故也。○注「於內」至「大惡」。○繁露仁義法云：「義之發，發〔二〕在正我，不在正人。我不自正，雖能正人，弗與，爲義。」又云：「義云者，非謂正人，謂正我，雖有亂世枉上，莫不欲正人，奚爲義！昔者，楚靈王討陳、蔡之賊，齊桓公執袁濤塗之罪，非不能正人也，然而春秋弗予，不得爲義者，我不正也。闔廬能正楚、蔡之難矣，而春秋奪之義辭，以其身不正也。潞子之於諸侯，無所能正，春秋予之有義，其身正也。故曰：義在正我，不在正人，此其法也。」內無大惡，乃治外小惡，先正己以正人也。所以春秋不爲楚靈、齊桓、闔廬諱，著外之大惡也。若然，桓二年「以成宋亂」，彼內大惡不諱者，所以惡桓也。○注「因見」至「惡也」。○春秋爲尊者諱，爲親者諱。臣子無不欲稱揚君父之美，故論語子路篇「子爲父隱」，禮記坊記「善則稱親，過則稱己」，又云「善則稱君，過則稱臣」，同斯義也。大惡諱，小惡不諱，仁之至，義之盡也。○注「內小」至「正人」。○繁露仁義法又云：「是故內治反理以正身，據禮以勸福；外治推恩以廣施，寬制以容衆。」「春秋刺上之過，而矜下之苦；小惡在外弗舉，在我書而非之。凡此者以仁治人，以義治我，躬自厚而薄責於外，

〔一〕「四」，原訛作「二」，叢書本同，據公羊注疏校改。
〔二〕二「發」字，今本繁露作「法」，且不迭。

此之謂也。」又俞序云：「聖王之德〔一〕，莫美於恕。故予言春秋詳己而略人，因其國而容天下也。」是則書内小惡，正見責己厚；不書外小惡，正以責人薄。内有小惡，不責人小惡，又以廣恕道也。繁露仁義法又云：「夫我無之求諸人，我有之而非諸人，人之所不能受也，其理逆矣，何可謂義！」是也。○注「小惡」至「恥輕」。○惡小故罪薄，恥輕故不諱也。劉氏逢禄釋例云：「凡諱皆有惡，即刺也。諱深則刺益深，或以彊王義，或屈於尊親，或功足以掩其罪，或賢者與仁同惡，君子因之醇加吾心焉。温城董君贊春秋曰：『唐棣之華，偏其反爾；豈不爾思，室是遠而。』此非止言權，聖人之爲文，皆如是也。今有人於盜竊亂賊之行，未必甘受名也，君子正其名曰盜曰賊，則亦無所逃矣。復爲之微其詞曰：彼固未嘗爲盜爲賊也，而其心之愧恥奮發益倍，而他人之信其爲盜爲賊益堅，所謂詞不迫切而意獨至也。又有賢者不幸而即于戾，其心方跼蹐愧赧而無所適從。君子著其迹曰：是與亂臣賊子之事同，則善義亦阻矣。復爲之變其文曰：子之意〔二〕，非亂賊也；子之事，則亂賊之所樂假託也。爲之損益其詞，馴致其行，矯制萬端，不失其正，則其垂示至深切也。」劉氏此釋，發明諱義尤爲深切，則小惡之不諱，正以無足諱故也。○注「敗宋」至「戰也」。○通義云：「偏戰日，詐戰不日。詐戰者，曰某敗某師于某；偏戰者，曰某及某戰于某，某師敗績。此外戰例也。春秋尊魯，不以敵詞言之。若内勝，皆曰敗某師于某。但以日不日別偏詐爾。故此及『戊寅，公

〔一〕「德」，原訛作「道」，叢書本同，據繁露校改。
〔二〕「意」，原訛作「詞」，叢書本同，據春秋公羊經何氏釋例校改。

敗宋師于鄑』,『壬午,公子友帥師敗莒師于犂』,『戊辰,叔弓帥師敗莒師于濆泉』,雖與外詐戰辭同,實偏戰也。唯内敗,然後從偏戰之詞,亦曰及某師戰于某,而不舉敗績。其舉敗績者,獨乾時之役。」○注「不言」至「義也」。○上六年傳云:「然則何以不言戰?」注:「戰者,内敗文也。」又桓十年:「齊侯、衛侯、鄭伯〔一〕來戰于郎。」傳:「内不言戰,言戰乃敗矣。」注:「春秋託王于魯。戰者敵文也,王者兵不與諸侯敵。」是也。孟子盡心下云:「征者,上伐下也。」王者有征無戰,故言戰乃敗。不與諸侯敵,所以彊王義也。

○**秋,宋人、衛人入鄭。**【疏】通義云:「二國以上連師合謀入人之國,於是始。故復疾略之,與入盛同義。春秋尊周内魯,親姬姓之國,是以滅國皆惡,而衛滅邢、宋滅曹爲尤惡。君子惡惡疾其始,始於諸侯擅興侵伐,乃至擅相入;擅相入,乃至擅相滅,故於宋、衛入國之始深疾外之,使與吴、越同科。董仲舒曰:『見事變之所至,因其所以至者而治之,則事之本正矣。』此類是也。」

○**宋人、蔡人、衛人伐載。**【疏】校勘記云:「諸本同。唐石經『載』字缺。釋文無音。按,漢書五行志作『戴』,注引此經同。師古曰:『戴國,今外黄縣東南戴城是也。讀者多誤爲載,故隋置載州也。』顔氏

〔一〕「鄭伯」原脱,叢書本同,據春秋經校補。

此條較之義疏、釋文爲勝。段注〔一〕說文，戠字注云：『戠，故國在陳留。』則戠爲本字，載爲假借字，亦或作戴。」故左傳作「戴」，公、穀作「載」，釋文引字林作「載」，皆可。然左傳唐石經初刻亦作「載」。杜云：「戴國，今陳留外黄縣東南有戴城。」漢書地理志：「梁國菑縣故城戴國。」應劭曰：「章帝改曰考城。」續漢志：「陳留郡考城故甾。」注：「陳留志曰：故戴國，地名。戴、載皆从𢦏聲，𢦏聲與甾聲同部，故得通焉。」大事表云：「在今歸德府考城縣東南五里，自後不見經。地入于宋，但不知何年。」按：考城，乾隆間移治黄河北岸，改屬衛輝矣。水經注汳水篇：「汳水又東逕濟陽考城縣故城南，爲菑獲渠。考城縣，周之采邑也，於春秋爲戴國矣。左傳隱十年宋、衛、蔡伐戴是也。後遭漢兵起，邑多災年，故改曰甾縣。章帝以其名不善，改曰考城。」知戴之讀載、讀甾，有自來矣。阮氏元鐘鼎款識有疐鼎，引錢獻之云：「載，國名。春秋公羊作『載』，左氏作『戴』，說文作『戠』。」此用解字之體，殆又以即疐字與？然疐音與𢦏音古實不同部。

○鄭伯伐取之。

其言伐取之何？【注】据國言滅，邑言取。又徐人取舒不言伐。【疏】注「据國」至「言伐」。○國言滅，莊十年「齊師滅譚」之屬是也。邑言取，上六年「宋人取長葛」之屬是也。「徐人取舒」見僖三年是也。

〔一〕「段注」，原訛作「段云」，叢書本同，書名誤作，徑改。

易也。其易奈何？因其力也。因誰之力？因宋人、蔡人、衛人之力也。【注】載屬爲上三國所伐。鄭伯無仁心，因其困而滅之，易若取邑，故言取。欲起其易，因上伐力，故同其文言伐，就上載言取之也。不月者，移惡上三國。【疏】杜云：「書取，克之易也。」彼疏引沈氏云：「今日圍，明日取，故知易也。」本此爲說，劉炫以取之非易規杜氏，非也。○注「載屬」至「之也」。○說文尾部：「屬，連也。」廣韻：「屬，聚也，會也。」周禮州長：「正月之吉〔一〕，則屬其州之民讀〔二〕法。」注：「屬，猶合聚也。」載屬爲三國所伐，謂連爲三國所合聚而伐也。繁露滅國上云：「內無諫臣，外無諸侯之救，載亦猶是也。宋、蔡、衛國伐之，鄭因其力而取之，此無異於遺重寶於道而莫之守，見者掇之也。」春秋說云：「公、穀謂取載，左傳謂鄭伯圍載克之，并取三師。三師者，三國伐載之師。取三師者，若哀〔三〕九年宋取鄭師于雍丘，十三年鄭取宋師于嵒，則經當書『鄭伯取三師于載』，不當書『伐取之』。伐取之者，三國伐載，鄭獨取之，因人之力，是爲易詞。載，微國也，故言取。經不言師，故知非三師也。」鄭伯不能救人之危難，乘危滅人，不仁莫甚，故書取，以著其惡。穀梁傳：「不正其因人之力而易取之，故主其事也。」是也。范云：「三國伐載，自足以制之。鄭伯不能矜人之危，而反與共伐，故獨書鄭伯伐取之，以首其惡。其實四國實取之。」然

〔一〕「正月之吉」，原訛作「月吉」，叢書本同，據周禮校改。
〔二〕「讀」下原衍一「邦」字，叢書本同，據周禮校刪。
〔三〕「哀」，原訛作「定」，叢書本同，據公羊注疏校改。

穀梁亦無四國共伐之義，范臆説也。○注「不月」至「三國」。○滅例月，凡不月者，各有起文。此既書取，明爲滅國，歸惡於鄭，嫌三國無惡，故不月起之。僖五年「冬，晉人執虞公」，注：「不從滅例月者，略之。」又十七年「夏，滅項」，注：「不月者，桓公不坐滅，略小國。」則此亦因其易而略之與？通義云：「滅國大惡，取邑小惡。而令滅國得同取文者，國邑之名，要所易曉，既施之國，不嫌非滅，故得通言取，以廣難易例耳。」

○冬，十月，壬午，齊人、鄭人入盛。【注】日者，盛、魯同姓。於隱篇再見入者，明當憂録之。

【疏】十月無壬午，爲十一月之三日，九月之二日。二傳「盛」作「郕」。○注「日者」至「録之」。○舊疏云：「正以入例時，傷害多則月，今此云日，故解之也。云『再見入』者，謂五年『秋，衛師入盛』，及此爲再入也。」繁露滅國下云：「衛人侵成，鄭入成，及齊師圍成，三被大兵，終滅，莫之救，所恃者安在？」魯之不救可見矣。此與滅邢書日同義。僖二十五年「春，王正月，丙午[一]，衛侯燬滅邢」，注：「日者，爲魯憂，内録之。」是也。見齊、鄭入盛，衛滅邢，魯皆當法王者親親義，憂録之也。通義云：「推尋前後經例，入國恒月，惟討有罪者乃日，『丙午，晉侯入曹』、『丁亥，楚子入陳』是也。至滅國反是，所尤惡者乃日，『丙午，衛侯燬滅邢』、『丁酉，楚師滅蔡』是也。蓋入國猶有彼善於此，須分別之，略其所惡，録其所善，滅國一切皆惡，無所分別，但以日不日見罪之輕重耳。易：『窮則變，變則通。』春秋之於例，亦猶是也。」則以滅邢書

[一]「丙午」，原訛作「壬午」，叢書本同，據公羊注疏校改。

日，爲惡衛侯矣。

○十有一年，春，滕侯、薛侯來朝。【疏】穀梁傳：「隱十年無正，隱不自正也。元年有正，所以正隱也。」漢書地理志：「魯國薛縣，夏車正奚仲所國，後遷于邳，湯相仲虺居之。」按：漢志薛在今爲兗州府滕縣地。

其言朝何？【注】据内言如。【疏】注「据内言如」。○舊疏云：「即成十三年『春，公如京師』之屬是也。」

諸侯來曰朝，大夫來曰聘。【注】傳言「來」者，解内外也。春秋王魯，王者無朝諸侯之義，故内適外言如，外適内言朝聘，所以別外尊内也。不言朝公者，禮，朝之於大廟，與聘同義。【疏】諸侯來曰朝，此屬是也。大夫來曰聘，上七年「齊侯使其弟年來聘」是也。○注「傳言」至「内也」。○傳分別出來之異，明來者自外而内，故云「解内外」也。春秋託王于魯，魯君臣出皆曰如。爾雅釋詁：「如，往也。」若曰往至彼國也。外諸侯大夫至魯，則分別朝、聘，故繁露王道云：「内出言如，其諸侯來曰朝，大夫來曰聘，王道之義也。」是即別外尊内之義也。周禮大行人云：「凡諸侯之邦交，歲相問也，殷相聘也，世相朝也。」自是古周禮制。上七年注云：「古者，諸侯朝聘，則不拘殷聘世朝之道矣。」〔一〕大戴禮朝事篇：「諸侯相朝之禮，

〔一〕以上引文不知所出，不見於「上七年注」，亦不見於公羊傳何休其他注文中。

各執其圭瑞，服其服，乘其輅，建其旌旗，施其樊纓，從其貳車，委積之以其牢禮之數。」「君使大夫迎于境，卿勞于道，君親郊勞致館。及將幣，拜迎于大門外而廟受，北面拜貺。」「君親致饗餼既，還圭，饗食，致贈，郊送，所以相與習禮樂也。諸侯相與習禮樂，則德行修而不流也。」諸侯相朝禮之略見者。○注「不言」至「同義」。○上七年經：「齊侯使其弟年來聘。」注云：「不言聘公者，禮，聘受之於太廟，孝子謙，不敢以己當之，歸美于先君。」是也。朝例時〔一〕。

其兼言之何？【注】据穀、鄧來朝不兼言朝。【疏】注「据穀」至「言朝」。○即桓七年「穀伯綏來朝。鄧侯吾離來朝」是也。此爲微國，則彼以鄧爲侯爵故與？

微國也。【注】略小國也。稱侯者，春秋託隱公以爲始受命王，滕、薛先朝隱公，故褒之。已於儀父見法，復出滕、薛者，儀父盟功淺，滕、薛朝功大，宿與微者盟功尤小，起行之當各有差也。滕序上者，春秋變周之文，從殷之質，質家親親，先封同姓。【疏】隸釋載漢石經「國也」下接「何以不書葬」。○注「略小國也」。○滕，子爵；薛，伯爵。春秋命伯子男爲一，故皆從小國例略之也。○注「稱侯」至「褒之」。○繁露王道云：「諸侯來朝者得褒，滕、薛稱侯。」又觀德云：「諸侯朝魯者衆矣，而滕、薛獨稱侯。」通義云：「略其詞，起實微國，但以慕賢親內，首來朝，故褒之爲侯耳。」春秋正辭云：「此滕子、薛伯也，曷謂之滕侯、薛侯？王者改元立號，則爵命諸侯，頌所謂『我應受之』也。隱公之策，以改元立號始之，以爵命諸侯終之，

〔一〕「朝例時」，叢書本作「朝例是」。

皆非常事也。夫子曰：『其詞則某有罪焉爾。』然則，莊二十三〔一〕年『荆人來聘』書人，襄二十九年『吴子使札來聘』有君、有大夫，亦猶此志與？」〇注「已於」至「差也」。〇儀父見法，宿與微者盟，並見上元年，彼注云：「欲之者，善重惡深；不得已者，善輕惡淺。」此二國來朝，不得爲不得已，故與儀父皆爲善重，特盟與朝又有淺深之殊耳。繁露爵國云：「有大功德者受大爵土，功德小者受小爵土。」是也。〇注「滕序」至「同姓」。〇繁露觀德云：「德等也，則先親親。」周道尊尊，殷道親親，春秋變文從質，故先親親也。通義云：「据滕現爵子，而在薛伯上者，伯子男一等，則當以異姓爲後。」按：左傳云：「周之宗盟，異姓爲後。」彼疏引：「賈逵以宗爲尊，服虔以宗盟爲同宗之盟，孫毓以爲宗伯屬官，掌作盟詛之載詞，故曰宗盟。」當以孫説爲長。左傳凡以王命臨諸侯盟者，皆先同姓。踐土之盟，其載書曰「王若曰：晉重、魯申」，爲王子虎在焉；召陵之會，劉子在焉，祝鮀引以爲比，皆有王官之伯故也。蓋當時奉有先親親之義，故經順其文立法耳。覲禮云：「同姓西面北上，異姓東面北上。」是先同姓後異姓也。

〇**夏，五月，公會鄭伯于祁黎。**【疏】左氏脱「五月」二字。「祁黎」，左氏作「時來」，傳作「郲」。杜云：「時來，郲也。滎陽縣〔二〕東有釐城，鄭地也。」按：黎來雙聲，祁時音近，故得通。水經注濟水篇：「濟水

〔一〕「三」，原訛作「二」，叢書本同，據公羊注疏校改。
〔二〕「滎陽縣」原訛作「熒陽縣」，叢書本同，據左傳正義校改。

又東南〔一〕逕釐城東。春秋經書『公會鄭伯于時來』，左傳所謂『釐』也。京相璠曰：『今滎陽縣〔二〕東四十里，有故釐城也。』」今左傳取郲，古來聲與釐聲同部，故儀禮「來女孝孫」注：「來讀曰釐。」漢書劉向傳引詩「來牟」作「釐麰」是也。大事表云：「在今開封府祥符縣東四十里，則與滎陽縣遠矣。」會例時，書月者，危之，與十年會中丘同義也。

○秋，七月，壬午，公及齊侯、鄭伯入許。【注】日者，危録隱公也。爲弟守國，不尚推讓，數行不義，皇天降災，諂臣進謀，終不覺悟，又復構怨入許，危亡之釁，外内並生，故危録之。【疏】月無壬午，据曆爲六月之七日。大事表：「許今爲河南許州府治新設石梁縣。時鄭莊使許叔居許西偏，猶未全并許地也。」說文邑部：「鄦，炎帝、太岳之胤〔三〕，甫侯所封，在潁川。」前漢志云：「潁川郡，許故國，姜姓，四嶽後，文叔所封，二十四世爲楚所滅。」○注「日者」至「録之」。○「構」，鄂本、閩本同。監本、毛本「構」作「搆」，非。上二年注云：「入例時，傷害多，則月。」此日，故解之，决其爲危也。爲弟守國不尚推讓者，上九年「大雨震電」，注云：「陽數已極，而不還國於桓所致。」蓋桓已長成，不即退讓，以致奸臣啓衅，身遭簒

〔一〕「南」字原脱，叢書本同，據水經注校補。
〔二〕「滎陽縣」，原訛作「熒陽縣」，叢書本同，據水經注校改。
〔三〕「胤」，原作「允」。說文本作「胤」，清人顧棟高爲避雍正皇帝胤禛名諱而改，今恢復原文。

弑也。數行不義，上八年「入邴」，十年「取郜」、「取防」之屬是也。皇天降災，上五年、八年「螟」，九年「大雨震電」、「大雨雪」皆是。諂臣進謀，詳上四年。文見於彼，事實在此年，所謂公子翬曰「百姓安子，諸侯説子」是也。危亡之釁，外内並生。内謂子翬、桓公，外謂此。又屢與鄭會，又同伐許，皆是。

○冬，十有一月，壬辰，公薨。【疏】十一月無壬辰，十二月之二十日。

何以不書葬？【注】据莊公書葬。【疏】注「据莊公書葬」。○即閔元年「葬我君莊公」是也。不据桓十八年「葬桓公」者，桓亦被弑，亦不合書葬也。

隱之也。【疏】詩柏舟云「如有隱憂」，傳：「隱，痛也。」上三年傳「隱之也」，注：「隱，痛也。」穀梁傳「隱之，不忍地也」，注：「隱，猶痛也。」漢書司馬相如傳：「贊曰：司馬遷稱『春秋推見至隱』。」李奇曰：「隱，猶微也。言其義顯而文隱，若隱公見弑死，而經不書，隱諱之也。」是也。通義云：「劉敞曰：左氏云『不書葬，不成喪也』，非也。桓本潛謀弑君，欲人不知之，故歸罪寪氏，豈更令其喪禮不成，以自發露耶？此乃事之不然，又明左氏初不受經於仲尼，不知薨不書葬之義。前漢諸儒不肯爲左氏學者，爲其是非謬於聖人也，故曰『左氏不傳春秋』，此無疑矣。仲尼之時，魯國賢者無不從之遊，獨丘明不在弟子之籍。若丘明真受經作傳者，豈得不在弟子之籍哉！然丘明所以作傳者，乃若自用其意説經。汎以舊章常例通之於史策，可以見成敗耳；其褒貶之義，非丘明所盡也。故春秋所有義同文異者，皆沒而不説，而杜氏因爲作説云『此乃聖人即用舊史耳』。觀丘明義，又不必然。隱公之初始入春秋，丘明解經頗亦殷勤，故『克段于鄢』傳曰：『不言出奔，難之也。』『不書城郎，非公命也。』不書之例，一年之中凡七發明，是仲尼作經大有所删改也。豈專同舊史者乎？」

何隱爾？弑也。【注】爲桓公所弑。【疏】公羊古義云：「蔡邕石經『弑』作『試』。白虎通引春秋讖曰：『弑者〔一〕，試也。欲言臣子殺其君父，又不敢卒，候間司事，可稍稍弑之。』易曰：「臣弑其君，子弑其父，非一朝一夕之故也。」荀子議兵篇曰：「傳曰：威厲而不試，刑措而不用。」鹽鐵論曰：「威厲而不殺。」殺音試，古音同。石經作「試」，蓋嚴氏春秋也。按：此傳、注作「弑」，唐石經及諸本同。釋文作「殺也，音申志反」。注及下並同。

弑則何以不書葬？【注】据桓公書葬。【疏】注「据桓公書葬」。○即桓十八年「冬，十有二月，己丑，葬我君桓公」是也。

春秋君弑賊不討，不書葬，以爲無臣子也。【注】道春秋通例，與文、武異。【疏】注「道春」至「武異」。○舊疏云：「言文、武之時，周之盛德，既無諸侯相犯，甯有臣子弑君父者？是以古典無責臣子討賊之義。春秋據亂而作，時或有之，因設其法，故言與文、武異。」按：周禮大司馬：「以九伐之法正邦國。」「放弑其君則殘之。」禮記檀弓云：「臣弑君，凡在官者殺無赦。」明文、武盛時，有臣子弑君父之事，天子得誅之，方伯得討之。孔子無征討之權，不得不寄之誅貶譏絶之空文以示教，所謂言之者無罪，聞之者

〔一〕「者」，原訛作「其」，叢書本同，據白虎通義校改。

足戒。所以爲春秋通例。禮記中庸云：「仲尼祖述堯、舜，憲章文、武。」鄭注：「孔子祖述堯、舜，而斷以文王、武王之法度。」其實責臣子討賊，亦即文武法度，非果有意也，特文武時，不必專責臣子耳。故上六年「秋，七月」傳云：「春秋雖無事，首時過則書。」亦專謂春秋例也。解詁箋云：「一人弒君而不討賊，誅及一國臣子，所謂刑亂國用重典，與文武刑新國用輕典異。撥亂世反諸正莫近於春秋，此類是也。」

子沈子曰：「君弒，臣不討賊，非臣也；子不復讎，非子也。葬，生者之事也。春秋君弒賊不討，不書葬，以爲不繫乎臣、子也。」【注】子沈子，後師明說此意者，明臣子不討賊當絶，君喪無所繫也。沈子稱子，冠氏上者，著其爲師也。不但言子曰者，辟孔子也。其不冠子者，他師也。【疏】唐石經、鄂州本「不復讎」上並有「子」字。閩本、監本、毛本無，當据補。孫氏志祖云：「左傳莊十二年疏、困學紀聞七並有『子』字。」校勘記云：「漢石經無『以爲』二字。按，無『以爲』，詞意益堅決。凡云以爲者，皆隱曲申明之意。」當据正。越絶書敘外傳記：「臣不討賊，子不復讎，非臣、子也。」宋本作「讎」，各本作「讐」。繁露王道云：「春秋之義，臣不討賊，非臣；子不復讎，非子也，故誅趙盾。賊不討者，不書葬，臣子之誅也。」又玉杯云：「是故君殺賊討，則善而書其誅；若莫之討，則君不書葬，而賊不復見矣。不書葬，以爲無臣子也；賊不復見，以其宜絶滅也。」又云：「臣之宜爲君討賊也，猶子之宜爲父嘗藥也；子不嘗藥，故加之弒父；臣不討賊，故加之弒君，其義一也。所以示天下廢臣子之節，其惡之大若此也。」後漢書袁紹傳云：「誠以賊臣不討，春秋所貶。」正用此經義。白虎通誅伐云：「王者諸侯之子篡弒其君而立，臣下得誅之者，廣討賊之義也。春秋傳曰：『臣弒君，臣不討賊，非臣也。』」穀梁傳云：「其不言葬何也？君弒，賊不討，不書葬，以罪下也。」注：「責臣子也。」與公羊同。若然，閔公被弒，賊討，而亦不書葬者，彼注云：「不書葬者，賊未討。」以討賊在葬後也。桓公被弒而書葬者，桓十八年傳云：「賊未討何以書葬？讎在外也。讎在外則何以書葬？君子辭也。」以齊强魯弱，力不能討，則春秋恕之矣。白虎通誅伐又云：「子得爲父報讎者，臣子之於君父，其義一也。忠臣孝子所以不能已，以恩義不可奪也。」然則，葬者，臣子之事，奪其葬文，絶其爲臣子也。太史公自序所謂「爲人臣子，而不通於春秋之義者，必陷篡弒之誅，死罪之名」是也。○注「子沈」至「意者」。○校勘記云：「宋本、閩本、監本、毛本同，誤也。蜀大字本作『己師』，解云：『知子沈子爲己師者。』亦作『己』字。當据正。」漢書古今人表有「沈子」，師古注：「魯人也。」然春秋亦有北宫子、魯子，皆在中中〔一〕。○注「明臣」至「繫也」。○包氏慎言云：「不討賊，則舉國臣子皆當絶，故喪無所繫。明賊一日未討，臣子即一日當絶。言當自痛絶，而不比於人數也。子不復讎，是安然樂居父位，其罪尤不可勝誅矣。」繁露玉杯云：「問者曰：『人弒其君，重卿在而弗能討者，非一國也。靈公弒，趙盾不在。不在之與在，惡有薄厚。春秋責在而不討賊者，弗繫臣子爾也；責不在而不討賊者，乃加弒焉，何其責厚惡之薄、薄惡之厚也？』曰：『趙盾賢而不遂於理，故因其賢而加之大惡，繫之重責。他國不討賊者，諸斗筲之民，何足數哉！』」明諸國君弒賊不討，偏責舉國；趙盾爲晉重卿，力能獨討，反不討賊，故加之弒，責之深而厚。故晉靈雖不書葬，而趙盾復見於經，知不概責晉諸臣也。○注

〔一〕「皆在中中」，叢書本同，疑爲「皆在其中」之訛。

「沈子」至「師也」。○傳中，子沈子外，有子司馬子，子公羊子、子女子。子，蓋皆己師，傳春秋説者。○注「不但」至「子也」。○即昭十二年傳「子曰：我乃知之矣」之屬是也。論語學而篇「子曰」注：「馬曰：子者，男子之通稱，謂孔子也。」以其聖德廣著，師範後世，不須言其氏，直言其子而已，故論語亦惟孔子稱子，餘如有子曾子，亦不但言子也。○注「其不」至「師也」。○如傳中所傳北宫子之屬是也。他師者，明非己師。上注「後師」之爲誤尤見。

公薨，何以不地？【注】据莊公薨于路寢。【疏】注「据莊」至「路寢」。○即莊三十二年「公薨于路寢」是也。桓公書「于齊」者，著賊在外，魯之臣子力不能討，君子憫而宥之也。

不忍言也。【注】不忍言其僵尸之處。【疏】穀梁傳：「公薨不地，故也。隱之，不忍地也。」注：「隱，痛也。」是也。○注「不忍」至「之處」。○舊疏云：「不終天年者，非人所欲，故謂被殺之處爲僵尸之處，讀如齊人强之强，非强弱之强。」按：舊解迂回，凡人死，皆謂僵，不必被殺者始目僵尸。莊子則陽篇「推而僵之」，一作「强」，通作「僵」，仆也，偃也。易林：「仁賢君子，國安不僵。」言國不顛仆也。

隱何以無正月？【注】据六年輸平不月。【疏】注「据六」至「不月」。○月，各本作易，依宋本、鄂本正。輸平事在正月，彼不月，故据爲難。

隱將讓乎桓，故不有其正月也。【注】嫌上諸成公意，適可見始讓，不能見終，故復爲終篇去正月，明隱終無有國之心，但桓疑而弑之。公薨主書者，爲臣子恩痛之。他國自從王者恩例録也。【疏】繁露玉英云：「是故隱不言正、桓不言王者，皆從其志，以見其事也。從賢之志，以達其意；從不肖之志，以著其惡。由此觀之，春秋之所善善也，所不善亦不善也，不可不兩省也。」穀梁傳：「隱十年無正，隱不自正也。」即不有其正月之義也。通義云：「春秋之教，莫大乎五始。凡事不正其始，必〔一〕不善其後，隱公是已。魯人但知隱母繼室，禮同夫人，且桓母後娶，乃君子必能決其尊卑于微者。仲子始娶即貴，聲子始媵後貴，亦唯辨之於始焉爾。易説曰：『君子慎始。』盛德記曰：『明堂，天法也；禮度，德法也。』故能審五始之義，則天法莫不順，禮度無不明，萬物由是可得而正矣。」隱不有其正月，經順其意，自二年後不書正，雖其讓足多，又不知早退，致見疑弒，故責其不善於始也。○注「嫌上」至「弒之」。○舊疏云：「即元年傳曰：『公何以不言即位？成公意。』『歸賵』之下傳云：『然則何言爾？成公意。』二年『子氏薨』之下傳云：『何以不書葬？成公意。』五年『考仲子之宮』下傳曰：『然則何言爾？成公意。』非止一處，故言諸也。」言諸、言成公意，適可見公之始讓，惟終隱之篇去正，明隱之終無有國之心也。公子翬進讒，桓公遂作難。隱之讓愈善，桓之惡愈深矣。○注「公薨」至「録也」。○此亦道春秋通例，所以别外内也。上三年注云：「記諸侯卒葬者，王者當加之恩禮，故爲恩録。」是也。

〔一〕「必」字原脱，叢書本同，據公羊通義校補。

公羊義疏十

南菁書院　句容陳立卓人著

桓元年盡是年

○**春秋公羊經傳解詁桓公第二**【疏】釋文但題「桓公第二」四字。唐石經作「桓公第二何休學」，原刻作「何氏」，後磨改作「何休」。按：古本舊題當作「春秋桓公經傳解詁公羊第二」也。釋文云：「桓公名軌，惠公子，隱公之弟，母仲子。」史記魯世家名允。謚法：「辟土服遠曰桓。」左傳疏引世本云：「『桓公名軌。』世族譜亦作軌。」魯世家云：「揮使人弒隱公于寪氏，而立子允，是爲桓公。」是也。

○**元年，春，王正月，公即位。**【疏】周禮小宗伯云「掌建國之神位」，注：「故書『位』作『立』。鄭司農云『立讀爲位』，古者位、立同字。古文春秋經『公即位』爲『公即立』。」先鄭習左氏故也。按：史記周本紀「武王既入，立于社南」，周書克殷解作「王入，即位于社」，是立亦當作位。古鐘鼎文，如周毛父敦銘、盄和鐘立字，釋者皆訓爲位。又周郘敦：「毛伯内門，立中庭。」周戬敦銘：「蘇公入右，戬立中庭，北鄉。」彼立字亦當作位解也。今杜氏左傳亦作位。世人多見即位，少見即立矣。

繼弑君不言即位，此其言即位何？【注】据莊公不言即位。【疏】舊疏云：「莊元年傳云：『繼〔一〕弑君，子不言即位。』而此不言子者，欲見桓無臣子之道，不念其君父故也。甯知不由桓非隱子，故不言子者，正見僖元年傳云『公何以不言即位？繼弑君，子不言即位。此非子，其稱子何？臣子一例也』。正以僖是閔兄而言子，故知桓公若有臣人之道，言子矣。」然則宣之書即位，亦猶是矣。穀梁傳云：「繼故不言即位，正也。繼故不言即位之爲正何也？曰：先君不以其道終，則子弟不忍即位也。」注：「故謂弑也。」是也。與公羊義合。○注「据莊」至「即位」。○即莊元年經但書「元年，春，王正月」，不言「公即位」也。以桓公亦被弑，故据爲難。

如其意也。【注】弑君欲即位，故如其意，以著其惡，直而不顯，諱而不盈。桓本貴當立，所以爲篡者，隱權立，桓北面君事隱也。即者，就也。先謁宗廟，明繼祖也。還之朝，正君臣之位也。事畢而反凶服焉。【疏】注「弑君」至「其惡」。○繁露玉英云：「桓之志無王，故不書王；其志欲立，故書即位。書即位者〔二〕，言其弑君兄也；不書王者，以言其背天子，是故隱不言立〔三〕，桓不言王，皆從其志，以見其事也。」

〔一〕「繼」字原脱，叢書本同，據公羊注疏校補。
〔二〕「者」字上原脱「書即位」三字，叢書本同，據繁露校補。
〔三〕「立」，原訛作「正」，叢書本同，據繁露校改。

經義述聞云：「繁露先言不書王，後言書即位，皆指元年而言也。隱不言立，桓不言王，亦謂隱、桓之元年也。」据此則元年春下無王字，與左氏、穀梁不同。何注『三年春正月』云：『無王者，以見桓無王而行也。』不注于元年，而注于三年，則元年春下有王字，與左氏、穀梁同，所見本異也。又按，書王不書王之故，傳無明文，蓋疑而闕之。時周室既卑，令不行於諸侯，諸侯無王者，不惟魯桓而已，何獨於桓誅無王之罪乎？穀梁以爲桓無王，元年有王者，以治桓弒君之罪，則何以解于十一公之元年無罪而書王乎？無王之説，本非達詁，公羊則無此説也。董仲舒、何休皆以桓爲無王，殆非傳意。」按：繁露引春秋，隨舉見義，不必皆順文爲説。彼所舉之無王，即斥桓之三年，非有異本也。當時無王，固不獨桓一人，然春秋因事立法，既託魯事以張治本，故於魯桓貶之。魯桓貶，而天下無王者從可知矣。公羊傳中之不見明文而見諸董、何書者，不可枚舉。其時去古未遠，師説未替，決非後學以意説經者。比王氏所駁，猶泥於杜預，其或廢法、違常、失不班曆之癡説，恐未可語春秋微言大義也。穀梁亦云：「繼故而言即位，則是與聞乎弒也。繼故而言即位，是爲與聞乎弒何也？曰：先君不以其道終，己正即位之道而即位，是無恩於先君也。」亦與公羊義合。○注「直而」至「不盈」。○繁露楚莊王云：「是故於外道而不顯，於内諱而不隱，於尊亦然，於賢亦然，此其别外内、差賢不肖而等尊卑也。」舊疏云：「繼弒君者無即位之文，今此書其即位，直是桓弒，但不顯道其弒，故曰直而不顯也。言諱而不盈者，桓之弒隱，是爲内諱，而書其即位以見其弒，不盈滿其諱文，故曰諱而不盈也。」按：「諱而不盈」，對僖二十三年之「盈乎諱」言也。宋襄賢君，故不書葬，而盈乎諱。桓公弒君之賊，徒以内故，不得不諱，而猶書即位以著其惡，不盈爲諱，亦即董生所謂「諱而不隱」

也。○注「桓本」至「隱也」。○上元年傳：「桓幼而貴，隱長而卑。」嫌桓貴弑君見而立非篡，故正之。周道尊尊，君位既正，舉國之人，無論尊卑戚屬，莫非臣子，所謂族人不得以其戚戚君也。春秋爲明倫之書，人倫莫大乎君臣、父子。隱既受之先君，告之天子，雖云攝位，桓亦北面而臣，君臣之分，義無可逃，故加之篡，以張法。禮疏引鄭發墨守云：「隱爲攝位，周公爲攝政，雖俱相幼君，攝政與攝位異也。」然如何氏此注，則與鄭義亦合。惜墨守原文不可得而見焉。○注「即者，就也」。○下二年傳「非有即爾」，注：「即，就也。」○注「先謁」至「服焉」。○此記當時天子諸侯即位常禮也。詩周頌烈文序云「成王即政，諸侯助祭也」，箋云：「新王即政，必以朝享之禮祭于祖考，告嗣位也。」即書洛誥之祭歲。詩疏引鄭注：「王歲，成王元年正月朔日。」是也。但烈文所言朝享之禮係即政，助祭是王自祭廟，告己嗣位。書所言祫祭之事，係朝享之後，將封周公，後告祭文、武也。白虎通爵〔一〕篇云：「天子大斂之後稱王者，明民臣不可一日無君也，故尚書曰：『王麻冕黼裳。』此大斂之後也。何以知王〔二〕從死後加王也？以尚書〔三〕言迎子釗，不言迎王也。王者既殯而即繼體之位何？緣民臣之心不可一日無君也，故先君不可得見則後君繼體矣。故尚書曰：『王再拜，興，對。乃受同〔四〕瑁。』明爲繼體君也。緣終始之義，一年不可有二君。故

〔一〕「爵」，原誤記爲「號」，叢書本同，以下引文實出自白虎通義爵篇，據改。
〔二〕「王」，原訛作「不」，叢書本同，據白虎通義校改。
〔三〕「尚書」，原訛作「上」，叢書本同，據白虎通義校改。
〔四〕「受同」，原訛作「授銅」，叢書本同，據白虎通義、尚書校改。同，爵類酒器。

尚書曰：『王釋冕，反喪服。』吉冕服受同〔一〕稱王以接諸侯，明己繼體爲君也。釋冕藏同〔二〕，反喪服，明未稱王以統事也。」陳書沈文阿傳：「文帝即位〔三〕，剋日謁廟。文阿議曰：『夫千人無君，不散〔四〕則亂；萬乘無主，不危則亡。當隆周之日，公旦叔父，吕、召爪牙，成王在喪，禍幾覆國。是以既葬便有公冠之儀，始殯受麻冕之策。斯蓋示天下以有主，慮社稷之艱難。』『古禮，朝廟退坐正寢，聽羣臣之政。今皇帝拜廟而還，御太極前殿，以正南面之尊，此即周康王在朝一二臣衛者也。』」南齊書禮志：「蕭琛議：竊聞祇見厥祖，義著商書，朝于武宫，事光晉册。豈有正位居尊，繼業承天，而不虔覲祖宗，格于太室？周頌序〔五〕曰：『烈文，成王即政，諸侯助祭也。』鄭注：『新王即政，必以朝享之禮祭于祖考，告嗣位也。』又曰：『閔予小子，嗣王朝廟也』。鄭注：『嗣王，謂成王也。除武王之喪，將始即政，朝于廟也。』則隆周令典，焕炳經記，體適居正，莫若成王。」然則，嗣君繼體，先謁宗廟，次正君臣，俱用吉服，事畢反服，行三年喪禮，此自唐虞以來一定之義，後世間有短喪之君，或不告廟，皆不可爲訓也。凌先生曙公羊禮疏〔六〕

〔一〕「同」，原訛作「銅」。見上注。

〔二〕「同」，原訛作「銅」。見上注。

〔三〕「文帝即位」，陳書作「世祖即皇帝位」。

〔四〕「散」，原訛作「敗」，叢書本同，據陳書校改。

〔五〕「序」字原脱，叢書本同，據毛詩正義校補。

〔六〕「公羊禮疏」原誤記爲「公羊禮説」，叢書本同，徑改。

云：「周書顧命『王麻冕黼裳』，傳：『王及羣臣皆吉服。』説者疑甫遭喪而吉服，指爲失禮。孫覺倡議于前，蘇軾著論于後。顧炎武又以爲中有脱簡。按何注，先謁宗廟，明繼祖也，還之朝，正君臣之位也。事畢而反凶服焉。吾引諸儒之説以申之，有八證焉。白虎通天子大斂之後稱王者，緣臣子不可一日無君焉。故尚書曰：『王麻冕黼裳。』此大斂之後也。釋冕藏同〔一〕，反喪，明未稱王以統事也。此一證也。杜預釋例曰：顧命，天子在殯之遺制，推此亦足準諸侯之禮矣。此二證也。晉書孫毓曰：顧命，成王新崩，傳遺命，文物權用吉禮。此三證也。蕭琛議引詩序烈文鄭注：『新王即政，必行朝享之禮，祭於祖考，告嗣政也。』又二漢由太子嗣位者，西京七王、東都四帝，其昭、成、哀、和、順皆謁廟。此四證也。沈文阿議成王在喪，禍幾覆國，是以既葬有公冠之儀，始殯受麻冕之策。此五證也。張柬之曰：顧命，成王殂，至康王麻冕黼裳，中間有十日，康王方始見廟。見廟訖，諸侯出廟門俟。伊訓言『祇見厥祖，侯甸羣后咸在』，則殂即見廟。殷周之禮並同。此六證也。困學紀聞朱文公答潘時舉曰：『天子諸侯之禮，與士庶人不同。故孟子有「吾未學也」之語。如伊訓〔二〕：元祀十二月朔，奉嗣王祗見厥祖，故不可用凶服。漢、唐即位行册禮，君臣亦皆吉服，追述先帝之命以告嗣王。蓋易世傳授，當嚴其禮也。』此七證也。馬端臨曰：『古者宗廟之祭，有正祭，有告祭，皆人主親行其禮。正祭，則時享、禘、祫是也；告祭，則國有大事告於宗廟是也。』

〔一〕「同」，原訛作「銅」。見前注。
〔二〕「伊訓」，原訛作「伊尹」，叢書本同，據困學紀聞校改。

如即位而告廟，則自舜禹受終，以至太甲之見祖，成王之見廟，皆是也。漢時人主皆有見高廟之禮，唐以後人主未嘗躬謁宗廟祭告嗣位，宋唯孝光宗以親受禪時行此禮，而其他則皆以喪二年不祭之説爲拘，不行此禮。此八證也。觀此八證，倍經任意者可以息矣。」

○三月，公會鄭伯于垂。【注】桓公會皆月者，危之也。桓弒賢君，篡慈兄，專易朝宿之邑，無王而行，無仁義之心，與人交接，則有危也，故爲臣子憂之。不致之者，爲下干上，適足以起無王，未足以見無王罪之深淺，故復奪臣子辭成誅文也。【疏】杜云：「垂，犬丘，衛地也。」范云：「垂，衛地也。」見隱八年。○注「桓公」至「之也」。○會例時，桓公會皆月，故解之。定八年穀梁傳曰：「往月，危往也。」舊疏云：「即此文，及下二年『三月，公會齊侯已下于稷』、三年『春，正月，公會齊侯于嬴』、六年『夏，四月，公會紀侯于成』之屬是也。而十年『秋，公會衛侯于桃丘，弗遇』，不書月者，彼是公欲要衛侯，衛侯不肯見，公以非禮動，見拒有恥，是以不復見其危矣。」穀梁傳云「會者，外爲主焉爾」，范云：「鄭伯所以欲爲此會者，爲易田故。」按：易田，魯鄭同心，不必專由鄭志。公羊云：「會，猶最也。」直若平時聚會，無深淺意，則不必外爲主焉。○注「桓弒」至「憂之」。○見隱四年、十一年、八年。下三年范云：「桓，大惡之人，故會皆月以危之。」是也。○注「不致」至「文也」。○昭二十六年疏引此作「不致者」，非，成十年疏有「之」字。「干上」，昭二十六年疏引作「去王」，是也，宋本、閩本亦作「去王」，毛本作「干上」，誤。監本「王」誤「上」，「去」字不誤。舊疏云：「下二年注云：『凡致者，臣子喜其君父脱危而至。』今不致之，若其受誅殺，故曰奪臣子辭成誅文也。」解詁箋云：「隱會皆不致者，狐壤之戰，魯臣子不能死難，君弒又不討賊，故絶臣子文，明當誅臣子也。」按：致，爲臣子喜其君父脱危而至之辭。此不致者，桓之臣皆隱之臣也，桓公弒君而立，魯之臣子不能討賊，反顔事讎，故於此絶之，若曰無臣子也。因桓責魯臣皆當絶，則桓之罪深矣。視三年去王僅足起無王者，其惡尤著，明君臣皆當誅也。

○**鄭伯以璧假許田。**【疏】詩閟宫云「居常與許」，鄭箋：「許，許田也，魯朝宿之邑也。」大事表云：「寰宇記：許昌城南四十里有魯城，在今河南許州府東境，爲魯朝宿邑。鄭伯請以泰山之祊易之，而祀周公。」

其言以璧假之何？【注】据實假不當持璧也。【疏】注「据實」至「璧也」。○穀梁傳曰：「假，不言以。言以，非假也。」明實假不必以璧也。史記十二諸侯年表云：「以璧加易許田。」魯世家集解引麋信云：「鄭以祊不足當許田，故復加璧。」臧氏鏞拜經日記：「按，假、加聲相近，故經傳互見。魯論『加我數年』，史記孔子世家作『假我數年』。今三傳本並作假。据裴駰集解知麋氏所注穀梁作『以璧加許田』，與年表正合。今穀梁作假，是後人依左傳所改。」按：穀梁或有作加之本，而解自當作假，穀梁明云「言以，非假」可證。年表與麋氏雖有加璧之説，亦申言以璧之義耳，不必即以「加」代「假」致璧新義也。

易之也。易之則其言假之何？爲恭也。【注】爲恭孫之辭，使若暫假之辭。【疏】穀梁傳云：「非假而曰假，諱易地也。」此云爲恭，亦即諱言易地之故。○注「爲恭」至「之辭」。○杜云：「魯不宜聽鄭祀周公，又不宜易取祊田。犯二不宜以動，故隱其實。不言祊，稱璧假，言若進璧以假田，非久易也。」孔疏：「所以諱國惡也。不言以祊假而言以璧假者，此璧實入于魯。但諸侯相交，有執圭璧致信命之理，今言以璧假，似若進璧以致辭然，故璧猶可言，祊則不可言也。」按：杜、孔此解深得經旨。

曷〔一〕爲爲恭？【注】据取邑不爲恭敬辭。【疏】注「据取」至「敬辭」。○舊疏云：「即哀八年『齊人取讙及僤』之屬是。」

有天子存，則諸侯不得專地也。【疏】繁露王道云：「春秋立義，有天子在，諸侯不得專地。」穀梁傳云：「禮，天子在上，諸侯不得以地相與也。」范云：「諸侯受地於天子，不得自專。」漢書匡衡傳云：「春秋之義，諸侯不得專地，所以壹統尊法制焉。」

許田者何？【注】地皆不得專，而此獨爲恭辭，疑非凡邑，故更問之。【疏】上言爲恭辭，並不得專地，申明假義已訖，故更端問許田也。

魯朝宿之邑也。諸侯時朝乎天子，天子之郊，諸侯皆有朝宿之邑焉。【注】時朝者，順四時而朝也，緣臣子之心，莫不欲朝朝莫夕。王者與諸侯別治，勢不得自專朝，故即位比年使大夫小

〔一〕「曷」，原訛作「易」，叢書本同，據公羊注疏校改。

聘，三年使上卿大聘，四年又使大夫小聘，五年一朝。王者亦貴得天下之歡心，以事其先王，因助祭以述其職，故分四方諸侯爲五部，部有四輩，輩主一時。孝經曰「四海之内，各以其職來助祭」，尚書曰「羣后四朝，敷奏以言，明試以功，車服以庸」是也。宿者，先誡之辭。古者天子邦畿千里，遠郊五百里，諸侯至遠郊，不敢便入，必先告至，由如他國至竟而假途也。皆所以防未然，謹事上之敬也。王者以諸侯遠來朝，亦加殷勤之禮以接之。爲告至之頃，當有所住止，故賜邑於遠郊，其實天子地，諸侯不得專也。桓公無尊事天子之心，專以朝宿之邑與鄭，背叛當誅，故深諱使若暫假借之者。不舉假爲重，復舉上會者，方諱言許田。不舉會，無以起從魯假之也。【疏】穀梁傳曰：「許田者，魯朝宿之邑也。」范云：「朝天子所宿之邑，謂之朝宿。」禮記王制云：「方伯爲朝天子，皆有湯沐之邑於天子之縣内，視元士。」注云：「給〔一〕齋戒自潔清之用。浴用湯，沐用潘。」彼疏引異義：「公羊説：諸侯朝天子，天子之郊，皆有朝宿之邑。從泰山之下，皆有湯沐之邑。左氏説：諸侯有功德於王室，京師有朝宿之邑，泰山有湯沐之邑。其餘則否。」許慎以京師之地皆有朝宿邑，周千八百諸侯，盡京師之地不能容之，從左氏義。鄭無駁，與許同。然以何氏隱八年注「邑方二里」説計之，亦無不可也。王制作湯沐者，朝宿、湯沐本互文見義也。○注「時朝」至「朝也」。○國語魯語云：「曹劌曰：先王制諸侯，使〔二〕五年四王、一相朝也。」韋注引：「唐尚書云：先王謂堯

〔一〕「給」，原訛作「潔」，叢書本同，據禮記正義校改。
〔二〕「使」字原脱，叢書本同，據國語校補。

也，五載一巡守，諸侯四朝。」詩韓奕疏引：「賈逵説周禮云：以爲一方四分之，或朝春，或覲秋，或宗夏，或遇冬，蕃屏之臣不可虚方俱行，故分趣四時助祭也。」御覽〔一〕引白虎通云：「謂之朝何？朝者，見也。五年一朝，備文德而明禮義也。因用〔二〕朝時見，故謂之朝。言諸侯當時朝于天子。朝何月？皆以夏之孟四月。因留助祭，是順四時而朝也。」○注「緣臣」至「莫夕」。○周官道僕：「以朝、夕、燕出入，其灋儀如齊車。」鄭注云：「朝夕，朝朝莫夕。」賈疏云：「朝朝莫夕，在正朝。」白虎通朝聘篇云：「朝者，見也。因用朝時見，故謂之朝。」左傳昭公十二年：「子革夕。」杜注云：「夕，莫見。」成公十二年：「百官承事，朝而不夕，此公侯之所以扞城其民也。」孔疏云：「旦見君謂之朝，莫見君謂之夕。」〔三〕注云「莫不欲朝朝莫夕」，此臣下事君之義也。○注「王者」至「專朝」。○隱元年注云：「王者据土與諸侯分職，俱南面而治。」蓋以諸侯各有土地人民之責，故不得常自專朝，致曠職守焉。○注「故即」至「一朝」。○舊疏云：「『故即位』至『小聘』，孝經説文。『五年一朝』，虞傳文。」按：禮記王制云：「諸侯之於天子也，比年一小聘，三年一大聘，五年一朝。」鄭注云：「小聘使大夫，大聘使卿，朝則君自行。」又聘義云：「天子制諸侯，比年小聘，三年

〔一〕「御覽」，原誤記爲「類聚」，叢書本同，以下引文實出自太平御覽，文字稍有異，據改。

〔二〕「用」，原訛作「同」，叢書本同，據太平御覽校改。

〔三〕以上一段文字原錯簡，「孔疏……」錯置於左傳正文「百官承事……」之上，據左傳正義乙正。正文「百官承事」上，原衍「郤至曰息」四字；「此公侯之所以扞城其民也」句，原誤作「待賓之義也」，均據左傳删改更正。叢書本同誤。

大聘，相厲以禮。」注：「比年小聘，所謂歲相問也；三年大聘，所謂殷相聘也。」鄭以聘義爲諸侯邦交之禮，其實諸侯於天子同也。禮記疏引：「異義：公羊説：諸侯比年一小聘，三年一大聘，五年一朝天子。左氏説：十二年之閒，八聘、四朝、再會、一盟。許慎謹案，公羊説虞、夏制，左氏説周制。傳曰三代不同物，明古今異説。鄭駮之云：三年聘、五年朝，文、襄之霸制。周禮大行人『諸侯各以其服數來朝』，其諸侯歲聘閒朝之屬，説無所出。晉文公强盛諸侯耳，非所謂三代異物也。」按：昭三年左傳云鄭子太叔曰：「文、襄之霸也，諸侯三歲而聘，五歲而朝。」鄭据彼傳，故以公羊説爲文、襄之制。其注王制亦云：「此大聘與朝，晉文霸時所制。虞、夏之制，諸侯歲朝。周之制，侯甸男采衛要服六者，各以其服數來朝。」彼疏引鄭駮異義又云：「公羊説：比年一小聘，三年一大聘，五年一朝，以爲文、襄之制。録王制者，記文、襄之制耳，非虞、夏及殷法也。」按：以三歲而聘、五歲而朝爲文、襄之制，僅見之左傳。王制之作，在秦漢之際，左氏未出，不得据而作證。又公羊家斷不用左氏説也。且昭十三年左傳又云：「歲聘以志業，閒朝以講禮，再朝而會以示威〔一〕，再會而盟以顯昭明。」則又與昭三年不合。故鄭氏以爲不知何代之禮也。禮記疏引賈逵、服虔「以爲朝天子之法」，崔氏「以爲朝霸主之法」，亦不能明定爲何代之禮也。又文十五年左傳云：「諸侯五年再相朝，以修王命，古之制也。」説者以爲諸侯自相朝法。故禮記疏引鄭志：「鄭答孫晧問云：『古者据時而道前代之言，唐虞之禮，五載一巡守。夏殷之時，天子蓋六年一巡狩，諸侯閒而朝天子，其不

〔一〕「威」，原訛作「盛」，叢書本同，據左傳正義校改。

朝者朝罷朝，五年再朝。似如此制，禮典不可得而詳。』」如鄭此言，亦不能定爲何代制，即所云夏殷之禮，亦無明据，且與虞夏之制諸侯歲朝之説乖也。諸侯歲朝，謂歲歲有諸侯來朝，仍是四年一朝，亦非諸侯皆歲歲朝天子也。其周禮所説又與各經互異。按：何氏此注與書載禮合。羣后四朝在王不巡守之年，此四朝之諸侯，又各分四時來覲，前後相去正得五年。於五年閒，又使卿大夫行大小聘之禮也。其左氏、周禮，皆何所不取。蓋左氏多雜伯主之制，時强淩弱，衆暴寡；諸侯之於天子，視若弁髦；而於晉楚諸國，悉索敝賦，歲聘時朝，史不絶書。周官又多出於劉歆等所增竄，故與今文家爲難，均未可据爲典要也。○注「王者」至「其職」。○大戴禮朝事云：「率而祀天於南郊，配以先祖，所以教民報德，不忘本也。率而享祀於太廟，所以教孝也。」國語周語曰：「甸服者祭，侯服者祀，賓服者享，要服者貢，荒服者王。日祭、月祀、時享、歲貢、終王。」雖與各經因朝而祭説殊，足爲諸侯助祭之證。書皋陶謨〔一〕曰：「羣后德讓。」周禮疏引鄭注云：「羣后德讓者，謂諸助祭者以德讓。」繁露王道云：「立明堂，宗祀先帝，以祖配天，天下諸侯各以職來祭，貢土地所有，先以入宗廟。」故羣侯亦在焉。國語魯語：「曹劌曰：天子祀上帝，諸侯會之受命焉。」韋注：「助祭受政命焉。」漢書韋玄成傳云：「唯聖人爲能享帝，唯孝子爲能享親。立廟京師，躬親承事，四海之内各以其職事來助祭，尊親之義。五帝、三王所共，不易之道也。詩曰：『有來雝雝，至止肅

〔一〕書皋陶謨，出處有誤，叢書本同，引文出自尚書虞書益稷。

肅。相維辟公，天子穆穆。』」又劉向傳〔一〕云：「武王、周公繼政，朝臣和於内，萬國驩於外，故盡得其驩心，以事其先祖。其詩：『有來雝雝，至止肅肅。相維辟公，天子穆穆。』言四方皆以和來也。」又郊祀志云：「四海之内各以其職來助祭。」又王莽傳：「是以四海之内各以其職來助祭。是以孔子著孝經曰：『不敢遺小國之臣，而況於公、侯、伯、子、男乎？故得萬國之歡心以事其先王。』此天子之孝也。」後漢班超傳云：「緣陛下以孝治天下，得萬國之歡心，不遺小國之臣。」史記三王世家云：「並建諸侯，所以重社稷者，四海諸侯各以其職奉貢祭。」是也。○注「故分」至「一時」。○「五部」當「四部」之譌，隱八年注云：「五年親自巡守。」明巡守之年不能來朝，則當分四部也。堯典：「羣后四朝。」禮記疏引鄭注云：「巡守之年，諸侯朝於方岳之下。其閒四年，四方諸侯分來朝於京師，歲徧。」又引：「孝經鄭注：『諸侯五年一朝天子，天子亦五年一巡守。』熊安生以爲虞夏制法，諸侯歲朝，分爲四部，四年又〔二〕徧。」是天子五年一巡守，其不巡守之年，四方諸侯分年來朝，如次年東，又次年南，以次至北，而每方諸侯又四時，以不可一方全空故也。故鄭注大行人云：「朝貢之歲，四方各四分趨四時而來。」或亦近東者朝春，近南者朝夏，近西者朝秋，近北者朝冬與？如韓方爲北方諸侯，而在當方之西，則以秋覲，故詩韓奕曰「韓侯入覲」也。又鄭注明堂云：「魯在東方，朝必以春。魯於西方近東故也。」○注「孝經」至「助祭」。○孝經聖治章文也。唐玄

〔一〕以下引文非出自劉向傳，實出自楚元王傳。

〔二〕「年又」，原訛作「方乃」，叢書本同，據禮記正義校改。

宗注：「君行嚴配之禮，則德教刑於四海。四海諸侯，各以其職來助祭也。」按：今本孝經脱祭字。周禮大行人云「侯服貢祀物」，注：「犧牲之屬。」「甸服貢嬪物」，注：「絲枲也。」「男服貢器物」，注：「尊彝之屬。」「采服貢服物」，注：「玄纁絺纊也。」「衛服貢材物」，注：「八材也。」「要服貢貨物」，注：「龜貝也。」此諸侯各以其職來助祭也。詩文王：「厥作祼將，常服黼冔。」是也。○注「尚書」至「以庸」。○舊疏云：「此逸書也。」乃虞書之譌，見堯典篇。段氏玉裁尚書撰異云：「『逸書』二字，當作『堯典文』。疏中所引當是鄭注。以徐疏『於閏月定四時成歲』、『二月東巡守』皆用鄭注，故知之。」按：舊疏云：「言羣后四朝者，謂諸侯順四時而朝也。敷奏以言者，謂諸侯來朝之時，徧奏以言語也。言明試以功者，國功曰功，謂明試以國事之功也。言車服以庸者，民功曰庸，若欲賜車服之時，以其治民之功高下矣。」或如段氏所云，以爲鄭注也。漢書宣帝紀：「詔曰：臣下各奉職奏事，以敷奏其言，考試其功能。」又王莽傳：「莽下書曰：羣后四朝，敷奏以言，明試以功。」與今本同。史記五帝紀作「羣后四朝，徧告以言」。徧告者，敷奏之訓也。與皋陶謨「敷納以言」義異。敷奏者，自下言之；敷納者，自上取之也。書大傳注：「奏，猶白。」白猶史記之告也。說文言部：「試，用也。」書曰：『明試以功。』」白虎通考黜云：「禮説九錫：車馬、衣服、樂則、朱户、納陛、虎賁、斧鉞、弓矢、秬鬯，皆隨其德可行而賜〔一〕，能安民者賜車馬，能富民者賜衣服。」書曰：「明試以功，車

〔一〕「賜」，原訛作「次」，叢書本同，據抱經堂叢書校刻本白虎通義校改。

服以庸。」○注「宿者」至「之辭」。○説文宀部：「宿，止也。」因而夜止之詞，楚辭初放「塊兮鞠〔一〕」，當道宿」，王注：「夜止曰宿。」是也。夜止必於前期，引申之，有先義。管子地圖篇「宿定所征伐之國」，注：「宿，猶先也。」因凡先期申誡皆謂之宿。周禮大宗伯云「宿眂滌濯」，注：「宿，申誡也。」又儀禮公食大夫禮記：「不宿戒。」注：「申戒爲宿。」是也。周禮肆師「宿爲期」，注：「宿，先卜祭〔二〕之夕。」是宿本前夕之名。諸侯朝天子，必先期齋宿，質明入覲，必有所止，天子賜之邑，故謂之朝宿之邑也。禮記禮器云「三日宿」，注：「宿，致齊也。」小爾雅廣詁云：「宿，久也。」孟子公孫丑篇：「弟子齊宿而後敢言。」注：「宿，素。」論語顔淵篇：「子路無宿諾。」注：「宿，預也。」皆與先誡義近。禮記祭統云：「先期旬有一日，宫宰宿夫人。」注：「宿讀曰肅。肅猶戒，戒輕，肅重也。」是也。○注「古者」至「百里」。○周禮「載師職」注云：「司馬法曰：『王國百里爲郊，二百里爲州，三百里爲野，四百里爲縣，五百里爲都。』杜子春云：『五十里爲近郊，百里爲遠郊。』」白虎通同。按：周書書序：「命君陳分正東郊成周。」周禮疏引鄭注：「天子之國，五十里爲近郊。今河南洛陽相去則然。」是康成與杜子春説同。司馬法但云百里爲郊，不與遠近之異，蓋亦百里爲遠郊矣。何氏不分州野縣都之名，或以百里之外，統以遠郊目之。王圻千里，四面至畺，各五百里，故周禮載師：「以大都之田任畺地。」是也。畺地以内，王子弟所食邑也；四百里縣地以内，天子卿所受采

〔一〕「塊兮鞠」，原誤倒作「塊鞠兮」，叢書本同，據楚辭校乙。
〔二〕「卜祭」，原訛作「宿」，叢書本同，據周禮注疏校改。

地也；三百里稍地以內，天子大夫所受采地也；二百里甸地以內，則六遂焉；百里郊以內，則六鄉也。故知五百里以內皆可分賜諸侯，若拘於百里爲遠郊，誠如許慎所云，周千八百諸侯京師之地不能容矣。○注「諸侯」至「敬也」。○儀禮覲禮云「至于郊，王使人皮弁用璧勞」，注：「郊，謂近郊，去王城〔一〕五十里。」周禮小行人職曰：「凡諸侯入王，則逆勞于畿。」天子於諸侯，有使迎之禮，明諸侯爲先告至矣。故儀禮聘禮云：「及〔二〕竟，張旜，誓。」即告也。又云：「乃謁關人。」注：「謁，告也。古者竟上爲關。」又云：「關人問從者幾人。以介對。」此大夫告至之禮。諸侯朝天子宜從同也。御覽〔三〕引白虎通曰：「朝禮奈何？諸侯將至京師，使人通命於天子。」是也。按：儀禮覲禮自「至于郊」始，其郊勞以前無文。盛氏世佐儀禮集編云：「此篇自郊勞以前，賜車服以後，文多不具。必其詳已見於朝禮，故略之也。」是諸侯告至，必有禮儀，惜禮經文不具耳。以聘禮考之，及竟，「君使士請事，遂以入竟」，注：「請，猶問也，問所爲來之故也。遂以入，因〔四〕道之。」是使者既謁關人，因止于竟，未敢輒入。關人以告於君，於是君使士請事矣。春秋傳：「晉韓宣子聘于周。王使請事，對曰：晉士起將歸時事于宰旅。」是其事也。又云：「賓至于近郊，張旜，君使下大夫請行。」注：「請行，問所之也。雖知之，謙不必也。」此聘問鄰國之禮。其諸侯朝天子，不

〔一〕「去王城」三字原脱，叢書本同，據儀禮注疏校補。
〔二〕「及」，原訛作「反」，叢書本不誤，據改。
〔三〕「御覽」，原誤記爲「類聚」，叢書本同，以下引文實出於太平御覽，據改。
〔四〕「因」，原訛作「國」，叢書本同，據儀禮注疏校改。

必有此謙矣。由猶通。塗，宋本同。閩本、監本、毛本塗作途。下六年注云：「諸侯相過，至竟必假途，入都必朝，所以崇禮讓，絶慢易，戒不虞也。」聘禮云：「若過邦，至于竟，使次介假道，束帛將命于朝，曰：『請帥。』奠幣。」注：「至竟而假道，諸侯以國爲家，不敢直徑也。將猶奉也。帥猶道也，請道己道路所當由。」高氏愈云：「封境，各有專守，不敢踰越，故古者必假道以盡過客之禮。」宣十四年左傳：「楚使申舟聘齊，不假道于宋」，而華元以爲「鄙我」是也。賈疏云：「天子行過無假道，以天下爲家，所在如主人也。天子微弱，則有之。」周語：「定王使單襄公聘于宋，遂假道于陳以聘楚。」服氏注云：「是時天子微弱，故與諸侯相聘同。」是也。按：聘禮雖大夫之禮，知諸侯亦當然。君行師從，卿行旅從，不能不備非常。而鄰國亦當有加禮故也。○注「王者」至「遠郊」。○校勘記云：「『須』，閩本、監本、毛本同，誤也。宋本『須』作『頃』，當据正。按，下二年注云：『俄者，謂須臾之閒，創得之頃也。』頃字正此意。」御覽〔一〕引白虎通又云：「天子遣大夫迎之百里之郊，遣世子迎之五十里之郊。」覲禮經曰：「至於郊，王使人皮弁用璧勞。」尚書大傳曰：「天子太子，年十八，曰孟侯。于四方諸侯來朝，迎於郊。」按：書康誥「王若曰孟侯」，疏引鄭注：「依略説，太子十八爲孟侯，而呼成王。」又鄭注：「略説云：『孟，迎也。』」書傳又云：「迎于郊者，問其所不知也。問之人民之所好惡，地土所生珍美怪異，山川之所有無。父在時，皆知之。」御覽引鄭注孝經云：「古者諸侯五年一朝天子，使世子郊迎，芻米百車，以客禮待之。晝坐正殿，夜設庭燎。思與相見，問

〔一〕「御覽」，原誤記爲「類聚」，叢書本同，以下引文實出於太平御覽，據改。

其勞苦。」是皆加殷勤之事也。覲禮又有「天子賜舍」者，彼鄭注云：「以其新至，道路勞苦，未受其禮，且使即安也。」蓋朝宿之邑猶在郊，去王宫尚遠，故宜於城内近王之處賜舍，以便辨色即入也。覲禮又有「受舍于朝」，則又異。賜舍之舍，謂有屋宇者，受舍於朝，則次舍也，以幕爲之。聘禮記曰：「宗人授次，次以帷。」又鄭注覲禮云：「受次於文王廟門之外。」是也。○注「其實」至「專也」。○繁露王道又云：「觀乎許田，知諸侯不得專封。」按：封，當地之誤也。○注「桓公」至「之者」。○繁露王道云：「鄭魯易地，諱易言假。」又云：「止亂之道也，非諸侯所當爲也。」魯桓、鄭莊俱宜誅，若据事直書，徒事亂臣悍顔，惟避易而曰假，夫乃知易之之爲罪，或有所消沮，而不敢公然干犯焉。所以爲止亂之道也。○注「不舉」至「之也」。○上「會于垂」，穀梁注云：「鄭伯所以欲爲此會者，爲易田故。」按：上會爲假田，故以惡移鄭爲外爲主文也。又見鄭假魯，方足起許田之爲魯邑也。春秋上下，許田不見，未知所假何國，又不能不爲内諱，故隱其詞於垂之會，不言而見矣。

此魯朝宿之邑也，則曷爲謂之許田？諱取周田也。諱取周田，則曷爲謂之許田？繫之許也。曷爲繫之許？近許也。【疏】隱八年杜注云：「許田，近許之田。」即取此爲説。全氏祖望經史問答曰：「許田之許，厚齋引劉氏，以爲魯境内地，以居嘗與許證之，嘗亦是魯近地也。是否？答曰：此則厚齋之誤。當時鄭與魯易地，各從其便，泰山之祊近魯，而許田近鄭，故互割以相屬。若許田亦近魯，則鄭何畏于魯，而以之相媚乎？魯頌之言，特祝禱之詞，不以遠近校也。」通義云：「許，邑名。凡田、邑本當繫國。今其義不可言假，周田則不得繫國。以此田〔一〕近許邑，故繫之許而已。知非謂許國者，王城之外，五十里曰近郊，又其外五十里曰遠郊，又外達甸稍縣都，相距各百里。許國猶在圻外，而上傳云『朝宿之邑』，在郊，不得相近也。」

此邑也，其稱田何？田多邑少稱田，邑多田少稱邑。【注】分別之者，古有分土無分民，明當察民多少，課功德。【疏】繁露奉本云：「唯田邑之稱，多着〔二〕主名。」即田多稱田、邑多稱邑之義也。通義云：「所稼曰田，所居曰邑。不直言假許者，許邑廣矣，魯朝宿之邑亦在其内耳。鄭特取魯田，非盡有許邑，故可以田繫許，不可以許包田。」舊疏云「田多邑少稱田」，即此是也；「邑多田少稱邑」，即哀八年「齊人取讙及僤」是也。田與人相因，得有田多人多之殊者。蓋平曠之區，溝洫交錯，同井合作，即爲田多。其通都大邑，逐末者多，百工商賈閒民轉移，則爲邑多也。魯之朝宿所取不過一二里，知當日許田所容，恐不僅魯一國已也。孔疏云：「許田已入於鄭。而詩頌僖公云：『居常與許，復周公之宇。』蓋僖公之時復得之也。」按：鄭詩箋云：「常、許，魯南鄙、西鄙。」則非許田之許矣。○注「分別」至「功德」。○舊疏云：「知古有分土無分民者，正以詩云『逝將去汝，適彼樂土』，論語云『四方之民襁負其子而至矣』，皆是

〔一〕「以此田」，原脱訛作「此」，叢書本同，據公羊通義校補。
〔二〕「着」，原訛作「者」，叢書本同，據繁露校改。

樂就有德之義故也。」白虎通五行篇云：「有分土無分民何法？法四時各有分，而所生者通〔一〕也。」漢書地理志云：「古者有分土無分民。」師古曰：「有分土者，謂立封疆也。無分民者，謂通往來不常厥居也。」後漢書竇融傳：「王者有分土，無分民，自適己事而已。」以民之多少，第守土者之功德，故漢法縣之有丞尉也。令長於秋冬歲盡，各計縣户口墾田，錢穀出入，盜賊多少，上其集簿，猶有古意。繁露考功名云：「諸侯月試其國，州伯時試其部，四試而一考，天子歲試天下，三試而一考，前後三考而黜陟，命之曰計。」其古課功德之法與？

○**夏，四月，丁未，公及鄭伯盟于越。**【疏】盟例日，惡不信也。舊疏云：「所以日者，正以十年冬『齊侯、衛侯、鄭伯來戰于郎』，相負故也。」按：四月無丁未，五月之三日也。三月之二日亦爲丁未。杜云：「越，近垂，地名。」范云：「越，衛地。」大事表云：「當在山東曹州府曹縣附近。」穀梁傳：「及者，内爲志焉爾。」與此傳例「及，爲我欲之」同義。越，唐石經、諸本同。釋文：「于越，本亦作粤。」

○**秋，大水。**

〔一〕「通」，原訛作「道」，叢書本同，據白虎通義校改。

何以書？記〔一〕災也。【注】災傷二穀以上，書災也。經曰：「秋，大水，無麥苗。」傳曰「待無麥，然後書無苗」是也。先是桓篡隱，百姓痛傷，悲哀之心既蓄積，而復專易朝宿之邑，陰逆而與怨氣并之所致。

【疏】後漢書楊震傳曰：「臣竊按，春秋水旱之變，皆應暴急，惠不下流。」○注「災傷」至「是也」。○所引經、傳，見莊七年。彼傳云：「曷爲先言無麥，而後言無苗？一災不書，待無麥，然後書無苗。」是也。然則此亦災傷至二穀以上，故直言大水也。莊二十八年「大無麥禾」，不書大水者，彼傳云：「冬既見無麥禾矣，曷爲先言築微，而後言無麥禾？諱以凶年造邑也。」注云「諱使若造邑而後無麥禾者，惡愈也。此蓋秋水所傷，就『築微』下俱舉水，則嫌冬水」者是也。莊七年注云：「至麥苗獨書者，民食最重。」此不書穀名，蓋輕於麥苗者也。左傳云：「凡平原出水爲大水。」穀梁傳：「高下有水災曰大水。」○注「先是」至「所致」。○舊疏云：「陰逆者，專易朝宿之邑是。怨氣者，百姓痛傷悲哀之心是也。」漢書五行志云：「桓公元年秋，大水。董仲舒、劉向以爲，桓弑兄隱，民臣痛隱而賤桓。劉歆以爲，桓易許田，而不祀周公，廢祭祀之罰也。」何氏之説兼備二義。通義云：「洪範五行傳曰：『簡宗廟，不禱祠，廢祭祀，逆天時，則水不潤下。』許地有周公廟，當修其祭祀，而專以與鄭，故水災應之。」義或然也。按：桓公以臣篡君，陰逆甚矣。大水之災，所應莫大乎是。

〔一〕「記」，原訛作「紀」，叢書本同，據公羊注疏校改。

○冬，十月。【疏】穀梁傳：「無事焉，何以書？不遺時也。春秋編年，四時具，而後爲年。」按：公羊已發例於隱六年秋七月，後不重也。

公羊義疏十一

南菁書院　句容陳立卓人著

桓二年盡三年

○二年，春，王正月，戊申，宋督弒其君與夷，及其大夫孔父。【疏】各本於此有注云「賢者不名，故孔父稱字。督，未命之大夫，故國氏之」十九字。校勘記云：「疏本無此注，與何義不合，當是別家注〔一〕竄入者。解云：考諸舊本悉無此注，且與注違，則知有者，衍文也。按，與注違者，注云『督不氏者，起馮當國』，此云『未命之大夫，故國氏之』，是與注違也。」按：舊疏云「此經之下亦有注云：『賢者不名』」云云，則舊疏本本無注明矣；亦有者，謂別本也。後人又誤以疏中所引刻入注耳。正月戊申，爲月之八日。史記注引服虔云：「督，戴公之孫。」左傳疏引世本云：「華父督，宋戴公之孫，好父説之子。」杜云：「孔父嘉，孔子六世祖。」史記注引家語：「孔子，宋微子之後。宋襄公生弗父何，弗父何生宋父周，周

〔一〕「注」下原衍一「疏」字，叢書本同，據阮元校勘記刪。

生世子勝，勝生正考父，考父生孔父嘉。五世親盡，別爲公族，姓孔氏。孔父生子木金父，金父生睪夷，睪夷生防叔，畏華氏之逼而奔魯，故孔氏爲魯人。」史記孔子世家曰：「防叔生伯夏，伯夏生叔梁紇，紇生孔子。」左傳疏引世本云：「孔父嘉生木金父，木金父生祁父，其子奔魯，爲防叔，防叔生伯夏，伯夏生叔梁紇，叔梁紇生仲尼。」

及者何？【注】以公夫人言及，仲子微不得及君，上下大夫言及，知君尊亦不得及臣，故問之。【疏】注「以公」至「問之」。○公夫人言及，即僖十一年「夏，公及夫人姜氏會齊侯于陽穀」是也。仲子微不得及君，即隱元年「天王使宰咺來歸惠公、仲子之賵」，傳：「何以不言及仲子？仲子微也。」注云：「比夫人微，故不得並及公。」是也。上下大夫言及，舊疏云：「哀六年，『夏，齊國夏及高張來奔』，是國夏上大夫，高張下大夫也。」今與夷與孔父，君尊臣卑，言及，故問之。

累也。【注】累，累從君而死，齊人語也。【疏】說文答問云：「儡，即『及者何？累也』之累。按，說文人部：『傫，相敗也。』南征賦注引作『壞敗之皃』，寡婦賦注引作『敗也』，無相字。道德經傅奕本『儡儡兮其不足以無所歸』，釋文：『儽，一本作儡，敗也，欺也。』西征賦曰：『寮位儡其隆替。』寡婦賦：『容貌儡以頓纇。』注引禮記『喪容儡儡』，義並同。」按：如注義，則累即連累之義，不必迂回如儡之解也。累蓋即纍之省。說文糸部：「纍，綴得理也。」禮樂記：「纍纍乎如貫珠。」由連綴引申爲連累。玉篇云：「累同纍。」是也。○注「累累」至「語也」。○通義云：「累者，相連及於死之名，讀若甫刑傳云『大罪勿纍』，字本从三田，今省作〔一〕之。反離騷謂『屈原爲湘纍』。李奇注：『諸不以罪死曰纍。』荀息、仇牧皆是也。」穀梁傳：「以是知君之累之〔二〕也。」亦謂其累從君而死。彼疏引麋信云：「累者，從也。謂孔父先死，殤公從後被弒。」范注亦云：「累，謂從也。」義皆相近。鹽鐵論訟賢云：「孔父累華督之難，不可謂不義。仇牧涉宋萬之禍，不可謂不賢也。」

弒君多矣，舍此無累者乎？曰：有，仇牧、荀息皆累也。【疏】仇牧事，見莊十二年。荀息事，見僖十年。繁露王道云：「觀乎魯隱、祭仲、叔武、孔父、荀息、仇牧、吴季子、公子目夷，知忠臣之效。」按：惟仇牧、荀息書及，故傳引之。

舍仇牧、荀息無累者乎？曰：有。【注】叔仲惠伯是也。【疏】注「叔仲惠伯是也」。○叔仲惠伯事，在文十八年，見成十五年。通義云：「謂經所不見者，若左傳稱宋弒昭公，『蕩意諸死之』，即未得以累書。於春秋類此蓋衆。」

有則此何以書？賢也。【疏】通義云：「加及者，賢之。欲著其因君而死，若兩書之，則不顯與君弒爲一事，故不以尊卑同名弒爲嫌矣。」

何賢乎孔父？【注】据叔仲惠伯不賢。【疏】注「据叔」至「不賢」。○成十五年傳云：「文公死，子幼，

〔一〕「作」字原脱，叢書本同，據公羊通義校補。
〔二〕「之」字原脱，叢書本同，據穀梁注疏校補。

公子遂謂叔仲惠伯曰：『君幼，如之何？ 願與子慮之。』叔仲惠伯曰：『吾子相之，老夫抱之，何幼君之有？』公子遂知其不可與謀，退而殺叔仲惠伯，弒子赤，而立宣公。」彼注云：「殺叔仲惠伯不書者，舉弒君爲重。 叔仲惠伯事與荀息相類，不得爲累者，有異也。 叔仲惠伯直先見殺爾，不如荀息死之。」是公子遂直忌叔仲惠伯而殺惠伯，非衛君而死，故無賢文，是以不書，故据之也。

孔父可謂義形於色矣！【注】以稱字見先君死。【疏】繁露服制象云：「孔父義形於色，而姦臣不敢容邪。」○注「以稱」至「君死」。○穀梁傳：「孔父之先死何也？ 督欲弒君而恐不立，於是乎先殺孔父，孔父閑也。 何以知其先殺孔父也？ 曰，子既死，父不忍稱其名；臣既死，君不忍稱其名。 以是知君之累之也。 孔，氏；父，字，謚也。」齊氏召南考證云：「公羊賢孔父、仇牧，褒獎忠臣，扶樹名教，其義長於左氏。」

其義形於色柰何？【疏】校勘記云：「唐石經、諸本皆作『奈』，非。 鄂本作『柰』，三年同。」「柰」者，如也。 國語晉語曰：「柰吾君何？」柰何，猶如何也。 書召誥曰：「曷其柰何弗敬？」是也。

督將弒殤公，孔父生而存，則殤公不可得而弒也，【疏】校勘記云：「唐石經『督』作『督』。 五經文字云：『説文从目，隸省从日。』」後漢書孔融傳：「論曰：是以孔父正色，不容弒虐之謀。」

故於是先攻孔父之家。【注】大夫稱家。 父者，字也。 禮，臣死，君字之。 以君得字之，知先攻孔父之家。【疏】注「大夫稱家」。○大戴禮文王官人篇：「使是治國家而長百姓。」盧注：「家，采邑。」周禮春官序官「家宗人」，又夏官序官「家司馬」，注並謂：「家，卿大夫采地。」孟子離婁篇：「皆曰『天下國家』。」注：「家，謂卿大夫之家也。」書皋陶：「夙夜浚明有家。」傳：「卿大夫稱家。」禮記曲禮：「凡家造。」注：「大夫稱家。」舊疏云：「即定十二年，孔子行乎季孫，三月不違，曰『家不藏甲，邑無百雉之城』是也。」故禮記大學有「伐冰之家」、「百乘之家」，皆謂大夫，對士之畜馬乘，喪祭用冰者〔一〕言焉。○注「父者，字也」。○儀禮士冠禮曰「伯某甫」，注：「甫，字，或作父。」禮記雜記上「稱陽童某甫」，注：「某甫〔二〕，且字也。」説文用部：「甫，男子美稱也。」是父爲甫之叚借。舊疏云：「穀梁傳文。」齊氏召南考證云：「按，今本穀梁作『父，字，諡也』。後人每疑於父字非諡，諡字當是衍文。觀於此疏，可知穀梁本無諡字也。」惠氏棟左傳補注云：「『孔父，孔子之先也。傳云：『孔父嘉爲司馬。』是嘉，名；孔父，字。古人稱名字，皆先字後名，祭仲足是也。鄭有子孔，名嘉。説文曰：『孔，从乙从子。乙，請子之鳥也。乙至而得子，嘉美之也。古人名嘉，字子孔。』説文此訓，蓋指宋鄭兩大夫。故先儒皆謂善孔父而書字，杜輒爲異説，不可從也。」杜云：「孔父稱名者，内不能治其閨門，外取怨於民，身死而禍及其君。」按：左傳雖有督見孔父妻於路之事，孔父身爲宋卿，何至不依禮蔽面？督弑君之志，必非一朝一夕之故，所以「先宣言曰：司馬則然」。必非前年冬聞甫萌奪妻之志，次春即動于惡。傳明云「先宣言曰」，則爲華督誣衊孔父明甚。杜預即以此二事坐

〔一〕「用冰者」上原衍一「不」字，叢書本同，此爲解釋「伐冰之家」、「百乘之家」，此皆爲「喪祭用冰者」。
〔二〕「某甫」上原衍一「甫」字，叢書本同，據禮記注疏删。

其罪狀，無非爲司馬昭、賈充等留餘地耳。即見妻于路一事，安知非劉歆等點竄？歆亦賊臣，故於忠於其君者，掊擊不遺餘力焉。○注「禮臣」至「之家」。○禮記玉藻云：「士於君所言大夫，没矣則稱謚若字，名士。」注：「君所，大夫存亦名。」士既不稱大夫名，或君亦不稱臣名也。曲禮疏引：「異義：公羊說：臣子先死，君父猶名之。孔子曰『鯉也死』，是已死而稱名。左氏說：既殁，稱字而不名，桓二年宋督弑其君與夷及其大夫孔父，先君死，故稱其字。穀梁同左氏說。許慎謹案，同左氏、穀梁說，以爲論語稱『鯉也死』，時實未死，假言死也。鄭氏亦同左、穀義，以論語『鯉也死，有棺而無槨』是實死未葬前也。故鄭駁許氏云：『凡人於恩猶不然，況賢聖乎？』」按：如此注，則公羊家亦無臣子先死，君猶名之。未知異義所据。當時傳習公羊者，不僅邵公一人，或别有公羊異説與？又按：左氏說與何氏同，與今杜氏異，必左傳先師鄭衆、賈逵等所傳之精義，故亦以孔父爲字也。穀梁傳曰：「孔父先死，其曰及何也？書尊及卑，春秋之義也。」明書及者，春秋特筆，彼亦道春秋通例也。通義云：「春秋賢者不名，仇牧、荀息皆賢而名者，許人臣者，必使臣爲累於君之詞。君前臣名，其道然也，獨孔父先死，得申不名之義。禮，於君所言大夫殁〔一〕，則稱謚若字。又因以稱字見先君死，倒其文而不紊其實。」

殤公知孔父死，己必死，趨而救之，皆死焉。【注】趨，走也。傳道此者，明殤公知孔父賢而不能用，故致此禍。設使殤公不知孔父賢，焉知孔父死己必死？設使魯莊公不知季子賢，焉知以病召之？

〔一〕「殁」，原訛作「殺」，叢書本同，據公羊通義校改。

皆患安存之時則輕廢之，急然後思之，故常用不免。【疏】注「趨，走也」。○説文走部：「趨，走也。」爾雅釋宫：「門外謂之趨。」廣雅釋詁云：「行而張足曰趨。」釋名釋姿容云：「疾行曰趨。趨，赴也，赴所至也。」○注「傳道」至「此禍」。○禮記大學云：「見賢而不能舉，舉而不能先，命也。」注：「命，讀如慢。」説苑尊賢云：「夫智不足以見賢，無奈何矣。若智能見之，而疑不能決，猶豫不用，而大者死亡，小者傾亂，此甚可悲哀者也。」○注「設使」至「不免」。○莊三十二年傳「莊公病，將死，以病召季子。季子至，授之以國政，曰：『寡人即不起此病，吾將焉致乎魯國？』季子曰：『般也存，君何憂焉』」云云，是魯莊知季子賢事也。繁露精華云：「故吾按春秋而觀成敗，乃切悁悁於前世之興亡也。任賢臣者，國家之興也。夫智不足以知賢，無可奈何矣；知之不能任，大者以死亡，小者以亂危，其若是何耶？以莊公不知季子賢耶？安知病將死，召而授以國政？以殤公爲不知孔父賢耶？安知孔父死，己必死，趨而救之？二主知皆足以知賢，而不決，不能任，故魯莊以危，宋殤以弑，使莊公早用季子，而宋殤素任孔父，尚〔一〕將興鄰國，豈直免弑哉？此吾所悁悁而悲者也。」説苑尊賢又云：「以宋殤公不知孔父之賢乎？安知孔父死己必死，趨而救之？趨而救之者，是知其賢也。以魯莊公不知季子之賢乎？安知疾將死，召季子而授之國政？授之國政，是亦知其賢也。此二君知能見賢，而皆不能用，故宋殤公以殺死，魯莊公以賊嗣。使宋殤早任用孔父，魯莊素用季子，乃將靖鄰國，而況自存乎！」鹽鐵論殊路云：「宋殤公知孔父之賢，而不早任，故身

〔一〕「尚」，原訛作「當」，叢書本同，據繁露校改。

死。魯莊不知季友之賢，授之政晚，而亂倶。」與何義合。明皆安存時不用，急則思之，無及也。

孔父正色而立於朝，則人莫敢過而致難於其君者。孔父可謂義形於色矣！

【注】內有其義而外形見於顔色，孔子曰「君子正其衣冠，尊其瞻視，儼然人望而畏之」是也。重道義形於色者，君子樂道人之善。言及者，使上及其君，若附大國以名通，明當封爲附庸，不絶其祀，所以重社稷之臣也。督不氏者，起馮當國。不舉馮弑爲重者，繆公廢子而反國，得正，故爲之諱也。不得爲讓者，死乃反之，非所以全其讓意也。【疏】繁露服制象云：「故文德爲貴，而威武爲下，此天下所以永全也。於春秋何以言之？孔父義形於色，而奸臣不敢容邪？安在勇猛必任武殺然後威？是以君子所服爲上矣。故望之儼然者，亦已至哉。」又王道云：「孔父正色而立于朝，人莫過而致難乎其君。此春秋之救文以質也。」又云：「仇牧、孔父、荀息之死節，皆行正世之義，守惓惓之心，春秋嘉義氣焉，故皆見之，復正之謂也。」穀梁傳：「督欲弑君，而恐不立，先殺孔父，孔父閑也。」閑，即爲君扞禦，人莫敢致難之意焉。廣韻：「難，患也。」謂致君於患害也。○注「內有」至「之善」。○「君子正其衣冠」三語，論語堯曰篇文。「樂道人之善」，季氏篇文。儼，釋文作嚴，云：「本又作儼。」魏書封軌傳作「君子整其衣冠」。七經考文云：「古本道作導。」按：何意引論語自作道。道，言也，重言義形於色，明君子樂言之善也。惟內有其義而外乃見諸顔色，所以能威而不猛也。○注「言及」至「臣也」。○校勘記云：「何煌云〔一〕：『言及者』以下九十九字

〔一〕「何煌云」，原訛作「何云」，脱一「煌」字，叢書本同，據阮元校勘記校補。又下文「何煌、浦鏜皆誤會也」可證。

當在經下，僖十〔一〕年疏可据。宋、鄂本亦誤。浦云：『言及者』三十三字當在經下，從僖十年疏校。按，此注舊本皆〔二〕在傳末。何氏終言之也。此類，注中甚多，不得以僖十年疏引在經下便輕爲倒置。又按，何注本有傳無經。何注傳而不注經，故知何煌、浦鏜皆誤會也。」尊卑不相及，以臣而上及其君同名爲弑，明當爲附庸君矣。禮記王制注云：「附庸者，以國事附於大國，未能以其名通也。」不能自通，故附於大國，以名通也。孔父、仇牧、荀息，社稷所係，當不絶祀，與附庸等，此春秋新義。春秋之義，大夫不得世，故當封爲附庸也。○注「督不」至「意也」。○舊疏云：「春秋之内，當國不氏者，無知、州吁之屬是也。宋督實戴公之孫，不言公孫者，正欲起其取國與馮也。」又云：「昭二十年傳云：『何賢乎公子喜時？讓國也。』昭三十一年傳云：『何賢乎叔術？讓國也。』繆公之傳不言讓國，死乃反之，非所以全其讓意也。」此經馮實宜當國，如齊無知、衛州吁之例書。宋馮，因爲穆公諱，故移其文於督。督、馮一事，督當國，則馮當國見矣。所謂微而顯也。繁露玉英云：「經曰：『宋督弑其君與夷。』傳言：『莊公馮殺之。』不可及於經，何也？曰：非不可及於經，其及之端眇，不足以類鉤之，故難知也。傳曰：『臧孫許與晉郤克同時而聘于齊。』按經無有，豈不微哉？不書其往，而有避也。今此傳言莊公馮，而於經不書，亦以有避也。是以不書聘乎齊，避所羞也；不書莊公馮殺，避所善也。是故讓者，春秋之所善。宣公不與其子，而與其弟，其

〔一〕「十」下原衍一「二」字，叢書本同，據公羊注疏校删。
〔二〕「本皆」二字原脱，叢書本同，據阮元校勘記校補。

弟亦不與子，而反之兄子，雖不中法，皆有讓高，不可棄也，故君子爲之諱。不居正之謂避，其後也亂，移之宋督，以存善志。此亦春秋之義善無遺也。若直書其簒，則宣、穆之高滅，而善之無所見矣。難者曰：『爲賢者諱皆言之，爲宣、穆諱獨弗言，何也？』曰：『不成於賢也，其爲善不法，不可取，亦不可棄。棄之則棄善志也，取之則害王法，故不棄亦不載，以意見之而已。苟志於仁，無惡，此之謂也。』」此何氏所本。

○**滕子來朝。**【疏】通義云：「即隱十一年滕侯也。朝桓公，不足褒，故還從本爵爾。」杜、范皆以爲時王所黜。夫杞，左傳猶有用夷禮之説，滕、薛何事，直是囈語。

○**三月，公會齊侯、陳侯、鄭伯于稷，以成宋亂。**【疏】杜云：「稷，宋地。」大事表云：「當在今歸德府境。」

内大惡諱，此其目言之何？【注】目，見也。斥見其惡，言成宋亂。【疏】注「目見」至「宋亂」。○易説卦傳：「離爲目。」注：「南方之卦，主視，故爲目。」廣雅釋詁云：「目，視也。」又云：「視，明也。」目言之，猶言明斥之，對諱言也。穀梁隱元年傳：「段，鄭伯弟也，以其目君，知其爲弟也。」亦謂斥君也。魯桓成宋亂，爲内大惡，不爲之諱，是爲斥見其惡矣。

遠也。所見異辭，所聞異辭，所傳聞異辭。【注】所以復發傳者，益師以臣見恩，此以君見恩，嫌義異也。所見之世，臣子恩其君父尤厚，故多微辭是也。所聞之世，恩王父少殺，故立煬宮不日，武宮日是也。所傳聞之世，恩高祖、曾祖又少殺，故子赤卒不日，子般卒日是也。【疏】繁露奉本云：「於稷之會，言其〔一〕成宋亂，以遠外也。」校勘記云：「唐石經原刻無第三『所』字，後磨〔二〕改，補入。隸釋載石經殘碑曰：桓公二年，顏氏有『所見異辭，所聞異辭〔三〕，以下缺』。然則熹平立石者，爲嚴氏春秋，於此無『所見異辭』三句。何氏所注者，爲顏氏春秋，於此有之。漢石經於碑末列其同異。按，無此三句，則『遠也』、『隱亦遠矣』文相承，有則與哀十四年傳複出矣。」按：何氏此注，與哀十四年傳注一字無譌，二者必有一衍。○注「所以」至「異也」。○舊疏云：「彼以臣之故，欲見臣恩之薄厚，故曰以臣見恩。此以君之故，欲見君恩之薄厚，故曰以君見恩也。」通義云：「復發傳者，與益師義異。彼爲詳略例，近辭詳，遠辭略；此爲諱例，近辭微，遠辭顯，各有所施也。」此注言復發傳，因隱元年「公子益師卒」下有此三語，故言復。哀十四年，則三發傳矣。仍對益師卒傳發言復，疑何氏本亦無傳、無此注，皆後人以別本公羊羼入。因以哀十四年注文增置此耳。○注「所見」至「是也」。○所見世，謂昭、定、哀世也。定元年傳曰：「定、哀多微辭。」彼注云：

〔一〕「其」字原脱，叢書本同，據繁露校補。
〔二〕「磨」，原訛作「唐」，叢書本同，據阮元校勘記校改。
〔三〕「辭」字原脱，叢書本同，據阮元校勘記校補。

「定公有王，無正月，不務公室，喪失國寶。哀公有黄池之會，獲麟，故總言多。」是也。繁露楚莊王云：「故哀、定、昭，君子之所見也。所見六十一年，於所見微其辭，與情俱也。是故逐季氏而言又雩，微其辭也。」又云：「義不訕上，智不危身，故遠者以義諱，近者以智畏。畏與義兼，則世逾近而言逾謹矣，此定、哀之所以微其辭。以故用則天下平，不用則安其身，春秋之道也。」○注「所聞」至「是也」。○繁露又云：「襄、成、文、宣，君子之所聞也，所聞八十五年。於所聞，痛其禍。子赤弒，弗忍言日，痛其禍也。」舊疏云：「立煬宫不日者，即定元年『九月，立煬宫』是也。立武宫日者，成六年『二月，辛巳，立武宫』是也。公羊之義，失禮鬼神例日，故言此。」董、何各舉遠近不同事，以證無定例也。○注「所傳」至「是也」。○文十八年「冬，十月，子卒。」傳曰：「何以不日？隱之也。何隱爾？弒也。弒則何以不日？不忍言也。」注：「所聞世，臣子恩痛王父深厚，故不忍言其日，與子般異也。」子般日者，莊三十二年「冬，十月，乙未，子般卒」是也。彼注云：「日者，爲臣子恩録之也。殺不去日，見隱者，降子赤也。」是也。繁露又云：「僖、閔、莊、桓、隱，君子之所傳聞也，所傳聞九十六年。於傳聞，殺其恩。子般殺而書乙未，殺其恩也。屈伸之志，詳略之文，皆應之。」按：少殺又少殺者，漢書韋玄成傳云「親疏之殺」，殺漸降也。董子所謂近近而遠遠，親親而疏疏是也。近者親，遠者疏；親者恩深，疏者恩殺。厚薄之故，輕重之義，善惡之著，褒譏之加，微顯之文，皆生此矣。

隱亦遠矣，曷爲爲隱諱？【注】据觀魚諱。【疏】注「据觀魚諱」。○見隱五年。彼注云：「實譏張魚，而言觀譏遠者，恥公去南面之位，下與百姓争利，匹夫無異，故諱使若以遠觀爲譏者。」是也。通義云：「据入極，諱滅；輸平，諱獲之等。」按：何六科，舉觀魚事張義，固不必專据此也。

隱賢而桓賤也。【注】宋公馮與督共弒君而立，諸侯會於稷，欲共誅之，受賂便還，令宋亂遂成。桓公本亦弒隱而立，君子疾同類相養，小人同惡相長，故賤不爲諱也。古者諸侯五國爲屬，屬有長；二屬爲連，連有帥；三連爲卒，卒有正；七卒爲州，州有伯也。州中有爲無道者，則長、帥、卒、正、伯當征之，不征則與同惡。當春秋時，天下散亂，保伍壞敗，雖不誅，不爲成亂。今責其成亂者，疾其受賂也。加以者，辟直成亂也。【疏】校勘記云：「『賤』，唐石經、鄂本、宋本、閩本同。監本、毛本『賤』改『賊』。石經考文提要云：『宋景德本、鄂泮宮書本〔一〕、明閔齊伋本皆作「桓賤」。』按，漢書五行志云『痛隱而賤桓』，且注云『賤，不爲諱』，則作賤可知。」吴氏夌雲經説云：「或疑何氏注有賤不爲諱之文，疑毛本『賊』爲譌字。夌雲按，隱元年傳明言隱賢而桓貴，此云桓賊，以桓弒隱故耳。石刻自誤。」按：隱元年傳云「桓幼而貴」，謂其名分貴耳；此貴賤，直以其人之德言之。桓，弒君之賊，春秋所賤也。穀梁傳云：「於内之惡，而君子無遺焉爾。」亦賤桓之義也。○注「宋公」至「遂成」。○左傳：「取賂而還。」「齊、陳、鄭皆有賂，故遂相宋公。」彼疏引：「鄭衆、服虔皆以成宋亂爲成就宋亂。」〔二〕杜氏釋成爲平，非。○注「桓公」至「諱也」。○疾，疑

〔一〕「泮宮書本」，疑爲「泮宮刻本」或「泮宮本」之訛。

〔二〕「左傳」下引文：「取賂而還」，出自宣公元年傳。「齊」至「宋公」，出自桓公二年傳。「彼疏」下「鄭衆」至「宋亂」，則是桓公二年經「取郜大鼎于宋」下的疏。

衍文。謂君子與君子同類相養，小人與小人同惡相長也。穀梁傳：「桓内弑其君，外成人之亂，於是爲齊侯、陳侯、鄭伯討數日以賂。」注：「桓既罪深責大，乃復爲三國討數至日以責宋賂。」王氏引之經義述聞依石經改討爲計。范下注所謂「桓與諸侯校數功勞，以取宋賂」是也。范上注又云「桓姦逆之人，故極言其惡，無所遺漏也」，亦不爲諱之意也。彼注引徐邈曰：「宋雖已亂，治之則治。治亂成不，繫此一會。若諸侯討之，則有撥亂之功；不討，則受成亂之責。辭豈虚加也哉！春秋雖爲親尊者諱，然亦不没其實，故納鼎于廟，躋僖逆祀，及王室之亂，昭公之孫，皆指事而書。哀七年傳所謂有一國之道者，有天下之道者也。君失社稷，猶書而不隱，況今四國羣會，非一人之過，以義致譏，輕於自己兆亂。以此方彼，無所多怪。」如穀梁義，蓋齊、陳、鄭志在討亂，桓公與宋馮均弑君之賊，同惡相濟，爲之致賂三國。春秋貶之曰：「以成宋亂。」故彼上傳云：「以者，内爲志焉爾，公爲志乎成宋亂也。」是也。公羊義亦大同，不若穀梁之詳，取以足之。○注「古者」至「伯也」。○舊疏云：「王制及春秋説文。」按：今王制云：「五國以爲屬，屬有長；十國以爲連，連有帥；三十國以爲卒，卒有正；二百一十國以爲州，州有伯。」彼疏引元命包云：「陽成於三，列於七，三七二十一，故二百一十國。」與此同。鄭彼注云：「屬、連、卒、州，猶聚也。伯、帥、正，亦長也。」○注「州中」至「同惡」。○僖四年左傳云：「五侯九伯，女實征之。」禮疏引服虔注云：「五等之侯，九州之伯。」彼謂方伯之事，王制所謂「諸侯賜弓矢，然後征；賜鈇鉞，然後殺」者也。玩此注意，則州中有無道者，則長、帥、卒、正皆得征之，所謂亂臣賊子，人人得而誅之者也。惠氏士奇春秋説云：「古者諸侯有屬長、連帥、卒正、州伯。州中有作亂者，則長、帥、正、伯征之。征者，正也。桓公有長、帥、正、伯之任，故會齊、陳、鄭往而成之，當請命于天子。執華督而戮之，則華氏安得有〔一〕後于宋？懷惡而討，雖死不服。無瑕者可以戮人。魯桓親弒其君兄，猶楚靈親弒其君兄之子而奪其位。然楚靈能殺慶封，而魯桓不能戮宋督，既不能戮，又取賂而復立之，則魯桓之惡，更甚於楚靈。故春秋書于册，曰：『會于稷，以成宋亂。』」則不僅不征之爲同惡矣。○注「當春」至「賂也」。○穀梁注引：「江熙云：公與齊、陳、鄭欲平宋亂，而取其賂鼎，不能平亂，故書『成宋亂』，取郜大鼎納于大廟，微旨見矣。」○注「加以」至「亂也」。○舊疏云：「下十四年傳『以者何？行其意也』，彼注云：『以己從人曰行，言四國行宋意也。』今此言以者，若言公爲三國所以，遂行其意而成宋亂，非公本意，故云加以者，辟直成亂也。」是則春秋雖不爲桓諱，然猶書以，若隨人者然，則猶爲尊親諱之旨也。

○夏，四月，取郜大鼎于宋。

此取之宋，其謂之郜鼎何？【注】据莒人伐杞取牟婁，後莒牟夷以牟婁來奔，不繫杞也。【疏】注「据莒」至「杞也」。○即隱四年「莒人伐杞，取牟婁」、昭五年「莒牟夷以牟婁來奔」是也。

器從名，【注】從本主名名之。【疏】即此郜鼎是也。鼎得之郜，故從其本主名名之曰郜鼎。名者，自命

〔一〕「有」字原脱，叢書本同，據春秋説校補。

之謂也，若器之自名矣。穀梁傳：「孔子〔一〕曰：『名從主人，物從中國，故曰郜大鼎也。』」注：「主人，謂作鼎之主人也。故繫之郜。」

地從主人。【注】從後所屬主人。【疏】如牟婁是也。牟婁雖本杞地，既爲莒所有，故即繫之莒，不得曰杞牟婁也。

器何以從名？地何以從主人？【注】据錯。【疏】注「据錯」。○舊疏云：「二理相違，故謂之錯。」

器之與人非有即爾。【注】即，就也，若曰取彼器與此人異國物。凡人取異國物，非就有取之者，皆持以歸爲有，爲後不可分明，故正其本名。【疏】注「即，就也」。○説文卪部〔二〕：「即，即食也。」一曰就也，漢書高帝紀「使陸賈即授璽綬」，師古曰：「即，就也。」○注「若曰」至「本名」。○經義述聞云：「謹案，据注，則傳文當作『非即有爾』。傳作『非即有爾』，故注云：『凡人取異國物非就有也。』下文至於『地之與人則不然』，注曰：『凡取地，皆就有之，與器異也。』疏云：『非有即爾。』而解之曰：『謂非有就而有之爾。』則所据本已誤作『有即』。唐石經亦誤。」按：如傳文，誠不可解，不若依王氏所校爲明爽。通義云：「人之與器，不能就而有之，必持歸爲己有，恐後不可分別，故以其名識之，非若地有常處，雖數易其主，終可識

〔一〕「子」字原脱，叢書本不誤，據補。
〔二〕「即」字説文在「皀」部。玉篇之後在「卪」，或作「卩」部。

別也。」俞氏樾云：「何意蓋謂人之於器，不能就而有之，必持歸爲己有，恐後不可分別，故以其名識之。然如此，則當云『非即有爾』，不當云『非有即爾』也。今按，爾雅釋詁：『即，尼也。』釋文：『尼，本亦作昵。』昵與暱同字，古文通作黏。隱元年左傳『不義不暱』，説文黍部引作『不義不䵒』，䵒，黏也。器之與人非有即爾，言器與人不相黏著，今日爲此人之器，明日可爲彼人之器，非如地有常處，雖數易主，不可遷移。故器必從其本名，以識別之也。」亦通。繁露玉英云：「器從名、地從主人之謂制，權之端也，不可不察也。」

宋始以不義取之，故謂之郜鼎。【注】宋始以不義取之，不應得，故主之謂之郜鼎。如以義應得，當言取宋大鼎。郜本所以有大鼎者，周家以世孝，天瑞之鼎，以助享祭。諸侯有世孝者，天子亦作鼎以賜之。禮，祭，天子九鼎，諸侯七，卿大夫五，元士三也。【疏】注「宋始」至「大鼎」。○宋本「主」作「王」，誤。閩本、監本、毛本作「主」，亦誤。鄂本作「正」，當据正。宋以不義取郜鼎，春秋即書其本名，以正不義，所謂因其可貶而貶之者也。故何氏云：「然其實宋即以義取，亦止能謂之郜鼎，不得言宋大鼎也。」通義云：「此主謂宋本取大鼎于郜，故名郜鼎。云不義者，傳惡宋滅郜而取其鼎，聊廣言之耳。其實就令以義取之，器固當從名。若文王克崇伐密，而魯有崇鼎，晉有密須之鼓是也。」舊疏謂「以義應得者，若天賜之」，非。○注「郜本」至「賜之」。○舊疏云：「謂殷衰之時，鼎没于泗水，及武王克殷之後，鼎乃出見。」齊氏召南考證云：「此鼎與九鼎無涉。九鼎没泗水，乃周末秦初事，非殷末也。武王遷九鼎于雒邑，非得之泗也。」按：齊説是也。漢書郊祀志云：「有司皆言：聞昔泰帝興神鼎一，一者一統，天地萬物所繫象也。黄帝作寶鼎三，象天、地、人。禹收九牧之金，鑄九鼎，象九州。皆嘗鬺亨上帝鬼神。其空足曰鬲，以象三德，饗承天祜。夏德衰，鼎遷于殷；殷德衰，鼎遷于周；周德衰，鼎遷于秦；秦德衰，宋之社亡，鼎迺淪伏而不見。周頌曰：『自堂徂基，自羊徂牛，鼐鼎及鼒』，『不吳不敖，胡考之休』。」是鼎所以供享祭也。天瑞之鼎，未詳所出，蓋亦如漢世得汾陰鼎事耳。志又云：「美陽得鼎，獻之。張敞按鼎銘勒而上議曰：臣聞周祖始乎后稷，后稷封乎斄，公劉發迹於豳，大王建國于郊梁，文、武興於酆鎬。由此言之，則郊梁、豐鎬之間周舊居也，固宜有宗廟、壇場祭祀之臧。今鼎出于郊東，中有刻書曰：『王命尸臣，官此栒邑，賜爾旂鸞、黼黻、琱戈。尸臣拜手稽首曰：敢對揚天子丕顯休命。』臣愚不足以迹古文，竊以傳記言之，此鼎殆周之所以褒賜大臣，大臣子孫刻銘其先功，臧之于宮廟也。」是諸侯有世孝者，天子或賜之鼎事也。○注「禮祭」至「三也」。○舊疏云：「春秋說文。」孟子梁惠王篇：「前以士，後以大夫；前以三鼎，而後以五鼎與？」注：「士祭三鼎，大夫祭五鼎。」按：儀禮士虞禮：「陳三鼎于門外之右，北面，北上，設扃鼏。」是士三鼎也。少牢饋食禮：「雍人陳鼎五，三鼎在羊鑊之西，二鼎在豕鑊之西。」是大夫五鼎也。禮記郊特牲云：「鼎俎奇而籩豆偶。」以次差之，當諸侯也。天子九矣。郊特牲疏云：「少牢陳五鼎：羊一、豕二、膚三、魚四、腊五。特牲三鼎：牲一、魚二、腊三。」然大夫五鼎，而亦用三鼎。有司徹：「乃升羊、豕、魚三鼎。」則以繹祭殺於正祭也。士用三鼎，亦有一鼎者，如士冠、士昏，舊疏所云「士冠、士喪，皆一鼎。士冠、士喪略於正祭是也」。士三鼎，有以盛葬奠加一等者，如既夕禮「厥明，陳鼎〔一〕五於門外」是也。天子九鼎，亦有十二

〔一〕「厥明陳鼎」句，原訛作「遣奠陳奠」，叢書本同，據儀禮注疏既夕禮校改。

鼎者，周禮膳夫所云「王日一舉，鼎十有二」是也。九家易解：「牛鼎受一斛，天子飾以黄金，諸侯白金，三足以象三台，足上皆作鼻，以爲飾也。羊鼎五斗，天子飾以黄金，諸侯白金，大夫以銅。豕鼎三斗，天子飾以黄金，諸侯以白金，大夫銅，士鐵。三鼎形同。」周禮〔一〕膳夫云「鼎十有二」，係古周禮説，不必通之於春秋，故何氏不取也。

至乎地之與人，則不然。【注】凡取地皆就有之，與器異也。【疏】地有定名，有定在，故須就而有之，非若器之可彼可此也。

俄而可以爲其有矣。【注】俄者，謂須臾之間、制得之頃也。諸侯土地各有封疆里數，今日取之，然後王者起，興滅國，繼絶世，反取邑，不嫌不明，故卒可使以爲其有，不復追録繫本主。【疏】注「俄者」至「頃也」。○制，閩本、監本、毛本同。宋本「制」作「創」。漢書班婕妤傳「蛾而大幸」，如淳曰：「蛾，無幾之頃也。」師古曰：「蛾，與俄同。」説文人部：「俄，頃也。」關尹子八籌篇：「鳥獸俄旬旬，俄逃逃。」創者，始也。漢書班固敘傳「禮義是創」，師古曰：「創，始造之。」始得之頃，猶言乍得之頃也。○注「諸侯」至「本主」。○孟子告子篇：「今魯方百里者五，子以爲有王者作，則魯在所損乎，在所益乎？」趙注：「後世兼侵小國，今魯乃五百里矣。有王者作，若文王、武王者。子以爲魯在所損之中耶，在所益之中也？言其必見損也。」是即後王者起，反取邑之義也。地名所繫，不嫌不明，故終可爲本國所有，無須追繫本國名也。

〔一〕「禮」字原脱，叢書本同，據周禮校補。

然則爲取，可以爲其有乎？【注】爲取，恣意辭也。弟子未解，故云爾。【疏】通義云：「言爲所取，遂可以他人之地爲其有乎？」○注「爲取，恣意辭」。○説文又部：「取，捕取〔一〕也。」取有索義，與恣意義近。

曰：否。何者？【注】何者，將設事類之辭。【疏】説文口部：「否，不也。」繫傳曰：「不可之意見於言者。」故从不，故从口〔二〕。書此曰否者，即不然之謂也。○注「何者」至「之辭」。○何者，詰辭也。書皋陶謨「如何」〔三〕、詩小雅「夜如何其」是也。何，曷也，奚也，孰也。如注意，則何者爲引申之意，故云將設事類之辭也。

若楚王之妻媦，無時焉可也。【注】媦，妹也。引此爲喻者，明其終不可名有也。經不正者，從可知，省文也。【疏】注「媦，妹也」。○公羊問答云：「問：『此方言乎？』曰：『説文：楚人謂女弟曰媦。廣雅：媦，妹也。』爾雅注亦云：『猶今謂兄爲𡖞，妹爲媦。』唐書宗室傳：『同安公主，高祖同母媦也。』媦、妹古音同部。○注「引此」至「有也」。○言楚王以媦爲妻，終無可時，亦若地雖恣意取之，終無時可名有也。舊疏云：「若作名字，言器不可從今主之名，地不可作後主之有也。考諸古本，『名』作『多』字。雖恣意取

〔一〕「捕取」，原訛作「摘取」，叢書本同，據説文校改。
〔二〕「故从不，故从口」，原訛作「故从言，故从口」，叢書本同，據説文校改。
〔三〕「書皋陶謨」下原無「如何」二字，而與詩之「夜如何其」相接，其間必有脱文。叢書本同。今依文義，據皋陶謨補。

之，亦不得多有也。若如此解，以覆上爲取之義矣。」校勘記云：「作『名』，是終不可名有，猶云終不可爲有，此專以地言，不如疏所説。」按：所駁極是。自「至乎地與人」以下，皆反覆申言地從主人之義，不必牽涉器從名也。○注「經不」至「文也」。○此對郜大鼎繫郜以正宋立義也。經不正者，道春秋通例。

○戊申，納于太廟。【疏】四月無戊申，戊申爲五月之十日。納與取當異月也，此年正月之日不誤，則前年四月之日其誤審矣。杜氏長曆：「此年四月庚午朔，其月無戊申，五月己亥朔，十日得戊申，是有日而無月也，相差一日。」

何以書？譏。何譏爾？遂亂受賂，納于太廟，非禮也。【注】納者，入辭也。周公稱太廟，所以必有廟者，緣生時有宮室也。孝子三年喪畢，思念其親，故爲之立宗廟，以鬼享之。廟之爲言貌也，思想儀貌而事之，故曰齊之日，思其居處，思其笑語，思其志意，思其所樂，思其所嗜。祭之日，入室，僾然必有見乎其位；周旋出入，肅然必有聞乎其容聲；出户而聽，愾然必有聞乎其歎息之聲，孝子之至也。質家右宗廟，上親親；文家右社稷，尚尊尊。【疏】左傳曰：「非禮也。」穀梁傳曰：「桓内弑其君，外成人之亂，受賂而退，以事其祖，非禮也。」三傳之義同。○注「納者，入辭也」。○莊九年傳：「納者何？入辭也。」范注：「傳例曰『納者，内不受也』。日之，明惡甚也。」按：彼傳例，内弗受者，指諸侯相入。此亦引内弗受例者，意於義不合受也。廣雅釋詁云：「納，入也。」書堯典「寅餞納日」，僞孔傳：「餞，送也。日入言送。」○注「周公稱太廟」。○文十三年傳云：「周公稱太廟。」禮記明堂位：「以禘禮祀周公于太廟。」杜注左傳、范注穀梁皆云：「太廟，周公廟。」按：魯以周公爲太廟，魯公爲世室。明堂位所謂「魯公之廟，文世室也」。世世不毁，加四親廟而六，又有姜嫄廟，詩魯頌「閟宫有侐」是也。又史記世家云，祭文王皆謂之特廟〔一〕。○注「所以」至「享之」。○類聚引白虎通云：「王者所以立宗廟何？曰：生死殊路，故敬鬼神而遠之。緣生以事死，敬亡若事存，故欲立宗廟而祭之。此孝子之心，所以追孝繼養也。所以有室何？所以象生之居也，故爲之享之。」舊疏出「故爲」至「享之」，云孝經文，蓋孝經説文。○注「廟之」至「事之」。○類聚引白虎通又云：「宗者，尊也；廟者，貌也，象先祖之尊貌也。」○注「故曰」至「至也」。○皆祭義文。祭義「出入」作「出户」。宋本「歎」作「嘆」。校勘記云：「依説文，歎嘆有别。」按：説文口部：「嘆，吞歎也。一曰太息也。」欠部：「歎，吟也。」則當作嘆。故詩中谷有蓷云「嘅其嘆矣」，又篤公劉「而無永嘆」，皆作「嘆」也。其禮記檀弓云「戚斯歎」，疏云：「歎，吟息也。」其實對文異，散則通。鄭氏祭義注云：「致齊思此五者也，散齊七日不御、不樂、不吊耳。」又云：「周還出户，謂薦設時也。無尸者，闔户若食間，則有出户而聽之。」薦設，謂孝子薦俎酌獻，主婦設豆，佐食設俎之屬。周旋出入，禮所必有，則何氏所見禮記本作出入，亦通。出户而聽，皇侃禮疏謂「尸謖之後，陽厭之時」。又云「無尸謂之陰，厭尸未入前」，亦與鄭氏無尸者闔户之説無乖。惟入室當爲初入陰厭時，則出户宜專謂尸謖後也。○注「質家」至

〔一〕「祭文王皆謂之特廟」句，叢書本同，疑有誤，該句未見於史記魯周公世家。

「尊尊」。○類聚引五經通義云：「文家右社稷、左宗廟。文家据地而王，地道長久，得事宗廟，以有社稷，故右之。質家左社稷、右宗廟。」周禮小宗伯云「右社稷、左宗廟」，注：「庫門内雉門外也。」周代文尚尊尊，故在右也。舊疏以爲春秋説文。獨斷上云：「天子諸侯左宗廟，東曰左；右社稷，西曰右。宗廟、社稷皆在庫門之内，雉門之外。」据周制言也。禮記祭義云：「建國之神位，右社稷而左宗廟。」亦据時王制言之。浦氏鏜云：「『上親親』，上誤，當作尚。否則下『尚尊尊』當作上，庶不歧出。」

○秋，七月，紀侯來朝。【注】稱侯者，天子將娶於紀，與之奉宗廟，傳之無窮，重莫大焉，故封之百里。月者，明當尊而不臣，所以廣孝敬，蓋以爲天子得娶庶人女，以其得專封也。【疏】左氏作「杞侯來朝」。古杞、紀易混。李氏惇羣經識小云：「桓二年，杞侯來朝。三年，公會杞侯于郕。十二年，公會杞侯、莒子盟于曲池。穀梁經文惟桓三年與左傳經同。二年及十二年作紀侯。公羊經則三處皆作紀侯。謹按，紀，侯爵。杞在春秋[一]初年已稱伯，後更稱子。則[二]此三[三]杞侯，皆紀侯之誤，當以公羊經爲正。程子曰：『自紀滅後，經不復稱杞侯。』諒哉。」劉氏逢禄左傳考證云：「劉歆等見經下有『入杞』之文，

[一]「在春秋」三字原脱誤作「則」字，叢書本同，據羣經識小校改。
[二]「則」字原脱，叢書本同，據羣經識小校補。
[三]「三」下原衍一「年」字，叢書本同，據羣經識小校删。

遂改紀爲杞，以比合之。不知杞於周本公〔一〕爵，稱公可也。周書王會雖出漢人所撰，然所謂殷公、夏公者，即杞、宋也。稱侯不可也。」○注「稱侯」至「百里」。○白虎通嫁娶云：「王者之取，必先選於大國之女，禮儀備，所見多。詩云：『大邦有子，俔天之妹，文定厥祥，親迎于渭。』明王者必娶大國也。春秋曰：『紀侯來朝。』紀子以嫁女於天子，故增爵稱侯，數十年之間，紀侯無他功德，但以子爲天王后，故爵稱侯。知雖小國必封以大國者，明其尊所不臣也。王者娶及庶邦何？開天下之賢士不遺善也。故春秋曰：『紀侯來朝。』文加爲侯，明封之也。先封之，明不與庶邦交禮也。」漢書王莽傳：「信鄉侯佟〔二〕上言：『春秋，天子將娶于紀，則褒紀子稱侯。』有司議，皆曰：『古者天子封后父百里，尊而不臣，以重宗廟，孝之至也。』」外戚恩澤侯表云：「其餘后父据春秋褒紀之義。」應劭曰：「春秋，天子將納后于紀，紀本子爵也，故先褒爲侯，言王者不娶於小國。」是也。後漢順烈皇后傳：「春秋之義，娶先大國。」皆用公羊之義也。顧氏棟高大事表云：「漢世立后，先進后父爲大司馬、大將軍，封邑侯，恩澤之濫自此始。皆不知紀子帛爲闕文故也。」公羊禮説云：「顧説非也。女子之爲天王后，母儀天下。其父亦同於羣臣耶？此又不近情之論。勸賞黜陟之柄，自上操之，賢不肖可得而進退也。授之爵不授之權，有何國柄之移？況春秋之義，外戚柄政，久已杜漸防微矣。僖二十五年『宋殺其大夫』，傳：『宋三世無大夫，三世內娶也。』注：『宋

〔一〕「公」字原脱，叢書本不誤，據補。
〔二〕「佟」，原訛作「終」，叢書本同，據漢書校改。

以內娶故，公族以弱，妃黨益强，威權下流，故政分三門，卒生篡弒，親親出奔，疾其末故正其本。』顧氏未之見耶？」全祖望曰：「外戚非皆不賢也。漢之吕、霍、上官、丁、傅不可用矣。而竇嬰則名臣，馮野王、傅喜、王商三人，元、成、哀間若大用之，可無王氏之禍。」是真平情之論矣。按：前漢移於王莽，後漢移於曹操，雖皆后父，而得權之由，不自外戚，足見威權替否，在乎人君自制耳。舊疏云：「知天子將娶于紀者，以下八年『逆王后于紀』是也。知其元非大國者，以隱二年『紀子伯』，子伯並稱，故知此侯非本爵也。知封之百里者，正以自今以後恒稱侯。下六年『公會紀侯』、十三年『公會紀侯、鄭伯』之屬是也。」毛本「於」作「于」。○注「月者」至「孝敬」。○繁露王道云：「春秋立義，天子不臣母后之黨。」白虎通王者不臣云：「不臣妻父母何？妻者，與己一體，恭承宗廟，欲得其歡心，上承先祖，下繼萬世，傳於無窮。」禮記哀公問云：「合二姓之好，以繼先聖之後，以爲天地宗廟社稷之主。」又云：「孔子曰：『天地不合，萬物不生。大昏，萬世之嗣也。』孔子遂言曰：『內以治宗廟之禮，足以配天地之神明；出以治直言之禮，足以立上下之敬。』」又云：「妻也者，親之主也，敢不敬與？」皆廣孝敬之義也。舊疏云：「凡朝例時。以其尊而不臣，故書月，令與朝異。」○注「蓋以」至「封也」。○白虎通嫁娶云：「諸侯所以不得自娶國中何？諸侯不得專封，義不可臣其父。」明天子得專封，故雖庶人女得娶也。舊疏云：「此欲道諸侯不得專封，故不取乎大夫以下，即文四年：『夏，逆婦姜于齊，略之也。』注：『賤〔一〕，非所以重宗廟，故略之也。』是也。」

〔一〕「賤」字原脱，叢書本同，據公羊注疏校補。

○蔡侯、鄭伯會于鄧。【疏】杜云：「潁川召陵縣西南有鄧城。」彼疏引：「賈、服以鄧爲國，言蔡、鄭會於鄧之國都。釋例以此潁川鄧城爲蔡地，其鄧國則義陽鄧縣是也。」此傳云：「蓋鄧與會爾。」則賈、服本此爲説矣。按：左傳云：「始懼楚也。」鄧亦楚旁小國，後爲楚滅，與蔡、鄭相去俱不遠，因懼楚而與會，亦事之恒。孔疏强爲申説，謂：「蔡、鄭懼楚始爲此會，何當反求近楚小國而與之結援？」其説支離，不可從也。大事表云：「今襄陽府治襄陽縣東北二十里有鄧城鎮，爲鄧國地。」水經注：「醴水東逕郾縣故城南，左入汝。汝水又東南流逕〔一〕鄧城西。」言蔡、鄭會于鄧之國都。沈氏欽韓云：「傳言始懼楚，鄧國在南陽，逼楚境尤切，故兩國至其都結謀。當從賈、服也。許州之鄧，是隱十年所盟地。」

離不言會，此其言會何？【注】据齊侯、鄭伯如紀。二國會曰離，二人議各是其所是，非其所非，所道不同，不能決事，定是非，立善惡，不足采取，故謂之離會。【疏】注「据齊」至「如紀」。○下五年云「齊侯、鄭伯如紀」，傳：「外相如不書，此何以書？離不言會也。」時紀不與會，故略言如也。通義云：「傳文据彼難此，不言蔡侯、鄭伯如鄧意也。」○注「二國」至「離會」。○通義云：「離，儷也；儷，兩也。記曰：離坐離立，毋往參焉。二謂之離，三謂之參。漢律有離載下帷，言二人共載也。禮用兩鹿皮，古文冠禮云：離皮射，以二人爲耦。三朝記謂之『置離』。公子圍使二人執戈，謂之離衛。諸言離者，其意如此。」按：

〔一〕本段引文中兩個「逕」字原均訛作「經」。此二字音義不同，據水經注校改。

小爾雅廣言：「麗，兩也。」周禮校人「麗馬一[一]圉」，注：「麗，耦也。」詩疏引聖證論王肅曰：「夏后氏駕兩馬，謂之麗。」儀禮士昏禮「儷皮」注：「儷，兩也。」麗、儷皆與離同。所傳聞之世，外離會不書，此但書蔡侯、鄭伯，嫌是離會，故決之以鄧與會故也。隱二年注云：「凡書會者，惡其虚内務，恃外好。」是春秋於會無美詞。二國會，是非不決，美惡不立，尤無足取。在所傳聞世，不及責，故但書内離會，以正己也。

蓋鄧與會爾。【注】時因鄧都得與鄧會，自三國以上言會者，重其少從多也，能決事，定是非，立善惡。尚書曰：「三人議，則從二人之言。」蓋取諸此。【疏】注「時因」至「鄧會」。○隱元年「九月，及宋人盟于宿」，注：「宿不出主名者，主國主名與可知。」是魯、宋盟于宿都也。此蔡、鄭會于鄧，與彼文同，故知因鄧都得與鄧會焉。通義云：「凡盟會以國地者，皆主人與會，若『及宋人盟于宿』之例。」范云：「鄧，某地。」則誤于杜氏而不決故也。○注「自三」至「諸此」。○左傳所謂「自參以上」是也。三國以上，必有主者首其榮辱，則是非善惡可定。繁露王道云：「諸侯會同，賢爲主，賢賢也。」其不賢爲主，爲惡惡審矣。所引尚書，周書洪範文。今尚書本「議」作「占」，此蓋京、孟本也。引以證能決事定是非，不取乎占也。左傳成六年云：「商書曰：『三人占，從二人。』衆故也。」彼所見本作「占」。

[一]「一」，原訛作「二」，叢書本同，據周禮注疏校改。

○**九月，入杞。**【疏】穀梁傳「我入之也」，注：「不稱主名，内之卑者。」通義云：「不出主名者，是内將卑師少例也。不言我者，春秋録内事從省可知，故言『我入邴』，特爲起齊欲之，變文云爾。」隱二年注云「保伍連帥，本有用兵征伐〔一〕之道。魯入杞不諱是也。」

○**公及戎盟于唐。**【注】不日者，戎怨隱不反國，善桓能自復，翕然相親信。【疏】注「不日」至「親信」。○隱二年注：「朝聘會盟例皆時。」又元年注云：「君大夫盟例日，惡不信也。此月者，隱推讓以立，邾婁慕義而來，相親信，故爲小信辭也。大信者時，柯之盟是也。」此不日，爲小信辭。按：隱二年「秋，八月，庚辰，公及戎盟于唐」，注：「後不相犯，日者，爲後背隱而善桓，能復爲唐之盟。」戎於隱不信，故於桓爲小信辭矣。桓，弑君之賊，戎反翕然相親信，信之深，惡之嚴矣。

○**冬，公至自唐。**【注】致者，君子疾賢者失其所，不肖者反以相親榮，故與隱相違也。明前隱與戎盟，雖不信，猶可安也。今桓與戎盟，雖信，猶可危也，所以深抑小人也。凡致者，臣子喜其君父脱危而至。【疏】通義云：「唐，内地也。『晉侯黑臀卒于扈』，傳曰：『未出其地，故不言會也。』由此推之，致公會

〔一〕「征伐」二字原脱，叢書本同，據公羊注疏校補。

例，當亦封内者〔一〕以地致，封外者以會致。」按：唐，即棠，大事表謂「在今兗州府魚臺縣東十二里」，是封内地也。○注「致者」至「人也」。○中論修本云：「世之治也，行善者獲福，爲惡者得禍。及其亂也，行善者不獲福，爲惡者不得禍，變數也。」隱，賢君，被弑；桓，無信之人，戎反與親榮，君子疾之。故隱、桓相違，隱盟不致，桓盟致是也。通義云：「桓之盟皆日，桓無信也。其會皆不致，略之也。唯是盟不日又致者，尋前唐盟，修隱之好，成隱之信，故加録焉爾。春秋賢隱而賤桓，此最著矣。」按：孔説非。隱盟日已惡戎矣，此復不日，惡戎益甚。若謂成隱之信，則隱盟當不日。先於隱著信辭，此乃爲成隱之信矣。舊疏云：「隱之盟書日，故言不信也；不書致，故言猶可安。」「桓不日，故爲信；書致，故言危也。」○注「凡致」至「而至」。○此道春秋通例也。穀梁傳注引襄二十九年例曰：「致君者，殆其往，而喜其反。」殆，危也。是即臣子喜其君父脱危而至意也。隱會危皆不致，安也。桓會盟皆危，亦不致者，桓之臣子，即隱之臣子，君弑賊不討，以爲無臣子也，所以深絶桓之君臣也。此書致者，起其與隱相違也。

○三年，春，正月，公會齊侯于嬴。【注】無王者，以見桓公無王而行也。二年有王者，見始也。十年有王者，數之終也。十八年有王者，桓公之終也。明終始有王，桓公無之爾。不就元年見始者，未無王也。二月非周之正月，所以復去之者，明春秋之道，亦通於三王，非主假周以爲漢制而已。【疏】杜

〔一〕「者」字原脱，叢書本同，據公羊通義校補。

云：「嬴，齊邑。今泰山嬴縣。」一統志：「嬴縣故城在泰安府萊蕪縣西北四十里。」大事表云：「在今泰安府東南五十里。」水經注汶水篇：「汶水又西南，逕嬴縣故城南。春秋桓三年，公會齊侯于嬴。成昏於齊也。」春秋正辭云：「特會不恒月，其月何？決不王也。」○注「無王」至「行也」。○繁露玉英云：「桓之志無王，故不書王。其志欲立，故書即位。書即位者，見其弑君兄也；不書王者，以言其背天子。是故隱不言正、桓不言王者，皆從其志，以見其事也。」左疏引：「賈逵云：『不書王，弑君易祊田，成宋亂，無王也。』元年治桓，二年治督，十年正曹伯，十八年終始治桓。」上元年穀梁傳：「其曰無王，何也？桓，弟弑兄，臣弑君，天子不能定，諸侯不能救，百姓不能去，以爲無王之道，遂可以至焉爾。」彼疏引徐邈云：「桓公篡立，不顧王命，王不能討，故無王。」又范氏例云：「春秋上下，無王者凡〔一〕一百有八。桓無王者，見不奉王法。餘公無王者，爲不書正月，不得書王。」然則穀梁之義，無王有二義，一以見王不能正魯桓，一以見桓之無王也。杜預概以爲「失不班曆，故不書王」。夫周之班曆與否，於史無徵，然果有此事，何以獨桓之世失不班曆乎？故左疏引劉炫規過云：「天王失不班曆，經不書王，乃是國之大事，何得傳無異文？又昭二十三年以後，王室有子朝之亂，經皆書王，豈是時王室猶能班曆？又襄二十七年再失閏，杜云：『魯之司曆頓置兩閏。』又哀十三年『十二月，螽』，杜云：『季孫雖聞仲尼之言，而不正曆。』如杜所注，曆既天

〔一〕「凡」，原訛作「月」，叢書本同，據穀梁注疏校改。

王所班〔一〕，魯人何得擅改？又子朝奔楚，其時王室方亂，王位猶且未定，諸侯不知所奉，復有何人尚能班曆？昭二十三年秋，乃書『天王居于狄泉』，其春未有王矣。時未有王，曆無所出，其年何故亦書王也？若春秋之曆，必是天王所班，則周之錯失不關於魯。魯人雖或知之，無由輒得改正。襄二十七年傳稱『司曆過，再失閏』者，是周司曆也？魯司曆也？而杜釋例云：魯之司〔二〕曆『始覺其謬，頓置兩閏，以應天正』。若曆爲王班，當一論王命，甯敢專置兩閏、改易歲年？哀十三年十二月螽，仲尼曰：『火猶西流，司曆過也。』杜於釋例又云：『季孫雖聞此言，猶不即改。明年復螽，於是始悟。十四年春，乃置閏，欲以補正時曆。』既言曆爲王班，又稱魯人輒改，改之不憚於王，亦復何須王曆？杜之此言，自相矛盾，以此立說，難得而通。」是杜氏「失不班曆說」不可通，誠如劉光伯所駁。惟劉氏以無王爲闕文，亦非。春秋王字皆夫子所加。夫子闕之與？抑傳經者闕之與？孔穎達云：「若必闕文，止應一事兩事而已，不應一公之内十四年並闕王字也。」是也。總之，杜氏處處回護魯桓，專爲亂臣留餘地，故說多難通。而劉炫、孔穎達之徒既習杜氏，不能不強爲解說，而又實有難通之處，雖極力斡旋，而終無能掩飾也。○注「二年」至「王也」。○舊疏云：二〔三〕年有王，見始者，「即二年『春，王正月，戊申，宋督弑其君與夷』是也」。十年有王，數之終者，「即十年『春，王正月，庚申，曹伯終生卒』是也」。十八年有王，桓公之終者，「即十八年『春，

〔一〕「班」，原訛作「改」，叢書本同，據左傳正義校改。
〔二〕「司」，原訛作「再」，叢書本同，據左傳正義校改。
〔三〕「二」，原訛作「三」，叢書本同，據【注】文改。

王正月，公會齊侯于濼」是也」。不就元年見始，未無王者，「元年春王正月初即位之時，自知已篡，戰懼畏討，未敢無王，是以春秋於正月之際，不得見始」。通義云：「穀梁元年傳曰：『桓無王，其曰王，何也？謹始也。』『元年有王，所以治桓也。』二年傳曰：『桓無王，其曰王，何也？正與夷之卒也。』十年傳曰：『桓無王，其曰王，何也？正終生之卒也。』公羊都不言桓〔一〕無王之義，今取穀梁爲説。云正與夷、終生之卒者，歲首既非魯事，須明無王之故，不爲曹、宋施耳。十八年有王，穀梁無傳，何邵公以爲『桓公之終也』。蓋惡桓之深，若曰今而後乃復有王云爾。」解詁箋云：「桓無王之義，公羊闕不具。何君据經及穀梁得之。穀梁子曰：元年有王，所以治桓也，允矣。何云未無王者，失之。二年有王者，穀梁子以爲正與夷之卒，則非也。桓之弑諱，督之弑著。」按：元年有王者，即位之初，雖惡逆之人，未必不求假命天子，如莊元年，「天子錫桓公命」，知當時周天子不以桓爲罪可知，故何云未無王也。二年以後惡志漸著，擅易祊田之類，竟不知憚，又會于稷，以成宋亂，弑逆之人黨惡相濟，故於二年書王以正其始，十八年書王以正其終，十年爲數之極，復書王以張義。繁露天地陰陽云：「天地陰陽木火土金水九，與人而十者，天之數畢也。故數者至十而止。書者以十爲終，皆取之此。」何氏之義本自明顯，孔、劉二家牽涉穀梁，甚無謂也。春秋詳内而略外，與夷、終生之卒，獨書王以正，於義無取，若謂無王之故，不爲曹、宋施，則五年陳侯鮑卒，九年紀季姜歸于京師，十一年齊、衛、鄭盟于惡曹之屬，何干魯事，而亦不書王乎？○注「二月」至「而已」。○舊

〔一〕「桓」字原脱，叢書本同，據公羊通義校改。

疏云：「即七年『春，二月，己亥，焚咸丘』、十有三年『春，二月，公會紀侯、鄭伯』云云、十五年〔一〕『春，二月，天王使家父來求車』之屬是也。」春秋於每月書王，所以通三統，故於桓之世去王，雖非周正月，亦去王，亦通三統之義。若曰如桓之行，雖非周室臣子，亦必去王以絶之也。解詁箋云：「二月者，殷正月也。王二月者，罰蔽〔二〕殷彝；王正月，速由文王茲義率殺，刑茲無赦。此春秋之道，通於三王也。何云『二年有王，見始也』，亦失之爲漢制云者〔三〕。在漢言漢，由百世之後，等百世之王，莫之能違也。」其實桓世適三月不見爾，其三月亦不書王也。

○**夏，齊侯、衛侯胥命于蒲。**【疏】杜云：「蒲，衛地，在陳留長垣縣西南。」一統志：「故蒲縣在今大名長垣縣治。」大事表云：「後爲甯氏邑。在衛西，與晉、楚接界。衛靈公曰：蒲，衛之所以待晉、楚也。甯殖以蒲出獻公。甯氏誅，繼受蒲者爲公叔氏，出于獻公，復以蒲叛。是蒲爲衛之巖邑矣。今爲直隸大名府長垣縣治。」

胥命者何？相命也。【注】胥，相也。時盟不歃血，但以命相誓。【疏】釋詁郭注引作「胥命者何？

〔一〕「十五年」，原訛作「二十五年」，叢書本同，據公羊注疏校改。

〔二〕「蔽」，原訛作「弊」，叢書本同，據公羊何氏解詁箋及尚書康誥校改。

〔三〕「二年有王，見始也，亦失之爲漢制云者」句，原只有「爲漢制者」四字，叢書本同，據公羊何氏解詁箋校補。

相盟也」。盟乃命字之誤。○注「胥，相也」。○爾雅釋詁文。穀梁傳：「胥之爲言，猶相也。」漢書楚元王傳：「二人諫，不聽，胥靡之。」師古曰〔一〕：「胥，相也。」書太甲「罔克胥匡以生」，傳：「無能相匡。」○注「時盟」至「相誓」。○釋文作「不歃」，云：「本又作歃。」禮記曲禮云：「約信曰誓，涖牲曰盟。」注：「莅，臨也。坎用牲，臨而讀其盟書。聘禮今存，遇、會、誓、盟禮亡。」疏：「約信曰誓者，亦諸侯事也。約信，以其不能自相和好，故用言辭共相約束以爲信也。若用言辭約束以相見，則用誓禮，故曰誓也。鄭注司寇云：『約，言語之約束也。』涖牲曰盟者，亦諸侯事也。涖，臨也。臨牲者，盟所用也。盟者，殺牲歃血，誓於神也。若約束而臨牲，則用盟禮，故曰『涖牲曰盟』也。然天下太平之時，則諸侯不得擅相與盟，唯天子巡守至方岳之下，會畢，然後乃與諸侯相盟，同好惡，獎王室，以昭事神，訓民事君，凡國有疑，則盟詛其不信者。及殷見曰同，並用此禮。後至於五霸之道，卑於三王，有事而會，不協而盟。盟之爲法，先鑿地爲方坎，殺牲于坎上，割牲左耳，盛以珠槃，又取血，盛以玉敦，用血爲盟，書成，乃歃血而讀書。知〔二〕坎血加書者，僖二十五年左傳：『坎血加書。』又襄二十六年左傳云：『歃用牲加書。』是也。知用耳者，周禮戎右職云：『贊牛耳。』知用左者，以馘者用左耳故也。知珠槃、玉敦者，戎右職云：『以玉敦辟盟。』又周禮玉府云：『共珠槃、玉敦。』知口歃血者，隱七年左傳：『陳五父及鄭伯盟，歃如忘。』又襄九年左傳：新與楚盟，

〔一〕「曰」，原訛作「者」，叢書本不誤，據改。
〔二〕「知」，原訛作「加」，叢書本不誤，據改。

『口血未乾』，是也。其所用盟牲，則曲禮疏云：『許慎據韓詩云：天子諸侯以牛豕，大夫以犬，士以雞。』又左傳云：『鄭伯使卒出豭，行出犬雞，以詛射潁考叔者。』又曰：『衛伯姬盟孔悝以豭。』鄭云：『詩説及鄭伯皆謂詛小於誓。』周禮戎右云：『盟則玉敦辟盟，遂役之。』鄭注：『役之者，傳敦血授當歃者。』下云：『贊牛耳桃茢。』又左傳云：『孟武伯問於高柴曰：諸侯盟，誰執牛耳？』然則盟者人君以牛，伯姬盟孔悝以豭，下人君也。皇氏以爲春秋時盟乃割心取血，故定四年『王割子期之心，與隨人盟』，杜云：『當心前割取血以盟，示其至心。』是也。」按：如曲禮所次，則胥命，其即約信曰誓乎？齊桓葵丘之會，束牲載書而不歃血，蓋同此。

何言乎相命？【注】据盟亦相命，不道也。【疏】注「据盟」至「道也」。○何氏意謂盟亦彼此相命。經他無所見，故据以爲問。

近正也。【注】以不言盟也。【疏】荀子大略云：「不足於行者説過，不足於信者誠言。故春秋善胥命，而詩戒屢盟，其心一也。」繁露竹林云：「故盟不如不盟。然而有所謂善盟。」即此是也。齊氏召南考證云：「傳曰：『不盟也。』公羊曰：『近正也。』穀梁曰：『近古。』皆以胥命爲許之之辭。荀子曰：『春秋善胥命。』荀子嘗從虞卿受左氏春秋，可見古人學春秋，皆以胥命爲善也。」

此其爲近正奈何？古者不盟，結言而退。【注】善其近正，似於古而不相背，故書以撥亂也。【疏】繁露王道云：「春秋記纖芥之失，反之王道，追古貴信，結言而已，不至用牲盟而後成約，故曰：『齊侯、衛侯胥命于蒲。』傳曰：『古者不盟，結言而退。』」禮疏引：「異義：『禮，約盟否。今春秋公羊説：古者不盟，結言而退。故穀梁傳曰「誥誓不及五帝，盟詛不及三王，交質子不及二伯」，詛盟非禮。故〔一〕春秋左氏説：周禮有司盟之官，殺牲歃血，所以盟事神明。又云「凡國有疑盟〔二〕，詛其不信者」。是知於禮得盟。許君謹按，從左氏説，以太平之時，有盟詛之禮。』鄭氏不駁，從許慎義也。」按：穀梁傳云：「相命而信諭，謹言而退，以是爲近古也。是必一人先，其以相言之，何也？不以齊侯命衛侯也。」注引：「江熙曰：夫相與親比〔三〕，非一人之德，是以同聲相應，同氣相求。齊衛胥盟，雖有先倡，倡和理均。若以齊命衛，則功歸于齊；以衛命齊，則齊僅隨從。言其相命，則泯然無際矣。」按：説文糸部：「結，締也。」又：「締，不解也。」言古，謂三代時也，但以言相締結，不歃血爲盟也。○注「善其」至「亂也」。○詩巧言云：「君子屢盟，亂是用長。」相命不盟，可期弭亂，故書而善之，以春秋爲撥亂之書故也，其實齊、衛亦非真能不盟之國，特此一事近似於古，故表之以張義而已。

○六月，公會紀侯于盛。【疏】「盛」，左氏、穀梁作「郕」。通義云：「蓋亦盛伯與會。」范注以郕爲魯

〔一〕「故」，原訛作「古」，叢書本同，據禮記正義校改。
〔二〕「盟」字原脱，叢書本同，據禮記正義及五經異義校補。
〔三〕「比」，原訛作「者」，叢書本同，據穀梁注疏校改。

地。其即後爲孟氏采邑之成與？紀侯，二傳作杞侯。

○**秋，七月，壬辰，朔，日有食之，既。**【疏】壬辰，唐石經、宋本、監本、閩本同。毛本「壬」作「申」，誤。包氏慎言云：「七月書壬辰朔，据曆壬辰爲六月之朔日，非七月朔也。」按：以殷曆治之，當八月壬辰朔。劉歆以爲六月。元史曆志姜岌以爲是歲七月癸亥朔，無壬辰，亦失閏。其八月壬辰朔，去交分，入食限。大衍與姜岌合。沈氏欽韓以今曆推之，是歲八月壬辰朔，加時左畫食六分一十四杪。說文月部：「朔，月一日始蘇也。」白虎通日月篇：「朔之言蘇也，明消更生，故言朔。」故凡初皆謂之朔。禮記禮運云：「皆從其朔。」是也。因盡而初，故盡亦稱朔。爾雅釋訓：「朔，北方也。」書疏引舍人注云：「朔，盡也，北方萬物盡，故言朔也。」

既者何？盡也。【注】光明滅盡也。是後楚滅鄧、穀，上僭稱王，故尤甚也。楚滅鄧、穀不書者，後治夷狄。【疏】注「光明滅盡也」。○詩載馳「既不我嘉」，傳：「既，盡也。」穀梁傳：「既者，盡也，有繼之辭也。」說文豈部：「𧯶，𩞁也，訖事之樂也。」即今之既字。易小畜「既雨既處」，詩「既見君子」，古皆訓爲已。已，亦事盡之詞。詩大雅「汔可小康」，箋：「汔，幾也。」亦通。既爲小食，與盡訓別。左傳疏引異義云：「月高，則其食虧於上。月下[一]，則其食虧於下也。日月之體，大小正同。相揜密者，二體相近，正映其形，故光得溢出而中食也。相揜疏者，二體相遠，月近而日遠，自人望之，則月之所映者廣，故日光不能復

[一]「下」，原訛作「上」，叢書本同，據左傳正義校改。

見，而日食既也。」未知何家説。據南齊書天文志云：「桓三年日食，貫中下上竟黑。疑者以爲日月正等，月何得小而見日中？鄭云：『月正掩日，日光從四邊出，故言從中起也。』」蓋即鄭氏駁異義説矣。續漢志引張衡靈憲云：「當日之衝，月常不合，是謂闇虛。在星則星微，遇月則月食。」孔穎達申之云：「日月異道，有時而交，交則相犯，故日月遞食。交在望前，朔則日食，望則月食；交在望後，望〔一〕則月食，後月朔則日食。交正在朔，則日食既前，後望不食；交正在望，則月食既前，後朔不食。大率一百七十三日有餘而道始一交，非交則不相侵犯，故朔望不常有食也。道不正交，則日斜照月，故月光更盛；道若正交，則日衝當月，故月光即滅。譬如火斜照水，日斜照鏡，則水鏡之光旁照他物。若使鏡正當日，水正當火，則水鏡之光不能有照。日之奪月，亦猶是也。日月同會，道度相交，月揜日光，故日食；日奪月光，故月食。言月食是日光所衝，日食是月體所映，故日食常在朔，月食常在望也。食有上下者，行有高下，謂月在日南，從南入食，南下北高，則食起於下。月在日北，從北入食，則食發於高，是其行有高下，故食不同也。」按：孔氏所推論，皆本鄭義。何氏無説，未知同否。○注「是後」至「甚也」。○舊疏云：「即下七年『夏，穀伯綏來朝。鄧侯吾離來朝』，傳曰：『皆何以名？失地之君也。』是也。」蓋以爲楚滅之也。上僭稱王者，史記楚世家：「武王三十五年，楚伐隨。隨曰：『我無罪。』楚曰：『我蠻夷也。今諸侯皆爲叛相侵，或相殺。我有敝甲，欲以觀中國之政，請王室尊吾號。』隨人爲之周，請尊楚，王室不聽，還報楚。三十七年，楚熊通

〔一〕「望」，原訛作「生」，叢書本同，據左傳正義校改。

怒曰：『吾先鬻熊，文王之師也，早終。成王舉我先公，乃以子男田，令〔一〕居楚，蠻夷皆率服，而王不加位，我自尊耳。』乃自立爲武王，與隨人盟而去。」是其事也。舊疏引春秋説云：「桓三年『秋，七月，壬辰，朔，日有食之，既』，其後楚僭號稱王，滅鄧、穀，政教陵遲。」何説所本也。漢書五行志云：「桓公三年『七月，壬辰，朔，日有食之，既』。董仲舒、劉向以爲，前事已大，後事將至者又大，則既。先是，魯、宋弑君，魯又成宋亂，易許田，無事天子之心；楚僭稱王，後鄭距王師，射桓王，又二君相篡。劉歆以爲六月，趙與晉分。先是，晉曲沃伯再弑晉侯，是歲晉大亂，滅其宗國。京房易傳以爲桓三年日食貫中央，上下竟而黄，臣弑而不卒之形也。後〔二〕楚嚴稱王，兼地千里。」按：嚴當云武，誤。兼地千里，即楚世家所云：「于是始開濮地而有之也。」取象皆相近。續漢志注引春秋緯云：「日食，既。君行無常，公輔不修德，夷狄强侵，萬事錯。」後漢明帝紀：「永平八年十月晦，日有食之，既。詔曰：『朕以無德，奉承大業，而下貽人怨，上動三光。日食之變，其災尤大，春秋圖讖所謂至譴。』」注：「感精符曰：『人主含天光，據璣衡，齊七政，操八極。』故君明聖，天道得正，則日月光明，五星有度。日明則道正，不明則政亂，故常戒以自勅厲。日食皆象君之進退爲盈縮。當春秋撥亂，日食三十六，故曰至譴也。」○注「楚滅」至「夷狄」。○隱元年傳注：「所傳聞世，内其國而外諸夏；所聞之世，内諸夏而外夷狄。」故所傳聞世，不治夷狄也。僖二十六年「楚

〔一〕「令」，原訛作「今」，叢書本同，據史記校改。
〔二〕「後」，原訛作「故」，叢書本同，據漢書校改。

滅隗」，注：「不月者，略夷狄滅微國也。」亦以前此書滅者多，故亦書治之。然止時而已，所謂後治也。昭三十年，「冬，十有二月，吳滅徐。徐子章禹奔楚」，注：「至此乃月者，所見世，始〔一〕録夷狄滅小國也。」

○**公子翬如齊逆女。**【疏】通義云：「加公子者，於隱則罪，於桓則親，所以惡桓也。遂在所聞世，例日卒，故以不日見罪。所傳聞之世，本不日卒，故翬更以不卒見罪。然非起見其貴，反嫌與柔、溺未命者同，故一見公子翬於此，則隱之篇不稱公子，貶意益顯。」

○**九月，齊侯送姜氏于讙。**【疏】杜云：「讙，魯地。濟北蛇丘縣西有下讙亭。」一統志：「下讙城在泰安府肥城縣西南。」大事表云：「在今濟南府肥城縣西南。」水經注汶水篇：「蛇水又西南逕夏暉城南。經書『公會齊侯于下讙』，是。今俗謂之夏暉城。」説文邑部：「鄻，魯下邑。」三傳皆作讙。鄻正字，讙叚借也。應劭注漢志引哀八年「取鄻及闡」，是亦作鄻。今三傳本亦皆作讙。

何以書？　譏。　**何譏爾？**　**諸侯越竟送女，非禮也。**【注】以言姜氏也。禮，送女，父母不下堂，姑姊妹不出門。【疏】穀梁傳曰：「送女踰竟，非禮也。」左傳：「凡公女嫁于敵國，姊妹，則上卿送之，

〔一〕「始」字原脱，叢書本同，據公羊注疏校補。

以禮於先君；公子，則下卿送之。於大國，雖公子，亦上卿送之。於天子，則諸卿皆行，公不自送。於小國，則上大夫送之。」三傳之義皆同。○注「以言姜氏也」。○舊疏云：「讙若齊地，宜言齊侯送孟姜于讙。今言姜氏，故知越竟也。」○注「禮送」至「出門」。○穀梁傳：「禮，送女，父不下堂，母不出祭門，諸母兄弟不出闕門。」注：「祭門，廟門也。闕，兩觀也，在祭門之外。」白虎通嫁娶云：「父誡之於阼階，母戒於西階，庶母及門内施鞶，申之以父母之命，命之曰：『敬恭聽爾父母之言，夙夜無違愆。』視諸衿鞶。」公羊問答云：「問：徐彥疏以爲時王之禮，然乎？曰：士昏禮：『主人玄端，迎於門外。主人揖入，至于廟門，主人升，賓升，再拜稽首，降，主人不降送。』注：『主人，女父也。』此送女不下堂之證也。士昏禮記：『母誡諸西階上，不降。』此送女母不下堂之證也。『庶母及門内，施衿鞶。』此庶母送女不出門之證也。言庶母而姑姊妹在其中，不言者，文不具也。穀梁：『諸母兄弟不出闕門。』白虎通：『父誡於阼階，母誡於西階。庶母及門内施鞶〔一〕。』此與公羊説合。明係周禮。徐以爲時王之禮，誤矣。」孟子滕文公篇：「女子之嫁也，母命之，往送之門。」周氏柄中四書辨正云：「士昏禮，女父不降送。母戒諸西階上，亦不降。而孟子言往送之門，穀梁傳亦云送女不出祭門，乃指廟之大門，則送不止於階矣。或説送至壻門。毛西河引戰國策：『婦車至門，送諸母還。』謂諸母有送至壻門者。按，穀梁傳『諸母兄弟送不出闕門』，謂祭門外兩觀門也。所指諸侯嫁女之禮，與士昏禮記所言庶母及門内略同，並無送至壻門之説，國策恐未可据。」閻氏若璩

〔一〕「施鞶」二字原脱，叢書本同，據白虎通校補。

釋地又續云：「門即父母家之門，非如女子所適之壻家之門。今人祇〔一〕緣俗有母送其女〔二〕至壻家禮，遂以爲壻門，不知婦人迎送不出門。又内言不出於梱，古豈有是耶？然孟子此一禮，與儀禮士昏禮記亦殊不同。記云：『父在阼階，西面，戒女。母戒諸西階上，不降。』又云：『父送女，命之曰：戒之！敬之！夙夜毋〔三〕違命。母施衿結帨曰：勉之！敬之！夙夜無違宫事。庶母及門内施鞶，申之以父母之命，命之曰：敬恭聽宗爾父母之言，夙夜無愆，視諸衿鞶。』是戒者非止母一人，與所送亦非止門一處。大抵孟子言禮，多主大綱，不暇及詳。抑儀禮定於周初，而列國行之久，頗各隨其俗，如衛人之祔也離之，魯人之祔也合之，雖孔子善魯，而衛當日仍行自若也。」

此入國矣，何以不稱夫人？【注】据讙魯地。【疏】注「据讙魯地」。○上傳云「越竟送女」，故知讙爲魯地。入魯竟，宜從臣子辭，稱夫人，如莊二十四年「夫人姜氏入」矣。

自我言齊。【注】恕己以及人也。【疏】春秋據魯而作，故自我言之，則謂之曰齊。下九年傳「自我言紀」亦即此意。注云「恕己及人」者，不奪人父子之親故也。

父母之於子，雖爲鄰國夫人，猶曰吾姜氏。【注】所以崇父子之親，從父母辭。不言孟姜言姜

〔一〕「祇」，原訛作「秖」，叢書本同，據四書釋地又續校改。
〔二〕「女」下原衍一「母」字，叢書本同，據四書釋地又續校删。
〔三〕「毋」，原作「無」，叢書本同，據四書釋地又續校改。

氏者，從魯辭，起魯地。【疏】舊疏云：「『猶曰吾姜氏』，解〔一〕云：若有言〔二〕孟姜者，『孟』爲衍字也。」○注「所以」至「之親」。○下九年傳：「父母之於子，雖爲天王后，猶曰吾季姜。」亦即崇父子之親之義。○注「從父」至「魯地」。○孟姜即詩鄘風桑中云「美孟姜矣」是也。舊疏云：「『孟』亦有作『季』字者，誤也。」以既從父母辭，宜稱孟姜，今稱姜氏，知從魯辭也。以讙，魯地也，杜云「已去齊國，故不稱女」是也。

○**公會齊侯于讙。夫人姜氏至自齊。**

翬何以不致？【注】据「遂以夫人婦姜至自齊」，致。【疏】注「据遂」至「齊致」。○見宣元年。

得見乎公矣。【注】本所以致夫人者，公不親迎，有危也。翬當并致者，翬親迎，重在翬也。上會讙時，夫人以得見公，得禮失禮在公，不復在翬，故不復致。不就讙上致者，婦人危重，故据都城乃致也。月者，爲夫人至，例危重之。【疏】穀梁傳：「其不言翬之以來，何也？公親受之於齊侯也。」注：「重在公。」又云：「無譏乎？曰：爲禮也。齊侯來也，公之逆而會之，可也。」○注「本所」至「危也」。○經云「公子翬如齊逆女」，是公不親迎也，故爲夫人危。通義云：「于讙已入國矣，復言至自齊者，已見宗廟，然後致也。」

〔一〕「解」字原脱，叢書本同，據公羊注疏校補。
〔二〕「言」字原脱，叢書本同，據公羊注疏校補。

○注「翬當」至「復致」。○言若公不會于讙，夫人不即見公，則翬當并致，如「公子遂逆婦姜」之例。今夫人于讙得見公，得禮失禮在公，故不復致翬。杜云：「不言翬以至者，齊侯送之，公受之於讙也。」如穀梁傳説，則尚爲得禮，故彼引：「子貢曰：『冕而親迎，不已重乎？』孔子曰：『合二姓之好，以繼萬世之後，何謂已重乎？』」是也。監本「故」誤「兹」。○注「不就」至「致也」。○舊疏云：「若就讙致，即鄉者至讙之時書之，宜在『公會齊侯于讙』上。」按：若讙上致，宜書「夫人姜氏至自讙」，不然者，婦人危重，雖未至讙前亦危也。○注「月者」至「重之」。○舊疏云：「即宣元年『三月，遂以夫人婦姜至自齊』、成十四年『九月，僑如以夫人婦姜至自齊』是也。」凡書至者，喜之也，亦危之也。故夫人至危尤重也。

○冬，齊侯使其弟年來聘。

【疏】錢氏大昕答問云：「『齊侯使其弟年來聘』再見於春秋，爲無知之弒君張本也。母弟雖親，不可使踰其分也。」

○有年。

有年何以書？【注】方分別問大有年，故不但言何以書。【疏】注「方分」至「以書」。○若但問何以書，與下複問大有年不明。

以喜書也。【疏】通義云：「古之造文者，禾千爲年。夏謂之歲，步歷周也。殷謂之祀，四祀修也。周謂之年，五穀收也。嘉禾備登，年功乃成，故以有年名。喜而書之者，重民食也。」

大有年何以書？亦以喜書也。此其曰有年何？僅有年也。【注】僅，猶劣也。謂五穀多少皆有，不能大成熟。【疏】注「僅，猶劣也」。○國語周語云「余一人僅亦守府」，注：「僅，猶劣也。」楚語「而僅得以來」，注：「僅，猶劣也。」漢書董仲舒傳注：「僅，少也。」廣韻：「劣，少也。」一切經音義一：「僅，古文勤、廑二形同。」説文人部：「僅，才能也。」音義引字林同。戰國策齊策「邯鄲僅存」，注：「僅，裁。」惟少，故云僅有年，猶言才有年也。爾雅釋詁：「哉，始也。」亦即才字，皆與僅、劣義近。○注「謂五」至「成熟」。○舊疏云：「舊本如是，其『穀』下云『皆有不能大成熟』，『多少』二字或衍文也。若必存字解之，多謂麥禾，少謂豆之屬，是事皆有，但不能大熟也。」校勘記云：「解非也，此不衍，漢人語言如是。」公羊問答云：「問：當衍否？曰：廣韻：『劣，少也。』此言五穀多少不等，僅僅乎皆有耳，正言其少，不當衍也。疏又云『多謂麥禾，少謂豆之屬』，亦非是。經傳無明文，安能强爲之區別耶？」按：以多少不等爲少辭，今俗語猶然，舊疏非也。校勘記又云：「熟，當作孰。三禮注成熟字皆作孰，加四點者，非〔一〕。」穀梁傳：「五穀皆熟曰有年。」

彼其曰大有年何？【注】問宣十六年也。【疏】注「問宣十六年」。○見宣十六年經。

大豐年也。【注】謂五穀〔二〕皆大成熟。【疏】注「謂五」至「成熟」。○穀梁傳宣十六年云：「五穀大熟曰

〔一〕「非」，阮元刻本公羊注疏校勘記作「俗作」。

〔二〕「穀」，原訛作「榖」，叢書本不誤，據改。

大有年。」毛本作「大成熟」，宋本作「大熟成」。熟亦當作孰。

僅有年，亦足以當喜乎？恃有年也。【注】恃，賴也。若桓公之行，諸侯所當誅，百姓所當叛，而又元年大水，二年秏減，民人將去，國喪無日，賴得五穀皆有，使百姓安土樂業，故喜而書之，所以見不肖之君爲國尤危。又明爲國家者，不可不有年。【疏】公羊古義云：「朱新仲曰：有年、大有年，桓、宣時也。有者，不宜有。二公行事不宜有年，此皆貶也。春秋二百四十二年之間，豈止此二三年豐熟哉？以是知二公不宜有此也。昭元年，秦后子奔晉，云：『國無道，而年穀和熟，天贊之也。』與此意合。」左疏引賈逵云：「桓惡而有年豐，異之也。言有，非其所宜有。」國語周語曰：「國之將興，其君齊明、衷〔一〕正、精潔、惠和，其德足以昭其馨香。國之將亡，其君貪冒、辟邪、淫泆、荒怠、麤穢、暴虐，其政腥臊，馨香不登。」是年之豐儉，視乎君德之善否也。○注「恃，賴也」。○說文心部：「恃，賴也。」恃、賴疊韻爲訓。○注「若桓」至「有年」。○通義云：「有年，在他公時以數見，不書，唯桓、宣之篇以罕書。胡康侯曰：桓、宣享國十有八年，獨此二年書有年，他年之歉，可知也。而天理不差，信矣。」按：周禮疾醫「以五穀養病」，鄭注：「五穀：麻、黍、稷、麥、豆〔二〕。」是即月令五時所食穀也。釋文作「秏減」，此「秏」，俗字。

〔一〕「衷」，原訛作「表」，叢書本同，據國語校改。
〔二〕「豆」字原脱，叢書本不誤，據補。